Kerstin Wüstner

Arbeitswelt und Organisation

Kerstin Wüstner

Arbeitswelt und Organisation

Ein interdisziplinärer Ansatz

GABLER

Bibliografische Information Der Deutschen Nationalbibliothek
Die Deutsche Nationalbibliothek verzeichnet diese Publikation in der
Deutschen Nationalbibliografie; detaillierte bibliografische Daten sind im Internet über
<http://dnb.d-nb.de> abrufbar.

Prof. Dr. rer. pol. Kerstin Wüstner vertritt derzeit die Professur für Angewandte Psychologie
an der Philosophisch-Sozialwissenschaftlichen Fakultät der Universität Augsburg.

1. Auflage September 2006

Alle Rechte vorbehalten
© Betriebswirtschaftlicher Verlag Dr. Th. Gabler | GWV Fachverlage GmbH, Wiesbaden 2006

Lektorat: Ulrike Lörcher / Katharina Harsdorf

Der Gabler Verlag ist ein Unternehmen von Springer Science+Business Media.
www.gabler.de

Umschlaggestaltung: Ulrike Weigel, www.CorporateDesignGroup.de
Druck und buchbinderische Verarbeitung: Wilhelm & Adam, Heusenstamm
Gedruckt auf säurefreiem und chlorfrei gebleichtem Papier

ISBN-10 3-8349-0144-X
ISBN-13 978-3-8349-0144-6

Vorwort

Die Arbeitswelt befindet sich derzeit in einem massiven Wandel. Organisationen reagieren darauf oft mit der Einführung neuer Formen von Arbeit – Beschäftigungsverhältnisse verändern sich. Diese Veränderungsprozesse sind häufig getragen von der Forderung nach mehr Flexibilität und Konkurrenzfähigkeit. Setzen sich diese Forderungen in der Praxis durch, stellt sich die Frage, mit welchen Folgen dies verbunden sein kann, vor allem für die betroffenen Mitarbeiter. Diese Frage bildet den Kern dieses Buches. Zu einer Annäherung an eine Beantwortung fließen Aspekte aus Soziologie, Wirtschaftswissenschaften und Psychologie ein.

Als Einstieg wird eine kurze Darstellung gesellschaftlicher Entwicklungstendenzen gewählt. Zur Sprache kommen Einflussgrößen wie Globalisierung, technologischer Wandel, zunehmende Bedeutung von Wissen, soziodemographische und normative Veränderungen (Kapitel 1). Danach werden einige Überlegungen zu „Arbeit" und „Organisation" vorgestellt. In einem nächsten Schritt wird der Frage nachgegangen, was unter „neuen Formen von Arbeit" verstanden werden kann (Kapitel 2). Während die ersten beiden Kapitel Rahmenbedingungen und organisationale Ausgestaltung von Arbeit beleuchten, widmet sich das dritte Kapitel der Wahrnehmung und dem Erleben dieser Arbeitsbedingungen. Dazu werden zunächst einige ausgewählte Dimensionen des Arbeitserlebens präsentiert (wie z.B. Commitment, Arbeitszufriedenheit, Burnout), danach werden empirische Studien herangezogen, um Einblick zu geben, welche Folgen neue Arbeitsformen haben können.

Sicherlich kann das vorliegende Buch nur punktuell das breite Feld von Arbeitswelt und Organisation beleuchten. Es soll aber anregen zu einer kritischen Auseinandersetzung mit der Frage, in welche Richtung sich unsere Arbeitswelt bewegt und wie dabei Chancen und Risiken verteilt sind.

Das Buch richtet sich u.a. an Studierende und ist bestrebt, diese zum Nachdenken über die vorgestellten Inhalte zu motivieren. Um die Beschäftigung mit den präsentierten Themen zu erleichtern, finden sich zu jedem Kapitelbeginn Lernziele und wichtige Schlagworte. Graphische Kapitelübersichten lassen erkennen, welcher Baustein jeweils thematisiert wird. Die „Fragen zur weiteren Beschäftigung mit dem Stoff", die die Kapitel abschließen, sollen helfen, zum einen noch einmal bestimmte Inhalte zu vertiefen, zum anderen diese in ihrer Praxisrelevanz von verschiedenen Perspektiven zu betrachten und einer kritischen Diskussion auszusetzen.

An der Entstehung dieses Buches haben viele Menschen mitgewirkt, denen ich Dank schulde. Prof. Helmut Giegler, Prof. Lutz von Rosenstiel, Prof. Martin Stengel und Prof. Dieter Ulich haben mit ihrer wertschätzenden Rückmeldung die Motivation zu diesem Werk verstärkt. Frau Mareike Baumann und Frau Bettina Herrmann haben mich bei Formatierungsarbeiten unterstützt. Bedanken möchte ich mich aber auch bei Frau Ulrike Lörcher und Frau Katharina Harsdorf für die sehr gute Zusammenarbeit.

Augsburg, im Juli 2006 Kerstin Wüstner

Inhaltsverzeichnis

1 Einleitung: Worum wird es gehen?

Die Arbeitswelt war schon immer einem fortwährenden Wandel unterworfen. Dies war zu Zeiten der Antike der Fall, im Mittelalter, in der Industrialisierung oder nach dem Zweiten Weltkrieg. Die Geschwindigkeit, mit der sich soziale Systeme, etwa Organisationen, verändern (sollen), hat jedoch seither zugenommen, so dass insgesamt von einer neuen Qualität des Wandels auszugehen ist. Aktuelle Diskussionen, die sich an der so bezeichneten „Kapitalismuskritik" aufspannen, oder Fragen aufgreifen, wie Arbeit gestaltet sein solle, welche Formen von Arbeit als zukunftsträchtig erachtet werden, oder welche Erwartungen an Arbeitnehmer oder Arbeitssuchende zu richten seien, sind nur einige Belege dafür, wie sehr die Thematik den derzeitigen gesellschaftlichen Diskurs prägt.

Eine zentrale Frage, die in diesem Zusammenhang zu stellen wäre, aber vergleichsweise wenig Raum in der öffentlichen Diskussion findet, ist die nach der *Bedeutung* solcher Prozesse für Individuen. Wie erleben Menschen die moderne Arbeitswelt?

Diese Fragen stehen im Zentrum dieses Buches. In einem ersten Schritt werden theoretische Facetten zusammengebracht, die die *gesellschaftlichen Rahmenbedingungen* beschreiben. Vorweggeschickt wird ein kurzer Einblick in die Diskussion um das „Moderne" der Gesellschaft. Danach werden die vielseitig diskutierte „Globalisierung" angesprochen sowie Überlegungen zur Bedeutung des technologischen Wandels und der wachsenden Bedeutung von Wissen angestellt. Weitere wichtige Entwicklungsgrößen sind soziodemographische Strukturveränderungen und der Wertewandel. Auch wenn noch andere Aspekte in diese Darstellung einbezogen werden könnten, beschränkt sich die Skizzierung gesellschaftlicher Rahmenbedingungen auf die genannten Punkte.

In einem nächsten Schritt werden die beiden Konstrukte *Arbeit* und *Organisation* etwas genauer betrachtet. Die Ausführungen zu *Arbeit* konzentrieren sich auf eine knappe begriffliche Verortung, bevor über einen Blick auf relevante statistische Daten die Hypothese aufgegriffen wird, die moderne Gesellschaft zeichne sich unter anderem durch eine Erosion der Normalarbeitsverhältnisse aus. Es schließt sich die Frage an, inwiefern dies eher zu einer (erneuten, weiteren) Humanisierung der Arbeit führt oder es zu einer Re-Taylorisierung kommt. In diesem Kontext ist es auch wichtig, sich des Stellenwerts von Arbeit in der modernen Gesellschaft bewusst zu werden.

Der Abschnitt zu *Organisation* beschränkt sich ebenfalls auf ein paar ausgewählte Aspekte. Zum einen werden nach einer knappen begrifflichen Schärfung die Genese und Funktionen von Organisationen erwähnt und schließlich Organisation als System vorgestellt. Danach folgen ausgewählte Typen moderner Organisationsformen. Mit dem Unterpunkt zur Arbeitsorganisation wird bereits ein erster Bogen zwischen den Konstrukten Arbeit und Organisation geschlossen.

Darauf aufbauend geht der nächste Abschnitt der Frage nach, wie sich *„neue Arbeitsformen"* fassen lassen. Anhand eines von der Europäischen Kommission entwickelten Katalogs neuer Arbeitsformen werden die einzelnen Bestandteile vorgestellt. Im Wesentlichen legen die Ausführungen ihren Schwerpunkt auf die Privatwirtschaft. Nachdem der öffentliche Dienst eine tragende Säule der Gesellschaft und ihrer Subsysteme ist, wird dieser noch gesondert herausgegriffen. In diesem Zusammenhang begegnet man dem Konzept des „New Public Managements", welches ebenfalls angesprochen und kritisch reflektiert wird.

Vor allem von politischer Seite ist immer wieder – mal lauter, mal leiser – der Ruf zu vernehmen, nicht nur ein Mehr an Arbeitsplätzen sei für eine moderne Gesellschaft wichtig, sondern es sei auch anzustreben, dass diese eine bestimmte *Qualität* haben müssten. Arbeit solle sich daher in eine günstige Richtung entwickeln. Ein eigener Abschnitt greift diesen Punkt auf und gibt Einblick, woher die Idee der *neuen Qualität von Arbeit* kommt und wie sie inhaltlich gefüllt ist. Bereits in dieser Darstellung wird unverkennbar, dass es bei Qualität von Arbeit auch – oder vor allem – darauf ankommt, wie Arbeit von den Ausführenden wahrgenommen und erlebt wird.

Das leitet über zu Kapitel 3, das sich dem Erleben der modernen Arbeitswelt widmet. Zunächst werden einige wichtige *Dimensionen des Arbeitserlebens* präsentiert. Der sich daran anschließende Abschnitt streicht noch einmal Argumente heraus, die die *Bedeutung des Arbeitserlebens* für ausgewählte Systeme untermauern. Die beiden Stränge, *neue Arbeitsformen* und *Arbeitserleben*, werden in den nächsten Abschnitten zusammen geführt, wobei exemplarische Studien herangezogen werden, um das Erleben der modernen Arbeitswelt zu veranschaulichen. Ein kurzes Resümee schließt das Buch ab (Kapitel 4).

Der Aufbau dieses Buches gestaltet sich also wie folgt (vgl. Abbildung 1-1):

Abbildung 1-1:   *Überblick über den Aufbau des Buches*

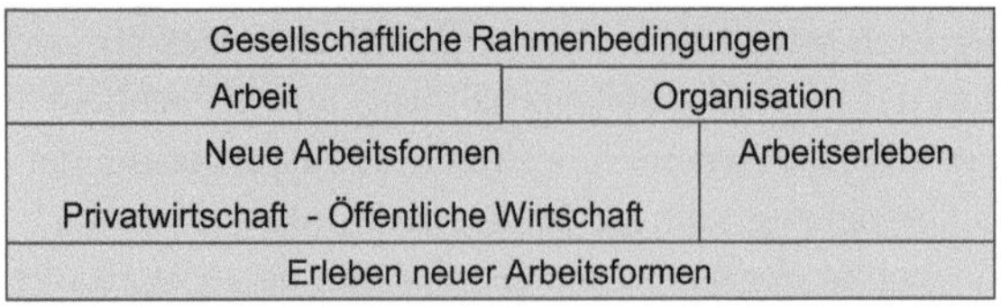

Gesellschaftliche Rahmenbedingungen	
Arbeit	Organisation
Neue Arbeitsformen	Arbeitserleben
Privatwirtschaft - Öffentliche Wirtschaft	
Erleben neuer Arbeitsformen	

Nachdem dieses Buch auch als Lehrbuch gedacht ist, beginnt jedes Kapitel mit einem Lernziel und einer Übersicht über wichtige Begriffe. Am Ende jedes Kapitels finden sich einige Fragen zur weiteren Beschäftigung mit dem Stoff.

Als Letztes soll an dieser Stelle noch auf einen sprachlichen Aspekt hingewiesen werden: Der einfacheren Lesbarkeit halber wird in diesem Buch in der Regel sprachlich nicht zwischen den Geschlechtern unterschieden. Selbstverständlich schließt diese Darstellungsweise Männer und Frauen gleichermaßen ein und soll nicht als Diskriminierung verstanden werden.

2 Die moderne Arbeitswelt

Lernziel: Beschäftigung und kritische Auseinandersetzung mit einigen Facetten, die zur Beschreibung der „modernen Arbeitswelt" herangezogen werden können.

Wichtige Begriffe: Moderne – Postmoderne – Globalisierung – technologischer Wandel – Wissensgesellschaft – soziodemographischer Wandel – Wertewandel.

In den folgenden Abschnitten werden einige Aspekte aufgezeigt und zusammengeführt, die für eine Beschreibung der modernen Arbeitswelt erforderlich erscheinen. Hierbei gilt zu bedenken, dass die einzelnen Themen für sich gesehen bereits sehr umfassend diskutiert werden könnten. Um den Rahmen dieses Buches nicht zu sprengen, werden ausgewählte Überlegungen angestellt. Der erste Teil betont verschiedene Facetten, die zur Beschreibung der modernen Gesellschaft häufig herangezogen werden. Daran schließt sich eine jeweils auf Arbeit und Organisation konkretisierte Betrachtung an. Damit werden in Kapitel 2 drei abstrakte Konstrukte eingeführt: Gesellschaft, Arbeit und Organisation. Während Gesellschaft strukturell als soziales Makrosystem und Organisation als soziales Subsystem verstanden werden können, ist Arbeit auf einer anderen Ebene angesiedelt. Arbeit beinhaltet vor allem einen Prozess der Vermittlung und Integration.

2.1 Die moderne Gesellschaft

Abbildung 2-1:   *Übersicht über das Kapitel „Die moderne Gesellschaft"*

Moderne Gesellschaft	
Moderne und Postmoderne: Strukturauflösung und -neubildung	
Globalisierung: neue Systemkoppelungen	
Technologischer Wandel: Technikgenese und -implementierung	
Wissensgesellschaft: Wissensgenese und -transfer	
Soziodemographische Entwicklung: struktureller Wandel	
Wertewandel: normative Änderungen	
Arbeit	Organisation
Neue Arbeitsformen	Arbeitserleben
Privatwirtschaft - Öffentliche Wirtschaft	
Erleben neuer Arbeitsformen	

In der wissenschaftlichen, populärwissenschaftlichen, politischen und ökonomischen Diskussion wird unter Bezugnahme auf eine Reihe verschiedener Konzepte eine versuchsweise Bestimmung der „modernen Gesellschaft" vorgenommen.

Angesichts der Vielfalt an theoretischen Bausteinen, die hier diskutierbar wären, wird in diesem Buch der Schwerpunkt auf jene Punkte, die im Zusammenhang mit „Erwerbsarbeit" bedeutsam sind, gesetzt. Dabei wird nicht außer Acht gelassen, dass nicht nur andere Argumentationen denkbar, sondern auch andere theoretische Konzepte heranziehbar wären. Akzentsetzung bedeutet immer auch Ausblendung.

Einen theoretischen Rahmen, der im Kontext der modernen Gesellschaft häufig eingebracht wird, bilden Überlegungen zur Moderne und Postmoderne. Dabei ist eines der zentralen Merkmale postmoderner gesellschaftskonstituierender und -modifizierender Prozesse ein dialektisches Verhältnis zwischen Strukturbildung und -auflösung. Der abrissartigen Beschreibung von Moderne und Postmoderne wird der erste Teil dieses Kapitels gewidmet.

Ein Prozess, der auf Systemkoppelungen basiert, ist die Globalisierung, die in dem daran anschließenden Abschnitt kurz behandelt wird. Globalisierung wird oft im Zusammenhang mit technologischer Entwicklung sowie Wissensproduktion und -transfer gesehen (Willke, 2004). Diese beiden Mosaiksteine werden als Nächstes vorgestellt, bevor zwei soziale Transformationsprozesse angesprochen werden: strukturelle Veränderung der Gesellschaft, vor allem Überalterung und ökonomische Strukturverschiebungen, und normative Veränderungen, der Wertewandel. Eine zusammenfassende Betrachtung schließt den ersten Abschnitt ab und bildet zugleich den Übergang zu dem nächsten Teil, in dem Arbeit und Organisation näher beleuchtet werden.

2.1.1 Moderne und Postmoderne: Strukturauflösung und -neubildung

Einige Autoren betonen, Veränderungen der Arbeitswelt seien vor allem vor dem Hintergrund postmoderner Entwicklungstendenzen zu verstehen. Bei einer Analyse der Begrifflichkeiten von Moderne und Postmoderne, die es hier zwar anzureißen, aber keinesfalls erschöpfend zu thematisieren gilt, ist vorwegzuschicken, dass es sich in beiden Fällen um *soziale Konstruktionen* handelt. Eine gültige Definition und eindeutige Abgrenzung beider Sozialdiagnosen ist daher nicht möglich, liegen sie doch im Ermessen des Beobachters, insbesondere wenn der Versuch unternommen wird, die Konstrukte einer bestimmten Zeitperiode zuzuschreiben.

Aus sozialwissenschaftlicher Sicht wird die rationalistische und rationalisierende Moderne kritisch reflektiert. Die Betrachtung des Konstrukts „Moderne" bringt vor allem Ambivalenzen ans Licht: Auf der einen Seite fördern „Marktgesetz, technisch-wissenschaftlicher Fortschritt und Rationalisierung die Entfaltung der Demokratie, den Wohlstand und die individuelle Freiheit", auf der anderen Seite tragen diese Rahmenbedingungen zu einer Gefährdung derselben bei (Zima, 1997, S. 34).

Die Postmoderne wird häufig als Folge einer instabil gewordenen Moderne verstanden, in der das industrielle, kapitalistische Wertsystem an Bedeutung verliert und sich durch Ambiguität, Ambivalenz und Indifferenz auszeichnet (Zima, 1997). Ambiguität drücke sich in der Auffassung aus, „Wirklichkeit [sei] trotz aller Schwierigkeiten und Hindernisse erkennbar und beherrschbar", indem Gegensätze in einer Synthese verbunden erkenntnisstiftend aufgelöst werden könnten (ebd., S. 23f.). Ambivalenz lässt Gegensätzlichkeiten bestehen, ohne den Versuch zu unternehmen, sie in einer Synthese zu vereinen. In der Indifferenz finden sich für die Postmoderne zentrale Kennzeichen: Individuen werden austauschbar, Werte und Ideologien verlieren an Allgemeingültigkeit und Verallgemeinerungsfähigkeit.

Die konkrete Benennung des neuen Sozialtypus fällt je nach Autor unterschiedlich aus: Beck (1986) spricht von der Risikogesellschaft, Touraine (1972) und Bell (1985) beschreiben eine post-industrielle Gesellschaft, Bauman (1995) und Welsch (1988, 1993) identifizieren die postmoderne Gesellschaft.

Den jeweiligen Herangehensweisen ist gemeinsam die implizite oder explizite Betonung der beiden Prozesse Pluralisierung der Lebensstile und Individualisierung. Durch Bildungsexpansion, höhere Einkommen, gestiegene Mobilität, Ausdifferenzierung von Wissenschaft und veränderte Konsumhaltung werden Menschen aus ihren einst traditionellen Klassen- und Familienbezügen gerissen, es bilden sich individualisierte Existenzformen, weitgehend unabhängig von sozialer Klasse oder Schicht (Welsch, 1988). Vor dem Hintergrund eines fehlenden Kollektivrahmens und auf Grundlage eines „Rechts des Verschiedenen" formieren sich „differente Lebensentwürfe, Wissensformen und Handlungsmuster" (Welsch, 1993, S. 5). Die Postmoderne ist somit mit Freiheitsgewinnen verbunden, die jedoch mit einer „Verschärfung der Problemlasten" eingekauft werden (Welsch, 1993, S. 7). Keupp (1994) beschreibt diese Entwicklung als ein Wechselspiel von der Befreiung von Zwängen und der Entstehung neuer Abhängigkeiten. Traditionelle Lebensformen, Kategorien und Leitbilder erodieren, neue Vorgaben kommen auf (Beck & Beck-Gernsheim, 1994).

Wie Neuberger (2000) in Anlehnung an Koenen (1994) argumentiert, scheint die Individualisierung nicht mit einer Betonung von Individualität und gestärkter originärer Persönlichkeitsdarstellung einherzugehen, sondern Individuen verlieren in ihrem Bemühen um eigene Individualität an Besonderheit. Suchen Individuen ihre Individualität in Abgrenzung zur gesellschaftlichen Einheit, lösen sie dabei diese gesellschaftliche Einheit auf, die als Kontrast hätte dienen sollen. Rein hypothetisch wäre es denkbar, dass tatsächlich alle Menschen nach Individualisierung streben und nach einiger Zeit keine Ankerpunkte mehr erkennbar sind, die zwischen „normal" (auch genormt, normiert und normalisiert, Foucault, 1991) und „einmalig" zu unterscheiden vermögen. Dies kann dann dazu führen, dass die große Menge an Individualisten in ihrem Bemühen um differenzierbare Individualität wieder Ähnlichkeit ausbildet.

Dieses Phänomen lässt sich gut an einem Beispiel veranschaulichen: Sind Mitglieder einer Organisation, zum Beispiel einer Werbeagentur, alle bemüht, möglichst große Vielfalt an den Tag zu legen, um sich damit von „konventionellen" Menschen abzugrenzen, kann die Art und Weise, wie sie dies umzusetzen versuchen, wieder dazu führen, dass sie, gerade von einem außenstehenden Beobachter, als „die" typischen Werbefachleute ausgemacht werden.

Das Verhältnis Individuum und Organisation ist spannungsgeladen, nachdem Individuen versuchen, ihre Ziele zu erreichen und sich den eigenen Werthaltungen entsprechend zu verhalten, und Organisationen bestrebt sind, die Individualität ihrer Mitglieder nur begrenzt zum Tragen kommen zu lassen, um organisationale Ziele zu erreichen und die Werte des sozialen Systems zum zentralen Orientierungspunkt zu machen. Organisationen sind also bemüht, die Vielfalt ihrer Mitglieder einzuschränken. Individuen sind bestrebt, ihre Vielfalt zu erhöhen. Doch das sich daraus ergebende Spannungsverhältnis ist nicht die einzige Quelle möglicher Herausforderungen und Konflikte. So sind auch Individuen nicht an einer grenzenlosen Vielfaltserhöhung interessiert. Auch sie suchen stabile Handlungsmuster, die ihnen Verlässlichkeit und Orientierungshilfe bieten. Durch entsprechende Verhaltensweisen tragen sie selbst zu einer Normierung und Normalisierung bei. Ebenso können Organisationen langfristig nur überleben, wenn sie gegenüber ihrer Umwelt über eine entsprechende Vielfalt verfügen. Dies beinhaltet auch, kreativen und innovativen Mitarbeitern Entfaltungsraum zuzugestehen. Das heißt Organisationen versuchen nicht nur, ihre Mitglieder

berechenbar zu machen, sondern auch – mal größere, mal geringere – Freiräume zuzu-
lassen, um auf Dauer nicht zu erstarren.

Für die weiteren Ausführungen ist eine abschließende Klärung beider Begrifflichkeiten, Moderne und Postmoderne, nicht erforderlich. Es sollen lediglich einige Kennzeichen der heutigen Gesellschaft herausgestrichen werden, die im Zusammenhang mit
Arbeit relevant sind. So erscheint vor allem die beschleunigte Strukturauflösung und
-neubildung von Bedeutung: Zeichnet sich die Grundstruktur der modernen Gesellschaft durch größere soziale Systeme mit verbindlicheren gemeinsamen Zielen aus,
zerfällt die postmoderne Gesellschaft in kleinere soziale Einheiten mit jeweils eigenen
Wertemustern.

Wie genau die derzeitige Gesellschaft genannt werden kann (postmoderne, moderne,
post-industrielle Gesellschaft), ist eine Frage des *Beobachterstandpunkts* und wie Gesellschaft *sozial repräsentiert* wird. Der Einfachheit halber wird im Folgenden von der
„modernen Gesellschaft" gesprochen, die für Individuen eine sich schnell wandelnde
Umwelt darstellt, in der sie auf der einen Seite neue Freiheiten zugestanden bekommen, die auf der anderen Seite wieder neue Herausforderungen mit sich bringen.

2.1.2   Globalisierung: neue Systemkoppelungen

Globalisierung ist zu einem der zentralen Schlagwörter in der wirtschaftlichen, politischen und (populär)wissenschaftlichen Diskussion geworden. Gesprochen wird zum
Beispiel von „Globalisierungswelt", „Globalisierungssog", „Globalisierungsfalle",
„Globalisierungsdruck", „Globalisierungsschock", „Globalisierungschancen", Globali-
sierungsgewinner", „Globalisierungsverlierer" etc. So vielfältig dieses Konstrukt Eingang in ganz unterschiedliche Bereiche findet, so schillernd und unpräzise ist es.

Seit wann ist Globalisierung ein Thema? Manche Autoren machen den Beginn der
Globalisierung schon im Jahre 1869 an der Fertigstellung des Suezkanals und der
Union-Pacific-Eisenbahn in den USA fest (Willke, 2004). Einen besonderen Schub hat
die Globalisierung jedoch durch die später einsetzende Informationsrevolution erfahren, die getragen ist von neuen Technologien (v.a. Internet) und gesunkenen Transak-
tionskosten. Ebenso haben Handelsliberalisierung, Deregulierung und Privatisierung
einen Beitrag zur Globalisierung geliefert (Willke, 2004), oder anders betrachtet: der
„Weltmarkt" ist auch Ausdruck derselben (Dahrendorf, 1988). Weltwirtschaft ist zusehends verflochten, Grenzen in Raum und Zeit verblassen (Willke, 2004).

Im Falle von Deutschland spielen Offenheit und Exportorientierung der deutschen
Volkswirtschaft eine große Rolle und fördern Globalisierung (Willke, 2004). „National-
Ökonomien" werden entgrenzt, was unter anderem zu einer verstärkten Standortkon-
kurrenz führt. Dabei ist die Zugehörigkeit zur inzwischen erweiterten und künftig
noch umfassender werdenden Europäischen Union bedeutsam.

Insgesamt hat sich, so Willke (2004), eine Entwicklung weg von Inter-Nationalisierung hin zur Globalisierung durchgesetzt, deren Differenzierungsmerkmale in der nachstehenden Tabelle 2-1 erläutert werden.

Tabelle 2-1:   *Inter-Nationalisierung und Globalisierung*

Inter-Nationalisierung	Globalisierung
Nationalstaaten – Regulierung der Wirtschaft durch den souveränen Nationalstaat – Relativ autonome Wirtschaftspolitik	*Standorte* – Standorte gewinnen an Bedeutung; der Nationalstaat verliert an Regulierungsmacht – Unter dem Druck der Standortkonkurrenz wird Wirtschaftspolitik zur Standortpolitik
Multinationale Unternehmen – In mehreren Ländern tätig – Gleichwohl als „nationale" (deutsche, amerikanische oder japanische) Unternehmen identifizierbar	*Transnationale (globale) Unternehmen* – In vielen Ländern tätig (z.B. Siemens in 190 Ländern präsent, davon in über 50 mit Produktionsstätten) – Unternehmen ohne geographisches Zentrum und ohne Nationalität
Produktion/internationale Arbeitsteilung – Güteraustausch über Exporte/Importe auf der Grundlage der komparativen Kosten – Traditionelle internationale Arbeitsteilung – Technologiebasierte Wertschöpfung, Austausch von Waren	*Wertschöpfung/Verflechtung* – Modularisierung der Wertschöpfung und Verteilung der Module auf die günstigsten Standorte – Vernetzung und Koordination der Wertschöpfungskette durch moderne Informations- und Kommunikationstechniken – Wissensbasierte Wertschöpfung, Austausch auch von Dienstleistungen
Arbeitsmarkt und Beschäftigung – Relativ abgegrenzte und regulierte nationale Arbeitsmärkte – Beschäftigungsintensiver Exportsektor	*Arbeitsmarkt und Beschäftigungsfähigkeit („Employability")* – Entgrenzung (auch) der nationalen Arbeitsmärkte – Verlagerung einzelner Beschäftigungsmodule auf die (kosten)günstigsten Standorte

Quelle: Willke, 2004, S. 99.

Insbesondere Direktinvestitionen tragen zur ökonomischen Verflechtung bei, wobei eine „Modularisierung" zu beobachten ist, nach der für einzelne Wertschöpfungsbereiche der jeweils optimale Standort gesucht wird (Willke, 2004). Unternehmen versprechen sich davon „gains from trade", Spezialisierungsvorteile, Kostenersparnisse, allgemein: Wachstums- und Wohlstandsgewinne. Zugleich geht die intensivierte Verflechtung mit erhöhter Interdependenz und Risikoverschärfung einher (ebd.). Globalisierung führt nicht nur zu dem bereits erwähnten Standortwettbewerb, sondern auch zur Importkonkurrenz – Wettbewerbs- und Innovationsdruck steigen (ebd.). Letzteres fördert wiederum den strukturellen Wandel der Gesellschaft im Allgemeinen und die Wissensgesellschaft im Speziellen.

Von sozialen – wie von psychischen – Systemen wird eine entsprechende Vielfaltserhöhung als Reaktion auf gestiegene Systemkoppelungen in der Umwelt gefordert, was sich unter anderem auch in dem Ruf nach Offenheit und Flexibilität ausdrückt. Insofern müssen sich wirtschaftliche, politische und psychische Systeme den veränderten Umweltanforderungen anpassen. Entsprechend groß wird die Bedeutung der Globalisierung eingeschätzt: „Die Globalisierung wirkt sich dabei als mächtigste Triebkraft der ökonomischen und politischen Veränderungen" aus (Enquete-Kommission, 2002, S. 260). Psychische Systeme sind in der Diskussion (nicht aber in der Realität!) ausgenommen, was an den üblicherweise anzutreffenden Darstellungen liegt, in denen wirtschaftliche und politische Systeme im Vordergrund stehen. Dieser ökonomischen Argumentation folgend, leitet Willke (2004) ab, dass sich Wirtschaftspolitik zur Standortpolitik transformieren müsse. Globalisierung bringt in der Arbeitswelt zwei Effektgruppen mit sich (vgl. Tabelle 2-2):

Tabelle 2-2: *Primäre und sekundäre Effekte der Globalisierung*

Effekt	Ausformung
Primärer Effekt	„Shake-out": Abbau marginaler Arbeitsplätze
Sekundärer Effekt	Einkommenssteigerungen
	Ausweitung der Nachfrage
	Verschiebung der Nachfrage
	Struktureller Wandel (Schließungen, Verlagerungen)
	Modernisierung

Quelle: In Anlehnung an Willke, 2004, S. 98.

Auch wenn diese Argumente vornehmlich ökonomisch formuliert sind, lassen sie weitreichende gesellschaftliche Wandlungsprozesse erwarten, falls sich die angesprochenen Effekte durchsetzen. Diese Veränderungen können wiederum soziale Problemlagen (v.a. Arbeitslosigkeit, Armut) verschärfen. Insgesamt sind Globalisierungseffekte nicht auf ökonomische Systeme beschränkt, sondern sie betreffen so gut wie alle sozialen Subsysteme. Somit scheint zwar Globalisierung des ökonomischen Systems dominant, jedoch ist sie keinesfalls eine spezifische Besonderheit dieses sozialen Systems, sondern vielleicht auch nur Ergebnis sozialer Konstruktionsprozesse und einer entsprechenden sozialen Repräsentation (Moscovici, 2001).

Ebenso lässt sich die These vertreten, Politik, Bildung oder soziale und bio-physikalische Problembereiche wie Umweltverschmutzung oder Terrorismus seien Globalisierungseffekten unterworfen. Ein verstärkender Mechanismus kann in der weltweiten Vernetzung von Kommunikation gesehen werden. Ebenso wird Globalisierung von Werten, vor allem jener westlich-orientierter Industrienationen, diskutiert (was beispielsweise Ritzer (1997) an der „McDonaldisierung" aufgezeigt hat und wofür aktuelle Diskussionen und Konflikte zwischen der „christlichen" Welt und der „nicht-christlichen" Welt sprechen).

Trotz der überzeugenden Argumente, die für die Intensivierung von Globalisierung sprechen, gibt es auch Darstellungen, die Grenzen oder gegenläufige Tendenzen zur Globalisierung offen legen (Sassen, o.J., Altvater & Mahnkopf, 1997).

2.1.3 Technologischer Wandel: Technikgenese und -implementierung

Die Vernetzung und erleichterte Zugänglichkeit zu Informationen sind vor allem durch vermehrt eingesetzte Informations- und Kommunikations(IuK)-Technologien ermöglicht und vorangetrieben worden. IuK-Technologien haben schon seit einiger Zeit eine starke Dynamik erfahren, die durch Preisverfall und gleichzeitig gesteigertem Leistungsspektrum weiter verstärkt wurden (Reichwald & Möslein, 2003). Technologien sind oft so sehr in den Lebens- und Berufsalltag eingedrungen, dass ihr Beitrag trotz der angeblich vorherrschenden ambivalenten Haltung der deutschen Gesellschaft in etlichen Bereichen (TAB, 2002) „unsichtbar" geworden ist. Güterproduktion, aber auch Dienstleistungserstellung, Energiegewinnung, Müllentsorgung, medizinische Versorgung, Terrorbekämpfung, Freizeitgestaltung – d.h. ganz unterschiedliche Bereiche – sind mehr oder wenig technikbasiert oder -vermittelt. Lediglich in einigen ausgewählten Anwendungsgebieten, zum Beispiel Gentechnik oder Atomenergie, flackert hin und wieder eine Diskussion um gesellschaftliche Akzeptanz auf (TAB, 2002). Solche Diskussionen durchdringen jedoch lediglich einzelne soziale Subsysteme und stellen keine gesamtgesellschaftlichen Verständigungsprozesse dar. Zudem erscheinen manche Diskussionen um Akzeptanz Versuche zu sein, Akzeptanz nicht zu analysieren, sondern zu schaffen.

Wie verhält es sich mit der Nutzung von IuK-Technologien in der deutschen Gesellschaft? Betrachtet man das Beispiel der Internetnutzung, so haben etwa 43% der gesamten Bevölkerung einen Internetzugang. Dabei sehen die Nutzer Vorteile des Internets vor allem in ihm als Kommunikationsmittel (75%), 65% suchen nach Informationen über Produkte und Dienstleistungen, 42% nutzen das Internet für die allgemeine und berufliche Bildung (Dienel, 2004).

Versucht man, die Bedeutung des scheinbar weiterhin wachsenden Einflusses von Technikimplementierung für Gesellschaft, Organisation und Individuum zu untersuchen, lassen sich verschiedene Überlegungen anstellen.

Auf gesamtgesellschaftlicher Ebene wird der Einsatz von Technologien oft im Kontext von Risiko diskutiert (vgl. hierzu auch die Risikogesellschaft, Beck, 1986). Überwiegend werden (IuK-)Technologien jedoch als vorteilhaft eingestuft: Sie fördern Wirtschaftswachstum, können gesellschaftliche Wohlfahrt erhöhen, internationale Anschlussfähigkeit sicherstellen und Freiräume eröffnen. Allerdings schaffen sie auch neue Kontrollmöglichkeiten.

Der gesteigerte Einsatz von IuK-Technologien führt in Organisationen zu neuen Anwendungspotentialen auf der Produkt- und Prozessebene, die die Innovationsdynamik weiterhin vorantreiben. Damit werden Fortschritte auf dem Gebiet der IuK-Technologien zur Herausforderung für Organisationen und bieten zugleich Bewältigungspotentiale (Picot et al., 2001). Der weitreichende Einzug des Computers in die Arbeitswelt führt zu einer Modifikation der Arbeitsinhalte, -methoden und -organisation (Rantanen, 1998). Organisationen können über den Einsatz von IuK-Technologien versuchen, ihre Effizienz und Effektivität zu erhöhen sowie Wettbewerbsvorteile und Innovationspotentiale zu schaffen. Was auf der einen Seite Vorteile darstellt, kann auf der anderen Seite Nachteile mit sich bringen, wenn sich Organisationen gezwungen sehen, aus Konkurrenzdruck heraus fortwährend technologische Anschlussfähigkeit zu suchen und sich den einschränkenden Vorgaben technischer Systeme anpassen zu müssen.

Ähnlich verhält es sich für Individuen: Auch sie werden gefordert, nicht nur den Umgang mit IuK-Technologien zu lernen, sondern auch die steigende Informationsflut zu bewältigen. Zugleich können Individuen in die Situation geraten, bestimmte Technologien zwar kritisch zu betrachten oder abzulehnen, aber von ihnen abhängig zu sein. Eine bewusste Ablehnung des Umgangs mit Technologien kann einen gesellschaftlichen (arbeits- oder alltagsbezogenen) Ausschluss nach sich ziehen.

2.1.4 Wissensgesellschaft: Wissensgenese und -transfer

Es vollzieht sich ein Wandel hin zu einer Wissensgesellschaft, manche Autoren sprechen auch von einer Informationsgesellschaft (Foray, 2002, Mattelart, 2003, Feather, 2001). Diese beiden Begrifflichkeiten deuten bereits auf eine uneinheitliche Verwendung der Konzepte hin, auf die vorweg eingegangen werden soll.

Die Begriffe Information und Wissen können nicht synonym verwendet werden. Dies ließe verschiedene Abgrenzungen zwischen beiden Konstrukten außer Acht, die in Anlehnung an Davenport (1997, S. 9) wie folgt beschrieben werden können (vgl. Tabelle 2-3):

Tabelle 2-3:   *Daten, Information und Wissen*

Daten	Information	Wissen
Einfache Beobachtung des Zustands der Welt	Daten sind mit Bedeutung und Zweck verbunden	Nützliche und wertvolle Informationen basieren auf menschlicher Reflexion, Synthese und Kontextbezug
Einfach strukturiert	Benötigt eine Analyseform	Schwierig zu strukturieren
Einfach importierbar in Maschinen	Erfordernis einer Übereinkunft über die Bedeutung	Schwierig, maschinell zu „übersetzen"
Einfach transferierbar	Menschliche Vermittlung ist nötig	Schwierig transferierbar

Quelle: Davenport, 1997, S. 9, Übersetzung durch die Autorin.

Wenngleich diese Differenzierung wieder neue Fragen aufwirft, zum Beispiel wie man sich Datengenese ohne menschliche Vermittlung vorstellen kann oder unter welchen Bedingungen Daten „einfach strukturierbar" sind, hebt diese Tabelle einige wesentliche Aspekte hervor. Daten sind noch vergleichsweise kontextunabhängige Zahlen und Zeichen, die durch Strukturbildung und Zweckorientierung zu Informationen werden. Werden Informationen verarbeitet und in einen Erfahrungskontext eingebunden, werden sie zu Wissen (Edvinsson & Brüning, 2000, Dienel, 2004).

Zudem stellt sich im Kontext einer Konturierung der Wissensgesellschaft die Frage, welche Qualität Informationen haben. Dies umso mehr, bedenkt man die Herausforderung, aus einer Datenflut jeweils relevante Daten zu identifizieren und vor dem Erfahrungshintergrund einzuordnen und in Information bzw. Wissen zu transformieren. Huang und Mitarbeiter (1999) erachten verschiedene Variable für relevant, wenn es um die Beurteilung der Informationsqualität geht (vgl. Tabelle 2-4):

Tabelle 2-4:   *Dimensionen der Informationsqualität*

Kategorie	Dimension	
Intrinsische Qualität	Genauigkeit	Objektivität
	Glaubwürdigkeit	Reputation
Kontextbezogene Qualität	Relevanz	Mehrwert
	Aktualität	Vollständigkeit
	Umfang	
Repräsentationsbezogene Qualität	Interpretierbarkeit	Verständlichkeit
	Präzision	Konsistenz
Qualität der Zugänglichkeit	Zugang	Sicherheit

Quelle: Journal of Management Information Systems, 1997, zit. in: Huang et al., 1999, S. 43, Übersetzung durch die Autorin.

Auch diese Darstellung reißt einige neue Fragen an, wie etwa nach der Definition und den Grenzen von Objektivität, doch wird aus der Tabelle ersichtlich, dass Informationen danach beurteilt werden können, für wie exakt und glaubhaft sie gehalten werden – demnach wird die Informationsquelle nach bestimmten Kriterien geprüft. Information hat damit immer auch einen kontextuellen Bezugsrahmen, wobei soziale Repräsentationen bei der Vermittlung und Interpretation von Informationen bedeutsam sind. Zuletzt wird auch Zugänglichkeit beurteilt. Je nachdem, wie die Informationsqualität beurteilt wird, ist eine erfahrungsassoziierte Transformation in Wissen zu erwarten.

Nach diesen einleitenden Vorüberlegungen zu dem Zusammenhang zwischen Daten, Information und Wissen wird als Nächstes der Frage nachgegangen, wie es zu einer stärkeren Betonung von Wissen und der Beschreibung einer Wissensgesellschaft gekommen ist. Bereits 1962 wurde von Machlup die Bedeutung der Wissensarbeit für die Ökonomie herausgestellt, Drucker (1969) belegte die Verlagerung von materieller Produktion hin zu wissensbasierter; Bell (1985) wies auf die Relevanz theoretischen Wissens hin.

Seit diesen frühen Veröffentlichungen zu Hinweisen auf die Wissensgesellschaft hat sich wiederkehrend eine Argumentation abgezeichnet, nach der ein Übergang von einer güterproduzierenden hin zu einer Dienstleistungswirtschaft zu beobachten sei, die sich durch Professionalisierung und eine wachsende Bedeutung von theoretischem Wissen als Quelle von Innovationen auszeichne (Pfiffner & Stadelmann, 1995). Der hohe Stellenwert von wissensbasierter Dienstleistung ist jedoch keinesfalls auf den Bereich des tertiären Sektors beschränkt, sondern ist beispielsweise auch im Produktionsbereich, der Teil des sekundären Sektors ist, anzutreffen (Bullinger & Murmann, 1999).

Oft wird die Wissensgesellschaft in Verbindung mit IuK-Technologien gebracht, die als Voraussetzung für die gestiegene Relevanz von Wissen gewertet werden (z.B. Willke, 2004). In diesem Zusammenhang sieht man sich schnell mit einer ganzen Reihe englischsprachiger Schlagwörter konfrontiert, die einzelne Facetten der Wissensgesellschaft umschreiben sollen (z.B. E-Society, E-Politics, E-Government, E-Citizens, New Economy, E-Business, E-Work etc. Dienel, 2004).

Allgemein basiert die Wissensgesellschaft auf sozialen Systemen, in denen Wissen besonderen Stellenwert erlangt hat (z.B. „lernende Organisation"), auf Tätigkeitsbereichen, in denen „Wissensarbeit" geleistet wird, und auf der Produktion „intelligenter Produkte" (Willke, 1999).

Den Übergang von der Industrie- zur Wissensgesellschaft fasst Tabelle 2-5 zusammen.

Tabelle 2-5:   *Industrie- und Wissensgesellschaft*

Industriegesellschaft	Wissensgesellschaft
Sachkapital	Wissenskapital
Hierarchie/Kontrolle	Vernetzung/Fokussierung
Vertikale Kommunikation	Horizontale Kommunikation
Sequentielle Prozesse	Simultane Prozesse
Produkte	Problemlösungen

Quelle: Willke, 2004, S. 108.

Wissensgesellschaft zeichnet sich also durch Vernetzungen, oder systemtheoretisch formuliert: durch eine gewachsene Zahl an Systemkoppelungen, und die herausragende Relevanz von Wissenskapital aus.

Aburdene und Naisbitt (1985) proklamieren eine Verlagerung der Bedeutung des „Finanzkapitals" in der Industriegesellschaft hin zur steigenden Relevanz des „Humankapitals" in der Informationsgesellschaft. Nach Romer (1993) wachsen wissensbasierte Ökonomien durch technischen Wandel, welcher von Wissen initiiert wird. Insofern wird auch Wissenschaft zu einem bedeutsamen Motor gesellschaftlicher Veränderung (Gibbons et al., 1994). In der Folge vermag intellektuelles Kapital das ökonomische System strukturell zu ändern (Stewart, 1997). So finden sich in den Darstellungen der OECD, die das Drei-Sektoren-Modell von Fourastie (1954) um eine vierte Dimension, Informationsarbeit, erweitert hat, Prognosen, die die Bedeutung des vierten Sektors (der Informationsarbeit) als exponentiell zunehmend vorhersehen

(BMBF, 1998). Diese Darstellung wurde zwar verschiedentlich kritisiert (Dienel, 2004), hat aber zugleich die Diskussion um die Bedeutung von Wissen weiter angestoßen.[1]

Während einige Autoren annehmen, das Monopol von Spezialistenwissen zerfalle durch den Einzug moderner Kommunikationstechnologien, durch die Macht verteilt und Wissen diffundieren würden (ebd.), sehen andere Wissensgesellschaft charakterisiert durch Expertenkulturen (Stehr & Ericson, 1992, Jasanoff, 1990).

Der Versuch, Indikatoren für die quantitative (im Sinne von zahlenmäßig messbare) Erfassung der Wissensgesellschaft zu finden, läuft im Wesentlichen auf die Betrachtung folgender Aspekte hinaus (Dienel, 2004): Verbreitung und Nutzung von Internet, Multimedia und E-Tech-Produkte in Wirtschaft, Verwaltung und privaten Haushalten sowie Dienstleistungen im Bereich E-Commerce, E-Banking, E-Learning, Infotainment und Telearbeit. Damit liegt der Schwerpunkt ganz unverkennbar auf den modernen IuK-Technologien. Eine quantifizierende Betrachtung schließt damit all jene Bereiche aus, in denen IuK-Technologien nicht genutzt werden. Dies könnte eine Differenz hervorrufen, nach der ein außenstehender Beobachter die Bedeutung von Wissen nicht (an)erkennt, die Betroffenen selbst aber Wissen für relevant erklären.

Das Ausmaß, in welchem Firmen tatsächlich über die Implementierung moderner Technologien und neue Arbeitsformen versuchen, eine stärkere Wissensnutzung zu erreichen, hängt von ökonomischen, institutionellen und sozialen Faktoren ab (Heidenreich, 2001, 2002). Daneben wäre zu prüfen, in welchem Ausmaß IuK-Technologien tatsächlich Spezialistenwissen öffentlicher machen und nicht im Gegenteil schlichtweg der Zugang zu Wissen oder die Interpretationsfähigkeit von Informationen zu einem neuen Machtinstrument werden.

Die Geschwindigkeit der Wissenserneuerung (Karsten & Wolters, 1999) wird zum zentralen Merkmal der modernen Arbeitswelt und stellt alle Beteiligten vor die Herausforderung, aus der ständig steigenden Menge an Informationen die möglicherweise relevanten herauszufiltern. Dabei kommt es beispielsweise zu der paradoxen Situation, dass Führungskräfte sowohl über die Informationsflut als auch über Informationsarmut klagen. Wie Individuen seien auch Organisationen nicht nur gefordert, Wissen schnell zu transformieren, sondern auch zu produzieren (Nonaka, 1991). Zu Wissen zählt Nonaka (1991) dabei nicht nur das quantifizierbare Wissen, sondern auch „weiche", nicht-quantifizierbare Faktoren. Andere Autoren betrachten implizites Wissen (implicit knowledge, tacit knowledge, Baumard, 1999, Haldin-Herrgard, 2000, Lam, 2000, Leonard & Sensiper, 1998), wobei einige einschränkend zu bedenken geben, inwieweit eine scharfe Trennung zwischen explizitem und implizitem Wissen überhaupt sinnvoll und realitätsangemessen ist (z.B. Kluge et al., 2001, Prichard, 2000, Tsoukas, 1996). Huang und Mitarbeiter (1999) schätzen den Anteil nicht-quantifizierbaren (statistisch messbaren) Wissens sogar bei 80% ein.

---

[1] Ein Kritikpunkt betrifft die Überschneidungsproblematik, schließlich dürfte Informationsarbeit heutzutage in allen drei Sektoren (primärer, sekundärer und tertiärer Sektor) von Bedeutung sein.

Im Kontext der Wissensgesellschaft wird auch das Konzept des Wissensmanagements diskutiert. Es wird sowohl auf organisationaler Ebene verankert, und hierbei wird häufig von der „lernenden Organisation" gesprochen, als auch auf individueller Ebene, auf der sich die Forderung nach fortwährender Wissenserweiterung in dem Schlagwort „lebenslanges Lernen" manifestiert. Allgemein gesprochen beschreibt Wissensmanagement wissensintegrative und -koordinative Tätigkeiten (Ganz & Hermann, 1999). In Organisationen wird gefordert, dass die Mitarbeiter ihr Wissen den Kollegen zugänglich machen (Empson, 2001, Flood et al., 2001, Kim & Mauborgne, 1998, Morris, 2001, Robertson & Hammersley, 2000). Gerade bei Wissen, das an den Erfahrungshorizont einzelner Individuen gebunden und nicht einfach codierbar (im Sinne von „objektivierbar") ist (tacit knowledge), ist die Bereitschaft der jeweiligen Mitarbeiter gefragt, ihr Wissen weiterzugeben (Empson, 2001, Flood et al., 2001, Robertson & Hammersley, 2000, Willman et al., 2001). Entsprächen Mitarbeiter dem Wunsch, kann dies Angst fördern, sich damit entbehrlich zu machen und den eigenen Arbeitsplatz zu gefährden (Dienel, 2004). Wissen sichert in Organisationen schließlich Status und Macht – eine Forderung nach Wissensweitergabe produziert Konflikte, die sich um die Frage spinnen, wer Anspruch auf Wissensbesitz hat und wer es kontrollieren darf (Storey & Barnett, 2000). Organisationen bieten in der Regel kein harmonisches Umfeld, in dem Mitarbeiter bereitwillig ihr Wissen teilen (Scarbrough & Carter, 2000).

Ein gelungenes Wissensmanagement wird jedoch als zentral für Organisationen erachtet. Vor dem Hintergrund des Verwertungszusammenhangs wird die Frage in den Vordergrund gerückt, welche Einflussfaktoren dazu beitragen, dass Individuen (eher) ihr Wissensmonopol aufgeben und ihr Wissen zugänglich machen. Zahlreiche Forschungsprojekte untersuchen diese Frage und gelangen zu folgenden Erkenntnissen (nachfolgend sind nur ausgewählte Befunde herausgegriffen, eine umfassendere Darstellung findet sich bei Hislop, 2003):

Mitarbeiter geben ihr Wissen dann weiter, wenn…

- betriebliche Entscheidungsprozesse als fair beurteilt werden (Kim & Mauborgne, 1998),
- die an die Organisation gerichteten Erwartungen des Individuums erfüllt werden (Robertson & Hammersley, 2000),
- Wissensteilung honoriert und belohnt wird (Hansen et al., 1999, McDermott & O'Dell, 2001, Pan & Scarbrough, 1999, Ruggles, 1998, Smith, 2001),
- als Folge von Wissensteilung kein Statusverlust erwartet wird (Morris, 2001),
- das Bemühen vorherrscht, Wissen in einer Gruppe zu erhalten (Boisot & Griffiths, 1999, Newell et al., 2000, Storey & Barnett, 2000).

Wissen zu horten und möglichst ein Monopol darauf zu sichern, wird demgegenüber unter anderem durch die Annahme gefördert, Mitarbeiter könnten dadurch ihre Beschäftigungsfähigkeit („Employability") erhöhen (Byrne, 2001) oder ihren Status sichern (Willman et al., 2001). In einigen Studien wird belegt, wie wichtig *Vertrauen* bei der Wissensweitergabe ist (Andrews & Delahaye, 2000, Morris & Empson, 1998).

Zusammenfassend soll an dieser Stelle festgehalten werden, dass im Folgenden mit Dienel (2004) von Wissensgesellschaft – und nicht von Informationsgesellschaft – gesprochen wird. Denn Wissen beruht nicht „auf reiner Information", sondern transportiert Wertigkeit, die sich auch in wirtschaftlichen und politischen Steuerungsversuchen niederschlägt (ebd.). Willke (2004) betont noch die Unterscheidung, nach der die Informationsgesellschaft vor allem die neuen IuK-Technologien in den Mittelpunkt stellt, während in der Wissensgesellschaft die gesellschaftliche Konstruktion von Wissen und Nicht-Wissen in den Vordergrund gerückt wird, das heißt der soziale Kontext findet hier Berücksichtigung. Priddat (2003) beschreibt die Wissensgesellschaft als „epistemisches System"; alle sozialen Systeme sind gefordert, ihr Wissen stets zu überprüfen und sich neues anzueignen.

In Anlehnung an Willke charakterisiert Dienel (2004, S. 22) die Wissensgesellschaft wie folgt:

> „Von einer Wissensgesellschaft lässt sich sprechen, wenn die Strukturen und Prozesse der Reproduktion einer Gesellschaft so von wissensabhängigen Operationen durchdrungen sind, dass die Informationsverarbeitung und die Träger von Wissen („WissensarbeiterInnen") gegenüber anderen Faktoren der Reproduktion vorrangig werden."

Prozesse wie diese sind im Stande, die gesamte Gesellschaft zu beeinflussen. Damit bringen sie einen weitreichenden Wandel mit sich, der nicht auf einzelne Bereiche beschränkt bleibt.

2.1.5 Soziodemographische Entwicklung: struktureller Wandel

Für Bevölkerungsentwicklung interessierten sich Menschen schon in der Antike (vgl. z.B. Hooker, 1982, Schiller, 1986). Dies liegt unter anderem an der Breite möglicher Konsequenzen: Bevölkerungsentwicklung hat ökonomische, sozialpolitische, soziale und psychische Folgen (v. Rosenstiel et al., 1986). Nicht nur Wanderungen, Sterblichkeit und Fruchtbarkeit, sondern auch die Psychologie generativen Verhaltens liefern Erklärungsbeiträge (ebd.).

Schon seit Jahren deutet sich eine immer stärkere Überalterung der Gesellschaft an. Sowohl das Durchschnittsalter als auch der absolute und relative Anteil älterer Jahrgänge sind gestiegen (Buck et al., 2002). Im Jahr 2001 lag das Durchschnittsalter bei knapp 41 Jahren, bis zum Jahre 2050 wird es auf 48 Jahre geschätzt (Statistisches Bundesamt, 2003). Die Bevölkerung überaltert und schrumpft. Gründe hierfür liegen in den sinkenden Geburtenraten und der steigenden Lebenserwartung. Manche Autoren sehen in der sich gewandelten Rolle der Frau einen weiteren Motor, der diese Effekte verstärkt. Frauen sind immer mehr bestrebt, genau wie Männer an der Erwerbsarbeit teilhaben zu können und verzichten dabei oft auf Kinder, insbesondere wegen der antizipierten Problematik, Beruf und Familie vereinbaren zu können (Willke, 1999). Auch der moderne, individualistisch ausgerichtete Lebensstil beeinflusst die Geburtenrate: Das Durchschnittsalter bei Eheschließungen und die Geburt des ersten Kindes verschieben sich nach hinten, zugleich steigen die Scheidungszahlen (Horx, 2000). Inzwischen resultiert das Bevölkerungswachstum in Deutschland deutlich aus der Zuwanderung (Buck et al., 2002).

Die sich trotz Zuwanderung junger Menschen abzeichnende Überalterung der Gesellschaft hat nicht nur Effekte auf das Sozialversicherungssystem, sondern auch auf Organisationen, in denen es zu einer „Überalterung" der Belegschaft – und damit einer neuen Herausforderung für die Unternehmen – kommen kann. Allerdings darf kein 1:1-Verhältnis angenommen werden, nach dem sich die Überalterung der Gesellschaft in gleicher Weise in einer Überalterung von Belegschaften abzeichnet, sondern es sind vielmehr folgende Überlegungen einzubeziehen (Buck et al., 2002):

- Bleibt die Altersgrenze des Berufsaustritts weitgehend gleich, ändert sich nichts an der Altersstruktur in einem Unternehmen, wenn die Lebenserwartung der Menschen steigt. Dies hat dann nur Auswirkungen auf den Nicht-Arbeitsbereich.

- Steigen Erwerbspersonen erst mit höherem Alter ins Berufsleben ein – wie dies etwa aufgrund langer Ausbildungszeiten der Fall ist, dann verschiebt sich das Durchschnittsalter der Erwerbstätigen, ohne dass dies eindeutige Rückschlüsse auf die gesamtgesellschaftliche soziodemographische Entwicklung zuließe.

- Bisher können verschiedene Belege dafür gefunden werden, dass älteren Arbeitnehmern durch Anreizmodelle der vorzeitige Berufsaustritt nahe gelegt wird. Setzt sich diese Entwicklung fort, führt dies wiederum zu einer Verjüngung der Belegschaft. Diese Strategien, die oft im Kontext von Restrukturierungs- und Rationalisierungsmaßnahmen ergriffen werden, gehen in der Regel zu Lasten der Sozialkassen.

Die Diskussion um die Überalterung und Schrumpfung der deutschen Gesellschaft ist nicht selten emotionsbeladen und transportiert bestimmte Werthaltungen. Allerdings soll an dieser Stelle auch auf die Problematik von Prognosen über Bevölkerungsentwicklungen hingewiesen werden. Sie beruhen oft auf linearen Kausalitätsannahmen und unterstellter Stabilität. Beispielsweise müssten im Falle von Deutschland auch das höchst komplexe Geflecht von Zuwanderung, politischen und wirtschaftlichen Rahmenbedingungen, darauf aufbauende Zukunftserwartungen wie auch die Art und Weise des Wandels gesellschaftlicher Werte berücksichtigt werden.

Neben der strukturellen Änderung in Form von Überalterung der Gesellschaft sind noch zwei andere Aspekte zu ergänzen: zunehmende Arbeitslosigkeit und ökonomische Verteilung. Eines der größten, wenn nicht das zentrale Problem der heutigen Gesellschaft in Deutschland ist die Arbeitslosigkeit. Im Februar 2005 überstieg sie die

5-Millionen-Marke. Immer mehr Menschen fallen aus einem für die soziale Einbindung wichtigen Bereich. Selbst nach Hartz IV bedeutet dies für die Sozialkassen eine wachsende ökonomische Belastung. Gleichzeitig vergrößert sich die Kluft zwischen Arm und Reich: Nach dem Armutsbericht 2004 ist die Armutsrisikoquote in dem Zeitraum von 1998 bis 2003 von 12,1% auf 13,5% gestiegen. Dabei wird der Anteil der Personen in Haushalten erfasst, deren Nettoäquivalenzeinkommen weniger als 60% des Mittelwertes aller Haushalte beträgt. In Deutschland liegt die Armutsrisikogrenze bei 938 Euro (Bundesministerium für Gesundheit und Soziale Sicherung, 2005). Armut ist unter in Trennung lebenden, allein erziehenden und älteren alleine lebenden Frauen sowie unter Kindern und Jugendlichen überproportional ein Problem. Personen, die in Teilzeitbeschäftigungen tätig oder erwerbslos sind, leiden ebenfalls vergleichsweise oft unter Armut (Statistisches Bundesamt, 2004).

2.1.6 Wertewandel: normative Änderungen

Die Analyse des Wandels, des Verblassens alter und Aufkommens neuer Werte, hat lange Tradition, doch spätestens seit den 70er Jahren hat die Wertewandelforschung mit Rokeach (1973), Kmieciak (1976), Inglehart (1977), Klages (1984) und von Rosenstiel und Stengel (1987) deutlich an Gestalt gewonnen. Ingleharts Differenzierung in materialistische und postmaterialistische Wertprioritäten ist auf der einen Seite in vielen weiterführenden Abhandlungen und Studien verwendet worden; auf der anderen Seite hat dieses Konzept auch einige Kritik nach sich gezogen (Hillmann, 2001). Zu den materialistischen Werten werden die Aufrechterhaltung der innerstaatlichen Ordnung, Kampf gegen Verbrechen, Sicherung der Verteidigung, Stabilität der Wirtschaft und hierbei insbesondere Preisstabilität sowie hohes Wirtschaftswachstum gezählt. Postmaterialistische Werte konzentrieren sich auf politische und arbeitsbezogene Mitsprache, Meinungsfreiheit, humane und idealistische Gesellschaft sowie eine ästhetische Umwelt.

Klages (1984) Unterscheidung in Pflicht-/Akzeptanzwerte und Selbstentfaltungswerte setzt einen etwas anderen Schwerpunkt. Zur ersten Gruppe zählen beispielsweise Disziplin, Gehorsam, Pflichterfüllung, Treue, Unterordnung und Bescheidenheit. Die Selbstentfaltungswerte schließen unter anderem Emanzipation, Partizipation, Autonomie, Genuss, Ungebundenheit und Spontaneität mit ein. Später hat Klages (1998) den Versuch unternommen, die deutsche Gesamtbevölkerung in fünf „Wertetypen" einzuteilen: Konventionalisten (17%), perspektivlose Resignierte (15%), aktive Realisten (34%), hedonistische Materialisten (17%) sowie nonkonforme Idealisten (17%).

In ihrem zeitlichen Verlauf sind traditionelle (Pflicht- und Akzeptanz-)Werte, wie Anpassung, Leistungsbereitschaft und Disziplin, seit den 90er Jahren von immer weniger Menschen als zentrale, wichtige Werte übernommen worden (Hammes, 2002). Demgegenüber sind Werte, die zu einer individualistischen Lebenseinstellung passen, gestärkt worden. Autonomie und Selbstbestimmung erscheinen nun besonders bedeutsam. Auf der Ebene der Organisation werden dennoch weiterhin oft traditionelle Werte als wichtig erachtet und von den Individuen gefordert (Klages, 1998). Dies führt zu Spannungen, denn die meisten Individuen streben nicht mehr (nur) die ökonomische Absicherung des Lebens an, sondern suchen in der Arbeit eine Möglichkeit der Selbstverwirklichung (Willke, 1999). Dies wird auch in zahlreichen Studien bestätigt (v. Rosenstiel & Stengel, 1987, v. Rosenstiel et al., 1989, v. Rosenstiel, 1993, Regnet & Stengel, 1993, Stengel, 1999): Ziele der Organisation und des Individuums, vor allem geforderte und angebotene Leistungsbereitschaft, fallen auseinander.

Eine tiefergehende Betrachtung des Wertewandels, auch in Bezug auf den Arbeitskontext, wird durch Einbeziehen der empirischen Studien möglich (v. Rosenstiel & Stengel, 1987, v. Rosenstiel et al., 1989, v. Rosenstiel, 1993, Regnet & Stengel, 1993, Stengel, 1990, 1995, 1997, Beerman & Stengel, 1992, Marten-Grubinger & Stengel, 1995). Die Autoren untersuchen arbeitsbezogene Werte und ihre Ausprägungen, wobei sie zwischen Karriere-, Freizeitorientierung und alternativem Engagement differenzieren. In Deutschland ist die Freizeitorientierung am stärksten ausgeprägt, dann kommen die Karriereorientierung und schließlich das alternative Engagement. Zum Vergleich ist in den USA die Karriereorientierung Nummer eins, gefolgt von alternativem Engagement und Freizeitorientierung. In Japan rangiert das alternative Engagement an erster Stelle, dann folgen die Freizeit- und Karriereorientierung.

Einige Autoren vertreten den Standpunkt, dass mit einer Zunahme des Wandels in der Umwelt auch eine Werteverschiebung verbunden ist, die auf eine Flexibilisierung hinauslaufe(n solle): „Die klassische Auffassung von Identität, Stabilität und persönlicher Unversehrtheit wird dysfunktional innerhalb einer Welt, in der wir permanent gefordert sind, den Wandel zu internalisieren" (Meschnig, 2003, S. 36). Insbesondere die Wirtschaft fordert diese Entwicklung ein, damit Arbeitnehmer, ständig Neues lernend, sich jederzeit auf die veränderte Umwelt einstellen können. Pointiert laufe dies auf einen Menschen hinaus, in dessen Wertesystem Flexibilität zur „Lebensmaxime" werde und er „zum Hightech-Nomaden [mutiere], der keine dauerhafte Beziehung zum Arbeitgeber mehr eingehe und stattdessen zur Droge mache" (Opaschowski, 2002, S. 190). Die Gefahr flexibilitätsbedingter sozialer Vereinsamung wird auch von Sennett (2000) beschrieben.

Inwiefern dieser Flexibilitätsmythos in der Realität Entsprechung findet, wird in den späteren Kapiteln immer wieder angesprochen, doch bereits an dieser Stelle wirft diese Argumentation die Frage auf, wie weit ein psychisches System fähig – und willig – ist, sich kontinuierlich neu zu orientieren, neue Systemkoppelungen einzugehen und die eigene Vielfalt ständig zu erhöhen. Vielmehr wäre es – aus theoretischer Perspektive betrachtet, wahrscheinlicher, dass wieder neue Werte im Sinne von Fixpunkten relevant werden, die dem psychischen System wichtige Stabilität vermitteln.

Doch nicht nur potentielle Erwartungen der Organisation können Ursache des Wertewandels sein. Auch andere „objektive" Strukturen (z.B. neue Produktionsmethoden oder Medieneinsatz), psychische Prozesse (z.B. Erlebnisse in der primären Sozialisation, Form der Bedürfnisbefriedigung oder Wahrnehmung spezifischer Defizite) und Verbreitung von Werthaltungen (z.B. aufgrund soziodemographischer Veränderungen, Steigerung des Bildungsniveaus oder Einfluss von Multiplikatoren) können den Wertewandel vorantreiben (Stengel, 1997).

Zusammenfassung

Für die weitere Untersuchung von Arbeit und Organisation sind einige ausgewählte gesamtgesellschaftliche Prozesse zu berücksichtigen. Im Zuge der Pluralisierung der Lebensstile und der Individualisierungstendenzen bilden sich mehr und mehr kleinere Sozialsysteme mit eigenen Normen und Werten heraus. Das Individuum kann sich an einer Vielzahl sozialer Vergleichs- und Bezugsgruppen orientieren, ist damit jedoch auch vor die Herausforderung gestellt, diesen Orientierungsprozess zu leisten.

Durch *Globalisierung* angestoßen, wird das Spektrum möglicher Systemkoppelungen erweitert: Soziale Bezugsgruppen können nun auch „billige" Arbeitskräfte im Ausland sein oder ausländische Arbeitskräfte, die vermehrt auf den deutschen Arbeitsmarkt drängen. Beide Gruppen werden nicht selten als neue „Konkurrenz" wahrgenommen. Dies und das mögliche Zusammenprallen unterschiedlicher Werte kann Altes in Frage stellen (etwa im Bildungsbereich die Berechtigung des Diplomabschlusses versus der Übernahme von BA/MA-Abschlüssen) und zu Konflikten führen.

Globalisierung eröffnet zugleich neue Arbeitsmöglichkeiten im Ausland. Dies fordert von Arbeitnehmern weitreichende Kompetenzen: Neben Fremdsprachenkenntnissen sind auch Kompetenzen in der interkulturellen Kommunikation und Interaktion gefragt.

Auf organisationaler Ebene übt Globalisierung nicht selten Druck aus. Unternehmen sehen sich veranlasst, im internationalen Vergleich effizienter zu werden und greifen dabei auf Strategien der Verlagerung von Arbeitsplätzen und Stellenabbau zurück. Damit nimmt Arbeitsplatzsicherheit ab. Auch im Ausland „erprobte" Formen von Arbeit dienen als Modelle für Organisationen in Deutschland, ohne dass dabei die Übertragbarkeit von einem Kulturkreis auf den anderen hinterfragt würde.

Technikeinsatz in Arbeit und Organisation scheint weiter an Bedeutung zu gewinnen. Organisationen sehen sich dem Druck ausgesetzt, der Dynamik Stand zu halten, Individuen müssen sich ebenfalls bemühen, immer auf dem Laufenden zu bleiben. Technik kann Arbeitsbedingungen verändern: sowohl verbessern als auch neue Belastungen hervorrufen. Allgemeiner gehalten gilt dies auch für die Bedeutung von *Wissen*. Gerade durch den Einzug der IuK-Technologien nimmt die Menge an Informationen zu. Soziale und psychische Systeme müssen Strategien entwickeln, für sie relevante Informationen zu filtern und in Wissen zu transformieren.

Weiterhin stellen *strukturelle* und *normative Veränderungen* der Gesellschaft sowohl Organisationen als auch Individuen vor neue Herausforderungen. Überspitzt gesprochen wächst die Gefahr, zu einer Gruppe von Menschen mit weniger „Marktwert" (auch im Sinne gesellschaftlicher Anerkennung) zu gehören. Überalterung wird als Problem diskutiert. Es werden eher Wege gesucht, ältere Arbeitnehmer aus dem Arbeitsleben zu verdrängen als auf ihr Expertenwissen zu bauen. Relativ altersunabhängig droht aber auch die Gefahr der Arbeitslosigkeit. Qualifikationen sind keine Garantie für Beschäftigung, erst recht nicht in einer Arbeitswelt, in der Wissen schnell als überholt oder schlichtweg als nicht mehr gefragt abgestempelt wird.

Durch die Breite an Möglichkeiten, welche Werte in einem sozialen System oder in einem psychischen System als Bezugspunkte fungieren, nimmt auch die Bandbreite daraus erwachsender Spannungen und Konflikte zu.

Alles in allem bietet die moderne Gesellschaft sowohl Organisationen als auch Individuen einige Freiräume und neue Entfaltungschancen, zugleich gehen von ihr Verunsicherungen aus, die von den jeweiligen Systemen verarbeitet werden müssen.

Fragen zur weiteren Beschäftigung mit dem Stoff

1. Nach Zima (1997) ist Moderne durch Ambivalenzen charakterisiert. Überlegen Sie sich konkrete Beispiele, die diese Behauptung stützen. Spricht auch etwas gegen diese Argumentation?

2. Postmoderne zeichnet sich Zima (1997) zufolge nicht nur durch Ambivalenz, sondern auch durch Ambiguität und Indifferenz aus. Erklären Sie anhand eigener Beispiele, was Zima unter diesen Begriffen versteht. Eignen sich diese Merkmale Ihrer Ansicht nach, um Gemeinsamkeiten und Unterschiede von Moderne und Postmoderne darzulegen?

3. Das Schlagwort der „Pluralisierung der Lebensstile" findet vielfache Verwendung. Wie würden Sie eine Pluralisierung von Lebensstilen empirisch überprüfen?

4. Auch auf „Individualisierungsprozesse" wird in Diskussionen oft hingewiesen. Welche Herangehensweisen erscheinen Ihnen brauchbar, um empirisch Individualisierung zu fassen?

5. Erarbeiten Sie ein Konzept, um verschiedene Gesellschaften danach zu unterscheiden, in welchem Ausmaß sie postmoderne Entwicklungsformen aufweisen.

6. Diskutieren Sie Neubergers (2000) These, dass Individualisierungstendenzen in gewissem Maße auch zu Kollektivität beitragen. Was spricht für und was spricht gegen diese Behauptung?

7. Fassen Sie zentrale Merkmale (post)moderner Gesellschaft zusammen. Welche Möglichkeiten eröffnet ein solcher gesellschaftlicher Rahmen für privatwirtschaftliche Unternehmen? Wie verhält es sich bei Organisationen des öffentlichen Dienstes?

8. Welche Chancen und Risiken ergeben sich in einer (post)modernen Arbeitswelt für Individuen?

9. Fassen Sie all jene Einflussgrößen zusammen, die Sie für besonders globalisierungsfördernd erachten. Gibt es auch Faktoren, die Globalisierung hemmen?

10. Ziehen Sie die Unterscheidung von Willke (2004) in Inter-Nationalisierung und Globalisierung heran. Halten Sie demnach Deutschland eher für ein internationalisiertes oder globalisiertes Land?

11. Finden Sie Pro- und Contraargumente für die These, auch Werte würden von Globalisierung verändert werden.

12. Welche Herausforderungen ergeben sich aus Globalisierung für Organisationen auf der einen und Individuen auf der anderen Seite?

13. Welche Faktoren haben dazu beigetragen, dass sich IuK-Technologien in der Arbeitswelt so durchgesetzt haben?

14. Welche Einflussgrößen sind im Nicht-Arbeits-Bereich von Bedeutung?

15. Welche Chancen und Risiken können sich aus einem intensivierten Technikeinsatz für Gesellschaft, Organisation und Individuum ergeben?

16. Ziehen Sie die Unterscheidung von Davenport (1997) in Daten, Informationen und Wissen heran und veranschaulichen Sie die jeweiligen Merkmale anhand eigener Beispiele.

17. Sie haben verschiedene Dimensionen kennen gelernt, um über die Qualität von Informationen urteilen zu können. Wählen Sie selbst gewählte Beispiele, anhand derer Sie den Wert von Informationen bestimmen. Wo sehen Sie Grenzen des genannten Konzepts?

18. An welchen Merkmalen kann man die „Wissensgesellschaft" festmachen?

19. Willke (2004) hat Merkmale der Industrie- und Wissensgesellschaft einander gegenübergestellt. Diese Differenzierung könnte man auch für die Beschreibung von Organisationen heranziehen. Welche Organisationen entsprechen dieser Darstellung zufolge eher der einen oder anderen Variante?

20. Der Argumentation einiger Autoren zufolge gewinnt Wissenschaft zusehends an Bedeutung. Würden Sie dieser Aussage zustimmen? Oder sollte zwischen verschiedenen Wissenschaftsbereichen (z.B. Disziplinen, Institutionen) unterschieden werden? Inwiefern beeinflussen dann die jeweiligen Wissenschaftsbereiche welche sozialen Subsysteme?

21. Für wie geeignet erachten Sie die von Dienel (2004) aufgezählten Punkte zur Operationalisierung von Elementen, die Wissensgesellschaft konstituieren?

22. Nach Heidenreich (2001) hängt das Ausmaß der IuK-Nutzung zur Stärkung von Wissen von ökonomischen, institutionellen und sozialen Faktoren ab. Verdeutlichen Sie sich diese Aussage anhand selbst gewählter Beispiele.

23. Gibt es Informationsüberflutung nur bei quantifizierbarem Wissen oder auch bei „weichem" (implizitem) Wissen? Benötigen Menschen zum Umgang mit diesem Wissen dieselben oder andere Kompetenzen wie im Umgang mit „hartem" Wissen?

24. Was kann man konkret unter Wissensmanagement auf organisationaler, was auf individueller Ebene verstehen?

25. Von welchen Faktoren hängt es ab, dass Wissensmanagement auf organisationaler bzw. individueller Ebene erfolgreich vonstatten geht?

26. Welche gängigen sozialen Repräsentationen trifft man im Zusammenhang mit der Diskussion über die „Überalterung" der Gesellschaft an?

27. Diskutieren Sie die These, die Überalterung der Gesellschaft gründe in einem veränderten Geschlechterrollenverständnis.

28. Welchen Beitrag liefert die Pluralisierung der Lebensstile zum soziodemographischen Wandel?

29. Welche Bedeutung haben Individualisierungstendenzen für strukturelle Veränderungen der Gesellschaft?

30. Diskutieren Sie die Behauptung, in dem gleichen Maße, in dem eine Gesellschaft überaltere, fände sich auch Überalterung in Organisationen.

31. Nehmen Sie die drei Faktoren Überalterung, Arbeitslosigkeit und ökonomische Verteilung zusammen: Welche gesamtgesellschaftlichen Herausforderungen können sich daraus ergeben? Auf was müssen sich Unternehmen u.U. einstellen? Was bedeutet dies eventuell für Individuen?

32. Welche Einflussfaktoren bedingen Wertewandel?

33. Von welchen Faktoren hängt es ab, welche Werte wie stark in einer Gesellschaft vertreten sind?

34. Wie würden Sie vorgehen, wollten Sie Werthaltungen von Erwerbstätigen empirisch erheben wollen? Welche Probleme können sich bei Ihrer Herangehensweise ergeben?

35. Diskutieren Sie, ob „High-Tech-Nomaden" zahlenmäßig wachsen oder eher ein „Flexibilisierungsmythos" vorherrscht.

2.2 Arbeit und Organisation in der modernen Arbeitswelt

Nachdem zuerst Merkmale der modernen Gesellschaft thematisiert wurden, werden in diesem Abschnitt zunächst einige Überlegungen zu Arbeit, daran anschließend zu Organisation angestellt. Die Darstellungen werden sich dabei auf ausgewählte Aspekte beschränken. Eine Verbindung von Arbeit und Organisation in der modernen Gesellschaft folgt dann mit Schwerpunkt auf neuen Formen von Arbeit im nächsten Kapitel.

2.2.1 Arbeit in der modernen Arbeitswelt

Lernziel: Vertiefter Blick auf „Arbeit", Abschätzung von Entwicklungstendenzen und Bedingungszusammenhängen.

Wichtige Begriffe: Begriff Arbeit – Erwerbsquote – Erwerbstätige – Nichterwerbspersonen – Arbeitszeit – atypische Arbeitszeit – Teilzeitquote – geringfügige Beschäftigung – befristeter Arbeitsvertrag – Leih- und Zeitarbeit – Selbständigkeit – Wirtschaftssektoren – Privatisierung des öffentlichen Sektors – Telearbeit – Insolvenzen – Stellenabbau – Verlagerung von Arbeitsplätzen ins Ausland – Bildungsinflation – Frauen auf dem Arbeitsmarkt – Überalterung – Erosion des Normalarbeitsverhältnisses – atypische Beschäftigungsformen – mobile Lebensformen – (Re)Taylorisierung – (Re)Humanisierung – Stellenwert der Arbeit.

Abbildung 2-2:   *Übersicht über das Kapitel „Arbeit"*

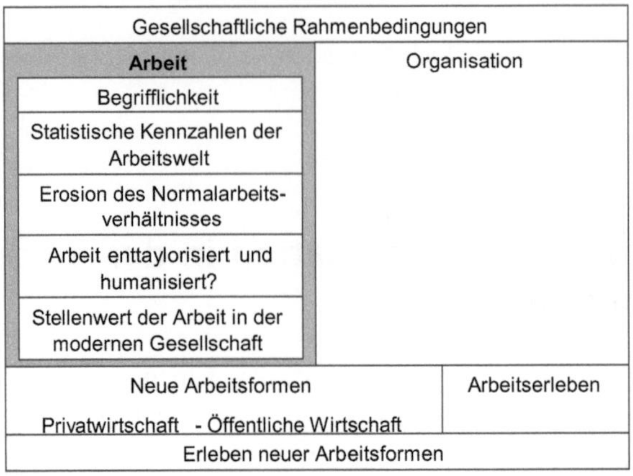

Gesellschaftliche Rahmenbedingungen	
Arbeit	Organisation
Begrifflichkeit	
Statistische Kennzahlen der Arbeitswelt	
Erosion des Normalarbeitsverhältnisses	
Arbeit enttaylorisiert und humanisiert?	
Stellenwert der Arbeit in der modernen Gesellschaft	
Neue Arbeitsformen	Arbeitserleben
Privatwirtschaft - Öffentliche Wirtschaft	
Erleben neuer Arbeitsformen	

2.2.1.1   Arbeit - eine begriffliche Analyse

In den vorausgegangenen Ausführungen ist ein grundlegender Aspekt von Arbeit schon mehrfach angeklungen: Arbeit verknüpft Bedürfnisse und (selbst- oder fremdbestimmte) Ziele (Stengel, 1997). Arbeit wird erlebt und in Bezugnahme auf eine soziale Referenzgruppe oder mehrere soziale Systeme normiert und bewertet. Arbeit beeinflusst die bio-physikalische Umwelt, soziale Systeme und das arbeitende Individuum selbst. Jahoda (1983) konkretisiert als Funktionen von Arbeit die Ermöglichung einer regelmäßigen Tätigkeit, soziale Kontakte, Zeitstrukturierung sowie Statusvermittlung zur Stärkung persönlicher Identität.

Das Begriffsverständnis von Arbeit ist dabei keinesfalls eine Konstante, sondern in einen kulturhistorischen Kontext eingebunden und entsprechend diesem Rahmen sozial repräsentiert (Stengel, 1997). In der modernen Welt hat Arbeit eine „ökonomische Rationalisierung" (ebd., S. 23) erfahren und hat sich gelöst von einer bestimmten Person, sie ist nun prinzipiell von jedem beliebigen Menschen zeit- und ortsunabhängig erbringbar.

Betrachtet man Arbeit, lassen sich verschiedene Perspektiven unterscheiden:

Abbildung 2-3:   *Systemperspektiven von Arbeit*

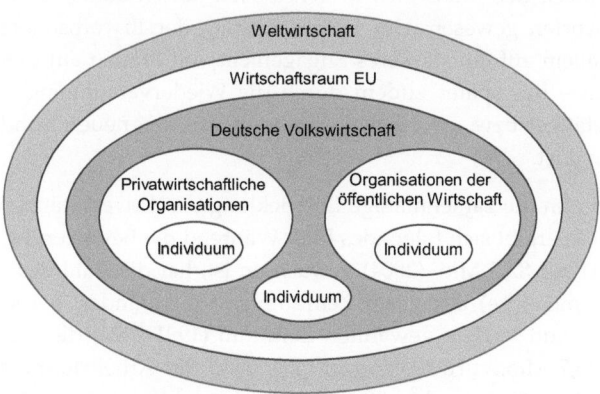

Die deutsche Volkswirtschaft ist eingebunden in den Wirtschaftsverbund der EU und die Weltwirtschaft. Wie bereits erläutert, nehmen Vernetzungen im Zuge der Globalisierung zu. Im nächsten Abschnitt wird die gesamtgesellschaftliche Entwicklung von Arbeit vor allem auf volkswirtschaftlicher Ebene und hier in erster Linie unter Bezugnahme auf statistische Daten betrachtet.

In späteren Abschnitten wird Arbeit sowohl im Kontext privatwirtschaftlicher als auch öffentlicher Organisationen thematisiert. Dem Erleben von Arbeit in den beiden Organisationsformen (privatwirtschaftlich, öffentlich) wird in Kapitel 3 nachgegangen.

Aus diesen knappen Vorbemerkungen wird deutlich, dass der Schwerpunkt im Weiteren auf Erwerbsarbeit liegt und andere Formen der Nicht-Arbeit, wie beispielsweise Arbeitslosigkeit, Ruhestand oder „freiwillige" Hausarbeit, nicht zentraler Gegenstand dieses Buches sind.

2.2.1.2   Ein Blick in die Statistik

In einem nächsten Schritt wird analysiert, wie sich Arbeit in den letzten Jahren verändert hat. Einer ersten Annäherung an diese Frage dienen Statistiken. Die vorgestellten Daten – einige ausgewählte gängige Schlüsselindikatoren – beziehen sich auf Deutschland und stammen in erster Linie von dem Statistischen Bundesamt (2002, 2003), dem Mikrozensus 2003 (Statistisches Bundesamt, 2004a), der Bundesanstalt für Arbeit (2003), Empirica (Gareis, 2002) sowie der European Foundation for the Improvement for Living and Working Conditions (v.a. Boisard et al., 2003, Merllié & Paoli, 2001).

Seit 1971 hat die *Erwerbsquote* zwischen knapp 60% und 68% geschwankt, 2003 lag sie bei 64,8%. Die Erwerbsquote ist allerdings nur begrenzt aussagekräftig, denn sie betrachtet den Anteil der Erwerbstätigen und Erwerbslosen an der Bevölkerung von 15-65 Jahren. Demnach lässt sich aus ihr das *Arbeitskräfteangebot* einer Gesellschaft ablesen. Dieses ist nach den Statistiken in den letzten Jahren kaum einem gravierenden Wandel unterworfen gewesen. Der leichte Anstieg der Erwerbsquote seit den 80er Jahren ist vor allem auf ein stärkeres Engagement von Frauen auf dem Arbeitsmarkt zurückzuführen – das später zudem durch die Wiedervereinigung und den hohen Anteil erwerbstätiger bzw. erwerbswilliger Frauen in den neuen Bundesländern und Ostberlin bedingt ist.

Vergleicht man nun die zahlenmäßige Entwicklung von Erwerbstätigen und Erwerbslosen seit 1991, so ergibt sich folgendes Bild: Während die Bevölkerung insgesamt von 79,8 Mio. (1991) auf 82,5 Mio. (2004) gewachsen ist, hat die Zahl der *Erwerbspersonen* (Erwerbstätige und -lose) in diesem Zeitraum fast unverändert bei knapp 40,1 Mio. stagniert. Dabei sind in dem gewählten Zeitraum (1991-2004) die *Erwerbstätigen* von 37,4 Mio. auf 35,7 Mio. zurückgegangen. Die Zahl der Arbeitslosen ist von 2,6 Mio. (1991) auf 4,6 Mio. im Dezember 2005 angewachsen.[2] Die gesamte Zahl der *Nichterwerbspersonen* (dies sind Personen, die keine – auch keine geringfügige – auf Erwerb ausgerichtete Tätigkeit ausüben oder suchen oder jünger als 15 Jahre sind) ist von 39,7 Mio. (1991) auf 42,4 Mio. (2004) gestiegen.

Aus dieser Betrachtung lässt sich ein zentrales Charakteristikum der modernen Arbeitswelt deutlich ablesen: Dem Anstieg des Arbeitskräfteangebots steht ein Rückgang der Nachfrage nach Arbeitskräften gegenüber. Arbeit wird unter zunehmend weniger Menschen verteilt. Die Zahl der Erwerbs*tätigen* ist rückläufig, die der Erwerbs*losen* nimmt zu. Aufgrund der steigenden Arbeitslosigkeit und des wachsenden Anteils an Personen im Ruhestand wird die Bedeutung der Erwerbstätigkeit für den Lebensunterhalt schwächer. Zum einen dürfte die Bedeutung des Kapitalvermögens wachsen, zum anderen sind auch die Sozialversicherungsträger zusehends gefordert, finanzielle Unterstützung für Erwerbslose und Nichterwerbspersonen aufzubringen.

Die normalerweise geleistete *Arbeitszeit* ist seit 1991 von durchschnittlich 40 Stunden auf 37,6 Stunden (2003) gesunken. Der Rückgang der Arbeitszeit ist bei Arbeitern stärker gewesen (37,4 Std. auf 33,8 Std.) als bei Angestellten (36,8 Std. auf 34,5 Std.). Allerdings scheint diesbezüglich eine Kehrtwende eingetreten zu sein, führt man als Beispiel die Einführung der 42-Stunden-Woche für Beamte in Bayern an.

Auf europäischer Ebene haben sich atypische Arbeitszeiten immer mehr durchgesetzt. In Deutschland haben 17,3 Mio. Menschen atypische Arbeitszeitformen, wie beispielsweise Wochenend- oder Schichtarbeit (2004).

Teilzeitbeschäftigung hat zugenommen, seit 1991 stieg sie in einem erheblichen Masse von 4,8 Mio. auf 7,2 Mio. im Jahr 2004. Die Teilzeitquote – der Anteil der abhängig Teilzeitbeschäftigten an allen abhängig Beschäftigten – kletterte von 14% (1991) auf

---

2 Auch wenn mit „Hartz IV" eine veränderte Berechnung der Arbeitslosenquote verbunden war, zeigen die Daten dennoch einen dramatischen Anstieg.

23% (2004). 85% aller Teilzeitbeschäftigten sind Frauen. Komplementär dazu hat der Anteil von Vollzeitarbeitsplätzen seit 1991 kontinuierlich (um 15%) abgenommen und lag 2003 bei 24,9 Mio. 2,7 Mio. der abhängig Beschäftigten sind in einem geringfügig entlohnten Beschäftigungsverhältnis (2003).

Damit gibt es immer weniger Stellen, bei denen ein Beschäftigungsverhältnis zur Sicherung des Lebensunterhalts ausreicht. Dies leitet möglicherweise einen Trend ein, der in den USA schon seit längerem beobachtet werden kann, nach dem mehrere „Jobs" zur Sicherung des Lebensunterhalts erforderlich werden. Nach dem Mikrozensus hatten 2003 890.000 Personen (2%) neben ihrer Hauptberufstätigkeit einen Zweitjob. Dies sind vor allem Personen, die im Dienstleistungsbereich tätig sind.

2004 hatten knapp 2,5 Mio. abhängig Beschäftigte (ohne die 1,6 Mio. Auszubildenden) einen *befristeten Arbeitsvertrag*. Die Quote hat seit 1991 (8%) immer wieder geschwankt, liegt aber 2004 auch bei 8%. Vor allem junge Menschen und Frauen haben befristete Arbeitsverträge. So haben 40% der unter 20-Jährigen in abhängiger Beschäftigung einen befristeten Vertrag (ausgeschlossen sind hier Auszubildende, Wehr- und Zivildienstleistende). Zieht man – wie die Europäische Kommission – die Gesamtbeschäftigung als Referenzgröße heran, liegt der Anteil befristeter Arbeitsverhältnisse bei 12,4%.

Zudem gibt es etwa 337.000 *Leih-* oder *Zeitarbeiter* (2002, Anteil 0,9%). Diese Gruppe zeichnet sich dadurch aus, dass sie besonders jung ist und ein im Gesamtvergleich gesehen niedrigeres Qualifikationsniveau hat (5,7% haben keinen Abschluss, unter allen Erwerbstätigen sind dies 1,5%). Vor allem große Unternehmen stellen Leih- oder Zeitarbeiter ein: Nur 1% der kleinen Firmen (1-49 Angestellte) beschäftigen Leih- und Zeitarbeiter. Bei Firmen mit 40-499 Mitarbeitern sind es 16,5% und bei Großunternehmen mit mehr als 500 Angestellten 35,7%. Deutlich mehr Männer (76,5%) als Frauen nehmen eine Arbeit als Leih- oder Zeitarbeiter an.

Demnach sind zahlreiche Beschäftigungsverhältnisse auf Zeit angelegt und unsicherer. Es kann erwartet werden, dass die große, lebenslange Loyalität eines Arbeitnehmers gegenüber seinem Arbeitgeber unter diesen Rahmenbedingungen schwindet und die Konzentration auf die eigene Person steigen wird.

Die Zahl der *Selbständigen* hat ebenfalls zugenommen und lag 2003 bei 3,8 Mio. bzw. 10% der Gesamtbeschäftigung (im Vergleich zu 1991 ein Plus um 2%). Laut Angaben der Agentur für Arbeit bewegte sich die Zahl an Personen, die eine Ich-AG gegründet haben, bei knapp 116.000. Seit der Einrichtung der Möglichkeit der staatlichen finanziellen Förderungen sind die Gründerzahlen bei der Ich-AG kontinuierlich gestiegen, so dass statt der geplanten staatlichen Fördergelder von 500 Millionen Euro pro Jahr mit 850 Millionen Euro gerechnet wird (O.V., SZ vom 24.05.2004). Inzwischen wird die Abschaffung der staatlich geförderten Ich-AGs diskutiert.

Insgesamt bedeutet das auch, dass mehr Menschen unter eigenem – individualisiertem – Risiko arbeiten. Sie können auf der einen Seite die Vorzüge des selbständigen, unabhängigen Arbeitens genießen, auf der anderen Seite müssen sie mit dem gestiegenen wirtschaftlichen Druck zurechtkommen.

Betrachtet man die *sektoralen Entwicklungen* auf dem Arbeitsmarkt, so zeigt sich, dass die Zahl der Erwerbstätigen, die im *Dienstleistungssektor* tätig sind, weiter zunimmt. 2003 waren 24 Mio. im Dienstleistungssektor und 11 Mio. im produzierenden Gewerbe (also im sekundären Sektor) tätig. Dabei sind 81% der erwerbstätigen Frauen und 54% der erwerbstätigen Männer im Dienstleistungssektor beschäftigt (im Vergleich: im produzierenden Gewerbe sind es 17% der Frauen und 43% der Männer). In der Landwirtschaft sind nur noch 0,6% der erwerbstätigen Männer und 0,3% der erwerbstätigen Frauen tätig.

Diese Entwicklung bringt mit sich, dass die besten Berufschancen im Dienstleistungssektor zu erwarten sind. Damit werden von einer steigenden Zahl an Menschen Fähigkeiten und Fertigkeiten erwartet, die für eine erfolgreiche Arbeit im Dienstleistungsbereich relevant sind, hierzu zählt unter anderem die Emotionsarbeit (Hochschild, 1990).

Im *öffentlichen Dienst* waren 2003 5,9 Mio. Personen beschäftigt (inkl. Beschäftigte in rechtlich selbständigen Einrichtungen mit überwiegend öffentlicher Beteiligung), davon 4,3 Mio. in Voll- und 1,6 Mio. in Teilzeit. Öffentliche Arbeitgeber sind damit von großer Bedeutung für den Arbeitsmarkt. In Deutschland wurden in den letzten Jahren verschiedene Deregulierungsprojekte staatlicher Monopole vollzogen. Die *Privatisierung* öffentlicher Unternehmen brachte in der Regel eine deutliche Stellenreduktion mit sich. Hatte die Deutsche Bahn 1994 noch 230.000 Mitarbeiter, baute sie bis 1998 60.000 Stellen ab (Kieser, 2002). Die Deutsche Telekom reduzierte in der Zeit von 1994 bis 1998 ihre Belegschaft um 125.000 Personen (Kieser, 2002). In der Zeit von 2002 bis 2005 sollen weitere 30.000 Stellen gestrichen werden (www.teltarif.de, vom 02.10.2002). Die Deutsche Post baute von 2001 bis 2004 8.000 Stellen ab (www.posttip.de, vom 22.05.2001).

Eine Sonderform der Beschäftigung ist die *Telearbeit*. Insgesamt arbeiten etwa 6 Mio. Menschen in einer Form der Telearbeit, das heißt, sie sind zumindest zeitweise räumlich gesehen außerhalb der Firma tätig, bei der sie angestellt sind. Der Prozentsatz jener Telearbeiter, die ausschließlich zu Hause arbeiten, liegt nach der Dritten Europäischen Umfrage über die Arbeitsbedingungen (Merllié & Paoli, 2001) in Deutschland, wie auch in Italien, bei null Prozent. Nur 5% der Erwerbstätigen arbeiten mindestens die Hälfte der Arbeitstage zu Hause, weitere 9% arbeiten einen Tag bis maximal die Hälfte der Arbeitszeit in Telearbeit (2003). Ein Vergleich mit dem Jahr 1991 zeigt, wie sehr die Erwartungen an die Durchsetzung von Telearbeit hinter der Realität zurückgeblieben sind. Die Anzahl derer, die mehr als die Hälfte der Arbeitstage zu Hause arbeiteten, war 1991 ebenfalls 5%, der Anteil der zweiten Gruppe war nur 1% niedriger. Die Daten des Mikrozensus machen ferner deutlich, dass vor allem Selbständige zu Hause arbeiten, gefolgt von Beamten (man bedenke die große Anzahl verbeamteter Lehrer). Kaum bedeutsam ist die Arbeit von zu Hause – und damit von Telearbeitern – bei Arbeitern und Angestellten.

Insgesamt hat nicht nur im Falle der Telearbeit, sondern auch allgemein die *Technik* – und hier insbesondere die Mikroelektronik – noch mehr Einzug in die Arbeitswelt erhalten. Techniknutzung hat weltweit zu Struktureinbrüchen und massivem Stellenabbau geführt (Kieser, 2002). In den USA haben in der Zeit von 1980 bis 1995 amerikanische Unternehmen einen Betrag von mehr als drei Milliarden Dollar in arbeitssparende Techniken investiert (Rifkin, 1995).

In Deutschland nutzt mehr als die Hälfte der „aktiven Gesellschaft" Computer für Arbeitszwecke (European Foundation for the Improvement of Living and Working Conditions, 2004a). In acht von zehn Unternehmen werden IuK-Technologien eingesetzt. Es überrascht nicht, dass dadurch auch etliche Arbeitsplätze entstanden sind: Etwa 1,6 Millionen Erwerbstätige arbeiten in Feldern des IuK-Sektors, z.B. Softwareentwicklung oder DV-Beratung (Mikrozensus 2003, Statistisches Bundesamt, 2004a). Insgesamt hat sich der Computer damit in sehr vielen Arbeitsbereichen durchgesetzt. Dies führt zu einer Modifikation der Arbeitsinhalte, -methoden und -organisation (Rantanen, 1998). Zugleich werden Grenzen in Raum und Zeit brüchiger.

Wie hat sich der Arbeitsmarkt noch verändert? Nach den Angaben des Bundesministeriums der Finanzen (2002) und des Statistischen Bundesamtes (2005) ist die Zahl an *Insolvenzen* von 8.837 im Jahr 1991 auf 39.213 im Jahr 2004 gestiegen. Gleichzeitig ist die Zahl an Unternehmensgründungen leicht zurückgegangen.

Etliche Unternehmen sind mit ihren teilweise massiven *Stellenkürzungen* in die Schlagzeilen geraten. Ein paar Beispiele: 2003 gingen im Einzelhandel 50.000 Stellen verloren (www.verdi.de). Die Commerzbank hatte 2004 etwa 900 Stellen abgebaut, die Deutsche Bank plante 2003 einen in den nächsten Jahren zu vollziehenden Abbau von 4.700 Stellen, nach der Bekanntgabe ihres „deutlichen Gewinnsprungs" im Jahr 2004 (Gewinn: 2,5 Mrd. Euro) kündigte sie weltweit noch weitere Stellenstreichungen von 6.400 Arbeitsplätzen an (Berliner Morgenpost, 02.04.2004). Bei der HypoVereinsbank wurde ein Abbau von 2.000 bis 3.000 Stellen erwartet (dpa-afx, 2005). Schering hatte im November 2004 angekündigt, innerhalb eines Jahres zwischen 1.800 und 2.000 Arbeitsplätze streichen zu wollen (www.chemie.de). Alcatel plante für deutsche Standorte, 550 Stellen abzubauen (BörseGo, 2004). Bei Sony waren es für Deutschland 200 bis 850 Stellen (ab 2004, www.rp-online.de). Hewlett-Packard wollte 2005 300 bis 350 Stellen in deutschen Standorten streichen, bei Nokia waren es 240 (www.computerwoche.de). Opel strebte an, innerhalb von zwei Jahren 9.500 Stellen in Deutschland abzubauen (www.hr-online.de, vom 17.12.2004). Die Deutsche Welle berichtet am 21.12.2004, im Jahr 2005 stünden bundesweit 130.000 Stellenkürzungen an (www.dw-world.de).

Ein anderes hochgradig aktuelles Thema ist die *Verlagerung von Arbeitsplätzen* ins Ausland („Offshoring"). Unternehmen drohen mit diesem Schritt zum Beispiel im Zuge von Tarifverhandlungen, doch werden auch Arbeitsplätze tatsächlich ins Ausland verlagert. So kündigte beispielsweise die Siemens AG an, im Zuge der EU-

Osterweiterung vor allem die Software-Entwicklung, Fertigung, Buchhaltung und ggf. Teile der Personalverwaltung in den neuen Beitrittsländer anzusiedeln (Borchardt, in FTD vom 12.12.2003). Der Axa-Konzern hat bereits zahlreiche Arbeitsplätze nach Riga und Indien verlagert (Fromme, in FTD vom 10.12.2004).

Während also auf der einen Seite die Beschäftigungsformen immer instabiler werden und weniger Sicherheit bieten, werden in der Arbeitswelt immer mehr Qualifikationen erwartet. Beispielsweise ist eine Tendenz zu *höherwertigen Schulabschlüssen* zu beobachten, dies insbesondere bei Frauen. Insgesamt steigt das Qualitätsniveau der Erwerbstätigen, was dadurch höhere Anforderungen an Erwerbspersonen stellt, denn Mitarbeiter ohne Ausbildung bzw. mit geringem Bildungsniveau sehen sich einer verschärften Konkurrenz mit Personen ausgesetzt, die einen höheren Bildungsabschluss vorweisen können. Reichte in manchen Berufsfeldern vor einigen Jahren noch die mittlere Reife, um eine Lehrstelle zu bekommen, werden heute immer mehr Abiturienten eingestellt. Betrachtet man beispielsweise das Onlineangebot an Ausbildungsplätzen der Süddeutschen Zeitung (Abruf am 29.01.2005), so wird ein einziger Ausbildungsplatz für Bewerber mit Hauptschulabschluss angeboten (für eine Fachkraft im Gastgewerbe). Drei Ausbildungsplätze werden Kandidaten mit mittlerer Reife angeboten, eine im Hotelgewerbe, eine in einer Anwaltskanzlei und eine bei einem Versicherungsmakler. Die meisten Ausbildungsstellen werden für Abiturienten angeboten. Darunter sind Offerten für eine Ausbildung als Investmentfondskauffrau, -mann, Patentanwaltsfachangestellte, Arzthelferin, Werbekaufmann, Bürokaufmann und Kauffrau/Kaufmann für Bürokommunikation.

Frauen drängen zwar verstärkt auf den Arbeitsmarkt, so war der Anteil der Frauen unter den Erwerbstätigen 1991 40%, im Jahr 2004 45%, doch arbeiten viele nur in Teilzeit, wodurch ihre Karrierechancen nach wie vor schlechter gestellt sind als bei (den überwiegend männlichen) Vollzeitbeschäftigten. Zudem sind viele Frauen in schlechter bezahlten Bereichen beschäftigt (vgl. Abbildung 2-4).

Abbildung 2-4: *Einkommensverteilung nach Geschlecht*

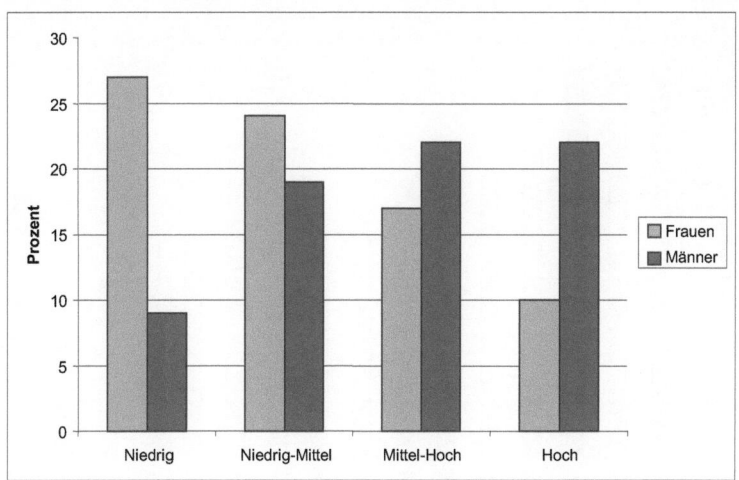

Quelle: European Foundation for the Improvement of Living and Working Conditions, 2002a, S. 13.

Weiterhin zeigen Daten, allerdings nicht auf Deutschland, sondern die EU bezogen, dass Frauen in vergleichbaren Positionen nach wie vor schlechter bezahlt werden als ihre männlichen Kollegen (Merllié & Paoli, 2001).

Auch wenn die Daten auf die EU bezogen sind, dürfte sich die Situation in Deutschland nicht besser, eher sogar schlechter darstellen. Denn andere Indizien der Gleichberechtigung deuten hier auf eine im europäischen Vergleich besonders ungünstige Situation für Frauen hin. So wurde in einer europäischen Studie danach gefragt, wie viele Beschäftigte eine Frau als Vorgesetzte haben. In Dänemark, Finnland, Schweden und Großbritannien sind es 28%, während es in Deutschland nur 16% sind. Damit rangiert Deutschland, zusammen mit Österreich, auf dem drittletzten Platz (European Foundation for the Improvement of Living and Working Conditions, 2002a, vgl. Abbildung 2-5).

Abbildung 2-5: *Anteil von Frauen in Vorgesetztenpositionen*

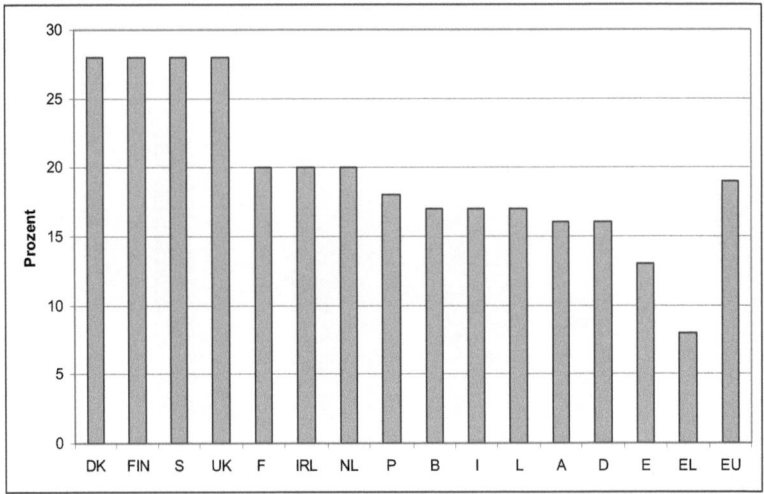

Quelle: European Foundation for the Improvement of Living and Working Conditions, 2002a, S. 12.

Die im vorangegangenen Kapitel bereits erwähnte *Überalterung* der Gesellschaft wird eindrücklich durch statistische Zahlen belegt: Hatten 1950 Personen im Alter von über 60 noch einen Anteil von 14,6%, waren dies 2001 bereits 24%. Schätzungen gehen davon aus, dass der Prozentsatz bis zum Jahre 2050 auf knapp 37% steigen wird (Statistisches Bundesamt, 2003). Das Durchschnittsalter der Erwerbstätigen ist von 38,8 (1991) auf 40,8 Jahre (2003) angestiegen. Dennoch muss dieser Trend nicht unvermindert weitergehen. Unter anderem finden sich unter den Erwerbslosen immer mehr ältere Personen. Die Wahrscheinlichkeit, dass sie wieder in das Erwerbsleben Eintritt finden, ist gering. Denn sie haben es in aller Regel deutlich schwerer, wieder Arbeit zu bekommen (Buck et al., 2002). So ist der Anteil der Personen, die schon mehr als zwei Jahre arbeitslos sind, im Alter von 45 bis 60 Jahren am höchsten. Der „Wert" älterer Arbeitnehmer scheint mehr denn je in Frage gestellt als anerkannt zu werden. Verkannt wird häufig, dass eine Ausgrenzung älterer Menschen aus dem Arbeitsbereich einen Verlust an Kompetenzen und sozialer Vielfalt bedeutet. Für die Individuen können diese Barrieren, die Verweigerung des Zugangs zu einem zentralen Lebensbereich, über den sich die meisten Menschen heutzutage definieren und über den sie in das gesellschaftliche Leben eingeschlossen werden, eine große Belastung darstellen.

Die dargelegten Zahlen veranschaulichen, wie sich der Wandel der Arbeit vollzieht. Einige Trends bringen eine größere Unsicherheit mit sich. Dies betrifft in erster Linie die Arbeitsplatzsicherheit. Aber auch, was das einmal erarbeitete Ausbildungsniveau anbelangt, kann nicht mehr gehofft werden, dieses reiche für die gesamte Berufstätigkeit aus. Das Schlagwort des lebenslangen Lernens gewinnt unter dieser Perspektive Gestalt und höhere Relevanz.

Zusammenfassend kann mit Willke (1999) resümiert werden, dass die traditionelle Erwerbsarbeit zugunsten fragmentierter und diskontinuierlicher Beschäftigungsmuster zurückgeht. Welche Bedeutung diese Entwicklung für das Individuum hat, ist umstritten. So nimmt Kocka (2001) beispielsweise an, die Differenzierung der Arbeitsverhältnisse spiegle den Wunsch jüngerer Menschen wider, mehr Flexibilität im Erwerbsbereich zu haben. Allerdings erscheint es fraglich, ob die ebenfalls in Kauf genommene Unsicherheit tatsächlich dem Wunsch einer neuen Generation entspricht, oder ob Menschen die geforderte Flexibilität schlichtweg tragen müssen.

2.2.1.3 Fazit: Erosion des Normalarbeitsverhältnisses

Das Normalarbeitsverhältnis hat – so die Argumentation etlicher Autoren (Willke, 1999, Beck, 1999, Bosch, 2001, Kocka, 2001, Voß, 2001) – zusehends weniger Bestand. Gerade retrospektiv scheint die ehemals „normale" Form des Arbeitens zu verblassen. Vielmehr bilden sich bunte, vielfältige und ungewöhnliche Erwerbsformen heraus. Diese gesellschaftliche Entwicklung, bei der etablierte soziale Strukturmuster verschwimmen und ihre Starrheit und Eindeutigkeit aufbrechen, stärkt das Bedürfnis, das kontrastierende Modell eines „Normalarbeitsverhältnisses" zu definieren (Bonß, 2002). Das Modell des Normalarbeitsverhältnisses stellt jedoch nicht eine objektive Wirklichkeitsbeschreibung dar, sondern es reflektiert eine soziale Übereinkunft über eine festgelegte Normvariante (vgl. hierzu auch Hinrichs, 1987), welche somit zur „arbeitsgesellschaftlichen Normalitätsfiktion" (Bonß & Plum, 1990, S. 692) wird. Das Normalarbeitsverhältnis beruht auf einem traditionellen Verständnis der Geschlechterrollen, nach dem der Mann entweder als Selbständiger oder als abhängig und unbefristet Angestellter bzw. Arbeiter in Vollzeit den Lebensunterhalt der Familie sicherstellt. Über die Arbeit ist der Mann gesellschaftlich integriert (Bonß & Plum, 1990). Demgegenüber konzentriert die Frau ihr Leben auf die Hausarbeit und die Familie. Insgesamt habe der Arbeitende im Normalarbeitsverhältnis Sicherheit und Stabilität in seiner Beschäftigung empfunden und dem Arbeitgeber Loyalität entgegengebracht (Schluze-Buschoff, 2000). Diese Stabilität breitete sich auch auf die Nicht-Arbeit aus und bot ein regulierendes Bezugssystem im Alltag (Voß, 2001). Mit Einzug der industriellen Massengüterproduktion wurde eine Synthese aus ökonomischem Handeln und zugleich ausgeprägter sozialer Absicherung geschaffen (Bosch, 2001). Willke (2004) stellt wesentliche Merkmale normaler und atypischer Arbeitsverhältnisse („Arbeiten im Netz") einander gegenüber (vgl. Tabelle 2-6):

Tabelle 2-6:   *Normale und atypische Beschäftigungsverhältnisse*

Kategorien	Normalarbeitsverhältnis	Trends beim Arbeiten im Netz
Ort	Betrieblicher Arbeitsplatz	Wechselnd (Betrieb, Heimarbeit, mobil)
Zeit	Geregelte Arbeitszeit	Flexibel, asynchron
Lohn/Gehalt	Nach Stunden	Auftragsbezogen, Management by Objectives
Arbeitskultur	Nach Vorgabe	Eigenständig, selbstgesteuert
Organisation	Hierarchisch	Netzwerkartig

Quelle: In Anlehnung an Willke, 2004, S. 124.

Es bildet sich also eine Vielfalt unterschiedlicher Beschäftigungsformen heraus. Dabei ist zeitgleich eine Zunahme so genannter „prekärer" Beschäftigungsverhältnisse zu beobachten: flexible Arbeitsverhältnisse, die gekennzeichnet sind von niedrigen Löhnen, kurzen Vertragslaufzeiten und geringer sozialer Absicherung (Pfarr, 2000).

Eine Erosion des Normalarbeitsverhältnisses zeigt sich außerdem noch in ganz anderer Hinsicht an der Herausbildung und Stärkung von neuen „Lebensformen". Schneider und Mitarbeiter (2002) kommen auf Basis ihrer Untersuchungen zu dem Schluss einer gestärkten Ausprägung von Fernbeziehungen, Umzugsmobilen etc. in der modernen Arbeitswelt. Dabei differenzieren sie die jeweiligen Formen wie folgt, wobei sie auch deren Verbreitung in Deutschland schätzen (vgl. Tabelle 2-7).

Tabelle 2-7:   *Mobile Lebensformen in der modernen Arbeitswelt*

	Fernbeziehung	Umzugsmobile	Fernpendler	Shuttles	Varimobile
Verbreitung in Deutschland	9%	2%	4%	2%	3%
Typisches Durchschnittsalter	32 Jahre	39 Jahre	40 Jahre	40 Jahre	43 Jahre
Geschlecht	etwa gleich verteilt	v.a. Männer	v.a. Männer	etwa gleich verteilt	v.a. Männer

Tabelle 2-7 - Fortsetzung: *Mobile Lebensformen in der modernen Arbeitswelt*

	Fernbeziehung	Umzugsmobile	Fernpendler	Shuttles	Varimobile
Familiensituation und -status	kaum Verheiratete, mehr Singles	viele Verheiratete in 1. Ehe	viele Verheiratete oder in Dauerbeziehung Lebende	weniger Verheiratete, häufiger Beziehungswechsel	viele Verheiratete in 2. Ehe
Kinder	selten Kinder	oft Kinder	oft Kinder	seltener Kinder	oft Kinder
Wohnsituation	kurze Wohndauer, selten Immobilien, Großstadt	selten Immobilien, Großstadt	lange Wohndauer, Immobilien, ländlich	lange Wohndauer, eher keine Immobilien, eher städtisch	lange Wohndauer, Immobilien, Großstadt
Heimatverbundenheit	sehr gering	sehr gering	sehr stark	mittel	mittel
Einstellung zu Ehe und Familie	modern	traditionell	traditionell	modern	traditionell
Erwerbssituation	geringer Anteil an Vollerwerbstätigen, sehr geringes Einkommen, zu Beginn der Karriere	Vollerwerbstätig, gut verdienend	Vollerwerbstätig, aber in geringerem Ausmaß, weniger gut verdienend	sehr lange Arbeitszeiten, hohes Einkommen	Vollerwerb, selten Normalarbeitszeit, sehr lange Arbeitszeiten, hohes Einkommen

Quelle: In Anlehnung an Schneider et al., 2002.

Fasst man diese Ergebnisse zusammen, haben 20% der deutschen Erwerbstätigen freiwillig oder unfreiwillig und mehr oder weniger arbeitsbedingt eine mobile Lebensform gewählt.

Nachdem bisher vor allem makroökonomische Veränderungen von Arbeit, die Erosion des Normalarbeitsverhältnisses und die Herausbildung mobiler Lebensformen angesprochen wurden, soll in einem nächsten Schritt die Art und Weise der Arbeitsgestaltung unter dem Aspekt von Taylorismus und Humanisierung noch kurz angerissen werden.

2.2.1.4 Arbeit enttaylorisiert und humanisiert?

Bei der sozialwissenschaftlichen Analyse von Arbeit schwingt meist die Frage nach der Menschenwürdigkeit, Sozialverträglichkeit etc. mit. Wie ist Arbeit gestaltet und was verlangt sie dem Arbeitenden ab? Bei der Ergründung dieser Frage stoßen zwei, oft fast schon als Pole verwendete Konzepte aufeinander: Taylorismus und Humanisierung.

Nachdem in der ersten Phase der industriellen Revolution vor allem die Rationalisierung von Maschinen, teilweise auch von Organisation, im Vordergrund standen, rückte im Zuge des Taylorismus vor allem der „Anteil" des Menschen bei der Arbeit in den Vordergrund und es wurde hier nach Rationalisierungspotentialen gesucht, getragen von dem Perfektionsbedürfnis, menschliche Arbeit bis ins kleinste Detail zu optimieren. Dabei galt es, Ziele der Organisation zu erfüllen: „Bisher stand die Persönlichkeit an erster Stelle, in Zukunft wird die Organisation und das System an erste Stelle treten" (Taylor, 1913/1977, S. 4). Ähnlich wie schon bei Gilbreths Bewegungsstudien zu Beginn des 20. Jahrhunderts, in denen alle unnötig ressourcenverbrauchenden Bewegungen eliminiert werden sollten (Gilbreth, 1911), war es auch beim Taylorismus erklärtes Ziel, jegliche Ineffizienzen auszuschalten. Zu diesem Zweck sollte Arbeit systematisch in kurzzyklische und repetitive Tätigkeiten zerlegt sowie Arbeitsmittel und -umwelt funktionsoptimal gestaltet werden. Das entsprechende Menschenbild geht davon aus, dass Mitarbeitern nicht ihr Arbeitsinhalt wichtig ist, sondern sie vor allem über Lohnanreize motiviert werden könnten. Zuletzt wurde eine strikte Trennung von dispositiver und ausführender Arbeit angestrebt (vgl. auch Wachtler, 1979). Taylors Begeisterung für die Optimierung der Arbeitsabläufe drückt sich unter anderem in seiner schon an eine Religion grenzende Beurteilung extrem rationalisierter Arbeitsprinzipien aus:

> „Ist nicht die Schaffung solcher Verhältnisse von größerem Wert für die Menschheit als die Lösung vieler Fragen, die heute die Völker beschäftigen? Und sollte nicht jeder, der diese Tatsachen kennt, nach Kräften danach mitwirken, um der ganzen Welt auch ihre Bedeutung vor Augen zu führen?" (Taylor, 1913/1977, S. 156).

Der Taylorismus hatte erst einmal großen Aufwind erhalten, und mit der Etablierung der Fließbandarbeit hat sich die Arbeitsorganisation, die auf der Zerstückelung von Arbeitsprozessen beruhte, immer mehr behauptet. Prominente Beispiele stammen aus der Automobilbranche, eingeleitet vor allem von Henry Ford. Arbeits- und Produktionsprozesse wurden verwissenschaftlicht und rationalisiert, während das Individuum in diesem Prozess, wenn überhaupt, dann als Störgröße Aufmerksamkeit erlangt hat (Kleemann et al., 2002). In Deutschland konzentrierten sich tayloristische Rationalisierungsversuche basierend auf der Psychophysik zuerst in der Entwicklung des REFA-Systems, später in der Einführung des Fließbandes bei dem Autohersteller Opel (Stollberg, 1981, Müller-Jentsch, 2003).

Im Laufe der Zeit hat die Durchsetzungskraft tayloristischer Arbeitsprinzipien nachgelassen, nicht zuletzt aufgrund der in den USA angestoßenen Human Relations Bewegung, die eine Humanisierung der Arbeit anstrebte. In Deutschland hat in den 70er Jahren eine intensive Diskussion eingesetzt, unter anderem getragen von „Erwartungen in Bezug auf Reformierung und Demokratisierung aller Lebensbereiche", dem Bestreben, „Qualität des Arbeitserlebens" voranzutreiben, und positiven Resultaten initialisierter teilautonomer Arbeitsgruppen (v. Rosenstiel, 1980, S. 12). Von politischer Seite wurde beispielsweise 1974 das Aktionsprogramm „Humanisierung des Arbeitslebens" ins Leben gerufen (v. Rosenstiel, 1980).

Humanisierung der Arbeit ist bemüht, Arbeitsschutz und Arbeitssicherheit zu wahren, individuelle Autonomie und politische Mitbestimmung zu ermöglichen, die Klassengesellschaft zu überwinden und eine herrschaftsfreie Gesellschaft anzustreben (v. Rosenstiel, 1980).

Allgemein sind Kriterien humaner Arbeitsgestaltung Ausführbarkeit, Schädigungslosigkeit, Beeinträchtigungsfreiheit und Persönlichkeitsförderlichkeit (Hacker & Richter, 1980 – Rohmert (1972) und Ulich (1980) sprechen auch von Zumutbarkeit).

Doch das eine Modell wurde nicht eindeutig von dem anderen abgelöst. Immer wieder wurde diskutiert, ob der Taylorismus endgültig überwunden sei oder in Form eines Neo-Taylorismus wieder auflebe. Sahen beispielsweise Kern und Schumann (1984) die Möglichkeit einer Aufwertung von Arbeit, wonach neue Produktionskonzepte Verbesserungen für die Rationalisierungsgewinner mit sich brächten, erachteten andere Autoren, wie etwa Brandt (1990), die Stärkung eines Neo-Taylorismus für wahrscheinlicher. So seien wie bei Taylor die wissenschaftliche Betriebsführung und Zeitökonomie auch in der moderneren Arbeitswelt gegeben, Aufgaben-Reintegration betreffe in erster Linie einige wenige Schlüsselpositionen und die scheinbar zugestandene Autonomie und das höhere Vertrauen seien eher Resultat eines kontrollierten „Quasi-Freiraums" als eines Humanisierungsbestrebens (Brandt, 1990, S. 337). In späteren Arbeiten haben Kern und Schumann übrigens auch ihr vormals verkündetes Ende der Arbeitsteilung teilweise wieder zurückgenommen (Schumann et al., 1994).

In den letzten Jahren ist die Diskussion in einem anderen Licht fortgeführt worden. Nach Böhle (2002) kam es zur (Re)Subjektivierung von Arbeit, einer Wiederentdeckung und Stärkung des Erfahrungswissens. Dazu haben die Grenzen der Technisierung der Arbeit ebenso beigetragen wie ein beschleunigter Wandel der Arbeitsanforderungen. Außerdem wurde Erfahrungswissen durch den Umstand in seiner Relevanz gestärkt, dass wissenschaftliches Fachwissen nicht ohne weiteres in praktisches Arbeitshandeln umgesetzt werden könne. Erfahrungswissen ist durch praktisches Handeln erworben und entsprechend personengebunden (ebd.).

In einer modernen Arbeitswelt, die gezeichnet ist von hoher Komplexität, kann vermutet werden, dass sowohl tayloristisch orientierte Organisationsformen als auch humanistisch ausgerichtete anzutreffen sind, wobei Mischformen am wahrscheinlichsten erscheinen.

2.2.1.5   Stellenwert der Arbeit in der modernen Gesellschaft

Die Frage, welchen Stellenwert Arbeit in der modernen Gesellschaft einnimmt, wird teilweise recht konträr diskutiert. Auf der einen Seite wird die Annahme vertreten, die Bedeutung von Arbeit nehme ab, auf der anderen Seite wird behauptet, sie nehme zu. So beschreibt beispielsweise Willke (1999), wie mit der technischen Revolution auch die Wertschätzung der Arbeit geschwunden sei und der Fokus nicht mehr auf der Berufsarbeit liege. Der Stellenwert, den Berufsarbeit einst hatte, werde nun von freizeit- und erlebnisbezogenen Werten abgelöst. In eine ähnliche Richtung gehen Schulzes (1997) Darstellung der Erlebnisgesellschaft und die Analysen von Noelle-Neumann und Köcher (1993). Sie legen dar, dass der Anteil derjenigen – vor allem der unter 30-Jährigen –, die nur ihr Leben genießen wollen und die Arbeit nicht als zentralen Lebensinhalt sehen, in den letzten Jahren (man beachte: bis 1993) angestiegen ist. Eine starke Konzentration auf Erlebniswerte kann nicht nur einen Gewinn darstellen, sondern sich bei den Individuen in Orientierungslosigkeit und Stress äußern.

Meschnig (2003) schlägt eine Brücke zwischen erlebnis- und arbeitsbezogenen Werten. Wird eine bestimmte Form von Arbeit als Lebensstil verstanden, wird sie selbst zum Erlebnis oder Spaß, dann kann die Bedeutung von Arbeit wieder wachsen. Gestärkt wird dies noch durch ein Verschwimmen der Grenzen zwischen Arbeit und Nicht-Arbeit. Insofern habe eine „mögliche Aufwertung der Freizeit nicht zwangsläufig eine Abwertung" der Arbeit zur Folge, sondern münde in einer „relativierende(n) Neubewertung" derselben (Opaschowski, 1983, S. 27).

Es ist anzunehmen, dass in der modernen Gesellschaft sowohl Erwerbsarbeit von (mehr oder weniger großen) Bedeutung ist, da sie vor allem soziale Einbindung ermöglicht, als auch in Teilbereichen eine Freizeitorientierung vorherrscht. Erwerbsarbeit muss nicht zwangsläufig fremdbestimmt sein, sondern kann auch den Bedürfnissen und Interessen der Individuen entsprechen.

Zusammenfassung

Arbeit erfüllt vielerlei Funktionen für soziale und psychische Systeme. Führt man sich die ausgewählten statistischen Daten vor Augen, wird deutlich, dass sich Strukturveränderungen (hierbei vor allem sektorale Verschiebungen) vollzogen haben. Arbeitsbedingungen (Arbeitszeit, Arbeitsverträge) laufen auf eine Flexibilisierung des Arbeitsmarktes hinaus und verlagern Risiken weg von der Organisation hin zu Individuen. Zugleich steigt aufgrund von Arbeitslosigkeit, Zuwanderung und Auslagerung von Arbeitsplätzen die Konkurrenz unter den Erwerbstätigen. Die Daten deuten außerdem darauf hin, dass Ungleichbehandlungen auf dem Arbeitsmarkt weiterhin Bestand haben. Dies alles führt zu einem zunehmenden Zerfall des Normalarbeitsverhältnisses und der Genese nicht nur flexibler Arbeits-, sondern auch Lebensformen. Die Richtung, in welche sich Arbeit entwickelt, dürfte zwischen den Polen Re-Taylorisierung und Re-Humanisierung schwingen. Unsicherheit ist dabei ein dritter wichtiger Aspekt, der in der modernen Arbeitswelt neue Qualität angenommen hat.

Ähnlich uneinheitlich gestaltet sich der Stellenwert von Arbeit in der modernen Gesellschaft. Wenngleich einige Autoren das Überwiegen eines Bedeutungsverlustes annehmen, ist dies vor dem Hintergrund der aufgezeigten aktuellen sozialen und wirtschaftlichen Rahmenbedingungen in Frage zu stellen.

Fragen zur weiteren Beschäftigung mit dem Stoff

1. Welche statistischen Kennzahlen eignen sich besonders gut zur Beschreibung der Entwicklung von Arbeit auf gesamtgesellschaftlicher Ebene?

2. Weswegen könnte die Gleichbehandlung von Frauen und Männern im europäischen Vergleich in Deutschland so wenig fortgeschritten sein?

3. Welche Konsequenzen lesen Sie aus den statistischen Daten für Organisationen der Privatwirtschaft, der öffentlichen Wirtschaft, welche für Führungskräfte und welche für Arbeitnehmer ohne Führungsverantwortung ab?

4. Was kann man heute unter einem „Normalarbeitsverhältnis" verstehen?

5. Welche statistischen Daten sprechen für und welche gegen die Behauptung, das Normalarbeitsverhältnis verliere an Bedeutung?

6. Willke (2004) hat Normalarbeitsverhältnisse und atypische Arbeitsverhältnisse („Trends beim Arbeiten in Netzwerken") anhand einiger Kriterien unterschieden. Überlegen Sie sich anhand eigener Beispiele, wie trennscharf dieser Differenzierungsansatz ist.

7. Schneider und Mitarbeiter (2002) haben auf Basis ihrer empirischen Studie verschiedene „mobile Lebensformen" analysiert. Bringen Sie diese mit bisher thematisierten Einflussgrößen zusammen. Welche sozialen und psychischen Konsequenzen können sich daraus ergeben, wenn etwa 20% der deutschen Erwerbstätigen eine mobile Lebensform praktizieren? Welche Herausforderungen ergeben sich für eine Organisation, wenn sie etwa an einer guten Work-Life-Balance der Mitarbeiter interessiert ist?

8. Welche Prinzipien sind im Taylorismus wichtig?

9. Welche Ziele verfolgt die Humanisierung der Arbeit?

10. Von welchen Faktoren hängt es ab, ob in einer Gesellschaft eher tayloristische oder humanistische Tendenzen vorherrschen?

11. Wenn Sie empirisch der Frage nachgehen würden, ob eher Taylorismus oder Humanisierung der Arbeit dominieren, wie würden Sie vorgehen?

12. Welchen Stellenwert hat Arbeit in der modernen Gesellschaft? Sehen Sie im internationalen Vergleich mit anderen modernen Gesellschaften Unterschiede?

13. Wenn Sie die Überlegungen zum Wertewandel mit Aspekten des Stellenwerts der Arbeit in der modernen Gesellschaft zusammenbringen: zu welchem Fazit gelangen Sie?

14. Welche Konsequenzen ergeben sich aus dem Wissen um den „typischen" Stellenwert der Arbeit in der modernen Gesellschaft für die Arbeit als Führungskraft?

2.2.2 Organisation in der modernen Arbeitswelt

Lernziel: Vertiefter Blick auf „Organisation", Beschäftigung und kritische Auseinandersetzung mit ausgewählten Typen moderner Organisationsformen.

Wichtige Begriffe: Begriff Organisation – Spannungsverhältnis organisationale und individuelle Ziele – Arbeitsteilung – Kooperation – Kontrolle – Standardisierung – rationale Organisation – natürliches System – offenes System – Zwangsorganisation – utilitaristische Organisation – normative Organisation – Code – Operationsmodus – innere Systemumwelt – Organisationstypen – flexible Firma – funktionale und numerische Flexibilität – Puffer – McJobs – atmendes Unternehmen – Stamm- und Randbelegschaft – modulare Organisation – Prozessorientierung – Gruppenarbeit – Selbstorganisation – virtuelle Organisation – lernende Organisation – Arbeitsorganisation – Basistrends – Beschäftigungsmuster.

Abbildung 2-6:   *Übersicht über das Kapitel „Organisation"*

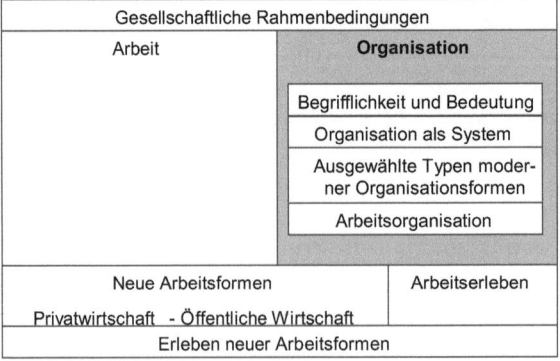

Anschließend an die Überlegungen zu Arbeit soll in einem nächsten Schritt Organisation etwas näher betrachtet werden: Nach einer knappen begrifflichen Verortung werden einige Überlegungen zur Bedeutung von Organisationen angestellt, bevor in einem nächsten Schritt Organisation als System betrachtet wird. In einer knappen Darstellung werden dann ausgewählte Typen moderner Organisationsformen geschildert. Diesen Abschnitt runden einige Anmerkungen zur Arbeitsorganisation ab. Sie bilden damit den Übergang zu dem nächsten Abschnitt, zu neuen Formen von Arbeit.

2.2.2.1 Organisation - begriffliche Verortung und Bedeutung

Der Begriff der Organisation ist viel weniger eindeutig als es die alltagssprachliche Verwendung suggerieren mag. Grundsätzlich lassen sich in dem Begriff der Organisation zwei Facetten festmachen: eine prozessorientierte des Handelns und eine status- und strukturorientierte des Resultats (Müller-Jentsch, 2003). In einer umfassenden Verwendung des Begriffs der Organisation sind beide Perspektiven eingeschlossen.

Die Bedeutung von Organisationen innerhalb der Gesellschaft wird ganz unterschiedlich eingeschätzt. Weitgehende Einigkeit besteht jedoch darüber, dass ihre Relevanz in den letzten Jahrzehnten zugenommen hat. So hat sich die moderne Gesellschaft in ihrer Komplexität ausdifferenziert und dabei Subsysteme ausgebildet, die wiederum weitere kleinere soziale Einheiten – oder: Organisationen – umfassen (vgl. hierzu auch Luhmann, 1984). Organisationen als Systeme kooperativer Beziehungen übernehmen dann gesellschaftliche Koordinationsleistungen (Parsons, 1964).

Manche Autoren, wie beispielsweise Coleman (1979), sehen in Organisationen die wichtigsten gesellschaftlichen Akteure. Der Bedeutungsgewinn von Organisationen findet eine seiner Wurzeln in der seit der Industriellen Revolution vorangetriebenen Weiterentwicklung eines kapitalistischen Marktsystems. In diesem Zuge etablierten sich immer mehr Wirtschaftsorganisationen, deren gesellschaftlicher Einfluss wuchs.

Interessant ist in diesem Zusammenhang auch das Verhältnis von Individuum und Organisation. Privatwirtschaftliche, teilweise auch öffentliche Unternehmen, sind Unsicherheiten ausgesetzt, die sie so weit wie möglich zu externalisieren versuchen. Die Lasten liegen dann auch auf den Individuen. Sie haben Risiken wie Unfälle, Krankheiten, Berufsunfähigkeit oder Arbeitslosigkeit zu tragen (Müller-Jentsch, 2003). Die Selbstentfremdung von der Arbeit und diese Risikobelastung oder -überlastung regen in einer positiven Rückkoppelungsschleife zur Gründung oder Stärkung neuer „Contra-Organisationen" an, wie beispielsweise Gewerkschaften, Genossenschaften oder Sozialversicherungsträgern. Diese sozialen Formungsprozesse beschreiben eine „Dynamik reaktiver Korporatisierung" (Schimank, 2001, S. 294).

Organisationen übernehmen soziale Inklusionsfunktionen, sie ermöglichen es dem Individuum auf der einen Seite, in einer individualisierten Gesellschaft zurechtzukommen (Beck, 1986), auf der anderen Seite produzieren sie immer neue Herausforderungen, die die psychischen Systeme zu bewältigen haben.

Nach der Individualisierungsthese lösen sich traditionelle Sozialverbünde zwar auf, wovon einige Organisationen betroffen sind, doch muss dies nicht zwangsläufig mit einem generellen Bedeutungsverlust von Organisationen einhergehen, sondern es ist möglich, dass schlichtweg andere Organisationen aufkommen und an gesellschaftlichem Stellenwert gewinnen oder dass Organisationen andere gesellschaftliche Funktionen übernehmen. Vielmehr sei von einer „hochgradige[n] Organisationsförmigkeit der allermeisten Lebensbereiche" auszugehen (Schimank, 2001, S. 280).

2.2.2.2   Organisation als System

Müller-Jentsch (2003) differenziert zwischen verschiedenen organisationalen Perspektiven: der *korporativen* und *kollektiven Akteursperspektive* und der eines *sozialen Systems*. Betrachtet man zuerst Organisation aus korporativer und kollektiver Akteursperspektive, so wird hier die Akteurseigenschaft unter anderem an der Rechtskonstruktion der „juristischen Person" festgemacht, welche zugleich identitätsstiftende Momente aufweist und das Erleben einer Corporate Identity ermöglicht. Der Akteur bildet sich durch die synergetische Zusammenbringung individueller Ressourcen (Coleman, 1979). In der Außenwahrnehmung erscheint die Organisation als eine erkennbare überindividuelle handlungsfähige Einheit. Die Unterscheidung zwischen dem korporativen und kollektiven Akteur richtet Müller-Jentsch (2003) an der Komplementarität von organisationalen und individuellen Zielen aus. Verfolgen Organisationen in erster Linie eigene, auf die Organisation bezogene Ziele – und dies unabhängig von den in der Organisation tätigen Individuen (z.B. Gewinnmaximierung, Verhaltenskontrolle), spricht der Autor von der Organisation als einem *korporativen Akteur*. Werden hingegen die Ziele der Individuen innerhalb der Organisation berücksichtigt, handelt es sich um eine Organisation, die sich als *kollektiver Akteur* beschreiben lässt (ebd.). Betrachtet man die Organisation als *soziales System*, so kann man sie als Gebilde interdependenter Handlungen mit einer funktionalen Ordnung (Arbeitsteilung, Kooperation, Kontrolle und Standardisierung) beschreiben, die aus einer hierarchiebedingten Über- und Unterordnung resultiert (Müller-Jentsch, 2003, in Anlehnung an Mintzberg, 1991).

Scott (1986) unterscheidet *rationale Organisation* (in Anlehnung an Weber und Taylor), Organisation als ein *natürliches System* (der Human Relations School folgend) und Organisation als *offenes System* (basierend auf der Kontingenztheorie). Wird Organisation als rationales System verstanden, erklären spezifische Ziele und eine „relativ stark formalisierte Sozialstruktur" das organisationale Funktionieren (ebd., S. 47). Die natürliche Organisation weist Ähnlichkeiten zu informellen Gruppen auf. Denn das Verhalten der Organisationsmitglieder wird kaum durch formale Struktur oder offizielle Ziele tangiert, sondern informell strukturierte Kollektivaktivitäten erhalten die Organisation. Bei der Organisation als offenem System finden sich wechselseitige Interessen, ausgehandelte Ziele und Aktivitäten werden stark durch Umweltfaktoren mitbestimmt.

Auch Etzioni (1971) betrachtet den Bindungscharakter und differenziert Organisationen in *Zwangsorganisationen* (z.B. Gefängnisse), die sich auch als totale Institutionen verstehen lassen (Goffman, 1972), in *utilitaristische Organisationen* (z.B. Wirtschaftsunternehmen) und in *normative Organisationen* (z.B. Kirchen). Im ersten Fall werden Mitglieder zwangsweise zu Mitgliedern der Organisation. Bei dem zweiten Typus erwarten sich Individuen von dem Beitritt in die Organisation einen bestimmten, vor allem ökonomisch akzentuierten Nutzen, während im dritten Fall weniger materielle, sondern vielmehr immaterielle Werte die Bindungskraft ausmachen.

Trotz einiger Unterschiede ist den Darstellungen gemein, dass sie die Bedeutung von Zielen hervorheben und dies teilweise in Bezug setzen zur Funktionsweise von Organisationen.

Im Rahmen einer im Folgenden eingenommenen systemtheoretischen Perspektive gilt in Anlehnung an Willke (1995) festzuhalten, dass die moderne Gesellschaft ein verselbständigtes, auf Kommunikation basierendes soziales System ist, das von „außen", sprich von Individuen oder Organisationen nicht gesteuert werden kann. Innerhalb der modernen Gesellschaft findet sich eine Reihe ausdifferenzierter sozialer Subsysteme, in denen eigene Codes und spezifische Operationsmodi herrschen (vgl. hierzu auch Luhmann, 1990). Durch die Ausdifferenzierung können gesellschaftliche Probleme behoben werden – gleichzeitig kann sie zur Entwicklung neuer Probleme beitragen. Organisationen bilden sich in diesem sozialen Kontext aus, spezialisieren sich und einwickeln eigene Funktionsmodi. Dabei formen sich gerade in modernen Gesellschaften vor allem Großorganisationen aus (Willke, 1993). Spezialisierte Teilsysteme setzen voraus, dass es in ihrer Umwelt jeweils different spezialisierte Teilsysteme gibt (Martens, 2000).

In diesem Buch werden Organisationen als soziale Systeme verstanden. Organisationen verfolgen eigene Ziele und bilden spezifische Funktionsformen aus. Sie sind offene Systeme, in dem Sinne, dass sie in Interaktion mit ihrer Umwelt stehen. Individuen als konstituierende Mitglieder der Organisation stellen innere Systemumwelten dar. Auch sie verfolgen eigene Ziele, die mehr oder weniger kompatibel mit den organisationalen Zielen sein können. Aus der Systemkoppelung Organisation-Individuum können sich daher auch Spannungen und Konflikte ergeben.

2.2.2.3 Ausgewählte Typen moderner Organisationsformen

Nach diesen grundlegenden Anmerkungen zu dem Konstrukt „Organisation" werden im nächsten Abschnitt ausgewählte Konzepte moderner Organisationsformen vorgestellt, bevor in einem sich daran anschließenden Schritt die Betrachtung auf Arbeitsorganisation eingeengt wird. Die nachfolgende Darstellung beschränkt sich auf einige exemplarische Typologien, die moderne Organisationen beschreiben.

Flexible Firma nach Atkinson

Ziel einer Organisation muss es Atkinson (1987) zufolge sein, eine möglichst große Flexibilität zu entfalten. Zu diesem Zweck werden verschiedene Flexibilisierungsstrategien kombiniert (vgl. Abbildung 2-7).

Abbildung 2-7:   *Die flexible Firma nach Atkinson*

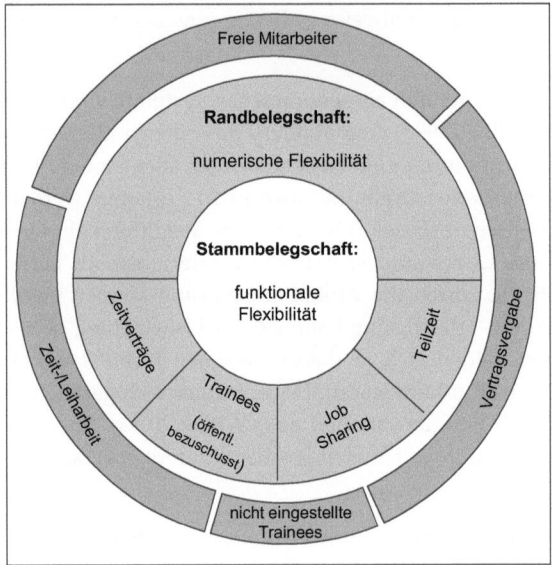

Quelle: In Anlehnung an Atkinson, 1987, S. 94, Übersetzung durch die Autorin.

Zentral ist etwa, eine Stamm- und eine Randbelegschaft einzuführen. Erstere soll eine hohe funktionale Flexibilität entfalten, d.h. die Mitarbeiter sollten möglichst breit einsetzbar sein. Die Randbelegschaft hingegen sollte sich durch eine hohe „numerische Flexibilität" auszeichnen. Darunter versteht man die zahlenmäßige Flexibilität – hat eine Organisation hohen Personalbedarf, ist kurzfristig viel Personal zu beschaffen, geht die Arbeitsmenge zurück, sind Mitarbeiter so schnell wie möglich wieder auszustellen. Nach Atkinson wird die numerische Flexibilität vor allem über die Vergabe von ausschließlich befristeten Verträgen gewährleistet. Der Randbereich dient insofern als „Puffer", über den die Anpassungsleistung bei Auftragsschwankungen sichergestellt wird. Der Autor betont, dass Mitarbeiter des Randbereichs über keine besonderen betriebsspezifischen Kenntnisse zu verfügen brauchen.

Personen, die zur Randbelegschaft zählen, sehen sich einer vergleichsweise großen Unsicherheit ausgesetzt, die der Stammbelegschaft Sicherheit bringen soll.

Eine auf die Spitze getriebene Form der Intensivierung der flexiblen Firma mündet in einer Organisationsform, die auf „McJobs" baut. Die Stammbelegschaft wird auf das absolut notwendige Maß reduziert und es werden hauptsächlich leicht ersetzbare, zeitlich flexible Beschäftigte in den jeweils erforderlichen Formen (Vollzeit, Teilzeit, geringfügige Beschäftigung) eingestellt (Flecker, 1998). Die Qualifikationsanforderungen an die Mitarbeiter sind niedrig, die Fremdbestimmung der Arbeit ist groß. Getragen wird das Modell von der Vorstellung einer nahezu uneingeschränkten Ersetzbarkeit des Personals. Dem Vorteil angeblich niedrigerer Kosten und erhöhter Flexibilität stehen Probleme eines Arbeitsklimas gegenüber, das von Unsicherheit und fehlender Identifikation mit dem Unternehmen geprägt ist.

Atmendes Unternehmen

Vergleichsweise eng angelehnt an Atkinsons Modell ist die Idee vom atmenden Unternehmen (Keller & Seifert, 2000). Es ist durch Umstrukturierungen bei VW bekannt geworden und setzt vor allem auf interne Flexibilität, flexible Arbeitszeitmodelle und einen flexiblen Einsatz des Personals (Flecker, 1998). Auftragsschwankungen werden über flexible Arbeitszeiten und Arbeiteinsatz des Stammpersonals abgefangen. Eine „Puffer-Randbelegschaft" spielt bei diesem Modell keine Rolle. Dementsprechend sollte die Stammbelegschaft zeitlich extrem flexibel sein und die Arbeitsteilung möglichst niedrig ausfallen, damit – im Idealfall – jeder Mitarbeiter jede Tätigkeit übernehmen kann. Ein von Organisationsseite vorgebrachtes Argument besteht in der Sicherung von Arbeitsplätzen, die durch diese Flexibilisierungsschritte erreicht werde. Dadurch, dass der Stammbelegschaft so eine gewisse Beschäftigungs„garantie" gegeben werden kann, würde diese betriebsspezifische Kenntnisse aufbauen können und sich an das Unternehmen binden und Identifikation und Loyalität ausbilden. Auf Seiten der Organisation soll eine atmende Organisationsform Kostenersparnisse mit sich bringen.

„Neue flexible Firma" nach Ackroyd und Procter

Der Begriff der „new flexible firm" klingt wie die flexible Firma von Atkinson, wobei das „neue" erst einmal wenig aussagekräftig ist. Die konkrete Organisationsform baut jedoch weniger auf eine Trennung von Stamm- und Randbelegschaft, sondern setzt auf eine flache, hierarchiearme Struktur mit Prozessorientierung (Ackroyd & Procter, 1998). Tabelle 2-8 fasst zentrale Merkmale der neuen flexiblen Firma zusammen.

Es werden also eigenständige *Cost- und Profit-Center* gebildet, deren Leistung und Kosten gemessen und bei unzufriedenstellenden Ergebnissen ggf. durch von außen eingekaufte Leistungen ausgetauscht werden. Flexibilität resultiert damit nicht nur aus interner Flexibilität, sondern durch das Ausweichen auf externe Anbieter.

Tabelle 2-8:   *Charakteristika der neuen flexiblen Firma*

Merkmale der neuen flexiblen Firma

- Produktion wird so organisiert, dass Maschinen und Menschen Zellen bilden, die im Stande sind, „Familien" von Komponenten oder Produkten herzustellen.
- Moderne Produktionstechnologien werden nur in geringem Umfang eingesetzt, außer in Ergänzung zu bestehenden Ausrüstungskonfigurationen.
- Mitarbeiter schaffen organisationale Flexibilität dadurch, dass sie Teams aus angelernten Arbeitern bilden, die ein bestimmtes Aufgabenspektrum auf Basis von „Training on the job" er- lernen und beherrschen.
- Die Mitarbeiter, die bei der Organisation fest angestellt sind, genießen keinen privilegierten Status oder besonders hohe Arbeitsplatzsicherheit, sondern sie müssen mit anderen Perso- nengruppen (z.B. Leiharbeitern, Outsourcinganbietern) konkurrieren.
- Produktionsbereiche werden als unterscheidbare, eigenständige Segmente verstanden, deren Kosten regelmäßig kontrolliert werden.
- Das Management baut auf intensivierte indirekte Kontrolle über Kostenverursachung.

Quelle: In Anlehnung an Ackroyd & Procter, 1998, S. 171, Übersetzung durch die Autorin.

Modulare Organisation

Ähnlich ist die Idee der modularen Organisation. Im Zuge der Modularisierung wer- den kleine, überschaubare Einheiten geschaffen (Cost- und Profit-Center), die sich an den Kundenbedürfnissen ausrichten (Picot et al., 2001). Eine verstärkte Prozessorien- tierung wird ebenfalls als wichtig erachtet, auf der Ebene der Arbeitsorganisation wird auf *Gruppenarbeit* und *Inselfertigung* gesetzt (Müller-Jentsch, 2003). Als Vorteile werden im Modell der modularen Organisation die große Marktnähe und der damit verbun- dene Kontakt zu Kunden, Lieferanten und Konkurrenten gesehen. Mögliche Nachteile können in Schnittstellenproblemen, Kooperationsschwierigkeiten zwischen zentrali- sierten und dezentralisierten Modulen und nicht-intendierten Selbstorganisationspro- zessen liegen (ebd.).

Virtuelle Organisation

Obgleich das Schlagwort der virtuellen Organisation weit verbreitet ist, bleibt seine inhaltliche Bestimmung unklar und uneinheitlich. Nach Schräder (1996) kann man unter dieser speziellen Organisationsform ein Gebilde verstehen, das übliche Begrenzungen nicht aufweist, denn es basiert auf einer netzwerkartigen Kooperation zwischen rechtlich unabhängigen Unternehmen. Diese schließen sich auf Zeit zusammen, entwickeln dafür ein gemeinsames Geschäftsverständnis und beteiligen sich mit jeweils gefragten Kernkompetenzen. Gegenüber einem Dritten tritt der virtuelle Verbund wie ein eigenständiges Unternehmen auf. Interne Regelung basiert weitgehend auf unbürokratischen Verfahren, auf einem verstärkten Einsatz von IuK-Technologien sowie dem Zugeständnis von Selbstorganisation (ebd., vgl. auch Hegewald, 2003). Die im Kontext virtueller Organisationen genannten Call Center stellen dieser Beschreibung nach nur bedingt ein virtuelles Unternehmen dar.

Entsprechend der geschilderten Merkmale können sich die Kosten einer virtuellen Organisation sehr günstig gestalten und den Kapitalbedarf gering halten. Der Wissensaustausch kann in einem kooperativen Klima optimiert, Distributionskanäle können geteilt und damit Zugangsbarrieren abgebaut werden. Die Reaktionsgeschwindigkeit vermag sich zu verbessern, Tätigkeits- und Wirkungsreichweite der beteiligten Unternehmen können sich vergrößern, real kleine Unternehmen können in der Virtualität wachsen (Schräder, 1996, Wicher, 1996). Räumliche Grenzen sind bei virtuellen Organisationen kaum von Bedeutung – dies kann sich sowohl vorteilhaft auf eine kostengünstige Arbeitskräftebeschaffung auswirken (z.B. Beschäftigung asiatischer Fachkräfte) als auch neue, räumlich entfernte Märkte erschließen. Diesen üblicherweise zu lesenden Vorteilen stehen als Nachteile das Risiko eines Kontroll- und Know-how-Verlustes gegenüber (Schräder, 1996). Zudem kann der Koordinations- und Kommunikationsaufwand durch die Virtualität auch anwachsen (Hegewald, 2003). Virtuelle Organisationen weisen ferner eine gewisse Fluktuationsanfälligkeit auf. Die Entwicklung einer einheitlichen Corporate Identity ist kaum möglich (Hegewald, 2003).

Vor dem Hintergrund dieser Überlegungen leitet Hegewald (2003) neue Anforderungen an Organisation und Individuen ab. Eine Organisation kann, so der Autor, nicht mehr auf Macht und Kontrolle bauen, sondern muss über ein Management durch Zielvereinbarung (Management by Objectives) Selbständigkeit sowie Eigenverantwortung ermöglichen und fördern. Vertrauen und Respekt werden (idealerweise) zu zentralen Funktionsmechanismen in einer virtuellen Organisation. Das Individuum wird gefordert, die große Eigenverantwortung zu tragen, Kommunikations- und Kooperationskompetenzen sowie Kreativität und Innovationspotential selbständig zu entwickeln.

Diese Darstellung lässt bereits einige kritische Überlegungen aufkommen. Zum einen kann bezweifelt werden, ob Unternehmen tatsächlich Vertrauen und Respekt an die Stelle von Macht und Kontrolle setzen wollen – auch in virtuellen Strukturen, vielleicht gerade hier, spielen etwa Informationszugang und -vorsprünge eine große Rolle und könnten zum Machterhalt und zur Kontrolle genutzt werden. Zum anderen dürfte nur ein bestimmter Teil der Belegschaft fähig und bereit sein, all den neuen Forderungen zu entsprechen.

Lernende Organisation

Während die bisher geschilderten Organisationsformen vor allem auf strukturelle Strategien abgehoben haben, nimmt die Idee der lernenden Organisation einen Blickwinkel ein, der vor allem auf den Umgang mit Wandel gerichtet ist. So zeichnet sich eine lernende Organisation durch die Ermöglichung kontinuierlichen Lernens und fortwährender Transformation organisationaler Prozesse aus (Pedler et al., 1996). Damit unterscheidet sich diese Idee von der Organisationsentwicklung, bei der „Wandel als Sonderfall" und die „Organisation als Patient" angesehen wird, für den ein externer Spezialist gesucht wird (Müller-Jentsch, 2003, S. 109). Die lernende Organisation strebt Wandel auf Dauer an, der durch kontinuierlichen Wissenserwerb günstig vorangebracht werden soll. Auch aus der Veränderung selbst soll gelernt werden. Damit verabschiedet sich die lernende Organisation von der Illusion eines harmonischen Gleichgewichts (Müller-Jentsch, 2003). Fatzer (1998) betont, dass Organisationslernen weniger als individueller Lernprozess, sondern vor allem als Organisationsprozess zu verstehen ist, bei dem Lernen von verschiedenen sozialen, politischen und strukturellen Faktoren abhängt. Dabei erweist sich der Erfahrungsschatz einer Organisation als bedeutsam. Lernen beeinflusst wiederum Orientierungs- und Handlungsmuster einer Organisation.

2.2.3   Arbeitsorganisation

Nach der Betrachtung von Arbeit und allgemeinen Aspekten zu Organisation wird in diesem Abschnitt auf die Arbeitsorganisation eingegangen.

Bei der Arbeitsorganisation wird ein „geplanter, dauerhafter und zielorientierter Handlungszusammenhang von Personen und Gruppen" an den Prinzipien der Arbeitsteilung und Wirtschaftlichkeit ausgerichtet (Müller-Jentsch, 2003). Zu diesem Zweck kommen Formen der Arbeitsteilung und Kooperation, Mechanisierung und Automatisierung sowie Managementkonzepte zum Einsatz (ebd.).

Steht die Frage im Vordergrund, wie Arbeitsorganisation in der modernen Arbeitswelt aussieht, liefern die von Moldaschl (2000) beschriebenen *„Basistrends"* einen guten Erklärungsbeitrag. Der Autor differenziert fünf Trends:

1. Entgrenzung der Arbeit nach innen,
2. Subjektivierung des Leistungsarrangements,
3. Ökonomisierung der Austauschbeziehungen,
4. Entgrenzung nach außen,
5. Reflexivitätssteigerung der Organisation.

1. Im Gegensatz zu tayloristischen Produktionsprinzipien wird die *Entgrenzung nach innen* als eine erneute Integration von Aufgaben und Funktionen beschrieben. Zum Beispiel sollen über die Einrichtung von Arbeitsgruppen, Projektmanagement und Total Quality Management Prozessabläufe beschleunigt und der Wissensaustausch angetrieben werden (Schumann & Gerst, 1997). Während alte Grenzen aufgelöst werden, entstehen jedoch auch neue, etwa über die Team- oder Centerbildung, die dann eigenständige Rationalitäten generieren.

2. In tayloristischen, fordistischen und bürokratischen Organisationen galt es, eine Loslösung von Subjektivität anzustreben, um auf diese Weise „objektivierte" Arbeitskonzepte zu gewinnen. Personengebundenes subjektives Wissen wurde (versuchsweise) in Planungswissen transformiert und damit entsubjektiviert. Im Zuge einer *Resubjektivierung* von Arbeit soll nun die Motivation der Mitarbeiter wieder erweckt, die teuere Fremdkontrolle durch eine billigere und effektivere Selbstkontrolle ersetzt werden. In der folgenden Tabelle 2-9 sind die Grundmodi der „Arbeitskraftnutzung" und Rationalisierung dargestellt.

Tabelle 2-9:   *Grundmodi der Arbeitskraftnutzung und Rationalisierung*

Modi der Objektivierung	Modi der Subjektivierung
Rationalisierung durch „einfache" Verwissenschaftlichung (Rationalismus)	Rationalisierung durch reflexive Verwissenschaftlichung (Rationalismuskritik)
Strikte Scheidung von Arbeitskraft und Person (Bürokratie, Standardisierung)	Kalkulierte Resubjektivierung, Entbürokratisierung, Entstandardisierung
Nutzung der Person als Arbeitskraft	Nutzung von Arbeitskraft als Person
Ausschluss der Subjektivität als Störfaktor	Anerkennung der Subjektivität als Ressource
Primat der Planung	Rückkehr der Improvisation (Erfahrung)
Führung	Kontextsteuerung (ökonomisch, versachlicht)
Fremdkontrolle	Selbststeuerung, Selbstbeherrschung
Leistungssteuerung durch Vorgaben, ggf. zentral ausgerichtet	Leistungssteuerung durch direkte Verhandlung (MbO)
Arbeitsmotivation durch kalkulierte Anreizsysteme	Arbeitsmotivation durch Identifikation plus ergebnisgekoppelte Anreizsysteme
Organisierung (Chiffre: Macht)	Ökonomisierung (Chiffre: Markt)

Quelle: Moldaschl, 2000, S. 7.

3. Das dritte Argument, die *Ökonomisierung der Austauschbeziehungen*, basiert auf einer Dezentralisierung von Strukturen (Moldaschl, 2000). Bei dieser Dezentralisierung

werden ökonomische Prinzipien auch auf die Binnenstruktur der Organisation ausgedehnt. Beispiele sind die Einführung von Center-Konzepten (wie bei Abschnitt Organisation erwähnt) oder ergebnisgekoppelten Vergütungssystemen. Untereinheiten der Organisation agieren wie eigenständige Kleinunternehmen und sie konkurrieren mit anderen, ebenfalls weitgehend autonomen Einheiten der Organisation. Der Autonomiezugewinn wird mit der mehr oder weniger freiwilligen Übernahme von Risiken erkauft.

4. Die zunehmende Ausformung unternehmensübergreifender Arbeitsteilung, etwa durch die Bildung von Produktions- und Dienstleistungsnetzwerken, begründet nach Moldaschl (2000, S. 9) eine *Entgrenzung nach außen*. Neben einer verstärkten Kooperation mit anderen Unternehmen sind auch eine gestiegene „Beraterisierung" (damit ist eine verstärkte Einbindung externer Berater gemeint) sowie eine Zusammenarbeit mit Bildungseinrichtungen und anderen gesellschaftlichen Institutionen (z.B. Verbände, Politik) zu beobachten.

5. Beginnen Organisationen, sich selbst in den Wandelungsprozessen zu beobachten, kommt es zu dem fünften Basistrend, der *Reflexivitätssteigerung* und *kommunikativen Rationalisierung*. So unterliegt die Organisation in ihrem Handeln einer Begründungspflicht wie auch der „Ökonomie des Dialogs". Auf diese Weise können Entscheidungen diskursiv ausgehandelt und schließlich evaluiert werden (Moldaschl, 2000, S. 9).

Während die arbeitsorganisatorischen Basistrends allgemeine Prozesselemente beschreiben, soll abschließend der Blickwinkel auf die jeweilige Ausbildung von *Beschäftigungsmustern* verengt werden. Diese Beschäftigungsmuster entstehen unter anderem als Folge von jeweils (wahrgenommenen) spezifischen Systemerfordernissen und drücken sich in konkreten Konfigurationen personalpolitischer Elemente wie Rekrutierung, Entgelt, Personalentwicklung oder Karriereplanung aus (Wächter, 2002, in Anlehnung an Hendry, 1995). Dahinter stehende Logiken (Neuberger & Wimmer, 1998) basieren nicht auf eindeutigen und kongruenten Zielen (in) der Organisation, sondern sie bewegen sich in einem Spannungsverhältnis, das sich aus dem Aufeinandertreffen konkurrierender, teilweise widersprüchlicher Ziele ergibt. Aus dieser Situation heraus entsteht Unsicherheit und Kontingenz, die beide als Legitimation von dem und für das Management genutzt werden. Eines der wahrgenommenen Systemerfordernisse, das nach Wächter (2002) von besonderer Relevanz zu sein scheint, sind mögliche Probleme des Arbeitsvertrags. Solche Beschäftigungsmuster richten sich vor allem an einer Flexibilisierung des Einsatzes menschlicher Arbeit aus und können zum Beispiel produktions-, prozess-, qualifikations-, aufgaben- oder funktionsorientiert sein (Marsden, 1999). Je nachdem, wo der Schwerpunkt gesetzt wird, hat dies Auswirkungen auf organisationale Strukturen und das Arbeitserleben der Individuen. Mögliche Zusammenhänge werden in den weiteren Kapiteln noch vertieft.

Zusammenfassung

Organisationen stellen in der modernen Gesellschaft wichtige soziale Subsysteme dar. Sie funktionieren nach ihren jeweiligen Modi und richten sich an ihren spezifischen Zielen aus. Wie weit die Organisationsziele eine Kompatibilität zu Mitarbeiterzielen aufweisen, ist eine Frage, die je nach Organisation unterschiedlich beantwortet wird. Außerdem dürften volkswirtschaftliche Rahmenbedingungen, insbesondere das Verhältnis von Arbeitskräfteangebot und -nachfrage eine Rolle spielen. Oft sind Wirtschaftsorganisationen bemüht, möglichst viele Risiken, die sich unter anderem auch aus den Herausforderungen der modernen Arbeitswelt ergeben (z.B. Globalisierung), von sich zu schieben und nach außen zu verlagern. Betroffen sind davon auch Individuen, die beispielsweise immer mehr die Folgen organisationaler Flexibilisierungsschritte in Form von unsicheren Beschäftigungsverhältnissen tragen müssen. Dies kann wiederum zur Schaffung neuer bzw. Stärkung bestehender Regelungssysteme (Organisationen, wie etwa Gewerkschaften) führen. Nur am Rande sei angemerkt, dass dies keine zwangsläufige Folge ist. So scheinen die beispielhaft erwähnten Gewerkschaften während der letzten Jahre in ihrer Macht nicht unbedingt gestärkt worden zu sein. Solidarität wird nicht automatisch gefördert, wenn Individuen zusehends mehr Risiken tragen müssen – auch das Gegenteil ist möglich.

Die Organisationen, die in den weiteren Ausführungen im Vordergrund stehen, sind Organisationen, in denen beide Seiten (Unternehmen und Mitarbeiter) versuchen, Vorteile voneinander zu ziehen. Weiterhin wird Organisation als offenes, soziales System aufgefasst, das einerseits teilweise gesellschaftliche Probleme zu beheben versucht, andererseits neue hervorrufen kann.

Dies wird unter anderem an den geschilderten modernen Organisationsformen ersichtlich. Bei der flexiblen Firma nach Atkinson (1987) schafft sich eine kleine Gruppe (die Stammbelegschaft), die zugleich dem Druck ausgesetzt ist, für die eigene ausreichende funktionale Flexibilisierung Sorge zu tragen, Sicherheit, indem eine große Gruppe (die Randbelegschaft) sehr unsichere Arbeitsbedingungen auf sich nimmt. Im atmenden Unternehmen müssen Mitarbeiter ebenfalls bereit sein, sich in den jeweils erforderlichen Positionen einsetzen zu lassen und selbst die Voraussetzungen dafür zu ebnen. In der „neuen flexiblen Firma" nach Ackroyd und Procter (1998) findet eine nach innen verlagerte Ökonomisierung statt, die auf interne Konkurrenz baut. Die virtuelle Organisation stellt eine weitere moderne Organisationsform dar, die von ihren Mitgliedern fordert, Wissen und Kompetenzen in einer virtuellen Umwelt zu teilen. Als problematisch könnte sich hierbei die gewünschte Ausbildung von Vertrauen herausstellen. Bei der lernenden Organisation müssen sowohl soziale als auch psychische Systeme von der angenehmen Stabilität loslassen und sich auf Wandel (pro-) aktiv einstellen.

Viele der genannten Aspekte spiegeln sich in den erwähnten Veränderungen in der Arbeitsorganisation wider. Alles läuft nach diesen auf vernetzte Arbeitsprozesse, Resubjektivierung der Arbeit bei gleichzeitiger Ökonomisierung der Austauschbeziehungen und kommunikativen Rationalisierung hinaus. Bewegen sich die Trends teilweise noch auf einer relativ abstrakten Ebene, werden in dem nächsten Kapitel konkrete neue Arbeitsformen vorgestellt.

Fragen zur weiteren Beschäftigung mit dem Stoff

1. Welche Vor- und Nachteile hat eine Organisation, die sich als korporativer Akteur beschreiben lässt?

2. Welche Vor- und Nachteile hat eine Organisation, die sich als kollektiver Akteur beschreiben lässt?

3. Welche Vorzüge kann es haben, eine Organisation als soziales System zu sehen?

4. Suchen Sie Beispiele für die drei von Scott (1986) unterschiedenen Organisationsformen.

5. Etzioni (1971) unterscheidet Organisationen nach ihrem Bindungscharakter. Ist die Trennung in die genannten Formen eindeutig? Wählen Sie am besten Beispiele.

6. Wenn Sie die „flexible Firma" nach Atkinson (1987) betrachten: Welche Vor- und Nachteile hat eine solche Organisationsform für ein Unternehmen? Welche Anforderungen werden an eine Führungskraft, die in einer solchen Organisation tätig ist, gestellt? Welche Konsequenzen können sich für die Zusammenarbeit von Gruppen ergeben?

7. Finden Sie Beispiele für „McJobs"? Falls ja: Welche Herausforderungen ergeben sich für Führungskräfte?

8. In welchen Branchen oder Arbeitsbereichen sind Ihrer Ansicht nach Elemente des „atmenden Unternehmens" am besten anwendbar?

9. Nehmen Sie an, eine Organisation funktioniert tatsächlich in einer Weise, wie sie Ackroyd und Procter (1998) als Idealform der „neuen flexiblen Firma" beschrieben haben. Welche langfristigen Effekte erwarten Sie für diese Organisation? Wie dürfte sich die Interaktion Führungskräfte-Mitarbeiter gestalten?

10. Im Zusammenhang mit der modularen Organisation wurden Selbstorganisationsprozesse erwähnt. Wählen Sie Beispiele aus und veranschaulichen Sie sich daran nicht-intendierte Selbstorganisationsprozesse. Welchen Regelungsbedarf könnten sie wiederum auslösen?

11. Herrschen in einer Organisation starke Selbstorganisationsprozesse vor: Welche Auswirkungen kann dies auf Führungskräfte auf der einen und Mitarbeiter auf der anderen Seite haben?

12. Diskutieren Sie die These, jeder moderne Unternehmensverbund stelle eine virtuelle Organisation dar.

13. Im Zusammenhang mit Arbeitsorganisation haben Sie die fünf Basistrends von Moldaschl (2000) kennen gelernt. Veranschaulichen Sie sich noch einmal anhand von Beispielen, was unter den jeweiligen Schlagworten zu verstehen ist.

14. Nehmen Sie an, Sie möchten empirisch erheben, welchem Grundmodus die Arbeitskraftnutzung folgt. Wie würden Sie vorgehen?

2.3 Neue Arbeitsformen

Abbildung 2-8: Übersicht über das Kapitel „Neue Arbeitsformen"

Gesellschaftliche Rahmenbedingungen		
Arbeit	Organisation	
Neue Arbeitsformen		Arbeitserleben
Privatwirtschaft - Öffentliche Wirtschaft		
Neue Organisationsstrukturen		
Flexible Arbeitsmethoden		
Neue Wirtschaftspraktiken	New Public Management	
Aus- und Weiterbildung		
Neues Entlohnungssystem		
Neue Verfahren der Leistungsmessung		
Neue Mitarbeiter		
Technikeinsatz		
Erleben neuer Arbeitsformen		

Im Kontext betriebswirtschaftlicher Praxis und theoretischer Reflexion werden Ideen generiert, wie eine Organisation optimalerweise gestaltet sein sollte. Dabei fallen immer wieder Wellen auf, in denen das eine oder andere entsprechend sozial repräsentierte Konzept favorisiert wird. Ein wesentliches Ziel, das mit der Einführung neuer Arbeitsformen – wie auch immer sie inhaltlich konkretisiert sein mögen – verbunden ist, liegt in der Erhöhung von *Flexibilität*. Ein soziales System versucht, mit ausreichend großer Vielfalt auf Umweltveränderungen pro- oder reaktiv zu reagieren. Der Bezugspunkt, der über „ausreichend groß" entscheidet, wird an der Vielfalt der Umwelten, die für das jeweilige System relevant sind, gemessen.

Manchmal erwecken einige der „neuen" Konzepte den Eindruck, als seien sie alt be-
kannte Instrumente, die lediglich mit einem anderen, vornehmlich englischen Namen
versehen werden. Zu diesen „neuen" Managementkonzepten zählen beispielsweise
„Lean Management", „Outsourcing", „Total Quality Management" oder „Business
Reengineering". In diesem Kapitel werden einige der aktuell diskutierten neuen Formen von Arbeit aufgegriffen und unabhängig davon, ob und inwieweit sie genuin
Neues darstellen, kurz erläutert. Als Grundlage dienen hierbei Studienergebnisse der
Europäischen Kommission (European Commission, 1998, 2000). Bei den zwei ausge-
wählten Projekten wurden Entwicklungen in Richtung neuer Formen von Arbeit un-
tersucht. Die Projekte basieren auf 30 Fallstudien aus zwölf europäischen Ländern
(1998) und auf 18 Fallstudien, die in elf europäischen Ländern (unter anderem
Deutschland, Frankreich, skandinavische Länder etc.) erhoben wurden (2000). Auf
Basis der Ergebnisse benennt die Europäische Kommission folgende neue Formen von
Arbeit:

- neue Organisationsstrukturen
- flexible Arbeitsmethoden
- neue Wirtschaftspraktiken
- besondere Bedeutung von Aus- und Weiterbildung
- neue Entlohnungssysteme
- neue Verfahren der Leistungsmessung
- Bild des neuen Mitarbeiters

Die Studien der Europäischen Kommission basieren vor allem auf Organisationen der
Privatwirtschaft, Fallbeispiele aus der öffentlichen Wirtschaft nehmen nur wenig
Raum ein. In diesem Kapitel sind die Ausführungen zu neuen Arbeitsformen daher
vor allem auf die Privatwirtschaft bezogen, doch schließt sich ein weiterer Abschnitt
zu neuen Formen von Arbeit in Organisationen des öffentlichen Dienstes an.

Exemplarisch werden einige Studien herangezogen, um die empirische Relevanz zu
veranschaulichen. Nicht alle Aspekte, die derzeit im Zusammenhang mit neuen Formen von Arbeit thematisiert werden, können dabei einbezogen werden. Das Vorgehen
orientiert sich wie gesagt an der aus den beiden erwähnten Studien resultierenden
Struktur. Eine Diskussion der Konzepte, auch im Hinblick auf psychosoziale Konsequenzen, schließt sich erst in Kapitel 3 an.

2.3.1   Neue Arbeitsformen in der Privatwirtschaft

Lernziel: Kennenlernen und kritische Reflexion verschiedener Strategien, die als neue Formen von Arbeit diskutiert werden.

Wichtige Begriffe: Flexibilität – neue Organisationsstrukturen – Business Reengineering – Dezentralisierung – Telearbeit – Lean Management – Teamarbeit – Gruppenarbeit – Projektarbeit – flexible Arbeitsmethoden – Flexibilisierung der Arbeitsverträge – Arbeitszeitflexibilisierung – Multiskilling – Job Rotation – Job Enlargement – Job Enrichment – neue Wirtschaftspraktiken – Outsourcing – Downsizing – Offshoring – Qualitätsmanagement – Kontinuierlicher Verbesserungsprozess – Kaizen – Beraterisierung – neue Unternehmenskultur – Mitarbeiterorientierung – Kundenorientierung – Aus- und Weiterbildung – Employability – neue Entlohnungssysteme – Gewinnbeteiligungen – Boni – Unternehmensbeteiligungen – neue Verfahren der Leistungsmessung – monetäre Verfahren – nicht monetäre Verfahren – Intrapreneur – IuK-Technologien.

Im Folgenden werden also die von der Europäischen Kommission zusammengefassten Ergebnisse als Strukturierungsgerüst genutzt (European Commission, 1998, 2000), jedoch um den Aspekt „Technikeinsatz" erweitert. Konkrete Umsetzungsstrategien, zum Beispiel Dezentralisierung zur Schaffung neuer Organisationsstrukturen, werden nicht ausschließlich auf Aussagen der besagten beiden Studien bezogen, sondern mit darüber hinausgehendem Material verknüpft. In den folgenden Abschnitten kommen die in Abbildung 2-9 dargestellten Strategien bzw. Instrumente zur Sprache:

Abbildung 2-9:   *Neue Formen von Arbeit im Überblick*

Neue Organisationsstrukturen	Business-Reengineering	
	Dezentralisierung	
	Telearbeit	
	Lean Management	
	Team-/Gruppenarbeit	
	Projektarbeit	
Flexible Arbeitsmethoden	Flexibilisierung der Arbeitsverträge	
	Arbeitszeitflexibilisierung	
	Flexibilisierung der Kompetenzen: Multiskilling	
	Job Rotation, Enlargement, Enrichment	
Neue Wirtschaftspraktiken	Outsourcing	
	Downsizing	
	Offshoring	
	Qualitätsmanagement	
	Kontinuierliche Verbesserung, Kaizen	
	„Beraterisierung"	
Neue Unternehmenskultur	Mitarbeiterorientierung	
	Kundenorientierung	
Verstärktes Engagement in Aus- und Weiterbildung	Angebote des Unternehmens	
	Erwartete Selbstinitiative (Employability)	
Neue Entlohnungssysteme	Gewinnbeteiligungen	Individuum
	Boni	Gruppe
	Unternehmensbeteiligungen	
Neue Verfahren der Leistungsmessung	Monetäre Verfahren	Individuum
	Nicht-monetäre Verfahren	Gruppe
Der „neue" Mitarbeiter	Intrapreneur	
Verstärkter Technikeinsatz		

2.3.1.1   Neue Organisationsstrukturen

Die Ausgestaltung neuer Organisationsstrukturen läuft überwiegend auf eine Dezentralisierung hinaus, wie etwa die Reduktion von Hierarchieebenen oder die Etablierung von Team- oder Gruppenarbeit. Auch werden auf die Bedürfnisse der Kunden und die Erfordernisse des Marktes hin abgestimmte prozessorientierte Wirtschaftseinheiten gebildet. Von der Europäischen Kommission (European Commission, 1998, 2000) zwar nicht erwähnt, wäre hier auch die Form der Projektarbeit eine Umsetzungsmöglichkeit. Grundsätzlich werden (mehr oder weniger weitgehende) Verantwortlichkeiten in diese dezentralisierten Bereiche übertragen und Planungs- und Entscheidungsprozesse von der übergeordneten Organisationsebene hin zu kleineren dezentralen sozialen Einheiten oder sogar auf die individuelle Ebene verlagert (European Commission, 1998, 2000). Diese Ausgestaltung ließe sich als eine Form von Lean-Management verstehen (Kühl, 1995). Zahlreiche Unternehmen unterschiedlicher Branchen greifen dazu, ihre Strukturen zu erneuern (European Commission, 1998, 2000).

Eine besonders krasse Form der organisationalen Umgestaltung ist das *Business Reengineering*, das sich durch „tabulosen" radikalen Wandel auszeichnet (v. Rosenstiel, 2000). Auf einem „fundamentalen Überdenken" der Organisation basierend werden neue Konzepte entwickelt, welche in einer gänzlichen Neugestaltung der Organisation münden können, und „top-down" verordnet werden (Hammer & Champy, 1994). Insbesondere Kernprozesse werden neu gestaltet, um so die Konkurrenzsituation und Innovationskraft zu verbessern. Dies soll wiederum dazu beitragen, Kundenzufriedenheit zu erhöhen, Kosten zu senken, Zeit zu sparen und Qualität zu verbessern (ebd. und Rühli, Treichler & Schmidt, 1995). Business Reengineering fußt auf autoritärer, starker – oder visionärer, motivierender – Führung auf der einen Seite und auf intensivem Technologieeinsatz auf der anderen Seite (vgl. dazu Elmuti & Kathawala, 2000 und Saseen, 1993).

Welche Relevanz weist Business Reengineering in der Praxis auf? Rühli, Treichler und Schmidt (1995) zeigen mit ihrer „europäischen" Expertenbefragung von deutschen und Schweizer Unternehmensvertretern, dass Business Reengineering von einem Teil der Befragten als alter Wein in neuen Schläuchen abgewertet wird, wohingegen der andere Teil das Neuartige und Gewinnbringende dieses Konzepts betont. Die befragten Experten sehen eine zentrale Notwendigkeit darin, dass sich das Organisationsklima in ihrer Unternehmung in eine Richtung entwickelt, in dem Mitarbeiter Wandel gegenüber grundsätzlich aufgeschlossen sind.

Elmuti und Kathawala (2000) gelangen auf Basis ihrer in den USA durchgeführten Befragung von 126 Organisationsvertretern zu dem Ergebnis, dass 60% noch nie mit Business Reengineering zu tun hatten. Nachdem nur 36% angaben, keine Ahnung von diesem Konzept zu haben, müssen sich einige Organisationen bewusst dagegen entschieden haben. Die 50 Unternehmen, die Business Reengineering implementiert haben, wollten damit in erster Linie die internationale Konkurrenzfähigkeit verbessern, 22% waren von den Erfolgen eines vorangegangenen Total Quality Managements enttäuscht und griffen daher auf Business Reengineering zurück. Interessant ist, dass fast die Hälfte der Organisationen (47%) im nachhinein Business Reengineering als gescheiterte Strategie einschätzen, 53% sind mit den Resultaten zufrieden. Gründe für das Scheitern lägen vor allem in fehlendem Wissen über Business Reengineering, fehlenden methodischen Kenntnissen oder unzureichender Kommunikation. Insbesondere der letzte Punkt deutet darauf hin, dass eine zentrale Barriere in organisationsinternen Widerständen bestand.

Dies dürfte auch bei den von Hammer und Champy (1994) beschriebenen Fallbeispielen bedeutsam sein, denn etwa 50 bis 70% der einbezogenen Unternehmen konnten mit Hilfe von Business Reengineering den angestrebten Wandel nicht erreichen. Dieser hohen Zahl an Misserfolgen stehen wenige, dafür aber sehr erfolgreiche Positivbeispiele gegenüber, in denen die Leistung um zehn bis 20% durch Business Reengineering gesteigert werden konnte (Hammer & Champy, 1994).

Allgemeiner gehalten waren Untersuchungen von Worrall und Cooper (1997, 1998) in Großbritannien, in welchen nach organisationalen Restrukturierungsmaßnahmen gefragt wurde (zusammenfassend in Worrall, Cooper & Campbell, 2000a). Dies bedeutet, dass neben massiven Restrukturierungsmaßnahmen auch geringfügigere organisatorische Veränderungen einbezogen sind. Diesen Studien zufolge berichteten 1998 61% der 1.311 Befragten von Restrukturierungsmaßnahmen, die sich wie folgt aufschlüsseln lassen (Tabelle 2-10):

Tabelle 2-10: *Restrukturierungsmaßnahmen in Großbritannien nach Branche (in %)*

(Mehrfachnennungen möglich)	Werksschliessungen	Kostenreduktion	Wandel der Kultur	Downsizing	Outsourcing	Abfindungen	Leih-/ Zeitarbeit	Teilzeitkräfte
Alle	27	57	49	32	18	45	28	31
Bau/Konstruktion	23	39	44	23	15	43	23	26
Beratung	20	32	24	15	15	22	29	27
Manufaktur/Produktion	27	62	55	34	21	48	29	33
Distribution/Transport	21	68	37	32	11	58	16	32
Groß-/Einzelhandel	32	32	63	21	11	53	26	21
Bank/Versicherung/ Finanzen	29	57	43	26	23	40	29	34
Versorgung (z.B. Energie)	56	74	65	56	37	70	61	51
Öffentliche Verwaltung/Regierung	28	66	49	44	23	54	26	40
Bildung/Erziehung	17	51	48	29	7	37	19	33
Gesundheitswesen	26	74	41	35	6	57	30	35
Polizei, Rettungsdienst	38	58	49	24	20	27	42	20
Dienstleistungen	21	57	25	11	11	29	21	18

Quelle: Worrall, Cooper und Campbell, 2000a, S. 26, Übersetzung durch die Autorin.

Zum einen zeigt sich, dass die meisten Unternehmen bestrebt sind, Kosten zu reduzieren, einen Wandel der Unternehmenskultur zu erreichen und Mitarbeiter über das Angebot von Abfindungen „abzubauen". Zum anderen wird deutlich, dass vor allem Unternehmen der Versorgungsbranche und des öffentlichen Dienstes Restrukturierungsmaßnahmen einsetzen. Die meisten der in der Tabelle erwähnten Einzelmaßnahmen werden in den nachfolgenden Abschnitten noch aufgegriffen und vertieft.

Führt man sich das Gesagte bezüglich Business Reengineering vor Augen, treten einige Vor- und Nachteile dieses Konzepts hervor. So kann ein Vorteil in dem freien, zwanglosen Überdenken organisationaler Gegebenheiten liegen. Werden Strukturen tatsächlich völlig frei und neu geformt, kann dies ein Loslassen von eingeübten, verfestigten Strukturen und Routinen bedeuten. Dennoch steht zu erwarten, dass mikropolitisch konstruierte und etablierte Macht- und Kontrollstrukturen kaum ausschaltbar und umgehbar sind. Es liegt außerdem nahe, dass bereits die Ankündigung von Business Reengineering große Unruhe hervorrufen kann. Mitarbeiter haben Angst, im Rahmen der Restrukturierung Macht oder gar ihren Arbeitsplatz zu verlieren. Die Strategie des radikal Neuen läuft zudem Gefahr, bisherige Stärken von Individuen oder sozialen Subsystemen zu übersehen und diese im Zuge der Neugestaltung zu vernichten. Der Erfolg von Business Reengineering wird davon abhängig sein, welche Regelungs- und Steuerungsstrategien ergriffen werden, auf welche Systemmechanismen sie stoßen und wie die betroffenen Systeme auf die Störungen reagieren.

Die nächste Strategie, die im Zusammenhang mit der Einführung neuer Organisationsstrukturen genannt werden kann, ist die *Dezentralisierung*. Dabei lassen sich operative und strategische Dezentralisierungsformen unterscheiden (Faust et al., 1994). Die erste Variante bedeutet eine Verlagerung von Kontrollfunktionen, Kompetenzen und Verantwortlichkeiten auf untergeordnete, mit der Ausführung betraute Hierarchieebenen. Im Rahmen der strategischen Dezentralisierung findet eine Verlagerung auf neu definierte oder aus dem Unternehmen ausgelagerte Bereiche statt. Ziel beider Strategien ist eine Optimierung von Kosten, Zeit und Qualität (Müller-Jentsch, 2003). Eine konkrete Organisationsform solcher neu gebildeter Unternehmenseinheiten sind beispielsweise Cost- und Profit-Center, die Ergebnis interner Vermarktlichung sind (Sauer & Döhl, 1997). Ihre Eigenständigkeit drückt sich unter anderem in einer selbständigen Koordination von Kunden- und Lieferantenbeziehungen aus, auch sind sie für Absatz, Kosten und Leistung verantwortlich (Hirsch-Kreinsen, 1995). Bilden Unternehmen ihre Strukturen um, so dass sie letztendlich fast nur noch aus Cost- und Profit-Centern bestehen, kann sich eine „fraktale" Organisation entwickeln, in der viele sich selbst organisierende Einheiten nur noch über IuK-Technologien vernetzt sind (Warnecke, 1993).

Zur Dezentralisierung organisationaler Strukturen kann ferner *Telearbeit* beitragen, die unterschiedliche Ausgestaltungsformen umfasst, aber im Wesentlichen darauf ausgerichtet ist, dass einige Arbeitsaufgaben außerhalb der Räume der Organisation erbracht werden. Als Formen der Telearbeit lassen sich unterscheiden (Stengel, 1997): isolierte Telearbeit, Satellitenbüro, Nachbarschaftsbüro, Telecenter und Teleservicecenter. Isolierte Telearbeit zeichnet sich dadurch aus, dass Mitarbeiter (oder Selbständige) dauerhaft oder alternierend in ihrer eigenen Wohnung arbeiten. Ein Satellitenbüro ist eine „dezentralisierte Betriebsstätte eines Unternehmens" (ebd., S. 35), in der dann mehrere Personen in gemeinsam genutzten Räumen ihrer Arbeit nachgehen. Nutzen mehrere Unternehmen ein Büro und entsenden sie einzelne Mitarbeiter zeitweise oder dauerhaft dorthin, kann man von einem Nachbarschaftsbüro sprechen. Bei Tele(service)centern bieten Dienstleister Infrastruktur für Telearbeit – oder die Dienstleistung selbst an.

Dienel (2004) gibt zu bedenken, bei Telearbeit nicht nur konventionelle Formen zu berücksichtigen, sondern auch räumlich ausgelagerte Tätigkeiten an unkonventionellen Arbeitsorten, wie Hotelzimmern, Flughäfen, Konferenzsälen etc. miteinzubeziehen.

Unternehmen versprechen sich von Telearbeit vor allem Kostenersparnisse und Flexibilität. Bei der Einführung von Telearbeit wurden auch ökologische Argumente ins Feld geführt (Huws, 1984), die heute jedoch nur noch am Rande erwähnt werden. Vorteile für Individuen werden in einer Flexibilisierung der (v.a. räumlichen und zeitlichen) Arbeitsgestaltung und besseren Vereinbarkeit von Beruf und Familie gesehen. Dementsprechend werden insbesondere Vorteile für Frauen herausgestrichen. Allerdings, so Stengel (1997), hängt es von den Fähigkeiten und Wertemustern eines Individuums sowie von den Normen (der als relevant erachteten sozialen Systeme in der Umwelt) ab, ob ein Mensch die Vorteile der Telearbeit auch erlebt.

Grundsätzlich kann Dezentralisierung Mitarbeiter entweder fordern, unterfordern oder überfordern. Werden Verantwortung und Kontrollmöglichkeiten verstärkt an Mitarbeiter weitergegeben, kann dies je nachdem, welche Einstellung diese zu Autonomie haben, positive oder negative Folgen nach sich ziehen. Dezentralisierung vermag Selbstorganisationsprozesse zu verstärken und kann die Steuerbarkeit organisationaler Subsysteme erschweren.

Die Idee des *Lean Managements* ist die dritte Strategie, um neue Organisationsstrukturen zu schaffen. Im Kern zielt sie auf eine verschlankte Organisation ab. Das Konzept wurde in Japan schon in den 50er Jahren unter dem Namen „lean production" entwickelt und über den erfolgreichen Einsatz bei Toyota bekannt (Pfeiffer & Weiß, 1994). In Deutschland hat dieses Konzept etwa seit den 90er Jahren an Popularität gewonnen und wurde unter anderem bei der Opel AG eingeführt. Lean Management kann auch als eine Art Überbegriff für eine ganze Reihe an Maßnahmen gesehen werden. So geht es vor allem darum, jegliche Ressourcenverschwendung zu vermeiden, sei es bei der Nutzung von Räumen, von Material oder Personal (v. Rosenstiel, 2000). Alle Prozesse, die wenig oder keine Wertschöpfung erbringen, sollen eliminiert werden (Wiendieck, 1994). Das heißt unter anderem, dass Organisationen, die sich die Ideen des Lean Managements zu Eigen machen wollen, unter einer „Verschlankungsperspektive" gefordert sind, sich auf ihre Kernbereiche zu konzentrieren und alle nicht unbedingt erforderlichen hausinternen Dienstleistungen aufzugeben. Durch die Ausbildung strategischer Geschäftseinheiten könnten Verwaltungsaktivitäten verringert werden. Auch die Arbeit in Gruppen soll zu mehr Selbstbestimmung – und Selbstverantwortung – führen. Insgesamt wird also ein Abbau von Hierarchie und damit eine Verkürzung von Entscheidungswegen angestrebt. Das in der Produktion etablierte Just-in-Time-Prinzip wird zunehmend auch im Personalbereich gefordert (Wiendieck, 1994). So optimierte Arbeitsabläufe sollen sich schließlich an den Bedürfnissen des Kunden ausrichten – geleitet und kontrolliert werden sie über ein Qualitätssicherungssystem (Sohn, 1993).

In flach organisierten Unternehmen können Kommunikationswege verkürzt sein, zumindest in vertikaler Richtung. Gibt es nur eine geringe Anzahl an Hierarchiestufen, kann eine Organisation transparenter werden. Zugleich bietet sie Mitarbeitern aber auch weniger Aufstiegsmöglichkeiten, und wird die Verschlankung durch Personalabbau erreicht, dürfte diese Organisationsstrategie Angst in der Belegschaft auslösen. Stärkere Orientierung am Just-in-Time-Prinzip kann die Abhängigkeit des Mitarbeiters bei seiner Arbeitszeit von organisationalen Gegebenheiten verschärfen und Zeitdruck hervorrufen.

Auch die *Gruppenarbeit* wird hin und wieder als neue Organisationsform angesprochen (Reitinger, 2002). Dabei gilt es, zwischen teilautonomer Gruppenarbeit, Fertigungsteams und klassischen Arbeitsgruppen zu differenzieren (Wegge, 2001). Alle drei Formen der Gruppenarbeit sind in die Aufbauorganisation integriert. Klassische Arbeitsgruppen lassen sich durch eine strenge Funktions- und Aufgabenteilung charakterisieren. Diese Arbeitsgruppen werden von „außenstehenden" sozialen, psychischen oder technischen Systemen kontrolliert. Bei Fertigungsteams bestehen tayloristische Prinzipien oft weiter, wobei den Gruppenmitgliedern zugleich auch Kontrollaufgaben vor allem der Qualitätssicherung obliegen. Die Gruppenmitglieder sollen möglichst im Stande sein, Aufgaben anderer Personen zu übernehmen. Die Arbeit einer teilautonomen Arbeitsgruppe ist durch große Autonomie charakterisiert. Die Gruppe bekommt relativ umfangreiche und anspruchsvolle Aufgaben zugeteilt, deren Erledigung sie selbst organisieren muss und zwar angefangen bei der Planung bis hin zur Ausführung und Kontrolle. Damit nimmt die Organisationsform der teilautonomen Arbeitsgruppe tayloristische Rationalisierung am meisten zurück, weil vormals ausgegliederte planende und kontrollierende Teilaufgaben reintegriert werden (Müller-Jentsch, 2003). Andere, auf Partizipation und Autonomie ausgerichtete Formen der Gruppenarbeit sind Qualitätszirkel, KVP(Kontinuierlicher-Verbesserungs-Prozess)-Teams oder Projektgruppen (Antoni, 2003) – diese werden nachfolgend noch angesprochen.

Eng verbunden mit Gruppenarbeit ist *Teamarbeit*. Dabei handelt es sich nicht um dasselbe wie Gruppenarbeit. Ein Team ist eine Gruppe, aber nicht jede Gruppe ist ein Team (v. Rosenstiel, 2003). Mit dem Begriff der Teamarbeit werden positive Merkmale, wie gut funktionierende Koordination und Kooperation assoziiert (Kauffeld, 2000). Dennoch gibt es Standpunkte, die für eine synonyme Begriffsverwendung plädieren (Antoni, 2003). Eine von der Organisation angestoßene oder nicht angestoßene, aber sich selbst entwickelnde Teamarbeit kann sich aus der Komplexität von Aufgaben, des

Marktgeschehens und dem gesellschaftlichen Wertewandel, der sowohl Kooperation als auch Autonomie stärkt, ergeben (Wegge, 2001). Dabei kann sich Teamarbeit in verschiedenen organisatorisch veranlassten Arbeitsformen ausbilden, zum Beispiel in teilautonomen Arbeitsgruppen oder Qualitätszirkeln (vgl. auch Antoni, 1990, 1996). Besonders im Zuge gemeinsamer *Projektarbeit* wird Teamarbeit erwartet (v. Rosenstiel, 2003).

Die Einführung von Team- und Gruppenarbeit zielt auf eine Stärkung der Selbstregulation der Individuen ab; bürokratische, organisationale Kontrollen sollen von der Selbstverantwortlichkeit der Mitarbeiter abgelöst werden (Müller-Jentsch, 2003). Dementsprechend soll sich ein hierarchischer Umbau vollziehen (Kühl, 2002), von dem letztendlich eine Produktivitätssteigerung erhofft wird (Müller-Jentsch, 2003).

Organisatorisch verordnete Gruppen-, Team- und Projektarbeit wird von Individuen nicht unbedingt auch angenommen. Es ist sowohl möglich, dass Strukturierungsmaßnahmen nicht umgesetzt werden, sondern weiterhin Individualismus dominiert, als auch dass Gruppen-, Team- und Projektarbeit entsteht und praktiziert wird, ohne dass es dafür einen organisationalen Beschluss gab. Wie gut Gruppen arbeiten, hängt von verschiedenen Faktoren ab, zu denen vor allem die tatsächliche Kontakthäufigkeit, wahrgenommene Ähnlichkeit der Mitglieder sowie Kohäsion und Dependenz zählen (v. Rosenstiel, 2003).

Eine Studie von Nordhause-Janz und Pekruhl (2000) gibt Einblick, wie umfangreich Gruppenarbeit in der Praxis etabliert ist. So zeigen die Autoren, dass der Anteil von Gruppenarbeit von 7% im Jahre 1993 auf 12% in 1998 stieg. Zieht man an dieser Stelle auch andere Studien heran, wird deutlich, dass es sektorenspezifische Unterschiede geben muss (sofern die Befunde der Autoren als repräsentativ gelten können): Bei deutschen Automobilherstellern lag 1996 der Anteil an Beschäftigten in Gruppenarbeit in der Produktion bei 35% (Roth, 1998) und damit deutlich über dem Durchschnittswert von 12%. 1998 waren es im Maschinenbau sogar 46% (Müller-Jentsch & Ittermann, 2000). Dies lässt vermuten, dass sich gerade im Automobilbereich Gruppenarbeitsformen durchgesetzt haben. Allerdings gibt Springer (1999) zu bedenken, dass die jeweils gewählten Formen von Gruppenarbeit wenig auf die als vorteilhaft erachtete Selbstorganisation abzielt, sondern diese vielmehr auf Wiedereinführung bzw. Beibehaltung tayloristischer Prinzipien basieren.

2.3.1.2 Flexible Arbeitsmethoden

Eng mit den Strategien der Implementierung neuer Organisationsstrukturen sind auch Flexibilisierung der Arbeitsverträge, -zeit und -inhalte (European Commission, 1998, 2000) verbunden.

Flexibilisierung von Arbeitsverträgen läuft in der Regel auf eine Befristung hinaus. Organisationen sehen darin eine Möglichkeit der flexiblen Arbeitsgestaltung. Befristete Arbeitsverträge enden zu einem vereinbarten Termin, ohne dass eine Kündigung ausgesprochen werden muss (Bauschke & Kurr, 2002). Wie in dem Abschnitt „Ein Blick in die Statistik" dargelegt, hat sich diese Art der Flexibilisierung in den letzten Jahren immer mehr durchgesetzt. Dem Vorteil einer variablen Gestaltung des Personalstandes steht der Nachteil gegenüber, dass möglicherweise spezielle Fachkenntnisse bei jenen Mitarbeitern fehlen, die sich auf solche Befristungen einlassen. Personen mit hohem Qualifikationsniveau bzw. mit speziellen Fachkenntnissen haben es u.U. nicht nötig, befristete Arbeitsverhältnisse anzunehmen. Arbeitnehmern, die einen befristeten Vertrag haben, ist es in der kurzen Beschäftigungsdauer kaum möglich, betriebsspezifisches Wissen zu erwerben. Ist die Personalfluktuation hoch, müssen Organisationen Mitarbeiter immer wieder von neuem einarbeiten. Bei Mitarbeitern, die ein befristetes Arbeitsverhältnis antreten, werden nicht selten (gezielt) Hoffnungen geweckt, bei entsprechender Anpassung und Leistungserbringung einen festen Arbeitsvertrag zu erhalten. Bei solchen Situationen steht zu erwarten, dass sich diese Mitarbeiter möglichst konform verhalten, um keine Chance auf eine unbefristete Anstellung zu vergeben und dabei selbst Ausbeutung hinnehmen. Der Druck auf die befristet angestellten Mitarbeiter – aber auch auf die Festangestellten – wächst vor dem Hintergrund dieser Konkurrenzsituation (Böttcher & Krüger, 1995). Aus Sicht der Organisation kann dies ein erwünschter Effekt sein, mit dessen Hilfe sie Mitarbeiter maximal auszunutzen und die Leistungserbringung insgesamt zu steigern hoffen. Für Individuen kann daraus eine erhebliche psychische Belastung erwachsen.

Ähnlich verhält es sich mit Einstellungen von *Leih- oder Zeitarbeitern* oder Personen auf *Minijob*-Basis. Beim „Personalleasing" leiht sich eine Organisation (Fach-)Kräfte von einer Zeitarbeitsfirma aus. Dem Zeitarbeiter sind nach den neuen gesetzlichen Bestimmungen vergleichbare Arbeitsbedingungen zu gewähren, wie sie das Stammpersonal hat (Eingruppierung entsprechend der Stammentgeltgruppe, IGZ, 2005). Ausnahmen bestehen, wenn im Tarifvertrag zwischen Arbeitgeber und Mitarbeiter Abweichendes geregelt wurde (ebd.). Sozialversicherungsabgaben und den bezahlten Urlaub leistet die Zeitarbeitsfirma. Aus diesem Grund ist Personalleasing für Unternehmen eine interessante Alternative, denn sie hat diese Kosten nicht zu tragen. Dadurch dass eine Organisation zeitweise auf Leiharbeiter zurückgreift, kann sie sich flexibel auf saisonal unterschiedlich anfallende Arbeitsaufträge einstellen und kurzfristige Personalengpässe überbrücken (Schröer & Huhn, 1998). Die Personalbeschaffungs-, Personalverwaltungs- und Lohnnebenkosten können zudem vergleichsweise niedrig gehalten werden (ebd.).

Bei der *zeitlichen Flexibilisierung* gibt es eine ganze Reihe von *Arbeitszeitmodellen* (z.B. Brockhoff, 1990, Hielscher, 2000, Föste et al., 2001), von denen einige in der nachstehenden Abbildung 2-10 zusammengebracht sind:

Abbildung 2-10:   *Formen flexibilisierter Arbeitszeitmodelle*

Die Zuordnung zu entweder eher organisationalen oder individuellen Zielen ist auf keinen Fall überschneidungsfrei und unstrittig. *Kurzarbeit*, ein Arbeitszeitmodell, das in den letzten Jahren in Deutschland immer wieder vorübergehend eingeführt wurde (z.B. bei Holsten, vgl. O.V., SZ 08.05.2003, Lufthansa, vgl. Haas, SZ 13.06.2003, BMW, vgl. Viering, SZ 24.06.2003, VW, vgl. O.V., SZ 27.06.2003, Loewe, vgl. O.V., FTD 08.10.2003, ThyssenKrupp in Kassel, vgl. O.V., SZ 15.01.2004, oder bei für die WM 2006 gebildeten Bautrupps der Deutschen Bahn, vgl. SZ 17.02.2004), dient im Wesentlichen organisationalen Zielen. Fehlen dem Unternehmen Aufträge, kann es auf diese Weise versuchen, Personalkosten durch Arbeitszeitverkürzung zu senken. Häufig wird auch argumentiert, so Entlassungen vermeiden zu können. Mitarbeiter in Kurzarbeit erhalten einen Einkommensausgleich in Höhe des Arbeitslosengeldes (Hielscher, 2000).

Ebenso kann ein Unternehmen Interesse daran haben, dass die Mitarbeiter bei besonders großem Arbeitsanfall *Mehrarbeit* leisten. Auftragsspitzen und kurzfristige Personalengpässe können so überbrückt werden. Mitarbeitern wird in der Regel Ausgleich über Freizeit oder Bezahlung angeboten (Hielscher, 2000).

Schichtarbeit und *Wochenendarbeit* stehen ebenfalls im betrieblichen Interesse, wenn dadurch zum Beispiel die Maschinennutzung optimiert oder im Dienstleistungsbereich ein 24-Stunden-Service angeboten werden können. Letzteres kann an einem möglichst hohen Serviceziel ausgerichtet sein (z.B. Bestellaufnahme von Versandhäusern über Call-Center) oder eine notwendige Versorgung, etwa von kranken oder alten Menschen, sicherstellen. Im Frühjahr 2003 waren es 17,3 Millionen Menschen in Deutschland, die ständig, regelmäßig oder gelegentlich am Wochenende, in der Nacht oder in Wechselschichten arbeiteten. Seit 1991 ist der Anteil damit um sechs Prozent gestiegen. Jeder vierte Erwerbstätige arbeitet samstags, jeder zehnte am Sonntag oder an Feiertagen (Statistisches Bundesamt, 2004a).

Arbeit auf Abruf folgt dem Prinzip einer vollständig kapazitätsorientierten Arbeitszeitgestaltung ("Kapovaz"). Der Mitarbeiter ist bei seiner Arbeitszeitgestaltung weitgehend von organisationalen Rahmenbedingungen abhängig (Rauschenberg, 1993, Föste et al., 2001). Ebenso kann die Einstellung von Mitarbeitern in geringfügigen Beschäftigungsverhältnissen betriebliche Erfordernisse ausgleichen.

Arbeitszeitkonten können einmal mehr aus organisationalen Beweggründen eingeführt worden sein oder sie können den Mitarbeitern im Sinne eines Autonomiezugeständnisses offeriert werden. Zeitkonten erlauben Ansparen und Abbauen von Arbeitszeit über einen längeren Zeitraum hinweg (Föste et al., 2001). Gleitzeitig schafft dies einen Rahmen, in dem Mitarbeiter ihre Arbeitszeit relativ frei gestalten können. Bei der Gestaltung ihrer Anfangs- und Schlusszeiten müssen sie meist jedoch auf eine vorgegebene Kernzeit Rücksicht nehmen (Rauschenberg, 1993).

Bieten Unternehmen *Jahresarbeitszeitregelungen* an, wird bei der wöchentlichen Arbeitszeit lediglich ein ungefährer Durchschnittswert veranschlagt, den Mitarbeitern bleibt es aber überlassen, wie sie sich innerhalb eines Jahres die Arbeitszeit einteilen. Dabei können die zugestandenen Spielräume größer oder enger sein (Seifert, 1998). Dem Arbeitgeber kommt ein solches Modell vor allem dann zugute, wenn sich die Mitarbeiter mehr an den betrieblichen Erfordernissen orientieren als an ihren individuellen Bedürfnissen oder wenn eine hohe Identifikation mit dem Unternehmen besteht.

Andere Formen flexibler Arbeitszeitgestaltung sind beispielsweise *Teilzeitangebote*. Es heißt, insbesondere Frauen würden von entsprechenden Möglichkeiten profitieren. (Wie eingangs dargelegt, sind fast 90% der Teilbeschäftigten Frauen.) Doch hat Funder (1993) beispielsweise aufgezeigt, dass Frauen, die eine Teilzeitstelle haben, mehr belastet sind als ihre Vollzeitkolleginnen, weil ihnen dennoch in vollem Umfang der Haushalt überlassen bleibt, während sich Männer, deren Frauen eine Vollzeitstelle haben, vergleichsweise mehr am Haushalt beteiligen.

Job-Sharing bringt ebenfalls eine Reduzierung der Arbeitszeit mit sich, weil sich zwei Mitarbeiter einen Vollzeitarbeitsplatz teilen (Föste et al., 2001). *Tandemarbeitszeit* ist eine spezifische Unterform, in der gegenseitige Vertretungsregelungen von besonderer Bedeutung sind.

Bei *Vertrauensarbeitszeit* wird die betriebliche Kontrolle der Anwesenheit aufgegeben und durch Leistungsvorgaben ersetzt.

Sabbaticals sind Angebote, auf Zeit aus dem Beruf auszusteigen. Entweder verzichtet ein Mitarbeiter im Vorfeld auf Gehalt oder nutzt angehäufte Zeitguthaben, um ein

Sabbatical zu nehmen (Föste et al., 2001). Zuletzt sind noch flexible Ruhestandsregelungen anzusprechen, die auch im Interesse des Individuums liegen können.

Zusammenfassend lassen sich folgende Trends bei der Arbeitszeitgestaltung festhalten (vgl. auch Willke, 2004):

■ *Arbeitsrhythmen werden flexibler*: Arbeitszeiten folgen weniger streng fest vorgegebenen Abläufen, Mitarbeiter können dadurch Zeitsouveränität gewinnen. Außerdem werden Arbeitsplatzwechsel häufiger.

■ *Arbeitszeiten orientieren sich mehr an Kundenbedürfnissen*: Dies kann zu Lasten der Mitarbeiterinteressen gehen, aber auch von Vorteil sein, zum Beispiel bei Telearbeit, wenn sie vor dem Hintergrund einer stärkeren Kundenorientierung eingeführt und von dem Ausführenden freiwillig angenommen wird.

■ *Atypische Arbeitszeiten nehmen zu*: Dazu zählen vor allem Abend- und Nachtarbeit sowie Arbeit am Wochenende.

■ *Die Trennung zwischen Arbeit und Freizeit verschwimmt immer mehr.*

Ein paar Beispiele zur flexiblen Arbeitszeitgestaltung bei bekannten Unternehmen sind der nachfolgenden Tabelle 2-11 zu entnehmen:

Tabelle 2-11: *Beispiele für flexible Arbeitsformen in ausgewählten Organisationen*

Unternehmen	Arbeitszeitform
Apollinaris & Schweppes GmbH	Vertrauensarbeitszeit
Deutsche Welle	Flexible Arbeitszeit im Tagesdienst, Vertrauensarbeitszeit, Zeitkonto, Selbsterfassung
Kreisverwaltung Düren	Flexible Arbeitszeit im Tagesdienst, Servicezeit, Vertrauensarbeitszeit
Landesbank Rheinland-Pfalz	Flexible Arbeitszeit im Tagesdienst, Langzeitkonto, Vertrauensarbeitszeit
Nestlé Schöller GmbH & Co. KG	Flexible Arbeitszeit im Tagesdienst, Vertrauensarbeitszeit, Selbsterfassung
Randstad Deutschland GmbH & Co. KG	Vertrauensarbeitszeit
Roche Diagnostics GmbH	Flexible Arbeitszeit im Tagesdienst, Vertrauensarbeitszeit
Siemens AG	Vertrauensarbeitszeit

Tabelle 2-11 - Fortsetzung: *Beispiele für flexible Arbeitsformen in ausgewählten Organisationen*

Unternehmen	Arbeitszeitform
Sparda-Bank Münster (Westf) eG	Vertrauensarbeitszeit, Servicezeit
Stadtverwaltung Wolfsburg	Vertrauensarbeitszeit
Vereins- und Westbank AG	Flexible Arbeitszeit im Tagesdienst, Vertrauensarbeitszeit

Quelle: Die Daten stammen von www.bgms.bund.de.

Es gibt deutliche sektorenspezifische Unterschiede, wie intensiv flexible Arbeitsmethoden (Vertragslaufzeit und Arbeitszeit) eingesetzt werden (European Foundation for the Improvement of Living and Working Conditions, 2003a). Besonders häufig findet man befristete Arbeitsverhältnisse in der Landwirtschaft (15%), im Hotel- und Gaststättengewerbe (13%) und im Immobiliengewerbe (12%). Dies kann, mit Einschränkungen bei der Immobilienbranche, in saisonalen Schwankungen begründet sein. Zeit- und Leiharbeit werden vornehmlich im Bau (4%) sowie im Hotel- und Gaststättengewerbe genutzt. Dies könnte an einem vergleichsweise großen Arbeitskräfteangebot liegen, das es Organisationen ermöglicht, kostengünstige Beschäftigungsformen zu nutzen. Demgegenüber werden in öffentlichen Versorgungseinrichtungen („public utilities", 89%), bei Finanzdienstleistern (88%) und im Transportgewerbe (86%) die meisten unbefristeten Verträge vergeben. Atypische Arbeitszeiten finden sich ebenfalls vor allem in der Landwirtschaft, im Hotel- und Gaststättengewerbe, im Transportgewerbe sowie im Groß- und Einzelhandel. Besonders lange Arbeitszeiten haben Mitarbeiter der Sektoren Landwirtschaft, Industrie, öffentliche Versorgungseinrichtungen, Bau, Groß- und Einzelhandel, Hotel- und Gaststätten-, Transport- und Immobiliengewerbe.

Interessant ist auch ein Vergleich der Arbeitszeitgestaltung in Deutschland im Vergleich zu anderen europäischen Ländern (Merllié & Paoli, 2001). So können in Deutschland lediglich 41% der Beschäftigten die Form ihrer Arbeitszeit beeinflussen. Damit liegt Deutschland am vorletzten Platz, nur in Spanien sind noch weniger Menschen an der Gestaltung ihrer Arbeitszeit beteiligt. Die größten Mitbestimmungsmöglichkeiten sind in Dänemark (58%), Schweden (56%) und den Niederlanden (53%) gegeben.

Stengel (1997) zeigt auf, dass den allgemeinen Arbeitszeitwunsch psychologische Variablen erklären, während für die *konkrete* Ausgestaltung von Arbeitszeitmodellen (z.B. vorzeitiger Ruhestand, Sabbatical, Bildungsurlaub) organisatorische Variablen ausschlaggebend sind.

Nachdem nun sowohl Flexibilisierung von Arbeitsverträgen als auch von Arbeitszeit-modellen vorgestellt wurde, soll als Nächstes die Flexibilisierung von Kompetenzen, die auch unter dem Schlagwort *Multi-Skilling* Eingang in die Literatur gefunden hat, betrachtet werden. Entgegengesetzt zu tayloristischen und rationalisierten Arbeits-formen setzt die Flexibilisierung von Kompetenzen an einer möglichst breiten Ausbil-dung und Ausrichtung der Mitarbeiter an, so dass sie in einer sich schnell wandelnden Organisation auch rasch neue Arbeitstätigkeiten übernehmen können. Dabei soll der Mitarbeiter sowohl über verschiedene fachliche Fähigkeiten und Fertigkeiten verfügen als auch grundsätzlich im Stande sein, sich schnell auf neue Gegebenheiten einzustel-len (Yong-Min & Park, 2003). So sollen Mitarbeiter möglichst ganze Arbeitsprozesse verstehen, Verbesserungsmöglichkeiten aufdecken und diese eigenständig umsetzen.

Um Mitarbeiter entsprechend breit zu entwickeln, können die nachfolgend beschrie-benen Formen der *Job Rotation*, des *Job Enlargements* und *Job Enrichments* herangezogen werden. Damit findet sich bezüglich Multi-Skilling eine große Überschneidung zu diesen Konzepten sowie zu der später folgenden Abhandlung zur Stärkung der Fort- und Weiterbildung.

Von Rosenstiel (2000) sieht Job Rotation, Job Enlargement und Job Enrichment als Formen psychologischer Arbeitsgestaltung. Job Rotation, als geplanter Arbeitsplatz-wechsel, erweitert den Tätigkeits-, nicht aber den Entscheidungsspielraum. Dement-sprechend trägt diese Form der Arbeitsgestaltung auch kaum zur Humanisierung der Arbeit bei. Der Organisation bietet sich der Vorteil einer breiteren Einsetzbarkeit ihrer Mitarbeiter. Welche Effekte sich zugleich für die Mitarbeiter auftun, beispielsweise durch eine Verringerung des Monotonieempfindens, hängt vom Einzelfall ab (Wiendieck, 1994). Job Enlargement beschreibt eine Zurücknahme der bis dahin zer-stückelten Arbeitsprozesse. Am weitesten geht Job Enrichment, in dessen Rahmen eine horizontale und vertikale Aufgabenerweiterung vorgenommen wird (v. Rosenstiel, 2000). Arbeit soll damit ganzheitlicher und Mitarbeiter über Partizipation mehr einge-bunden werden (Wiendieck, 1994). Eine weitere genannte organisatorische Umset-zungsform ist das Etablieren von teilautonomen Arbeitsgruppen, die schon in den vorangegangenen Abschnitten angesprochen wurden. Breuer und Mitarbeiter (1985) haben alle vier Formen mit Blick auf den Entscheidungs- und Handlungsspielraum sowie den Kontrollspielraum wie folgt zusammengebracht (vgl. Abbildung 2-11):

Abbildung 2-11: *Wirksamkeit verschiedener Arbeitsformen*

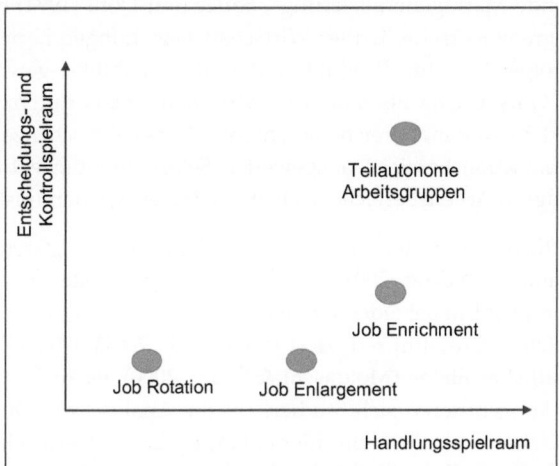

Quelle: In Anlehnung an Breuer, Friedrich & Steffen, 1985, zit. in Richter, 2000, S. 9.

Sowohl Multi-Skilling wie auch Maßnahmen, Handlungs-, Entscheidungs- und Kontrollspielräume der Beschäftigten zu erweitern, können Arbeitsbedingungen interessanter gestalten und die Qualität von Arbeit verbessern. Allerdings kommt es auch hier auf die jeweiligen Motive der Mitarbeiter an, ob und in welcher Weise ihr Arbeitserleben durch solche Strategien tatsächlich beeinflusst wird.

2.3.1.3   Neue Wirtschaftspraktiken

Konzepte wie Outsourcing, Downsizing, Offshoring, Qualitätsmanagement, kontinuierliche Verbesserung und Kaizen sowie „Beraterisierung" bilden Formen neuer Wirtschaftspraktiken. Diese „Praktiken" gilt es, etwas näher zu erklären.

Das Konzept des *Outsourcings* wird hin und wieder im Kontext von Lean Management genannt, stellt es doch einen Weg dar, eine Organisation zu „verschlanken". Bei Outsourcing werden Geschäftsprozesse an (manchmal in diesem Zusammenhang gebildete) unabhängige Dritte vergeben. Haftung und Gewährleistungspflichten liegen bei der Firma, deren (outgesourcte) Leistungen in Anspruch genommen werden. Das Konzept hat im Zuge seiner wachsenden praktischen Bedeutung seit den 90er Jahren auch wissenschaftliche Aufmerksamkeit erlangt.

Outsourcing kann als unternehmerische Rationalisierungsstrategie verstanden werden, die ökonomische Vorteile mit sich bringen soll. Outsourcing bedeutet nicht zwangsläufig die Auflösung eines Unternehmens (Sauer & Döhl, 1997), sondern eine

Neugestaltung der Strukturen, was Minssen (2000) dazu leitet, von einer „begrenzten Entgrenzung" zu sprechen. Beck und Mitarbeiter (2001) sehen in Outsourcing eine „grenzensprengende Marktgeneralisierung", Sauer und Döhl (1994) heben die besondere Bedeutung grenzüberschreitender Wirtschaftsbeziehungen hervor, die zu einem wesentlichen Erfolgsfaktor für Produktivität und Rentabilität geworden sind. Am Anfang, als sich Outsourcing als moderne Wirtschaftspraxis durchzusetzen begann, blieb es auf nur kleinere Randbereiche beschränkt. In der Zwischenzeit hat es sich auf nahezu alle Organisationsbereiche ausgeweitet. Selbst öffentliche Institutionen, wie z.B. das Militär, lagern Arbeitsbereiche nach außen (Allen & Chandrashekar, 2000).

Betriebswirtschaftliche Vertreter meinen, mit Hilfe eines „Grenzmanagements" (Duschek, Ortmann & Sydow, 2001) Outsourcingprozesse steuern zu können. Die soziale Dimension bleibt dabei jedoch vielfach unberücksichtigt oder wird auf ein als notwendig erachtetes Minimum reduziert (Beck et al., 2001). Dies gilt für Folgen auf gesamtgesellschaftlicher Ebene (Moldaschl & Sauer, 2000) als auch auf organisationaler Ebene. Meist konzentrieren sich Studien auf die Analyse von Outsourcing in der Industrie (z.B. Bleicher et al., 2002, Brödner & Lay, 2002 oder Geishecker, 2002), andere Wirtschaftsbereiche, vor allem der Dienstleistungssektor erfahren kaum Berücksichtigung (Hendrix & Wachtler, 2004).

Mit Outsourcing wird nicht nur Kostenreduktion angestrebt, sondern auch höhere Kostentransparenz erwartet. Weitere Ziele sind vor allem Flexibilisierung, allgemeine Transparenzsteigerung und stärkere Marktorientierung (Faust et al., 1994, Hirsch-Kreinsen, 1995, Sauer & Döhl, 1997).

Zu der Frage, ob Outsourcing ökonomisch erfolgreich ist und von welchen Faktoren es abhängt, dass sich der Prozess tatsächlich in der intendierten Weise steuern lässt, gibt es – wenig überraschend – uneinheitliche Ergebnisse. So beschreiben einige Autoren wirtschaftliche Erfolge von Outsourcingstrategien (z.B. Saleck, 1998, Holzinger, 1992), andere weisen auf Misserfolge hin (z.B. Ulrich, 1996).

Bezogen auf Deutschland soll der Einsatz von Outsourcing anhand zweier exemplarisch herangezogener Studien etwas näher gebracht werden. Die Referenzstudien geben vor allem Einblick in Ziele, die Organisationen mit Outsourcing verbinden, in Outsourcing-Gegenstände und Erfolge. Sofern vorhanden, werden auch Barrieren kurz beschrieben. Die Ausführungen an dieser Stelle konzentrieren sich dabei auf organisationale Aspekte, die Betrachtung des Erlebens von Outsourcing folgt dann in dem Abschnitt „Erleben neuer Arbeitsformen" (Kapitel 3).

Die erste zu erwähnende Studie wurde von Accenture, einem „Anbieter integrierter Dienstleistungen in Beratung, Technologie und Outsourcing", zusammen mit dem „Institute of Management and Consulting Sciences" (einem Institut an der Fachhochschule Bonn) durchgeführt, in der 200 Vorstände, Geschäftsführer und Topmanager aus Großunternehmen Deutschlands, Österreichs und der Schweiz zu Outsourcing befragt wurden (Accenture, 2002). Da das Unternehmen Accenture selbst auf Outsourcing spezialisiert ist, sind die Ergebnisse jedoch mit gewisser Vorsicht zu betrachten, da eine wissenschaftliche und wirtschaftliche Unabhängigkeit in diesem Fall nicht gegeben ist. Dennoch erlauben manche Ergebnisse interessante Einblicke. Die meisten befragten Unternehmen stammen aus der Dienstleistungsbranche, gefolgt vom Maschinen-, Anlagen- und Fahrzeugbau sowie dem Groß- und Einzelhandel. Andere Branchen sind in geringerem Umfang vertreten.

Zuerst wurden Unternehmensvertreter aufgefordert, verschiedene Erfolgsfaktoren von Outsourcing zu bewerten (vgl. Tabelle 2-12).

Die in der Tabelle dargestellten Ergebnisse zeigen deutlich, dass mit Outsourcing-Aktivitäten vor allem Kosten reduziert, spezielles Wissen erschlossen und Leistung gesteigert werden sollen. Dementsprechend breit können die Erwartungen ausgerichtet sein.

Tabelle 2-12:   *Bewertung der wichtigsten Erfolgsfaktoren von Outsourcing-Vorhaben*

(Angaben in %)	kein/geringer Vorteil	sehr großer/ großer Vorteil
Erhöhte Kostenflexibilität bei Kapazitätsschwankungen	9	73
Zugang zu spezialisierten Ressourcen (IT, Personal, etc.)	10	70
Leistungssteigerung im Kerngeschäft	12	62
Erschließung von Kostensenkungspotentialen	15	56
Verbesserte Kostenplanbarkeit	18	54
Zugang zu innovativem Technologie- und Methoden-Know-how	16	53
Stärkere Unabhängigkeit von internen Know-how- und Leistungsträgern	21	50
Dauerhafte Sicherstellung des technologischen „State of the Art"	21	43
Modernisierung der IT-Infrastruktur bzw. der PC-Umgebung	27	42
Erhöhte Reaktionsgeschwindigkeit	27	42
Zugang zu innovativem Management-Know-how	24	40
Geringeres bzw. geteiltes Risiko	25	38
Schnellere Durchsetzung von Veränderungsprozessen	19	37
Leistungssteigerung in den ausgelagerten Bereichen	26	37
Abwicklung technologischer Pilotprojekte ohne großes Risiko	27	35
Erhöhte IT-Sicherheit	31	34
Erschließung von Wachstumspotentialen	32	29

Quelle: Accenture, 2002, S. 6.

Welche Bereiche werden nun besonders häufig nach außen verlagert? Insgesamt haben knapp 60% der Unternehmen IT-Aufgaben und 55% haben (zudem) funktionale Bereiche (Logistik, Transport, Fuhrpark-Management und Personalentwicklung) an andere Unternehmen abgegeben. Kaum von Outsourcing betroffen sind Controlling, Marketing oder Kreditoren- und Debitorenmanagement (Accenture, 2002).

Alles in allem erachten etwa zwei Drittel der Befragten ihre Outsourcing-Aktivitäten als überwiegend sehr erfolgreich (vgl. ebd.). Das heißt auch, dass etwa ein Drittel Outsourcing als überwiegend weniger oder nicht erfolgreich einstufen. Die Befragten nehmen zu möglichen von den Autoren vorgegebenen Gründen des Scheiterns wie folgt Stellung (Tabelle 2-13):

Tabelle 2-13: *Bewertung verschiedener Gründe, die zum Scheitern eines Outsourcing-Vorhabens führen können*

(Angaben in %)	kein/geringes Risiko	sehr hohes/ hohes Risiko
Hohe Abhängigkeit vom externen Dienstleister	11	72
Hohe Kosten eines Dienstleisterwechsels	18	54
Know-how-Verlust in den ausgelagerten Bereichen	18	54
Verschlechterung des Betriebsklimas durch Arbeitsplatzabbau	19	54
Komplexe Integration der Prozesse mit langen Vorlaufzeiten	9	53
Falsche Dienstleisterwahl durch intransparenten Outsourcing-Markt	25	50
Keine präzise festgeschriebenen Servicevereinbarungen	20	47
Nicht eingehaltene Servicevereinbarungen	20	45
Unterschiedliche Kulturen von Kunde und Dienstleister	22	45
Eingeschränkter Datenschutz/eingeschränkte Datensicherheit	31	40
Qualitätsverlust in den ausgelagerten Bereichen	27	39
Zu wenig Outsourcing-Wissen im eigenen Unternehmen vorhanden	26	37
Mangelnde strategische Kompetenz des Dienstleisters	27	36
Hoher administrativer Aufwand in Relation zu den erzielten Kosteneinsparungen	35	27
Unklare arbeitsrechtliche Gesetzgebung	43	22
Geringe Kostenflexibilität bei Kapazitätsschwankungen	41	20

Quelle: In Anlehnung an Accenture, 2002, S. 6.

Probleme, die mit Outsourcing einhergehen, sind vor allem die Abhängigkeit von dem Outsourcing-Partner, die sich in hohen Kosten oder Qualitätsverlust ausdrücken kann. Auch ein Wissensverlust kann auf Auslagerung folgen. Ebenso fürchtet mehr als die Hälfte der Befragten eine Verschlechterung des Arbeitsklimas, wenn aufgrund von Outsourcing Arbeitsplätze abgebaut werden. Dies ist, so Thiede (2003), eine Besonderheit deutscher Unternehmen.

Wird davon ausgegangen, dass ein Drittel der Outsourcing-Aktivitäten von den Befragten als wenig erfolgreich eingestuft werden, kann das Fehlinvestitionen in Höhe von 2,7 Milliarden Euro bedeuten, unterstellt man ein gesamtes Marktvolumen von neun Milliarden Euro (ebd.).

Barrieren, die von einer (noch stärkeren) Nutzung von Outsourcing abhalten, bestehen in den Augen der Befragten vor allem in der Angst vor Kontrollverlust. Weitere Gründe sind aus der nachstehenden Tabelle 2-14 zu ersehen.

Tabelle 2-14: *Bewertung der wichtigsten Hürden und Hemmnisse für Outsourcing-Aktivitäten*

(Angaben in %)	keine/geringe Hürde	sehr große/ große Hürde
Angst vor Kontrollverlust über Anwendungen, Funktionen, Entscheidungen	12	64
Bedenken gegenüber langfristigen Abhängigkeitsverhältnissen	18	57
Voreingenommenheit gegenüber neuen Geschäftsmodellen	15	56
Zu große Unsicherheit	16	56
Mangelndes Vertrauen in Outsourcing-Partner	16	53
Zu große Veränderungen/zu komplex	14	46
Fehlende Rückabwicklungsfähigkeit	15	43
Unklare Rollenverteilung	24	42
Wettbewerbsdenken bei gemeinsamen Outsourcing-Aktivitäten	22	41
Mangelnde Information über Vorteile von Outsourcingvereinbarungen	25	38
Zweifel an Tragfähigkeit der Finanzierungsmodelle	33	29
Rechtliche Hürden	39	26

Quelle: In Anlehnung an Accenture, 2002, S. 6.

Zusammenfassend gilt festzuhalten, dass mit hohen Investitionen in Outsourcing-Aktivitäten vielerlei Ziele verbunden sind, der Erfolg jedoch fraglich ist und von einigen Faktoren abhängt. Vor allem Ängste können einer erfolgreichen Umsetzung entgegenstehen.

Die zweite Studie, die an dieser Stelle beispielhaft herausgegriffen werden soll, stammt von Hendrix und Wachtler (2004), auch sie haben Unternehmer befragt. Zwar beschränkt sich diese Studie auf das Bundesland Nordrhein-Westfalen, doch ist die gleichzeitige Einbeziehung von Outsourcing-Auftraggebern und -nehmern interessant. Von den Auftraggebern kommen 39% aus dem verarbeitenden Gewerbe, 57% gehören dem dritten Sektor an. Unter den Auftragnehmern sind 43% Dienstleister. Dies zeigt die große Bedeutung des Outsourcings für den Dienstleistungssektor. Er ist sowohl Auftraggeber als auch -nehmer.

Gegenstände des Outsourcing sind der Studie von Hendrix und Wachtler (2004) zufolge in erster Linie Infrastruktur-Dienstleistungen (z.B. Reinigung, Verpflegung, Sicherheitsdienste, Gebäudemanagement), gefolgt von IuK-Technologie, Rechnungs- und Personalwesen. Auch Teile der Produktion und Verarbeitung werden an andere Organisationen vergeben, teilweise auch ins Ausland, in so genannte „Billiglohnländer". Wie bei den Accenture-Daten ebenfalls ersichtlich wird, geben Unternehmen Marketing, Logistik oder Beschaffung nur in geringerem Umfang nach außen (Hendrix & Wachtler, 2004).

Auch Hendrix und Wachtler (2004) haben die Ziele und ihre Erreichungsgrade abgefragt (siehe Tabelle 2-15):

Tabelle 2-15:   *Outsourcing-Ziele und -Erfolg*

n = 89, Mehrfachnennungen möglich (Angaben in %)	Ziele	Erfolg
Kostenabbau	74	78
Flexibilisierung	59	66
Konzentration auf Kernkompetenzen	43	39
Qualitätssteigerung	34	39
Risikominderung	27	40
Steigerung der Innovationsfähigkeit	23	24
Erschließung neuer Absatzmärkte	15	24
Abbau Mitbestimmung	4	9

Quelle: Hendrix & Wachtler, 2004, S. 111.

Die Mehrzahl der Unternehmen, die sich zu Outsourcing entschließen, hoffen auf eine Kostenreduktion, die sie dann auch am ehesten erzielen, sowie auf Flexibilisierung. Hier liegt die Erfolgsrate bei zwei Drittel. Bei allen anderen Zielen bewegt sich die Zielerreichung jeweils unter 50%. Das heißt die erwünschten Effekte treten nicht oder nicht in dem angestrebten Ausmaß ein. Ob Outsourcingstrategien gar gegenläufige Wirkung zeigen, indem sie beispielsweise die Innovationskraft hemmen anstatt zu steigern, wird aus den Studienergebnissen von Hendrix und Wachtler (2004) nicht ersichtlich.

Die Studie analysiert ferner Auswirkungen von Outsourcing auf Beschäftigungsverhältnisse in Form von Tarifgefälle, Personalabbau und atypischen Beschäftigungsformen. Hendrix und Wachtler (2004, S. 113) legen dar, dass „mit 60% überdurchschnittlich viele Outsourcing-Auftragnehmer nicht an kollektivvertragliche Regelungen gebunden" sind. Weiterhin findet sich in Organisationen, die Outsourcing betreiben, eine erhöhte Beschäftigungsdynamik, wobei laufende Outsourcing-Aktivitäten mit Personalabbau einhergehen (Hendrix et al., 2003). Dabei werden Mitarbeiter nicht zwangsläufig entlassen, sondern es wird auf die „weichere" Variante der Frühverrentung oder das Nicht-Verlängern befristeter Arbeitsverträge gesetzt.

Weiterhin differenzieren die Autoren die Beschäftigungsflexibilität in Betrieben mit mindestens 70% Männern, von ihnen als „Männerbetriebe" bezeichnet, bzw. mit mindestens 70% Frauen („Frauenbetriebe"). Dabei stellen sie eine vergleichsweise starke Dynamik in Männerbetrieben, in Form von überdurchschnittlichem Personalabbau als auch -zuwachs, und eine relative Stabilität in Frauenbetrieben fest. Gründe hierfür bleiben offen.

Was den Zusammenhang von Outsourcing und atypischen Beschäftigungsformen angeht, sind die Ergebnisse der Autoren eindeutig: Outsourcing-Auftraggeber bieten überdurchschnittlich oft geringfügige Beschäftigungsverhältnisse, Auftragnehmer arbeiten mit befristeten Arbeitsverträgen. Dabei ist der Frauenanteil unter den geringfügig Beschäftigten außerordentlich hoch (bei etwa zwei Drittel), während mehr Männer als Frauen befristete Arbeitsverträge haben. Somit haben Männer zwar (erst einmal) eine zeitliche Begrenzung ihres Arbeitsverhältnisses zu tragen, doch verdienen sie mehr, haben eine bessere soziale Absicherung und in der Regel auch bessere Qualifizierungs- und Aufstiegschancen als Frauen, die „nur" einer geringfügigen Beschäftigung nachgehen. Outsourcing-Auftragnehmer arbeiten außerdem oft mit freien Mitarbeitern, was für die Organisation sowohl Flexibilisierung als auch Risikominimierung bedeutet.

Ein anderes interessantes Ergebnis der Studie liegt in der Beobachtung, dass alle Outsourcing-Auftragnehmer qualifiziertes und hochqualifiziertes Personal, nicht aber Ungelernte einsetzen (ebd.). Dies überrascht etwas, werden doch vor allem Infrastruktur-Dienstleistungen ausgelagert.

Zudem ist bei den an Outsourcing-Aktivitäten beteiligten Unternehmen Weiterbildung des Personals besonders wichtig (am bedeutsamsten ist sie im Falle des Outsourcings des Rechnungswesens und der Datenverarbeitung, als am wenigsten wichtig wird sie beim Outsourcing von Infrastruktur-Dienstleistungen erachtet). Allerdings heißt das nicht automatisch, dass in diesen Organisationen Weiterbildungsangebote für die Mitarbeiter geschaffen werden, sondern von ihnen wird z.T. schlichtweg erwartet, dass sie sich selbständig (auf eigene Kosten und in ihrer Freizeit) auf ihre Tätigkeit vorbereiten (und dennoch nur ein befristetes oder geringfügiges Beschäftigungsverhältnis erhalten).

Insgesamt zeigt die Studie von Hendrix und Wachtler (2004) eine Verlagerung vieler Aufgaben auf die Individuen, die eigenständig Kooperations-, Koordinations- und Integrationsleistungen erbringen müssen. Es wird zur Aufgabe des Einzelnen, das „Grenzstellenmanagement" zu bewerkstelligen, marktbedingte Unsicherheiten zu tragen und ihre Subjektivität in den Arbeitsprozess einzubringen (Moldaschl, 2002, Hendrix & Wachtler, 2004). Auf diese Weise wird das Individuum „Relaisstation des Marktes" (Bechtle & Sauer, 2003, S. 47) und weicht die Trennung von Arbeitskraft und Person auf (Hendrix & Wachtler, 2004).

Zuletzt ist bei Outsourcing noch zu beachten, dass zwei inkompatible Unternehmenskulturen aufeinanderprallen können, die des Unternehmens, das einst Arbeitsbereiche ausgelagert hat, und die des Outsourcing-Partners. Dies kann nicht nur organisationsintern, sondern auch beim Kunden zu nicht-intendierten Effekten führen.

Eine besondere Form, die an dieser Stelle noch ergänzt werden soll, ist das *Interimsmanagement*. Dabei handelt es sich um Management auf Zeit, das ebenfalls von außen eingekauft wird (Scholz & Stein, 2004). Wie es sich in der Praxis um die Akzeptanz eines solchen von außen eingekauften Managementteams verhält, ist eine wichtige, jedoch wenig erforschte Frage.

Die Verlagerung von Arbeitsplätzen an externe Organisationen kann nicht nur die erhofften Vorteile mit sich bringen, sondern auch einige Probleme schaffen. So steht zu erwarten, dass sich das Organisationsklima durch eine verschärfte interne Konkurrenz verschlechtert.

Downsizing ist eine weitere Strategie neuer Wirtschaftspraktiken, die auf z.T. erheblichen Stellenstreichungen beruht (Kieser, 2002). Cameron und Mitarbeiter (1993) bemerken zwar, es gebe verschiedene Formen der Personalreduzierung, doch basieren die meisten auf Entlassungen. Dabei können nicht nur einzelne Mitarbeiter der Downsizingstrategie zum Opfer fallen, häufig werden ganze Unternehmensbereiche verkauft. Personalabbau fungiert als Mittel zum Zweck, denn Downsizing selbst strebt Effizienzsteigerung, Kostenkontrolle und -reduktion sowie die Steigerung von Umsatz und Wettbewerbsfähigkeit an. Beispielsweise werden Hierarchieebenen abgebaut oder die Leistungsspanne des Unternehmens ausgeweitet. Durch Downsizingaktivitäten wird Arbeit neu gestaltet, meist läuft es auf eine Arbeitsverdichtung hinaus. Methoden, um „kostengünstig" Personal zu reduzieren, sind neben Kündigungen Frühverrentung und Einstellungsstopps.

Downsizing scheint in der Vergangenheit zu *dem* Mittel der Wahl geworden zu sein. In einer Befragung von 3.500 Unternehmen wurde schon in dem Zeitraum von 1980 bis 1994 deutlich, dass knapp 60% der Unternehmen mehr als 5% ihres Personals abgebaut haben (Morris, Cascio & Young, 1999). Zugleich deuten die meisten Untersuchungen darauf hin, dass die Ziele, die mit dem teilweise massiven Personalabbau verbunden sind, häufig nicht erreicht werden. Auch die Studie Tomaskos (1993), die auf einer Befragung von 1.000 US-amerikanischen Unternehmen beruht, bestätigt dies (vgl. Tabelle 2-16):

Tabelle 2-16:   *Ziele und Realisierung im Kontext des Downsizings*

Ziel	... von % der Unternehmen als Ziel angegeben	... von % der Unternehmen erreicht
Kostenreduktion	90	50
Produktionssteigerung	75	22
Entbürokratisierung und Verbesserung von Entscheidungsfindung	50	15

Quelle: In Anlehnung an Daten von Tomasko, 1993, Übersetzung durch die Autorin.

Zu ähnlichen Ergebnissen gelangen Cascio, Young und Morris (1997). Ihre Analyse von 537 amerikanischen Unternehmen, deren Entwicklung sie über einen Zeitraum von 15 Jahren beobachtet haben, kommt sogar zu dem Schluss, dass Unternehmen mit einer stabilen Beschäftigungspolitik bessere wirtschaftliche Kennzahlen vorweisen konnten als jene, die mehr als 5% ihrer Belegschaft entlassen hatten. So betrug die durchschnittliche Gesamtkapitalrendite („Return on Assets") bei Unternehmen mit Downsizing-Strategie knapp 13%, bei den Unternehmen mit stabiler Beschäftigungspolitik lag diese bei fast 17%.

Obgleich Downsizing nicht selten als Erfolgsstrategie verkauft wird, konnten Worrel, Davidson und Sharma (1991) nachweisen, dass allein die Ankündigung eines Stellenabbaus den Börsenwert reduziert. Allerdings gilt es bei dieser Studie auf Besonderheiten hinzuweisen: Wurde Downsizing mit einer Fusionsstrategie oder einer Stilllegung eines Unternehmensbereichs verbunden, stieg der Börsenwert, wurde die Downsizing-Strategie mit finanziellen Problemen begründet, sank er. Offen bleibt hier die Frage der Zurechenbarkeit.

Downsizing bedeutet für Mitarbeiter einen Verlust an Arbeitsplatzsicherheit und schürt bei einzelnen Mitarbeitern die Angst, selbst ebenfalls „abgebaut" zu werden.

Eine von der Europäischen Kommission (European Commission, 1998, 2000) nicht aufgeführte Strategie ist das so genannte *Offshoring*, die Verlagerung von Arbeitsplätzen ins Ausland. Dies ist jedoch ein Punkt, der vor allem in Tarifverhandlungsphasen in der deutschen Öffentlichkeit intensiv diskutiert wird und von zahlreichen in Deutschland ansässigen Unternehmen als Erfolg versprechender Schritt verkauft – oder mit dem gedroht – wird. Bei Offshoring kann zwischen der Verlagerung von Arbeitsplätzen an zum Unternehmen gehörende Tochterunternehmen im Ausland und der Verlagerung an andere Unternehmen unterschieden werden. (Bei Letzterem wäre eher von Outsourcing zu sprechen.)

Das Bundesministerium für Wirtschaft und Arbeit (2003) betont, dass vor allem der IT-Bereich von der Verlagerung von Arbeitsplätzen ins Ausland betroffen ist. Nach einer Untersuchung der Wirtschaftsprüfungsgesellschaft KPMG würden jedoch auch Produktionseinheiten immer mehr an ausländische Standorte abgegeben werden (Wittrock & Hus, 2004, in FTD vom 12.11.2004).

Die Unternehmensberatung Roland Berger streicht auf ihrer Homepage heraus, dass insbesondere „Service-Offshoring auf dem Vormarsch [ist und die] Ergebnisse (…) Erwartungen [übertreffen]" (www.rolandberger.com). Eine von dieser Unternehmensberatung durchgeführte Untersuchung legt offen, dass 40% der europäischen und 25% der deutschen „Top-Unternehmen" bereits Arbeitsplätze ins Ausland verlagert haben. 44% der europäischen und 40% der deutschen Unternehmen planen, dies noch auszuweiten. 70% der befragten Unternehmen geben an, mit dieser Strategie Kosten sparen zu wollen, 43% erhoffen sich, die Servicequalität zu verbessern. Über 80% schätzen bereits vollzogene Verlagerungen als erfolgreich ein.

Insbesondere deutsche Unternehmen äußern verschiedene Ängste, wenn es um die Verlagerung von Arbeitsplätzen ins Ausland geht. Vor allem Einbußen in der Servicequalität – die zugleich mit Offshoring erhöht werden soll –, Kontrollverlust und Verlust firmeninterner Kompetenzen werden bei einer Verlagerung von Arbeitsplätzen ins Ausland befürchtet.

Trotz möglicherweise bestehender Bedenken geht das Bundesministerium für Wirtschaft und Arbeit (2003) beispielsweise davon aus, dass in den nächsten Jahren 100.000 Arbeitsplätze im Bereich der Finanzdienstleistungen ins Ausland verlagert würden. Außerdem wird erwartet, dass allein indische IT-Unternehmen ein Umsatzpotential von 14 Mrd. Euro abziehen.

Andere Fallbeispiele zeigen ein weit weniger euphorisches Bild: So wird im Manager-Magazin (06.12.2004) von IBM Deutschland berichtet, die im Zusammenhang mit ihren Outsourcing-Plänen auf ganz erhebliche Schwierigkeiten stoßen, so dass die angedachte Auslagerung von 700 Arbeitsplätzen ins Ausland wieder in Frage gestellt wurde.

Offshoring kann, wenn damit ein Verlust an Arbeitsplätzen verbunden ist, nicht nur die gleichen Probleme bedingen wie Downsizing oder Outsourcing, sondern auch Konflikte zwischen Nationen schüren. Ein plakatives Beispiel liefert die Debatte, die sich um „Kinder statt Inder" (vgl. z.B. Kilz & Prantl, 2000, www.kinder-statt-inder.de, www.politikforum.de) spann.

Total Quality Management (TQM) ist eine weitere konkrete Form neuer Wirtschaftsprak-tiken. Qualitätsmanagement hat vergleichsweise weit zurückliegende Wurzeln. Bereits mit Einzug tayloristischer Arbeitsproduktion wurde seine Bedeutung herausgestri-chen. Seit den 90er Jahren hat das TQM zusehends an Popularität gewonnen. Das „Totale" streicht die Wichtigkeit heraus, dass Qualitätsaspekte in allen unternehmeri-schen Bereichen Berücksichtigung finden und sich nicht nur auf ausgewählte Teile konzentrieren sollen. So beinhaltet Qualitätsmanagement Produkt-, Prozess-, Kunden- und Mitarbeiterorientierung. Damit ist Qualitätsmanagement auf verschiedenen Ebe-nen vor dem Hintergrund jeweils unterschiedlicher Ziele relevant: Spielen für Kunden eine hohe Produkt- und Servicequalität eine Rolle, sind Mitarbeiter an guten Arbeits-bedingungen interessiert, die ihre Arbeitszufriedenheit fördern. Für die Organisation steht die Optimierung von Arbeits- und Produktionsprozessen im Vordergrund (Schnauber et al., 1997). Dies macht deutlich, dass ein breit angelegtes und nicht ver-netztes TQM zu Konflikten führen kann. Deswegen fordern manche Autoren auch eine Verschränkung von Qualitätsmanagement und Human Resource Management (z.B. Boselie & van der Wiele, 2002). Dadurch kann eine Organisation am ehesten die Qualität der Arbeit über Förderung von Kommunikation, Kooperation und Motivation – oder anders betrachtet: Führungsverhalten, Training, Partizipation, Kollegenklima – erhöhen (Sperling, 1994, Müller-Jentsch, 2003, Dale, 1999).

Im Rahmen von Total Quality Management werden oft Qualitätszirkel eingeführt. Diese bestehen meist aus einer Gruppe von Arbeiternehmern ähnlicher oder unter-schiedlicher Tätigkeitsbereiche, die sich regelmäßig treffen, um unter Anleitung durch einen Moderator qualitätsrelevante Themen zu bearbeiten.

Die Idee der *kontinuierlichen Verbesserung* und das Schlagwort *Kaizen* werden häufig in engem Zusammenhang oder synonym verwendet und oft auch im Kontext neuer Arbeitsformen thematisiert. Was verbirgt sich dahinter? Der japanische Begriff Kaizen bedeutet so viel wie kontinuierliche Verbesserung, mit der verschiedene Forderungen verbunden sind (Imai, 1998): Jeder Mitarbeiter in einem Unternehmen soll unabhängig von seiner hierarchischen Stellung an der Fort- und Weiterentwicklung von Produkten oder Prozessen teilhaben. Dabei gilt es, bestehende Normen zu erhalten und diese, sofern erforderlich, zu modifizieren. Veränderungen sollen möglichst nicht mit Kosten verbunden sein, sondern diese eher senken helfen. Im Zentrum soll Kaizen auf „Gem-ba" ausgerichtet sein, den „Ort des Geschehens", womit in der Regel der Kunde mit seinen Erwartungen und Wünschen gemeint ist. Zu diesem Zweck ist zuerst bei Auf-treten eines Problems „vor Ort" der Sachverhalt zu prüfen und sofort eine Gegenmaß-nahme zu treffen. Danach gilt es, nach der Problemursache zu forschen und eine Stan-dardisierung der Problembehebung zu initialisieren. Aus Kaizen abgeleitet ist das Konzept des kontinuierlichen Verbesserungsprozesses (KVP), welcher als „Führungs-instrument, das möglichst alle Mitarbeiter eines Unternehmens dazu bewegen und befähigen soll, in einem ständigen Bemühen und in Teamarbeit Verbesserungen im alltäglichen Arbeitsprozess zu erarbeiten", verstanden werden kann (Witt & Witt,

2001, S. 13). Hierbei werden verschiedene Merkmale bzw. Bedingungen aufgeführt (ebd.):

■ KVP bindet alle Mitarbeiter ein,

■ KVP möchte das Wissen der Mitarbeiter nutzen,

■ KVP ist von der Motivation der Mitarbeiter abhängig,

■ Arbeit soll reflektiert werden,

■ angesetzt wird auf der Ebene der Ausführung,

■ KVP soll in Teamarbeit geleistet werden,

■ KVP soll als regelgeleitetes System eingeführt werden.

Als Vorteile werden bei der Implementierung von KVP Aktivierung des betrieblichen Vorschlagswesens, Förderung des kritischen Arbeitsbewusstseins und der Teamkultur, Motivationssteigerung und Verbesserung organisationalen Lernens gesehen. Dem stehen als potentielle Risiken gegenüber, dass zum Beispiel Routinen aufgegeben werden und so die mit ihnen verbundenen Vorteile verloren gehen, Mitarbeiter durch das Partizipationsangebot überhöhte Erwartungen entwickeln, weil sie etwa zu viel bewirken wollen oder ihre Freiheiten missbrauchen. Ferner können sie enttäuscht werden, wenn eingebrachte Verbesserungsvorschläge unberücksichtigt bleiben (Witt & Witt, 2001).

In der deutschsprachigen Literatur werden Kaizen oder die Idee der kontinuierlichen Verbesserung manchmal als Kennzeichen einer lernenden Organisation gesehen (Howaldt et al., 1998). Es wird offensichtlich, wie nahe einander das Gedankengut von Kaizen und Qualitätsmanagement sind. Beide Formen können Arbeitsbedingungen verbessern und Mitarbeitern mehr Partizipationsräume eröffnen.

Eine ganz andere Wirtschaftspraxis, welche in den Studien der Europäischen Kommission (European Commission, 1998, 2000) nicht enthalten ist, ist die *„Beraterisierung"*, die die Arbeitswelt durch die wachsende Akzeptanz und Inanspruchnahme von Leistungen von Unternehmensberatungen verändert. Zum Beispiel wurden mit der von McKinsey angepriesenen Gemeinkostenanalyse Einsparungspotentiale im Personalbereich aufgezeigt (Kieser, 2002), die zahlreichen Unternehmen als *der* zukunftssichernde Ansatzpunkt (teuer) verkauft wurden. Die wachsende Bedeutung von Unternehmensberatungen kann man auch an den Angaben des Bundesverbandes Deutscher Unternehmensberater BDU e.V. zu dem Branchenumsatz ablesen. Bis 2001 verzeichnete dieser einen steilen Anstieg, bis er ab 2002 leicht rückläufig war (vgl. Abbildung 2-12).

Abbildung 2-12: Branchenumsatz des Unternehmensberatungsmarktes bis 2004

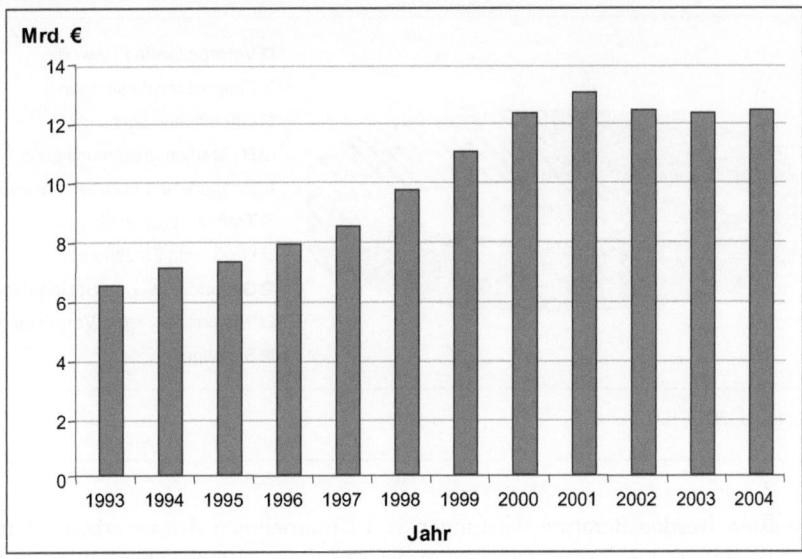

Quelle: BDU, 2005, S. 4.

Bei den Beratungsfeldern sticht mit knapp 60% die Managementberatung hervor, gefolgt von IT-Beratung (29%) und Human Resources Beratung (11,5%).[3] Nachgefragt werden Leistungen von Unternehmensberatungen von den jeweiligen Branchen wie folgt (vgl. Abbildung 2-13):

---

3 Allerdings stellt sich hier die Frage nach der Abgrenzung, beispielsweise zwischen Management- und Human-Ressources-Beratung.

Abbildung 2-13: Nachfrage nach Beratungsleistungen, differenziert nach Branchen

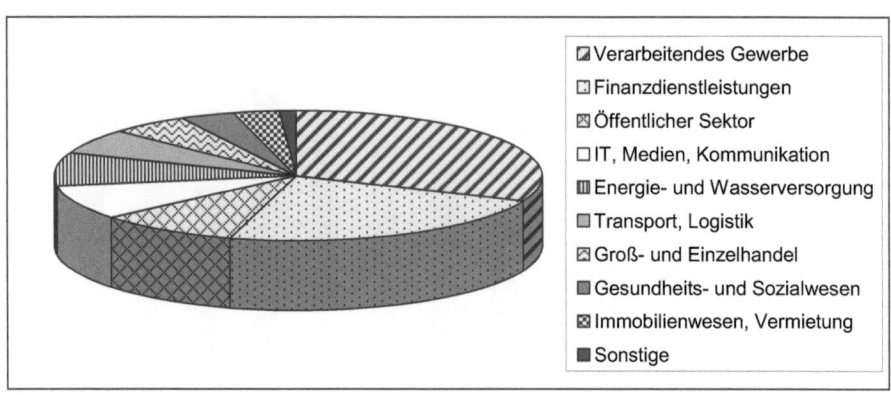

Quelle: BDU, 2003, S. 12.

Am meisten werden Beratungsleistungen von Unternehmen des verarbeitenden Ge-werbes sowie von Finanzdienstleistern in Anspruch genommen. Ebenfalls recht hoch ist der Anteil des öffentlichen Sektors. Letzterer ist diesbezüglich vermehrt in die Kri-tik geraten. So hatte die letzte Bundesregierung in der Zeit von 1998 bis 2004 mehr als 2.000 Aufträge an privatwirtschaftliche Beratungsunternehmen mit einem Gesamtvo-lumen von 1,4 Mrd. Euro vergeben (diese und die weiteren Zahlen stammen aus ei-nem CDU/CSU-Papier, 2004). Ein paar Beispiele: Die Bundesagentur für Arbeit kaufte Beratungsleistungen von insgesamt 278 Mio. Euro ein. Für die Modernisierung der Bundeswehr wurden seit 1998 etwa 500 Mio. Euro ausgegeben. Das Bundesministeri-um für Verkehr, Bau- und Wohnungswesen (BMVBW) ließ sich eine Beratung „in Fragen der Kommunikation und Öffentlichkeitsarbeit" 400.000 Euro kosten, die Bera-tergruppe LKW-Maut verschlang 15,6 Mio. Euro. Das Bundesfinanzministerium hat sich für 65.000 Euro in Sachen „Medien" beraten lassen und die Bundeszollverwaltung hat für eine Mitarbeiterbefragung 58.000 Euro ausgegeben.

Während aufgrund öffentlicher Kontrollmechanismen Zahlen über die Kosten konkre-ter Beratungsprojekte eher im öffentlichen Sektor zugänglich sind, finden sich kaum entsprechende Angaben bzgl. privatwirtschaftlicher Beratungsprojekte. Höchstens aggregierte Daten sind verfügbar, wie die oben zitierten Angaben über den Bera-tungsumsatz. Unabhängig von dem Konkretisierungsmaß zeigen diese Daten jedoch, dass sowohl im privatwirtschaftlichen als auch im öffentlichen Sektor das Einkaufen externer Beratungsleistungen von großer Bedeutung ist.

Aufschlussreich ist weiterhin eine Befragung des Manager Magazins, bei der Füh-rungskräfte angeben sollten, welchen Betrag sie für Unternehmensberatungsleistun-gen bereit sind auszugeben. Die meisten würden zwischen einer und fünf Millionen

Euro ausgeben (Student et al., 2004). Insgesamt herrscht also eine hohe Zahlungsbereitschaft: Externe Beratungsleistungen haben das Image, teuer sein zu dürfen, vielleicht sogar zu müssen.

Es gibt einige Befragungen, in denen erhoben wurde, ob die Auftraggeber mit dem Einkauf externer Beratungsleistungen zufrieden sind oder nicht. Beispielsweise zeichnen Fridrichs (1985) Befragungsergebnisse ein sehr positives Bild, nachdem 90% der befragten Unternehmen der Investitions- und Verbrauchsgüterindustrie mit der in Anspruch genommenen Beratung zufrieden waren, nur 10% erklärten sich unzufrieden. In manchen Studien fällt eine Tendenz zur Mitte auf, etwa bei Kohr (2000) oder Höck und Keuper (2001). Nach Syperski und Klaile (1983) sind 27% der befragten Unternehmen überhaupt nicht zufrieden mit der Beratungsleistung, bei Bischoff (1992) ist es die Hälfte der Kunden (50%).

Auch wenn die Ergebnisse höchst unterschiedlich ausfallen, erklärt sich insgesamt ein nicht unwesentlicher Teil nur begrenzt zufrieden oder unzufrieden (vgl. auch Thinnes, 1998, Effenberger, 1998). Steyrer (1991, S. 32) spricht daher von einer „tendenziellen Leistungsdysphorie".

Eine relativ aktuelle Befragung von 224 Führungskräften deutscher Unternehmen über Image und Kompetenz von Unternehmensberatern weist fünf große Beratungsgesellschaften als „Gewinner" in Sachen Kundenzufriedenheit aus (Student et al., 2004). Selbst bei den fünf „Besten" schwanken Anteile der Unzufriedenen zwischen vier und 25%. Insgesamt erklärt sich ein Prozent überhaupt nicht mit den in Anspruch genommenen Beratungsleistungen zufrieden, 10% werten die Beratungsprojekte als wenig erfolgreich, 32% erkennen einen mittelmäßigen Erfolg, 43% sind überwiegend und 13% sehr zufrieden.

Einige Autoren haben zur Beurteilung der Qualität von Beratungsprojekten noch einen indirekten Weg gewählt: Sie beschreiben Unternehmen, die nach Inanspruchnahme externer Beratung erhebliche Probleme zu bewältigen hatten oder sogar Konkurs gingen (O'Shea & Madigan 1997, Argyris 2000). Als grundsätzliche Probleme von Beratungsaktionen fasst Argyris (2000) zusammen:

Ausgesprochene Empfehlungen

- spiegeln nur eine Vorliebe für eine bestimmte Theorie wider, wie man Effektivität steigern zu können meint,
- beinhalten Bewertungen und Attributionen, die weder erhoben wurden noch messbar sind,
- basieren auf selbstreferentieller Logik,
- vernachlässigen Ursachen.

Die Einbindung eines externen Beraters kann Vorteile bringen, wenn dieser als außenstehender Beobachter blinde Flecken des beratenen Systems aufdeckt und Anstöße zur Veränderung in eine erwünschte Richtung gibt. Er kann mit seiner Arbeit das System aber auch massiv stören und Unruhe in die Organisation bringen. Versäumt es der Berater, die Systemeigenheiten zu analysieren und mit diesen zu arbeiten, kann seine Arbeit wirkungslos bleiben oder nicht-intendierte Effekte auslösen.

2.3.1.4 Neue Unternehmenskultur

Nachdem bisher neue Organisationsstrukturen, flexible Arbeitsmethoden und neue Wirtschaftspraktiken angesprochen wurden, wird als Nächstes das Verständnis von der „neuen" Unternehmenskultur vorgestellt.

Das Neue der anzustrebenden Unternehmenskultur zeichnet sich durch verstärkte Mitarbeiter- und Kundenorientierung aus (Europäische Kommission, 1998, 2000).

Bei der *Mitarbeiterorientierung* haben Vertrauen, Partizipation, Autonomie und Verantwortlichkeit eine herausragende Rolle inne, die meiste Beachtung findet das Konstrukt Partizipation. Müller-Jentsch (2003, S. 65) beschreibt die direkte Partizipation als „Beteiligung von Organisationsmitgliedern an Entscheidungen über Strukturen und Prozesse". Diese ist „Basismerkmal moderner Organisationen (…), konstitutiv für deren Effizienz". Partizipation kann dabei verschiedene Dimensionen einschließen, zum Beispiel Teilhabe an Problemanalyse, Entscheidungsfindung und Handlungsumsetzung zur Problemlösung. Dies beinhaltet auch eine Kontrollverlagerung an „untere" Hierarchieebenen.

Nach einer europaweiten Umfrage (European Foundation for the Improvement of Living and Working Conditions, 1998) bieten in Deutschland 81% aller Arbeitsplätze irgendeine Form von Partizipation. Konkret ist damit Folgendes gemeint (vgl. Abbildung 2-14):

Abbildung 2-14: Partizipationsformen

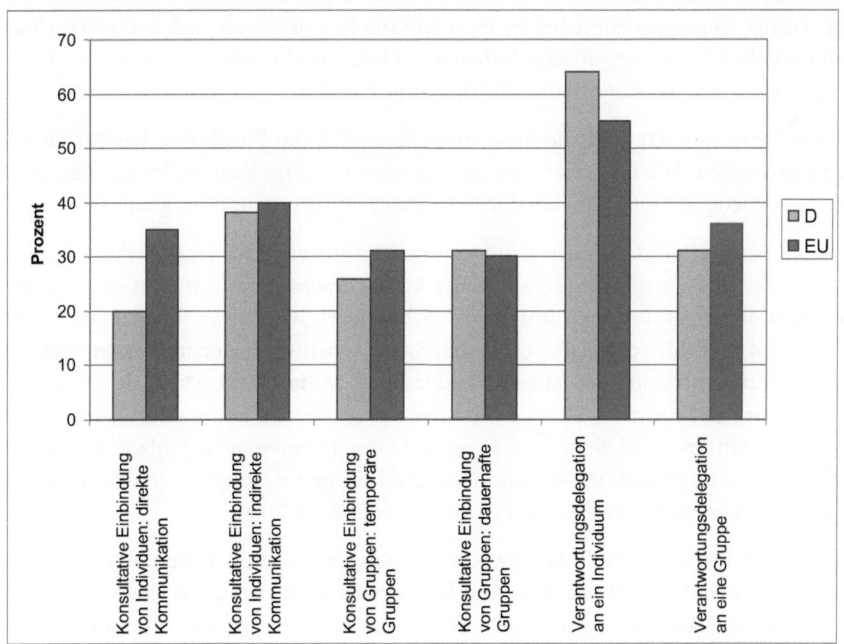

Quelle: In Anlehnung an Daten der European Foundation for the Improvement of Living and Working Conditions, 1998, S. 2.

Dies zeigt, dass vor allem Verantwortungsdelegation die meist gewählte Form der Einbindung in die Arbeit darstellt. Konsultative Einbindung von Gruppen und Individuen werden demgegenüber weniger angewandt, was unter anderem auf die dahinter stehenden Kosten zurückgeführt werden könnte. Bei Delegation erwartet sich die Organisation mehr ökonomischen Nutzen, bei Beratungsangeboten sieht sie vielleicht eher damit verbundene Kosten. Auf individueller Ebene hat indirekte Kommunikation Vorrang vor konsultativer Einbindung, die auf direkter Kommunikation basiert. Letztere ist im europäischen Vergleich in Deutschland besonders niedrig. Aus der Studie geht weiterhin hervor, dass mit wachsenden Partizipationsmöglichkeiten Kosten sinken, Durchlaufzeiten zurückgehen, Qualität verbessert wird, Produktion steigt und Krankmeldungen sowie Fehlzeiten zurückgehen. Zudem besteht ein positiver Zusammenhang mit der Personalreduzierung (ebd.).

Eine spätere Studie der European Foundation for the Improvement of Living and Working Conditions (2003a) ist der Frage nachgegangen, in welchen Branchen vermehrt Kontrollfunktionen an Mitarbeiter abgegeben und wo ihnen Flexibilität in der

Arbeitsausführung zugestanden wird. Auf europäischer Ebene ist eine auf Mitarbeiter verlagerte Kontrolle vor allem in den Sektoren Landwirtschaft, Elektroindustrie, Finanzbereich, Immobiliensektor, öffentliche Verwaltungen und soziale Institutionen zu finden. Wenig Verantwortung bekommen Mitarbeiter der Branchen Industrie (Nahrungsmittel, Textil- und chemische Industrie), Hotel- und Gaststättengewerbe, Transport, Post, Telekommunikation und Bildung zugestanden.

Nahezu entgegengesetzt sind die Ergebnisse bezüglich der Flexibilität bei der Durchführung der Arbeit. Die Branchen, die auf Mitarbeiter kaum Kontrollfunktionen übertragen, lassen jedoch Freiräume bei der Arbeitsdurchführung und umgekehrt.

Der zweite Bestandteil der neuen Unternehmenskultur zielt auf eine stärkere Berücksichtigung der *Kundenzufriedenheit* ab. In der Managementliteratur finden sich entsprechende Ausführungen oft auch unter dem Schlagwort „Customer Satisfaction Management (CSM)". Zahlreiche Autoren betonen, wie wichtig in der modernen Arbeitswelt die Kundenzufriedenheit ist (z.B. Anderson & Mittal, 2000, Mittal & Kamakura, 2001, Homburg & Brucerius, 2001). Dementsprechend große Summen wurden in den vergangenen Jahren in Maßnahmen investiert, um Kundenzufriedenheit zu messen und zu verbessern (Homburg & Brucerius, 2001). Der Erfolg dieser Maßnahmen ist jedoch nicht immer zufriedenstellend (Anderson & Mittal, 2000).

Einige Studien erhärten die Relevanz einer kundenorientierten Unternehmenskultur, indem sie die positiven Effekte von Kundenzufriedenheit herausstreichen. Nach diesen Untersuchungen übt diese einen positiven Einfluss auf die Kaufabsicht aus (Anderson & Sullivan, 1993, Garbarino & Johnson, 1999), stärkt die Kundenloyalität (Biong, 1993, Bitner, 1990, Fornell et al., 1996) und reduziert die Zahl der Reklamationen (Fornell et al., 1996).

Instrumente, um Kundenzufriedenheit zu verbessern, werden unter anderem im TQM (Schreier, 2001, Bruhn, 2003), Relationship-Marketing (Bruhn, 2003), Service-Management (Bruhn, 2003, Woehe & Lang, 2003), Kundenbindungsmanagement (Bruhn, 2003), Controlling (Weber, 2001), Beschwerdemanagement (Günter, 2001, Bruhn, 2003) oder in kundenorientierten Vergütungssystemen gesehen (Jensen, 2001). Eine kundenorientierte Unternehmenskultur zeichnet sich durch grundlegende Werte, die Kundenorientierung fördern, Verhaltensnormen und „Artefakte" der Kundenorientierung (z.B. Sprache, Rituale, Arrangements) sowie kundenorientierte Verhaltensweisen aus (Homburg & Pflesser, 2000). Nach Bruhn (2003) kann eine Organisation Kundenorientierung über vier Maßnahmengruppen beeinflussen und messen (vgl. Abbildung 2-15):

Abbildung 2-15: *Integriertes System zur Messung der Kundenorientierung*

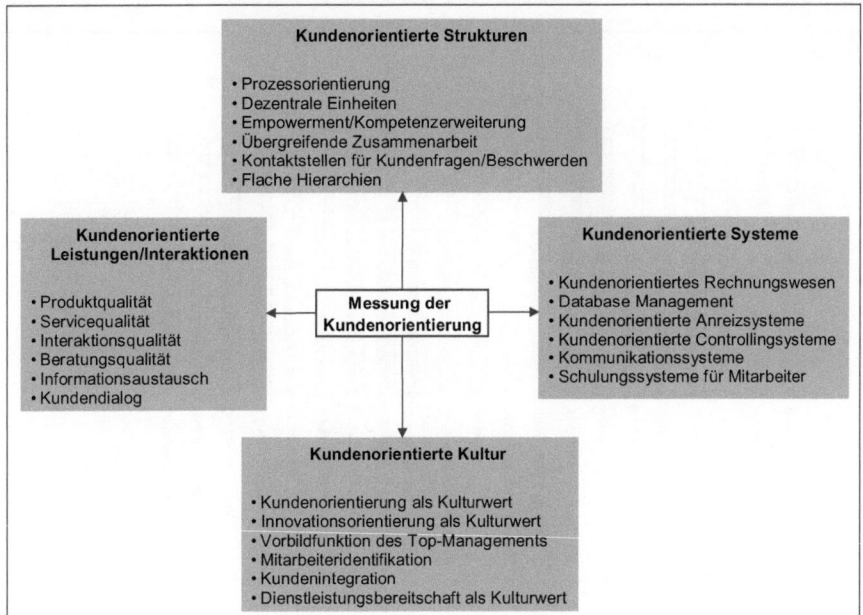

Quelle: Bruhn, 2003, S. 322.

Empirische Studien zeigen auf, dass sowohl das Verständnis davon, was Kundenorientierung ausmacht, zwischen Organisation und Kunden divergiert, als auch die Fremd- und Selbstwahrnehmung auseinander fällt, wenn es um die Umsetzung von Kundenorientierung geht (vgl. Bruhn, 2003 und Abbildung 2-16).

Die von der sicherlich nicht unabhängigen Unternehmensberatung erhobenen Daten zeigen deutlich auf, wie sehr Fremd- und Selbsteinschätzung auseinander fallen. Unternehmen aller Branchen schätzen ihre Kundenorientierung weit höher ein als Kunden dies tun.

Bruhn (2003, S. 290f.) hat Barrieren, die die Umsetzung einer kundenorientierten Unternehmenskultur behindern, zusammengetragen: So können organisations- und strukturbezogene Barrieren, Probleme im kulturellen Bereich und die inhaltlich-konzeptionelle Ausgestaltung nachteilige Effekte entfalten.

Abbildung 2-16: *Branchenbezogene Gegenüberstellung der Selbst- und Fremdeinschätzung hinsichtlich der Umsetzung von Kundenorientierung*

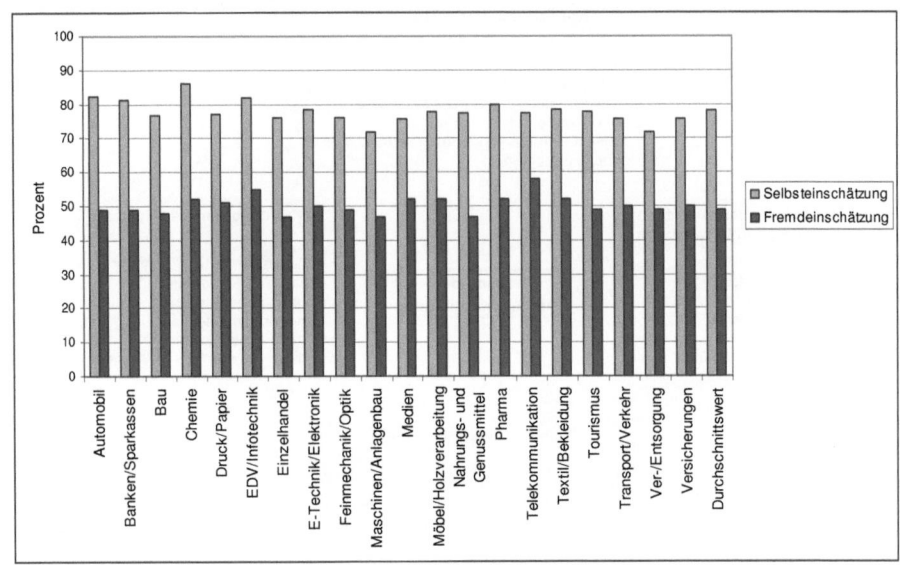

Quelle: Droege & Comp., 2000, S. 8.

2.3.1.5 Verstärktes Engagement in Fort- und Weiterbildung

Intensive und kontinuierliche Fort- und Weiterbildung wird sowohl von Organisationen angeboten und gefördert (z.B. über Personalentwicklungsmaßnahmen) als auch von Individuen schlichtweg erwartet, was durch die Forderung nach lebenslangem Lernen und Erhaltung der Beschäftigungsfähigkeit („Employability") zum Ausdruck kommt. Dies kann wiederum als Flexibilitätsinstrument gesehen werden: Möchte eine Organisation Mitarbeiter entlassen, wird die Verantwortung für die Neueingliederung in den Arbeitsmarkt auf die Schultern des Individuums gelegt: Hat dieses autonom und verantwortlich Schritte unternommen, seine Beschäftigungsfähigkeit zu sichern, wird es eine neue Arbeit finden, wenn nicht, ist es selbst „Schuld" daran, arbeitslos zu werden.

Die Fallbeispiele, die Grundlage der beiden europäischen Studien sind (European Commission, 1998, 2000), zeigen auf, dass Organisationen ihr Fort- und Weiterbildungsprogramm systematischer organisieren, dabei formale Trainingsprogramme und einen strukturierten Entwicklungsplan für das Personal aufstellen. Insgesamt können Mitarbeiter mehr an betrieblichen Fort- und Weiterbildungsprogrammen teilnehmen, wobei vor allem persönliche Kompetenzen und Lernfähigkeiten gefördert sowie Wirtschaftskenntnisse vermittelt werden.

Eine EU-weite Studie erhebt, wie viele Beschäftigte Fort- und Weiterbildungsangebote besuchen. In Deutschland waren es 31% der Befragten, die während eines Zeitraums von 12 Monaten an einer Fort- und Weiterbildungsmaßnahme teilgenommen haben (European Foundation for the Improvement of Living and Working Conditions, 2002a).

Dabei stößt der gesamte Bereich der Aus- und Weiterbildung auf die Problematik, heute Fähigkeiten und Fertigkeiten vermitteln und fördern zu sollen, die erst in der Zukunft gefragt sein werden. Doch welche Kompetenzen werden in der Zukunft relevant sein? Die Unmöglichkeit, diese Frage zu beantworten, hat zur Stärkung der Idee beigetragen, allgemeine Schlüsselqualifikationen zu vermitteln. Dabei erweist sich das Konstrukt „Schlüsselqualifikationen", manchmal auch als „soft skills" bezeichnet, als derart unpräzise, dass beinahe alles darunter gefasst wird.

2.3.1.6 Neue Entlohnungssysteme

Die neuen Entlohnungssysteme legen ein größeres Gewicht auf die leistungsgerechte Bezahlung von Individuen und Gruppen. Zunehmend werden Formen eingeführt, die Mitarbeiter an dem Erfolg der Organisation beteiligen: Gewinn- und Unternehmensbeteiligungen sowie Boni. Eine auf europäischer Ebene durchgeführte Studie legt dar, dass zwar nach wie vor am meisten nach Ausbildung und Fertigkeiten bezahlt wird, die beide nicht zwangsläufig in ein bestimmtes Leistungsniveau münden müssen, doch sind auch moderne Formen der Entlohnung etabliert (vgl. Abbildung 2-17).

Eine neuere, ebenfalls EU-weite Studie zeigt die Weiterentwicklung neuer Entlohnungssysteme. Diese werden vor allem in Bereichen eingesetzt, in denen Mitarbeitern auch Partizipationsmöglichkeiten eingeräumt werden. Von den 2.500 einbezogenen Unternehmen bieten mehr als 200 ihren Mitarbeitern Kapitalbeteiligungen an, und über 1.000 Unternehmen haben Formen der Gewinnbeteiligung eingeführt (European Foundation for the Improvement of Living and Working Conditions, 2001). Damit hat sich gerade die Gewinnbeteiligung zusehends durchgesetzt. In Deutschland bekommen 20% aller Beschäftigten Überstunden vergütet, nur 4% sind am Gewinn des Unternehmens beteiligt (Merllié & Paoli, 2001).

Eine Herausforderung an moderne Vergütungsmodelle ist eine leistungsgerechte Entlohnung von Gruppen. Bleiben traditionelle Entlohnungssysteme erhalten, kann es zu Konflikten kommen, wenn sie auf moderne Organisationsstrukturen angewandt werden sollen (Hammer & Stanton, 1999). Insofern sei es besonders wichtig, Gruppenprozesse zu messen, um den Erfolg von Gruppenarbeit zu optimieren (Hacker & Lang, 2000). Dies leitet über zu dem nächsten Gliederungspunkt.

Abbildung 2-17:   *Vergütungssysteme in Europa, differenziert nach Partizipations-*
    möglichkeiten

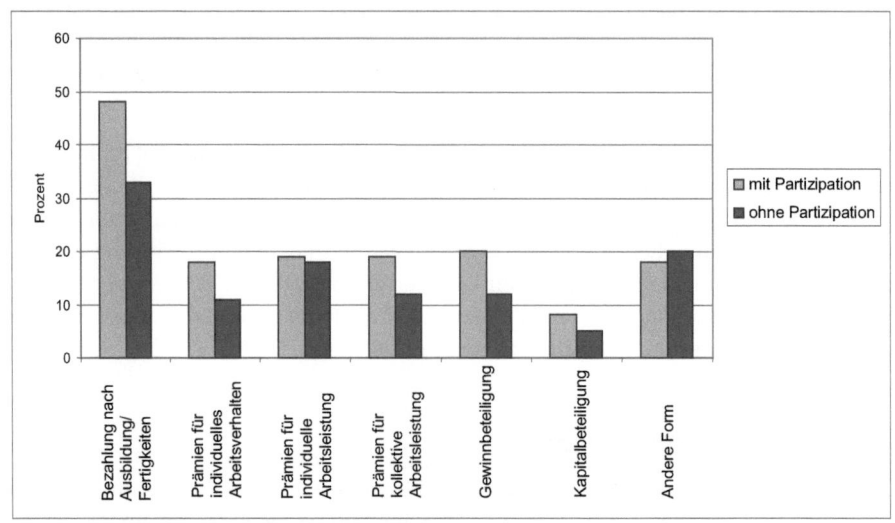

Quelle: In Anlehnung an Daten der European Foundation for the Improvement of Living and Working Conditions, 1998, S. 6, Übersetzung durch die Autorin. Nachdem in der Quelle keine konkreten Prozentzahlen angegeben wurden, finden sich in der Abbildung nur ungefähre Werte.

2.3.1.7 Neue Verfahren der Leistungsmessung

Neue Verfahren der Leistungsmessung (auch „Performance Measurement") können auf der Ebene der gesamten Organisation, einzelner Organisationseinheiten oder des Individuums ansetzen. Dabei können sowohl quantitativ als auch qualitativ ausgerichtete Messverfahren zum Einsatz kommen. Beispielsweise können Kundenzufriedenheit zur Leistungsbeurteilung, etwa durch Einsatz von Testkunden („mystery shoppers"), Prozesseffizienz oder der organisationale Lernprozess betrachtet werden.

Setzt man an der Leistungsmessung von Gruppen an, stößt man auf die Schwierigkeit, verbindliche Kriterien aufzustellen, anhand derer Gruppenleistung operationalisiert werden kann (O'Donell & Duffy, 2002). Entsprechend vielfältig sind Ansatzpunkte der Messung: Manche Autoren analysieren den allgemeinen Unternehmenserfolg (Kaplan & Norton, 1996), andere die Produktion (Neely et al., 1995), Produktinnovation (Doz, 1996) oder Forschung und Entwicklung (Cordero, 1989). Wird der Versuch unternommen, die Leistung von Gruppen zu operationalisieren und hierbei ein rein quantifizierendes Verfahren herangezogen, wird nur ein sehr begrenzter Anteil von Gruppenleistung berücksichtigt (Hackman, 1990). MacBryde und Mendibil (2003) schlagen vor, Gruppenarbeit über folgende Kriterien zu messen: Effektivität, Effizienz, Lernen und Entwicklung sowie Zufriedenheit der Gruppenmitglieder. Die Autoren plädieren daher für eine ganzheitliche Betrachtung, die möglichst alle relevanten Einflussfaktoren auf Gruppenleistung einbezieht (vgl. Tabelle 2-17).

Tabelle 2-17:   *Einflussfaktoren auf Gruppenleistung*

Aufgabe/Prozess	Gruppenmerkmale und Prozesse	Organisationaler Kontext
Abhängigkeit Technologische Anforderungen Aufgabenbedeutung Aufgabenvielfalt Autonomie	*Struktur und Zusammenstellung*: z.B. Form der Gruppenarbeit, Größe, Rollen, Normen, Zielklarheit, Fähigkeiten, Wissen, Einstellungen, Commitment, Verantwortlichkeiten *Interne Prozesse*: z.B. Kommunikation, Koordination, Führungsverhalten, Lernen, Zusammenarbeit, Kontrolle, Feedback, Entscheidungsprozesse, Konfliktlösung, Innovationen *Externe Prozesse*: z.B. Integration, Koordination, Kooperation, Kommunikation	*Organisationale Unterstützung*: z.B. Technologie, Training, Belohnungen, Informationssystem, physikalische Umwelt, strategische Ausrichtung *Unternehmensumfeld*: Technologie, Markt, Wettbewerber, Stakeholder-Einbindung

Quelle: MacBryde & Mendibil, 2003, S. 728, Übersetzung durch die Autorin.

Die Komplexität dieses Ansatzes führt zu Schwierigkeiten bei der praktischen Umsetzung, sollen neben Aufgabenmerkmalen Facetten der strukturellen Zusammensetzung, interne und externe Prozesse sowie organisationale und gesellschaftliche Rahmenbedingungen einbezogen werden.

Ein ähnlich komplexes Schema, das allerdings allgemeiner gehalten und nicht nur auf Gruppen bezogen ist, stammt von Lynch und Cross (1999, vgl. Abbildung 2-18).

Soll Leistung gemessen werden, kann man auf der Abteilungs-/Teamebene ansetzen. Qualität, Leistung, Prozessdauer und Arbeitsvorgänge, die nicht zur Wertschöpfung beitragen („Müllaktivitäten"), können dabei Anhaltspunkte liefern, um über Effektivität und Effizienz zu urteilen. Weiterhin können auch Kundenzufriedenheit, Flexibilität und Produktivität gemessen werden. Parallel dazu laufen diesem Leistungsmessungsmodell zufolge noch so genannte „Schleifenprozesse", die Leistung abfragen, bewerten und die Ergebnisse in (neue) Ziele einfließen lassen.

Abbildung 2-18:   *Leistungspyramide und Leistungsschleifen nach Lynch & Cross, 1999*

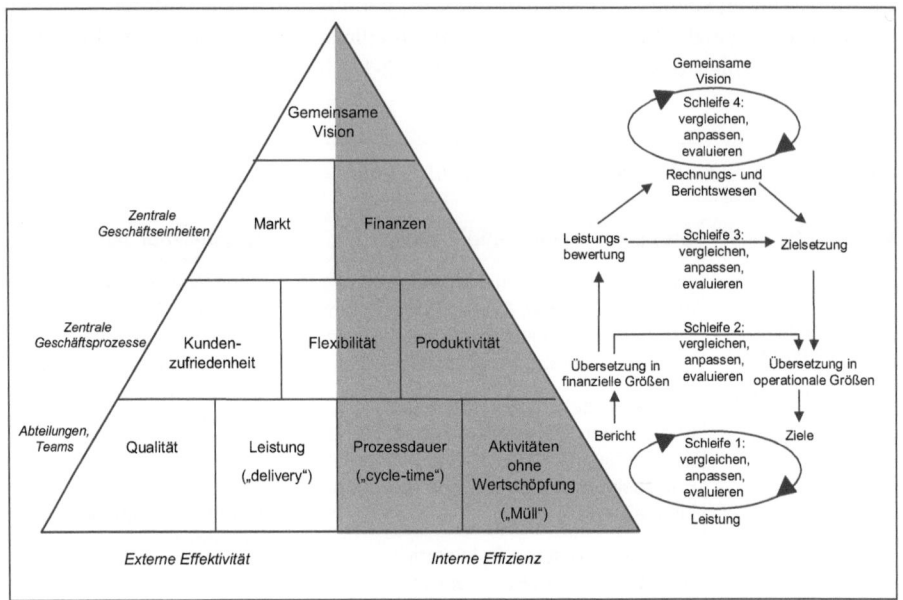

Quelle: Lynch & Cross, 1999, zitiert in Gladen, 2002, Übersetzung durch die Autorin.

Bei den neuen Verfahren der Leistungsmessung werden von der Europäischen Kommission (1998, 2000) vor allem qualitative Faktoren in den Vordergrund gerückt. Schnabel (2002) liefert hierzu einen guten Überblick über mögliche Ansatzpunkte (vgl. Tabelle 2-18).

Die Zusammenstellung bietet Ansatzpunkte der Leistungsmessung, zugleich werfen zahlreiche Punkte die Frage nach deren Erfassung auf, wie z.B. bei der Beziehungsfähigkeit oder Motivation.

Tabelle 2-18: *Leistungsmessung immateriellen Vermögens („intangible assets")*

Immaterielles Vermögen	Bereiche für die Erfolgsmessung
Intellektuelles Kapital	Fachkompetenz (u.a. Expertise, Best Practice, Erfahrungswissen)
	Methodenkompetenz, Sozialkompetenzen (u.a. Beziehungsfähigkeit)
	Wissen über Trends, informelle Strukturen usw.
	Patente, Lizenzen, Copyrights
	Alleinstellungsmerkmale
	Kundenstamm aufgrund bestimmter Kernkompetenzen
	Kundenbasis aufgrund von Expertise, Potenziale bei Kunden mit spezifischem Wissen
Strukturelles Kapital	Prozesse, Verfahren, Infrastruktur
	Stabilität, Flexibilität
	Standortvorteile
Netzwerkkapital	Qualität der Kunden- und Mitarbeiterbeziehungen
	Stakeholder-Zufriedenheit
	Kundendatenstamm, Kundenloyalität, Aufwand zur Herstellung der Kundenbeziehung, Opportunitätskosten der Entwicklung von Kundenbeziehungen Intensität und Qualität der unternehmensübergreifenden Kooperationen, Kapitalverflechtungen mit Netzwerkpartnern
	Stabilität der Lieferantenbeziehung, Prozessqualität (u.a. Supply Chain)
Markenkapital	Image des Unternehmens, der Produkte, der Services
	Stärke der Corporate Identity
	Branding von Produkten und Leistungen
	Bekanntheitsgrad des Unternehmens
	Eingeführte Marken, Warenzeichen
Humankapital	Ertragsrelevante Leadership-Fähigkeiten, Führungspersönlichkeiten
	Mitarbeiterproduktivität
	Altersverteilung, Geschlechterverteilung
	Qualifikations-, Ausbildungsniveau, Weiterbildungsanteil
	Motivation, Fluktuation

Quelle: Schnabel, 2002, S. 40, englische Begriffe z.T. übersetzt durch die Autorin.

Insgesamt lässt sich festhalten, dass das Neue der Leistungsmessung in einer möglichst ganzheitlichen Beurteilung eines Mitarbeiters bzw. einer Gruppe liegt.

2.3.1.8 Erwartungen an den „neuen" Mitarbeiter

Die Studien der Europäischen Gemeinschaft (European Commission, 1998, 2000) gelangen abschließend zu dem Ergebnis, dass sich neue Formen von Arbeit auch durch ein Bild des „neuen" Mitarbeiters auszeichnen. Dieser soll professionelle, methodische und soziale Kompetenzen in sich vereinigen. Hier verbirgt sich auch die Idee des Intrapreneurs. Es wird erwartet, dass der Mitarbeiter in eigener Regie arbeitet und ausgeprägte Selbstbehauptung zeigt, gleichzeitig soll er ein Team-Player sein und über Sozialkompetenz verfügen. Kocyba und Schumm (2002, S. 37) beschreiben die Erwartungen an den „neuen" Mitarbeiter wie folgt:

> „In den neuen Managementstrategien artikuliert sich ein verändertes Verständnis des Zusammenhangs von Organisation und Markt, das einhergeht mit neuen Anforderungen an die Qualifikation und das Engagement der Mitarbeiter, ihre Bereitschaft, sich mit den Unternehmenszielen zu identifizieren, Innovationsprozesse mit zu tragen, Steuerungsaufgaben zu übernehmen und stets den Markterfolg des Unternehmens im Auge zu behalten."

In zahlreichen deutschsprachigen Arbeiten wird von dem neuen Typus des „Arbeitskraftunternehmers" gesprochen. Charakteristika dieses Typus sind eine „systematisch erweiterte Selbst-Kontrolle der Arbeitenden, ein Zwang zur forcierten Ökonomisierung [der] Arbeitsfähigkeit sowie eine entsprechende Verbetrieblichung der alltäglichen Lebensführung" (Voß & Pongratz, 1998, S. 132).

Ruft man sich vorangegangene Ausführungen noch einmal ins Gedächtnis, die als ein zentrales Merkmal neuer Arbeitsformen die Verlagerung von organisationalen Risiken auf Individuen und wachsende Unsicherheit des Beschäftigungsverhältnisses herausgestrichen haben, wird deutlich, in welchem Spannungsverhältnis sich der „neue" Mitarbeiter wieder findet. Die Organisation bietet ihm eine – meist auf Zeit angelegte – Arbeitsmöglichkeit, sofern er für das Unternehmen einen „Mehrwert" („added value") darstellt. Zugleich richtet die Organisation sehr hohe Anforderungen an ihn, nicht zuletzt eine Art unternehmerischen Denkens und Handelns und weitgehende Eigenverantwortlichkeit.

2.3.1.9 Intensivierter Einsatz von Technologien

In den beiden von der Europäischen Kommission initiierten Studien wird der intensivierte Einsatz insbesondere von IuK-Technologien nicht einbezogen (European Commission, 1998, 2000), obgleich dieser für die Veränderung der modernen Arbeitswelt zentral ist. Dementsprechend werden in zahlreichen anderen Untersuchungen IuK-

Technologien als wesentlicher Faktor identifiziert. Intensivierter Einsatz von Technologien ist nicht nur Ausdruck von veränderten Arbeitsformen, sondern kann in der Folge auch zu neuen Herausforderungen werden.

Der Arbeitsalltag scheint durch den stärkeren Einzug von Technologien ganz unterschiedlich beeinflusst zu werden. Nach einer Studie von Reichwald und Mitarbeitern (2000) verbringen beispielsweise Manager der obersten Führungsebene lediglich knapp 10% ihrer Arbeitszeit mit Medienkommunikation (z.B. E-Mail, Videokonferenz). Die meiste Zeit wird für Face-to-Face-Gespräche und Sitzungen verwendet.

Betrachtet man hingegen die gesamte arbeitende Gesellschaft („active society") in Deutschland, nutzen etwa 57% den Computer für Arbeitszwecke (European Foundation for the Improvement of Living and Working Conditions, 2004a). 4,4% der Erwerbstätigen arbeiten die gesamte Arbeitszeit am PC (damit hat Deutschland die niedrigste Quote in Europa), 26,6% arbeiten mindestens die Hälfte ihrer Arbeitszeit am PC und 41,2% sind es, die mindestens 25% ihrer Arbeitszeit vor dem PC verbringen. Bezogen auf gesamteuropäische Daten ist die Computernutzung abhängig vom Beschäftigungsstatus (europäischer Durchschnitt im Jahr 2002: 53,4%): am niedrigsten ist der PC-Einsatz bei Arbeitern (29%), gefolgt von Selbständigen (53%) und Managern (77%). Mit 82% am höchsten ist die PC-Nutzung bei Angestellten. Dies unterstreicht nochmals die Hierarchieabhängigkeit der IuK-Nutzung. Weitet man die Betrachtung auch auf die Nutzung anderer IuK-Technologien aus, sind es 96% der deutschen Unternehmen mit mehr als zehn Mitarbeitern, die irgendeine IuK-Technologie einsetzen. Werden Unternehmen aller Größen einbezogen, sinkt der Prozentsatz auf 80%. Die Zahlen bestätigen, wie sehr Technologie Einzug in die Arbeitswelt erhalten hat.

Fragen zur weiteren Beschäftigung mit dem Stoff

1. Welche Vor- und Nachteile sehen Sie bei Business Reengineering für die Organisation, für Führungskräfte und für Mitarbeiter ohne Führungsverantwortung?

2. Welches Fazit leiten Sie aus den zitierten Studien zu Erfahrungen mit Business Reengineering ab?

3. Inwiefern erachten Sie Business Reengineering als eine „neue" Organisationsstrategie?

4. Betrachten Sie noch einmal die Ergebnisse der Studien von Worrall und Mitarbeitern (2002): Welche Faktoren könnten für die über die Branchen hinweg teilweise recht unterschiedlich eingesetzten Strategien verantwortlich sein? Weswegen streben Ihrer Meinung nach so viele Organisationen einen Wandel der Kultur an?

5. Von welchen Faktoren kann es abhängen, ob die organisationale Strategie der Dezentralisierung erfolgreich ist oder nicht?

6. Welche Maßnahmen sollte eine Organisation ergreifen, um Telearbeit schnell und konfliktarm zu etablieren? Unterscheiden Sie verschiedene Formen der Telearbeit.

7. Sie haben gelesen, wie weit die Wurzeln des Lean Managements zurück reichen. Inwiefern trägt es dann in der modernen Arbeitswelt zu einer „neuen Form von Arbeit" bei?

8. Wenn das Just-in-time-Prinzip in sozialen Dienstleistungen immer mehr an Bedeutung gewinnen wird: Welche Auswirkungen kann dies auf die Interaktion von Dienstleistendem und Dienstleistungsempfänger haben?

9. Wählen Sie Beispiele, um sich den Unterschied von Gruppen- und Teamarbeit klar zu machen.

10. In welchen Branchen/Tätigkeitsfeldern erachten Sie die Schaffung von teilautonomen Arbeitsgruppen für besonders vorteilhaft? Gibt es Fälle, in denen Sie teilautonome Arbeitsgruppen für nicht praktikabel ansehen?

11. Welche Trends beobachten Sie derzeit hinsichtlich der Flexibilisierung von Arbeitsverträgen? Welche weitere Entwicklung halten Sie für wahrscheinlich?

12. Stellen Sie Vor- und Nachteile flexibler Arbeitsverträge für Organisationen, Führungskräfte und Mitarbeiter gegenüber.

13. Aus welchen Motiven können sich Individuen ganz gezielt um eine Beschäftigung als Leih- und Zeitarbeiter bemühen?

14. Welche psychosozialen Auswirkungen kann es mit sich bringen, wenn sich dieser Beschäftigungstyp (Leih- und Zeitarbeit) immer mehr durchsetzt?

15. Welche Arbeitszeitmodelle gewinnen, welche verlieren derzeit an Bedeutung?

16. Listen Sie nochmals alle Arbeitszeitmodelle auf: Welche Herausforderungen bringen die jeweiligen Formen für das Personalmanagement mit sich?

17. Welchen Zusammenhang vermuten Sie zwischen Arbeitszeitmodell und Hierarchieebene?

18. Welche Voraussetzungen müssen erfüllt sein, um Vertrauensarbeitszeit erfolgreich umzusetzen? Argumentieren Sie sowohl aus einer organisationalen als auch aus einer individuellen Perspektive.

19. Sie haben gesehen, dass in Deutschland die Beschäftigten im europäischen Vergleich wenig Mitsprachemöglichkeiten haben, was die Gestaltung der eigenen Arbeitszeit anbelangt. Welche Ursachen könnte es haben, dass in anderen europäischen Ländern Arbeitnehmer in dieser Hinsicht weit mehr partizipieren können?

20. Suchen Sie konkrete Beispiele für die Strategien Job Rotation, Enlargement und Enrichment. Sehen Sie vor dem Hintergrund dieser Beispiele die Einteilung der Strategien entsprechend der damit verbundenen Entscheidungs- und Kontroll- sowie Handlungsspielräume für zutreffend?

21. Welche Faktoren können dazu beigetragen haben, dass Outsourcing in den letzten Jahren so oft von Unternehmen genutzt wurde?

22. Welche Ursachen vermuten Sie für die teilweise hohen Enttäuschungen, was an Outsourcing geknüpfte Erwartungen betrifft?

23. Wenn Sie die Studienergebnisse von Hendrix und Wachtler (2004) heranziehen: Welche Effekte auf das Arbeitsklima sind bei Outsourcing-Auftraggebern und -nehmern zu erwarten?

24. Welche gesellschaftspolitischen Auswirkungen erwarten Sie, wenn Outsourcing in Zukunft noch mehr praktiziert wird?

25. Bechtle und Sauer (2003) behaupten, das Individuum werde zur „Relaisstation des Marktes". Diskutieren Sie diese Aussage kritisch.

26. In welchen Situationen würden Sie Organisationen zu Interimsmanagement raten? Welche Voraussetzungen müssen erfüllt sein, damit es erfolgreich wird?

27. Wenn alle Facetten des Qualitätsmanagements gleichermaßen erfüllt werden sollen (Produkt-, Prozess-, Kunden- und Mitarbeiterorientierung), kann es zu Konflikten kommen. Veranschaulichen Sie sich diese anhand selbst gewählter Beispiele.

28. Welche Grenzen sind dem KVP Ihrer Meinung nach gesetzt?

29. Argyris (2000) hat grundsätzliche Probleme von Beratung formuliert. Suchen Sie zu jedem Punkt ein konkretes Beispiel.

30. Skizzieren Sie nochmals das von Bruhn (2003) entwickelte System zur Messung von Kundenorientierung. Erarbeiten Sie ein konkretes Konzept, wie sie die jeweili- gen Unterpunkte operationalisieren könnten. Welche Probleme sind zu erwarten, wenn Sie Kundenorientierung auf die dargestellte Weise messen wollen?

31. Stellen Sie Vor- und Nachteile der angesprochenen Formen neuer Vergütungsarten gegenüber.

32. Welche Vor- und Nachteile sehen Sie, wenn in einem Unternehmen die Leistung der Mitarbeiter über Mystery Shoppers gemessen wird?

33. Ein Problem ist, Verfahren zu finden, um Gruppenleistung zu messen. Ziehen Sie die Auflistung von McBryde und Mandibil (2003) heran: Welche der aufgelisteten Punkte erachten Sie für besonders praktikabel? Bei welchen sehen Sie größere An- wendungsprobleme?

34. Gehen Sie die Leistungspyramide anhand eines selbst gewählten Beispiels durch.

35. Schnabel (2002) hat verschiedene Dimensionen unterschieden, um immaterielles Vermögen bestimmen zu können. Entwickeln Sie ein konkretes Konzept, wie Sie diese Liste zur Messung von Erfolg nutzen könnten.

2.3.2 Neue Arbeitsformen in der öffentlichen Wirtschaft

Lernziel: Kennenlernen und kritische Reflexion verschiedener Strategien, die im Kontext der öffentlichen Wirtschaft als neue Formen von Arbeit diskutiert werden.

Wichtige Begriffe: Modernisierungsdruck – New Public Management – Ziele und Orientierungsgrößen – Managerialismus – neues Steuerungsmodell – Verwaltungsmodernisierung deutscher Stadtverwaltungen – Folgeprobleme.

Die in den vorangegangen Abschnitten angesprochenen Studien der Europäischen Kommission (European Commission, 1998, 2000) legen ihr Hauptaugenmerk auf die private Wirtschaft. Nur am Rande sind drei Fallbeispiele aus der öffentlichen Wirtschaft einbezogen worden, eine Organisation aus Dänemark, eine aus Großbritannien und eine aus Deutschland. Nachdem es sich bei dem Fallbeispiel in Großbritannien um ein Ausbildungskrankenhaus handelt, dessen Struktur mit anderen öffentlichen Verwaltungen, gerade in Deutschland, kaum verglichen werden kann, werden nachfolgend nur die anderen beiden Beispiele etwas ausführlicher erläutert. In allen drei Fallbeispielen zeichnen sich die meisten Veränderungen in Richtung neue Arbeitsformen in den beiden Dimensionen „neue Organisationsstrukturen" und „neue Wirtschaftspraktiken" ab. In dem Fall einer Bezirksverwaltung in Dänemark, deren Dienstleistungen vor allem auf soziale und pflegerische Hilfsdienste konzentriert sind, wurde der Veränderungsprozess mit einem Teamentwicklungsprogramm eingeleitet. Auf Spezifika, die in Strukturen und Besonderheiten öffentlicher Verwaltungen gründen, wurde bei dieser Studie nicht weiter eingegangen, sondern es wurde lediglich auf positive Effekte des Wandels hingewiesen. Das zweite Beispiel, die Stadtverwaltung Hagen in Deutschland, beschreibt den Veränderungsprozess wie folgt: Um mehr Zufriedenheit bei Mitarbeitern und Bürgern zu erreichen, wurde eine Art Case-Management eingeführt, das heißt, städtische Dienstleistungsangebote wurden durch die Einrichtung eines Computer-Netzwerkes gebündelt. Neben der Bildung von Qualitätszirkeln wurde auch das Arbeitszeitsystem flexibilisiert. Dabei sollten die Mitarbeiter selbst ihre Arbeitszeiten bestimmen können. Außerdem wurden Strukturen dezentralisiert, wobei angestrebt wurde, Mitarbeiterpartizipation zu stärken. Erfolge dieser Initiative zeigten sich sowohl auf der Seite der Organisation in Form von Effektivitäts- und Effizienzverbesserungen, als auch auf der Seite der Mitarbeiter in Form erhöhter wahrgenommener Arbeitsplatzattraktivität.

Zieht man vor allem die beiden Beispiele aus Dänemark und Deutschland heran, so erkennt man, dass die Art der Veränderungsprozesse zwischen der privaten und öffentlichen Wirtschaft kaum voneinander abweichen. Auffällig ist, dass insbesondere der Veränderungsprozess bei der Stadtverwaltung Hagen sehr umfassend war. Möglicherweise liegt dies an einem „Nachholbedarf", den manche öffentliche Verwaltungen zu haben scheinen.

Ob der Wandel der Arbeit im Vergleich von privatwirtschaftlichen Unternehmungen und öffentlichen Organisationen tatsächlich so ähnlich ist, muss an dieser Stelle offen bleiben. Denn es ist auch denkbar, dass die Ähnlichkeiten in der präsentierten Studie zum einen an der vergleichsweise geringen Anzahl einbezogener öffentlicher Verwaltungen liegt, zum anderen kann sie auch durch das über alle Fallbeispiele hinweg herangezogene gleiche Analyseinstrument bedingt sein. Damit würden über die Darstellungsweise Ähnlichkeiten aufscheinen, obgleich an sich größere Unterschiede vorhanden wären.

Während diese einleitenden Erläuterungen auf den besagten Studien der Europäischen Kommission basieren (European Commission, 1998, 2000), kursiert in der Wissenschaft und teilweise in der Praxis seit einigen Jahren ein „neues" Konzept, das Veränderungsbedarf und Veränderungen im öffentlichen Dienst ins Visier nimmt: das „New Public Management".

2.3.2.1 New Public Management

Die überwiegende Literatur um das New Public Management bedient sich der gleichen Argumentation: Öffentliche Dienstleister seien in einer veränderten Umwelt immer mehr gefordert, dem „Modernisierungsdruck" nachzugeben und hätten ebenso wie die Privatwirtschaft neue Arbeitsformen einzuführen (vgl. Abbildung 2-19).

Abbildung 2-19:   *Soziale Repräsentationen über den Modernisierungsdruck im öffentlichen Dienst*

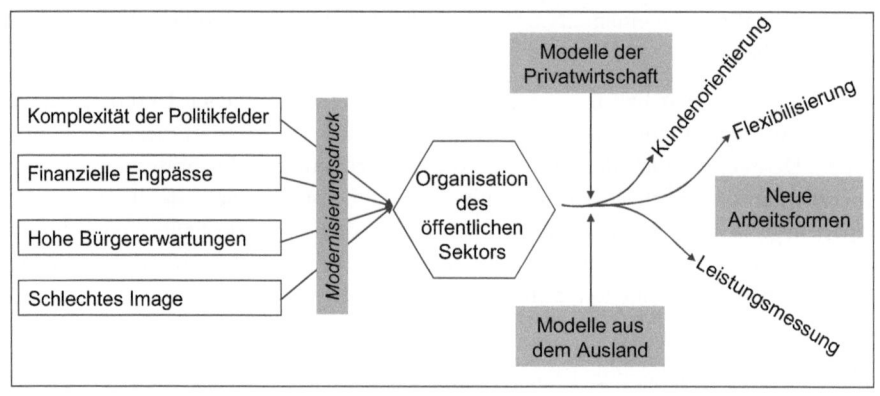

Vor allem gestiegene Komplexität der Politikfelder, Verschärfung der wirtschaftlichen Lage der öffentlichen Haushalte, Erwartungen der „Kunden" öffentlicher Dienstleister und ein „miserables Image des öffentlichen Dienstes" (Bogumil, 2001, S. 110) üben Modernisierungsdruck aus (vgl. auch Götz, 2001, Naschold, 2000a, Frey, 1994). Die Notwendigkeit von Veränderungen begründen zahlreiche Autoren, teilweise pauschalisierend, in dem angeblich so defizitären Zustand des öffentlichen Dienstes. Bei der Kritik wird eine Abgrenzung zu dem bzw. Loslösung von dem von Max Weber (1976) beschriebenen Bürokratiemodell gefordert. In diesem Modell herrscht eine starre Stellenhierarchie mit fest umrissenen Entscheidungskompetenzen und vordefinierten Dienstwegen. Arbeitsaufgaben sind hochgradig standardisiert, kommuniziert wird in erster Linie schriftlich. Arbeitsverträge und Karrierewege sind ebenfalls vorgegeben (festgelegte Entlohnung und berufliche Entwicklung, Verbeamtung). Dieses Modell hat den Kritikern zufolge in seiner praktischen Ausgestaltung zu Modernisierungs- und Leistungslücken geführt, die ihrerseits wiederum auf Ressourcen- und Managementlücken (defizitäre Strukturen, Verfahren und Instrumente) zurückzuführen sind (Budäus, 1995). Verwaltungen seien unwirtschaftlich, überbesetzt, überreglementiert, Mitarbeiter seien demotiviert und würden keine Verantwortung tragen wollen und können (einzelne Kritikpunkte sind beispielsweise zu finden bei Naschold, 1995, Schedler, 1995, Mäder, 1995). Als Arbeitgeber sei der öffentliche Dienst unattraktiv (Budäus, 1995). Bürger empfänden öffentliche Verwaltungen als bürgerferne, Ressourcen verschwendende Organisationen (Götz, 2001). Die Kritik gipfelt in der Behauptung, die „alte" Organisationsform im öffentlichen Dienst sei ein „System organisierter Unverantwortlichkeit" (Banner, 1991 zit. in: Budäus, 1995, S. 11).

Das sich zusehends etablierende New Public Management versucht, ein Instrumentarium bereitzustellen, um die Modernisierung im öffentlichen Sektor voranzubringen, indem ökonomische Prinzipien, Steuerungsmechanismen und Managementtechniken, meist aus der Privatwirtschaft entlehnt, angewendet werden (Schedler, 1995). Dabei fußt es auf dem Grundgedanken, Aufgabenbereiche des Staates auf ein Minimum zu reduzieren (Naschold, 2000, S. 45): „Die zentrale Stoßrichtung dieser Bewegung liegt in der Reduzierung der Staatsaufgaben auf ein eher minimalistisches, zumindest jedoch fokussiertes Niveau."

Dies offenbart die dahinter liegende Ideologie: Öffentliche Dienstleistungen werden in Frage gestellt und müssen sich nun einem Vergleich mit (potentiellen) privaten Anbietern unterwerfen, wobei dem immer wieder die Annahme vorauseilt, die Arbeit privatwirtschaftlicher Unternehmen sei sowieso besser. Diese Behauptungen stehen im Raum, ohne dass sie empirisch gestützt wären.

Welche Ziele werden nun konkret mit New Public Management verbunden? Zusammenfassend kann ein ganzer Zielkatalog aufgestellt werden (Schedler, 1995, Schröter & Wollmann, 1998, Rieder & Lehmann, 2001, vgl. zusammenfassend Abbildung 2-20).

Abbildung 2-20: *Ziele und Orientierungsgrößen des New Public Managements*

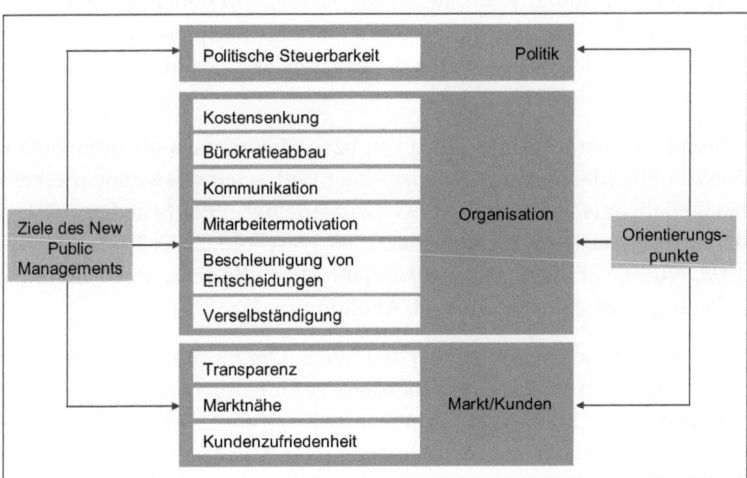

Das „Idealbild" einer nach den Vorstellungen des New Public Management umgesetzten Organisation zeichnet sich wie folgt (Hood, 1991 und Borin & Grüning, 1998, Schröter & Wollmann, 1998):

- Ein professionelles Management verlagert Verantwortlichkeiten auf die Organisationsmitglieder.
- Die erbrachte Leistung wird gemessen und kontrolliert.
- Organisationale Einheiten sind so weit wie möglich dezentralisiert. Auslagerbare Leistungen werden an privatwirtschaftliche Unternehmen vergeben.
- Insbesondere durch die angestrebte Prüfung, welche Leistungen überhaupt von öffentlichen Einrichtungen erbracht werden sollen und ob sie nicht („besser") an die Privatwirtschaft abgegeben werden, fördert – einen von den Vertretern des New Public Management gewünschten – Wettbewerb.
- Privatwirtschaftliche Managementtechniken sind integriert.
- Ressourcen werden sparsam genutzt.
- Organisationseinheiten können und sollen sich selbst organisieren.

Diese Darstellung des Idealbildes leitet bereits über zu der Frage, mit welchen Maßnahmen öffentliche Organisationen dahin gebracht werden können, diese Ziele und den beschriebenen „Optimalzustand" zu erreichen. Wenn es um das einzusetzende Instrumentarium geht, wird häufig Bezug auf das Konzept des so genannten „Managerialismus" genommen, das suggeriert, über eine optimierte Implementierung von Managementtechniken ließen sich nicht nur die Arbeit öffentlicher Verwaltungen verbessern, sondern auch noch soziale Probleme (wie z.B. Armut, Arbeitslosigkeit) beheben (Borins & Grüning, 1998). Referenzsysteme, von denen Verfahren übernommen werden, sind die Privatwirtschaft einerseits und Beispiele von Verwaltungsmodernisierungen, vor allem im Ausland, andererseits (Pröhl, 1993, Banner, 1993, Reznicek, 1996, Reichard, 1993).

Wiederkehrend werden folgende Techniken bzw. Maßnahmen als besonders relevant für das New Public Management herausgestellt (vgl. – teilweise ohne direkten Bezug zum „Managerialismus" – Reichard, 1995, Grünenfelder, 1996, Schedler, 1994, Schröter & Wollmann, 1998, Reichard, 1994, Fiedler, 1998, Naschold, 2000, 2000a, Damkowski & Precht, 1995, Nullmeier, 1998, Stöbe, 1998, Jann, 1998, Budäus, 1995, Gruening, 2001, Durant & Wilson, 2001, Swiss 2001 – vgl. Abbildung 2-21).

Wie bei der Privatwirtschaft werden bei den neuen Organisationsstrukturen vor allem Dezentralisierung, Lean Management (bezogen auf öffentliche Verwaltungen v.a. Lean Administration) sowie Team- und Gruppenarbeit erwähnt. Bei den flexiblen Arbeitsmethoden nehmen ebenfalls die Flexibilisierung der Arbeitsverträge und -zeiten einen hohen Stellenwert ein. Im Vergleich zu den Ausführungen zu neuen Formen von Arbeit in der Privatwirtschaft wird im New Public Management der Delegation von Entscheidungskompetenzen weit mehr Bedeutung beigemessen. Während Job Enrichment in der Diskussion um neue Arbeitsformen in der Privatwirtschaft kaum eine Rolle spielt, findet sich dieses Konzept explizit als moderne Form im öffentlichen Dienst.

Abbildung 2-21:   *Neue Arbeitsformen im öffentlichen Sektor*

Neue Organisationsstrukturen	Dezentralisierung Lean Management, Lean Administration Team-/Gruppenarbeit
Flexible Arbeitsmethoden	Flexibilisierung der Arbeitsverträge Arbeitszeitflexibilisierung Delegation von Entscheidungskompetenzen Job Enrichment
Neue Wirtschaftspraktiken	Strategische Unternehmensführung Privatisierung Outsourcing Downsizing Qualitätsmanagement Kontinuierliche Verbesserung, Kaizen Wettbewerbsorientierung (Public Management by Competition, Bench-Marking)
Neue Unternehmenskultur	Mitarbeiterorientierung (Partizipation, Autonomie, MbO) Kunden-/Bürgerorientierung
Verstärktes Engagement in Aus- und Weiterbildung	Stärkung wirtschaftlichen Denkens und Handelns
Neue Entlohnungssysteme	Leistungsorientierte Anteile
Neue Verfahren der Leistungsmessung und -kontrolle	Ergebnisorientierte Verfahren (z.B. Kosten- und Leistungsrechnung, Controlling, Wirkungsanalysen)
Erwartungen an den „neuen" Mitarbeiter	Wirtschaftliches Denken

Ähnlich verhält es sich mit der strategischen Unternehmensführung als neue Wirtschaftspraxis. In der Privatwirtschaft als Standard etabliert, wird sie für den öffentlichen Sektor neu entdeckt. Die Maßnahmen Outsourcing (und für den öffentlichen Sektor speziell auch Privatisierung), Downsizing, Qualitätsmanagement und kontinuierliche Verbesserung werden sektorenunabhängig als neue Arbeitsformen angesehen. Im öffentlichen Bereich wird weiterhin – anders als in der Privatwirtschaft – eine verstärkte Wettbewerbsorientierung herausgestrichen.

Die Ausführungen zur neuen Unternehmenskultur unterscheiden sich von jenen zur Privatwirtschaft kaum. Sowohl in der Privat- als auch in der öffentlichen Wirtschaft werden eine stärkere Mitarbeiter- und Kundenorientierung gefordert.

Bei der Fort- und Weiterbildung finden sich im New Public Management kaum Aussagen, die in Richtung Erhalt der Beschäftigungsfähigkeit oder lebenslanges Lernen gehen. Das Hauptaugenmerk liegt im öffentlichen Dienst auf einer Stärkung wirtschaftlichen Denkens und Handelns. Dies ist auch eine Besonderheit bei den Erwartungen an den „neuen" Mitarbeiter. Ansonsten soll sich der ideale Mitarbeiter vor allem durch Selbstmanagementkompetenzen (Eigenverantwortlichkeit und Selbständigkeit) sowie durch Leistungsbereitschaft auszeichnen. Beurteilungssysteme sind ferner zu optimieren, um Leistung zu erheben und Beförderungsentscheidungen daran auszurichten. Gefordert wird zuletzt die Aufhebung des Festhaltens an unbefristeten Arbeitsverträgen, um so mehr Wettbewerb – und Leistungsdruck – zu bewirken.[4]

Bei einer Betrachtung, welche *konkreten Umsetzungsbeispiele* es gibt, wird der Blick häufig auf das Ausland gerichtet. Zu erwähnen wären hier beispielsweise die „Free Commune Experiments" in Skandinavien, die eine breite Diskussion um Modernisierung in öffentlichen Verwaltungen angeregt haben (Baldersheim, 1993, Haldemann, 1995). Schweden gilt als Experte für teilautonome Regierungsagenturen, Norwegen setzt auf Dezentralisierungsstrategien, Finnland auf Lean Administration im politischen Bereich und Dänemark auf Modernisierung des Finanz- und Personalwesens (Reichard, 1993).

In den Niederlanden ist außerdem das Reformprojekt „Tilburger Modell" zu erwähnen, in dessen Rahmen ein Kontraktmanagement entwickelt wurde (Reichard, 1993), welches bis zur Mitte der 90er Jahre von mehr als 80% aller niederländischen Städte mit mehr als 70.000 Einwohnern nachgeahmt wurde (Reznicek, 1996).

In Großbritannien wurden zuerst die „Rayner Scrutinies", die „Financial Management Initiative" und dann das „Enabling Authority Concept", später die „Citizen Charter" sowie die „Charter Markt Competition" eingeführt (Reznicek, 1996, Reichard, 1993). Nur vordergründig sollten vor allem Qualität und Wettbewerb gefördert werden (König & Beck, 1997), hintergründig sei es um eine Machtbegrenzung sozialer Gruppen (z.B. Gewerkschaften) gegangen (Reichard, 1993).

Auch in Neuseeland gibt es einige Beispiele für Modernisierungswellen (v.a. angestoßen durch die Modellstadt Christchurch), wobei vor allem auf Privatisierung und Outsourcing sowie neue Formen des Finanz- und Personalmanagements gesetzt wurde (Reichard, 1993, Haldemann, 1995).

In den USA wurde der öffentliche Sektor mit der Verwaltungsreform gleich neu erfunden: „Reinventing Government" (Osborne & Gaebler, 1994). Getragen war diese Modernisierungsstrategie von einem flexibilisierten Finanz- und Personalmanagement (leistungsbezogene Vergütung mit der Möglichkeit der Rückstufung, Reichard, 1993). An schillernden Slogans hat es bei der Neuerfindung des öffentlichen Sektors nicht gemangelt (Osborne & Gaebler, 1994, Übersetzung durch die Autorin): „Steuern statt

---

4   Allerdings haben in deutschen Organisationen des öffentlichen Dienstes bereits heute bei weitem nicht alle Mitarbeiter unbefristete Arbeitsverträge.

Rudern", „Ermächtigen statt Dienen", „Injektion von Konkurrenz in die Dienstleistung", „Transformieren des Vorschriftendenkens", „Finanzierung der Ergebnisse anstatt des Arbeitsaufwands", „Erfüllung der Klientenbedürfnisse, nicht der Bürokratie-
bedürfnisse", „Einnehmen statt Ausgeben", „Vorbeugen statt Heilen", „Von der Hierarchie zu Mitbestimmung und Teamwork" und „Wandel durch Handel".

Deutschland sei, was die Etablierung des New Public Managements anbelangt, im
Vergleich zu anderen hoch industrialisierten Ländern etwa zehn Jahre zurück (das
Bezugsjahr des Autors liegt hierbei Anfang der 90er Jahre, Reichard, 1995). In Deutschland hielte sich Bürokratismus, Modernisierung sei lediglich von vereinzelten Privati-
sierungs- und Deregulationsmaßnahmen gekennzeichnet (Reichard, 1995, Reznicek,
1996, Naschold, 1995). Ein Grund für das Ausbleiben breiter Modernisierungsrefor-
men kann in der lange Zeit guten Situation des Staatshaushaltes vermutet werden.
Barzelay und Füchtner (2003) erklären die Durchsetzungskraft von Modernisierungs-
schritten vor allem daran, in welcher Lage sich öffentliche Haushalte befänden und
wie politische Rahmenbedingungen geartet seien. So sei in der Zeit von 1982 bis 1993
in Deutschland eine vergleichsweise große Stabilität in öffentlichen Organisationen zu
beobachten gewesen, erst ab 1994 habe sich ein Wandel deutlicher abzuzeichnen ver-
mocht.

Seit etwa Mitte der 90er Jahre wird versucht, mit dem „neuen Steuerungsmodell" die
Modernisierung des öffentlichen Sektors auch in Deutschland voranzutreiben (Jann,
1998), wobei Schwerpunkte auf Dezentralisierung und zunehmende Implementierung
privatwirtschaftlicher Prinzipien gesetzt werden (Naschold, 2000a). Naschold (ebd.)
wertet den deutschen Modernisierungsprozess dennoch als einen verpassten An-
schluss an internationale Entwicklungen.

Den Entwicklungsstand der Umsetzung des neuen Steuerungsmodells in deutschen
Stadtverwaltungen kann man mit Einschränkungen an den Ergebnissen einer relativ
aktuellen Umfrage zur Verwaltungsmodernisierung ablesen (DIfU, 2005).

Im zeitlichen Verlauf erkennt man (Grömig, 2001[5]), wie immer mehr Städte in
Deutschland einzelne Strategien zur Modernisierung umgesetzt haben und immer
weniger Stadtverwaltungen der Ansicht sind, sie bräuchten entsprechende Schritte
nicht zu unternehmen. 2004 waren die Städte gefragt, wie sie ihr Engagement im Prozess der allgemeinen Verwaltungsmodernisierung beschreiben würden (DIfU, 2005).
13,3% engagieren sich sehr stark, 52,1% stark, 30,9% teils-teils und nur 3,6% wenig.
Dabei orientieren sich knapp 10% am neuen Steuerungsmodell, 67% setzen dieses
teilweise modifiziert um und etwa 15% entwickeln eigene Modelle. 7,4% modernisie-
ren, ohne sich auf ein konkretes Reformmodell zu beziehen.

---

5 Daten, die sich auf die Ergebnisse der 4. Umfrage zur Verwaltungsmodernisierung beziehen,
können nur ungefähre Prozentwerte angeben, da einzelne Werte aus den Unterlagen von
Grömig (2001) nicht ersichtlich sind.

Weiterhin wurde gefragt, worin ausschlaggebende Gründe für entsprechende Schritte gesehen würden (ebd.). Vor allem ökonomische Gründe (Finanzkrise, Haushaltskonsolidierung) werden als Anlass für Modernisierungsstrategien angeführt. An zweiter Stelle folgt die Ansicht, Verwaltungsstrukturen seien reformbedürftig. Etwa ein Drittel der Städte versucht, die Bürgerfreundlichkeit ihrer Verwaltungseinrichtungen zu verbessern. Mangelnde Transparenz wird ebenfalls als Grund genannt. Vergleichsweise wenig bedeutsam sind fehlende Mitarbeitermotivation und geringe Standortattraktivität.

Führt man sich als Vergleich die Zahlen von 1995 vor Augen (Grömig, 2001), fällt auf, dass sowohl die mangelnde Transparenz als auch die Reformbedürftigkeit im Jahr 2000 erheblich größer eingeschätzt werden als dies 1995 der Fall war. Dies ist vor allem deswegen interessant, weil bereits 1995 mehr als 80% der Städte Modernisierungsmaßnahmen durchgeführt hatten. Dennoch werden fünf Jahre später die Probleme nicht weniger oft, sondern häufiger genannt. Dies wirft drei Überlegungen auf: Erstens ist es möglich, dass die gewählten Maßnahmen wenig erfolgreich waren. Zweitens kann es auch sein, dass die Maßnahmen zwar erfolgreich waren, aber durch Veränderungsprozesse erst neuer Handlungsbedarf erkannt wurde. Drittens wäre es auch denkbar, dass die gestiegenen Zahlen auf eine größere Sensibilisierung hindeuten oder es „Mode" geworden ist, Modernisierungsbedarf bei Städten einzufordern. Welche Vermutung zutrifft, kann an dieser Stelle nicht abschließend geklärt werden.

Als Nächstes sollen mit Modernisierungsmaßnahmen verbundene Ziele betrachtet werden (vgl. DIfU, 2005 und Grömig, 2001). Vor allem eine Verbesserung von Effizienz und Effektivität (von ca. 85%) sowie der Bürgerfreundlichkeit (von ca. 80%) werden angestrebt. Das Ziel, die Mitarbeitermotivation zu steigern, wird nur von ca. 20% der Befragten verfolgt. 2004 sind dies noch weniger als in den Jahren 1996 bis 2000.

Mit welchen konkreten Maßnahmen wird Verwaltungsmodernisierung in den Städten vorangetrieben? Betrachtet man als Erstes verwirklichte Maßnahmen der Organisationsentwicklung (DIfU, 2005), so fällt auf, dass etliche Strategien auf eine Mischung aus stärkerer Dezentralisierung und Zentralisierung hinauslaufen. Häufig werden zentrale Serviceeinheiten geschaffen. Danach folgen die Bildung dezentraler Fachbereiche und Ressorts sowie Auslagerungen und Verselbständigungen. Kaum bedeutsam ist die Implementierung eines Qualitätsmanagements.

In der Personalentwicklung wird vor allem auf regelmäßige Mitarbeitergespräche und Fortbildungsmaßnahmen gesetzt, während andere Maßnahmen, wie etwa Coaching oder Rotationsverfahren (regelmäßiger Arbeitsplatzwechsel), weniger angestrebt werden (vgl. Abbildung 2-22).

Abbildung 2-22: *Umsetzungsstand von Maßnahmen der Personalentwicklung in der Verwaltung*

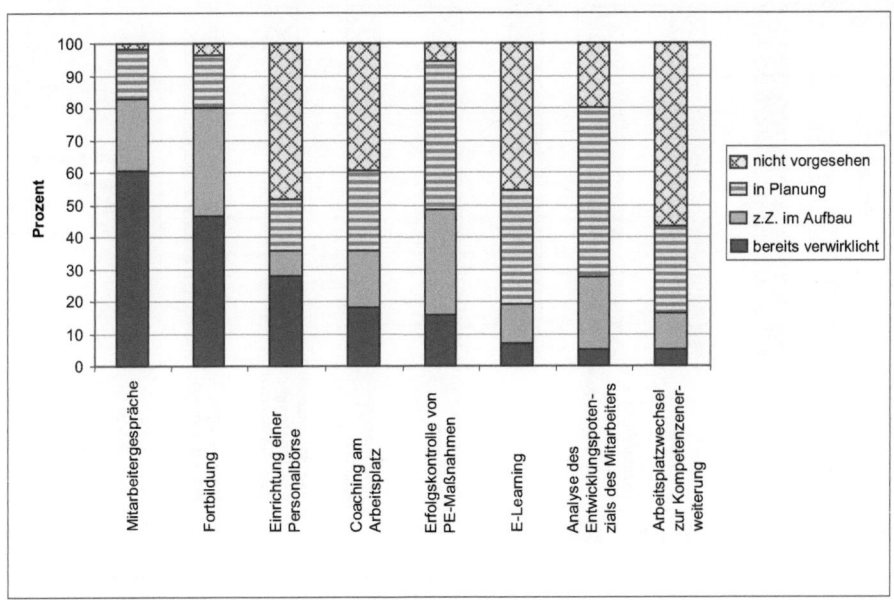

Quelle: In Anlehnung an DIfU, 2005, S. 51.

Die Abbildung zeigt auch, dass sich Bestrebungen der Personalentwicklung weiterhin auf Fortbildungen ausrichten. Zudem wird von zahlreichen Städten geplant, Erfolgskontrollen von Personalentwicklungsmaßnahmen einzuführen.

Um den Personaleinsatz möglichst flexibel gestalten zu können, nutzen Städte verschiedene Strategien (vgl. Abbildung 2-23).

Abbildung 2-23: *Maßnahmen zur gezielten Steuerung des Personaleinsatzes*

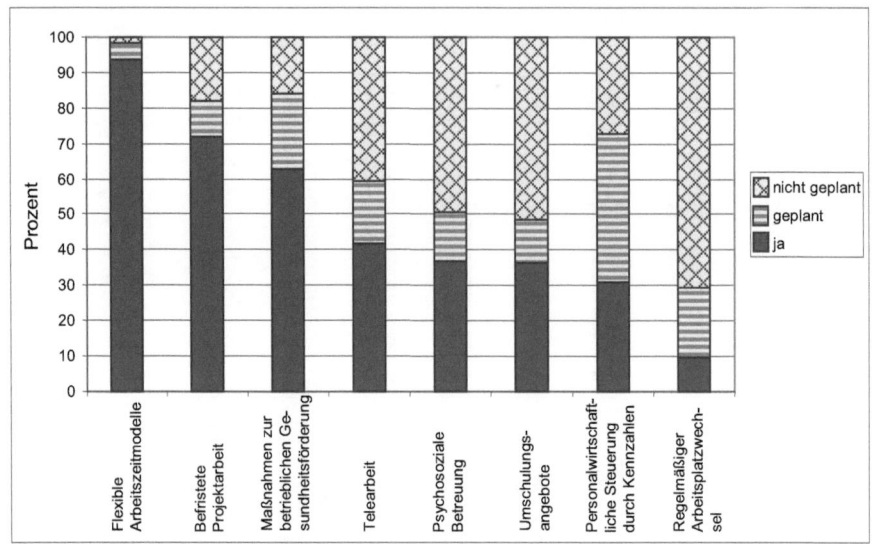

Quelle: In Anlehnung an DIfU, 2005, S. 57.

Viele Verwaltungen bieten flexible Arbeitszeitmodelle und lassen spezielle Arbeitsaufgaben oder Themen über zeitlich befristete Projekte bearbeiten. Telearbeit ist immerhin in 40% der Verwaltungen etabliert. Eine große Zahl an Städten nutzt Maßnahmen zur betrieblichen Gesundheitsförderung. „Psychosoziale Betreuung" bieten jedoch nur knapp 37% der Städte an, weitere knapp 14% planen künftig entsprechende Angebote. Fast die Hälfte möchte diese Strategie nicht nutzen. Am meisten wird angestrebt, eine personalwirtschaftliche Steuerung durch Kennzahlen einzuführen.

Zur Motivationssteigerung setzen Städte auch auf neue Formen von Leistungsanreizen (z.B. auf Leistungsprämien). Immaterielle Anreize oder Funktionszulagen werden mehrheitlich (noch) nicht eingesetzt und von der Mehrzahl der Befragten auch nicht geplant. Es werden aber auch andere Wege beschritten, um Mitarbeiter besser zu motivieren (vgl. Abbildung 2-24).

Abbildung 2-24: *Maßnahmen zur Motivationsförderung in Verwaltungen*

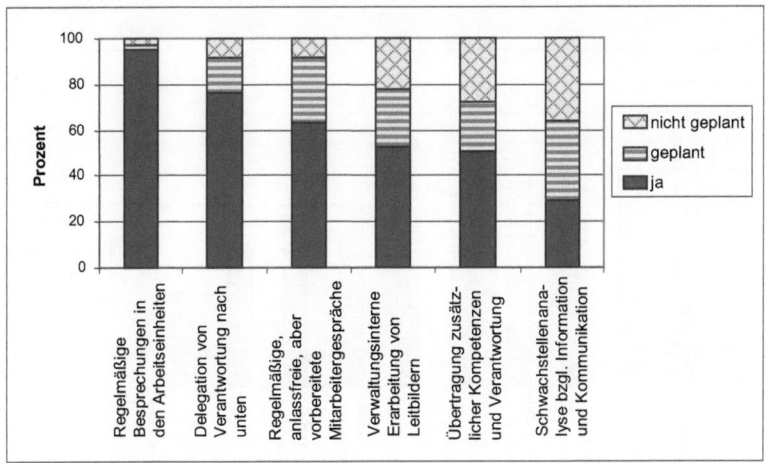

Quelle: In Anlehnung an DIfU, 2005, S. 53.

Von dem breiten Spektrum sind bereits am häufigsten regelmäßige Besprechungen in den Arbeitseinheiten und Verantwortungsdelegation umgesetzt. Nur knapp 30% nutzen bisher eine Schwachstellenanalyse bezüglich Information und Kommunikation, 36% möchten diese auch in Zukunft nicht einführen.

Ein weiterer Ansatzpunkt ist die gezielte Entwicklung von Führungskompetenzen. Nummer Eins ist hierbei das Training von Führungsverhalten und der kommunikativen Kompetenz. Systematisches Führungsfeedback wird nicht so oft gegeben. Die Vorgehensweise, Führungsfunktionen erst einmal auf Probe bzw. zeitlich befristet zu übertragen, finden ebenso vergleichsweise wenig Anklang.

Wie weit waren die bisher getroffenen Schritte imstande, die angestrebten Ziele zu verwirklichen (vgl. Abbildung 2-25)?

Abbildung 2-25: *Erwartungserfüllung von Zielen, die an die Verwaltungsmodernisierung geknüpft werden*

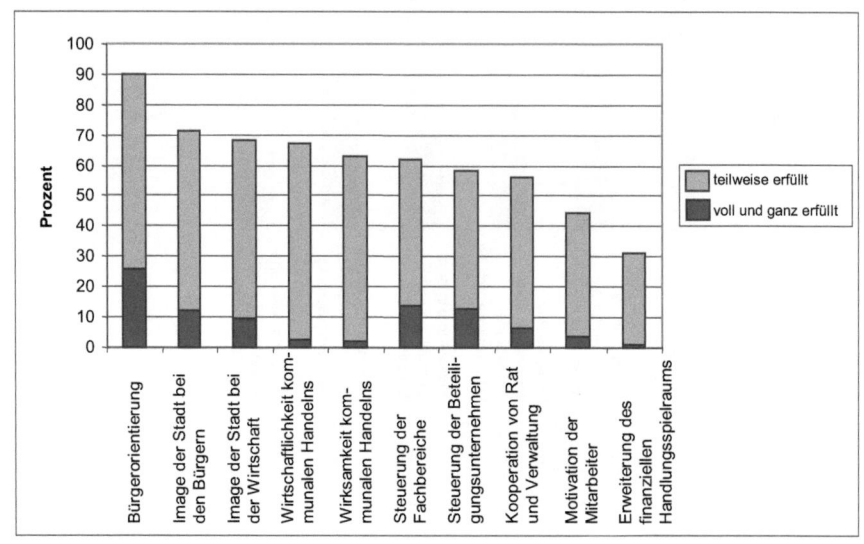

Quelle: DIfU, 2005, S. 19.

Betrachtet man als Erstes, in welchen Dimensionen Stadtverwaltungen ihre Ziele voll und ganz erfüllt sehen, so sind die Erreichungsgrade insgesamt niedrig. Nimmt man des Weiteren noch eine teilweise Erfüllung hinzu, so liegt die Zielerreichung in den meisten Rubriken über 50%. Am häufigsten haben sich die Bürgerorientierung, das Image der Stadt bei Bürgern und Wirtschaft (in der Selbstwahrnehmung) verbessert. Auch Erwartungen, die sich auf eine erhöhte Effektivität und Effizienz beziehen, wurden in der Mehrzahl der Fälle zumindest teilweise erfüllt. Auffällig niedrig ist der Teil jener, die sich mit der Motivation der Mitarbeiter zufrieden erklären.

Dies wirft insgesamt die Frage auf, welche Barrieren der Verwaltungsmodernisierung entgegenstehen können. Auch diesbezüglich können DIfU-Daten herangezogen werden (vgl. Abbildung 2-26).

Abbildung 2-26: Wahrgenommene Barrieren der Modernisierung deutscher Städte

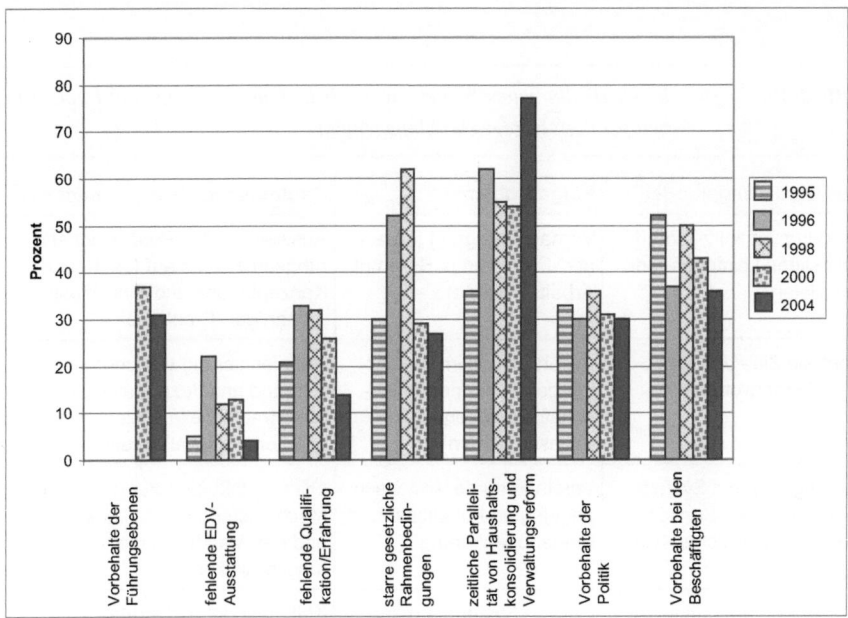

Quelle: In Anlehnung an Grömig, 2001, S.91, DIfU, 2005, S. 20.

Wenig bedeutsam erscheint eine unzureichende EDV-Ausstattung oder eine unangemessene Vergütung zu sein. Die meisten Schwierigkeiten bestehen wegen zeitlicher Überschneidung von Haushaltskonsolidierung und Verwaltungsmodernisierung. Ebenfalls fällt auf, dass die nächst bedeutsamen Barrieren in Vorbehalten verschiedener Gruppen (Beschäftigte, Führungskräfte und Politik) liegen.

Die Umfrageergebnisse zeigen deutlich, dass in den meisten Verwaltungen Modernisierung vorangetrieben wird. In erster Linie werden ökonomische Ziele verfolgt, die Verbesserung der Mitarbeitermotivation ist von nachrangiger Bedeutung. Im Bereich der Personalentwicklung wird bisher vor allem auf Mitarbeitergespräche und Fortbildung gesetzt. Künftig sollen Kontroll- und Steuerungsmechanismen verstärkt zum Einsatz kommen. Der Mitarbeiter nimmt in diesem Prozess also keine zentrale Stellung ein. Dies kann sich als problematisch erweisen, legen die Daten doch zugleich offen, dass Modernisierungsbemühungen häufig an Vorbehalten der Beteiligten scheitern.

Unabhängig von der DIfU-Umfrage fasst Tabelle 2-19 Formen, Probleme des neuen Steuerungsmodells und ggf. nachfolgend erforderliche neue Eingriffsversuche über strategisches Management zusammen.

Tabelle 2-19:   *Elemente des neuen Steuerungsmodells, Folgeprobleme und Implikationen für das strategische Management*

Neues Steuerungsmodell	Folgeprobleme	Strategisches Management
Festlegung von kurz- und mittelfristigen Leistungs- und Finanzzielen	Vernachlässigung „bösartiger" Probleme (z.B. Armut, Arbeitslosigkeit)	Ausweitung des Produktgenerierungsprozesses auf Ideen- und Konzeptphase und Einschluss „bösartiger" Probleme
Dezentrale Ziel- und Ressourcenverantwortung	Gefahr suboptimaler Zentrifugalität der neuen Geschäftseinheiten (Bereichsegoismen)	Rebalancierung von zentraler Führung und dezentraler Einheit ohne traditionelle Rezentralisierung („Rekonventionalisierung")
Steuerung über ein System von Verwaltungs-, Service-, Projekt- und politischen Kontrakten	Verstärkung der historisch angelegten Funktions- und Binnenorientierung	Öffnung/Inkorporierung „externer" Mechanismen der Zivilgesellschaft und des Marktes in die Verwaltungspraktiken
Konzentration auf definierte Formalorganisationen und -prozesse aller Verwaltungsbereiche	Gefahr: Systeme greifen nicht ohne Verhaltenswandel	Kulturwandel und strategische Initiativen
Sachlogisches Regulierungssystem	Dethematisierung von Macht- und Interessenbasis von Verwaltungshandeln	Nutzung von Macht und Interessen als Ressourcen in der Verwaltungspolitik
Staatlich definiertes Kompetenzgefüge	Keine Inkorporierung endogener Veränderungsmechanismen	Generative Mechanismen für dynamisch-evolutionäre Kompetenzen
Systematische Einführung von Controlling	Controlling begrenzt auf „taktische" Vor- und Nachuntersuchungen und Monitoring	Ausweitung über Evaluationen zum strategischen Controlling.

Quelle: In Anlehnung an Naschold, 1998, S. 29.

Als Idealweg schlägt Naschold (1998) daher eine neue Form der Arbeitsorganisation im öffentlichen Dienst vor, um zu den „Spitzenstädten" (ebd., S. 33) zu gehören. Bei der Skizzierung desselben werden – überspitzt dargestellt – alle modernen, teilweise recht abstrakten Schlagworte kombiniert, wie zum Beispiel „synthetisierendes strategisches Management", „Wertmanagement", „Management des Wandels (evolutionäre

Kompetenzen)", „Strategische Evaluation", „Einführung öffentlich-privater Task-forces", „Kontextsteuerung", „laterales Denken", „Szenarioentwicklung", „Systemdy-namikanalysen", „strategische Wirkungsevaluationsstudien", „Portfolioanalyse", „Leistungstiefen-/Wertschöfpungskettenanalyse", „Inkorporierung des strategischen Denkens in den operativen Vollzug" oder „Top-Management-Team" (Naschold, 1998, S. 39f.). Auf diese Weise scheint nahezu das gesamte Spektrum an „Managementtech-niken" gefordert zu sein, als neues Regelungs- bzw. Steuerungssystem zu greifen, um die als nachteilig befundenen Effekte des New Public Managements auszugleichen. Dies zeigt, dass ein erster Regelungsversuch einen zweiten nach sich zieht. Der zweite kann wiederum einen dritten als erforderlich erscheinen lassen etc.

In der Literatur wird mit der Einführung des New Public Managements am häufigsten eine Erhöhung der Arbeitszufriedenheit der Mitarbeiter versprochen (z.B. Rieder & Lehmann, 2001). Nur wenige Studien gehen auf mögliche negative Effekte ein, wie beispielsweise Stress durch Konflikte und Widerstände gegen die Einführung eines New Public Managements (z.B. Davidson, 2002).

Allgemein werfen die vorgestellten Ausführungen zu neuen Formen von Arbeit im öffentlichen Sektor einige weitere Fragen auf. Als Erstes wäre wie bei den Ausführun-gen zur Privatwirtschaft zu fragen, was das „Neue" denn sei. Reichard (1995) legt beispielsweise dar, dass einige der eben aufgezählten Instrumente, wie zum Beispiel Dezentralisation, Führung durch Zielvereinbarung, Leistungsindikatoren, Kosten- und Leistungsrechnung oder Controlling, auch in der öffentlichen Wirschaft bereits seit längerem bekannt und teilweise etabliert und damit nichts revolutionär Neues seien. Dennoch ließe sich der gesamten Zielrichtung des New Public Managements eine Neuartigkeit attestieren, denn nun werden keine Einzelbausteine punktuell umgesetzt, sondern es werde eine umfassende Modernisierung angestrebt (Reichard, 1995, Mastronardi, 1998).

Weiterhin steht zu bezweifeln, dass die bisherige Arbeit öffentlicher Institutionen tatsächlich derart schlecht – ineffizient und ineffektiv – war und die meisten Mitarbei-ter unmotiviert und ohne Verantwortungsempfinden waren. Der Verdacht drängt sich auf, dass im Zuge des Managerialismus, der mit englischen Schlagworten gespickt das Neue, Moderne und Optimierte verkündet, Stärken des deutschen öffentlichen Dienstes ebenso ignoriert werden wie Kompetenzen der Mitarbeiter. Von einer derar-tigen Rhetorik können vor allem Unternehmensberatungen profitieren, die sich, nach-dem die Privatwirtschaft weitgehend „abgearbeitet" ist, nun auf den öffentlichen Sek-tor stürzen.

Zieht man als Nächstes Ziele heran, die mit New Public Management verbunden sind, scheinen diese teilweise etwas zu pauschalisierend und optimistisch in den Raum gestellt. So beispielsweise die Behauptung, mit der Einführung eines New Public Ma-nagements könne man die politische Steuerbarkeit fördern: Ob ein politisches System ein organisationales System besser zu steuern vermag, dem vorher im Zuge der De-zentralisierung mehr Eigenständigkeit und Verantwortlichkeit zugesprochen wurde, ist wenig wahrscheinlich. Denn es wäre auch denkbar, dass sich das neu formierte, sich selbst organisierende System von anderen Systemen abkoppelt und damit Kommunikation und gegenseitige Beeinflussbarkeit zwischen beiden Systemen erschwert werden. Ähnlich schwierig kann es sich mit der Transparenzerhöhung verhalten. Kleinere Systeme können transparenter werden, müssen dies aber nicht. Es kommt schließlich immer auf den außenstehenden Beobachter an. An dieser Stelle wäre zu fragen, wer der außenstehende Beobachter ist und um welche Form von Transparenz es geht. Sollen die Strukturen einer Organisation überschaubarer werden? Sollen Kommunikationswege transparenter werden? Oder soll das Leistungsangebot, das die öffentliche Verwaltung anbietet, für die Kunden transparenter werden? Letzteres wäre bestimmt nicht in jedem Fall gewünscht, auch nicht von den Vertretern des New Public Managements. Würden beispielsweise alle Bürger umfassend über in Anspruch nehmbare Leistungen Bescheid wissen, könnte dies zu einer erneuten – ungewollten – Belastung des öffentlichen Haushaltes führen. In anderen Leistungsbereichen des öffentlichen Sektors, in denen Intransparenz Vorteile bietet, dürfte eine Transparenzschaffung gegenüber dem Bürger ebenfalls nicht angesagt sein, wie etwa in der Verkehrsüberwachung oder bei der Polizei. In diesem Zusammenhang tritt auch die Frage in den Vordergrund, was der Markt („größere Marktnähe") und wer die Kunden („höhere Kundenzufriedenheit") sind. Die Arbeit öffentlicher Institutionen bewegt sich schließlich nicht selten an Schnittstellen, verschiedene Systeme mit unterschiedlichen Zielen können tangiert werden. Zudem setzt die Arbeit des öffentlichen Dienstes ja gerade dort an, wo das alleinige, preisbildende und am Leistungsprinzip orientierte Angebot- und Nachfrageprinzip versagt. Damit kommt eine ethische Diskussion hinzu. Basiert New Public Management nur auf ökonomischen Werten, strebt es in diesem Sinne weitgehende Ökonomisierung an, können soziale, ethische Belange auf der Strecke bleiben.

Zuletzt sei darauf verwiesen, dass nicht selten völlig überhöhte Erwartungen an die Implementierung von Managementtechniken und die Anwendbarkeit von Verfahren, die sich in der Privatwirtschaft (mehr oder weniger) bewährt haben, gerichtet werden (Reichard, 1994, Deegan, 1995).

Fragen zur weiteren Beschäftigung mit dem Stoff

1. Inwiefern eignet sich Ihrer Ansicht nach das Konzept sozialer Repräsentationen, um die Diskussion um den Veränderungsbedarf im öffentlichen Dienst zu erklären?

2. Welche Quellen würden Sie nutzen, um die am öffentlichen Dienst geäußerte Kritik empirisch zu überprüfen?

3. Wenn Sie sich auf die Darstellung von Zielen und Orientierungsgrößen des New Public Managements beziehen: Welche Spannungsverhältnisse und Konflikte er-

warten Sie, wenn alle Ziele gleichermaßen angestrebt werden? Beleuchten Sie hierbei die Sicht verschiedener Systeme (politisches System, Konkurrenten, Organisation, Führungskräfte, Mitarbeiter und Kunden).

4. Machen die aufgezählten Merkmale einer „idealtypischen" Verwaltung aus Ihrer Sicht tatsächlich eine „ideale" Organisation aus? Was spricht dagegen?

5. Wie erklären Sie sich die Gemeinsamkeiten und Unterschiede in dem, was als konkrete neue Formen von Arbeit in der Privatwirtschaft auf der einen und in der öffentlichen Wirtschaft auf der anderen Seite diskutiert werden?

6. Wo liegen Möglichkeiten, wo Grenzen, wenn man Verwaltungsmodelle, die im Ausland umgesetzt wurden, als Vorbild für die Modernisierung öffentlicher Verwaltungen in Deutschland heranziehen möchte?

7. Welches Fazit ziehen Sie aus den Umfragen zum Stand der Verwaltungsmodernisierung in Deutschland?

8. Inwieweit können die von Naschold (1998) konzipierten Maßnahmen des strategischen Managements Folgeprobleme beheben, die mit der Verwaltungsmodernisierung einhergehen können?

9. Diskutieren Sie kritisch die von Naschold (1998) vorgeschlagenen Strategien, um eine „Spitzenstadt" zu werden.

2.3.3 Qualität der Arbeit

Lernziel: Kennenlernen und kritische Reflexion von Kriterien, die herangezogen werden, um die Qualität der Veränderung von Arbeit beurteilen zu können.

Wichtige Begriffe: Rahmenbedingungen der Arbeit – spezifische Arbeitscharakteristika – Passung von Person und Umwelt – subjektive Bewertung der Arbeit – Vertrauen – Commitment – Kommunikation – Partizipation – Karriere und Beschäftigungssicherheit – Personalentwicklung – Gesundheit und Wohlbefinden – Work-Life-Balance – Kriterienkatalog zu Bewertung der Qualität von Arbeit.

Die bisherigen Ausführungen haben dargelegt, in welche Richtung sich Arbeit und Organisation entwickeln können. Mit dem Blick auf die Zukunft ist es nicht ausreichend, nur die *Quantität* von Arbeit – im Sinne des Ausbaus von Arbeitsplätzen – zu erhöhen, sondern auch die „*Qualität* von Arbeit" (Commission of the European Communities, 2001; Lowe & Schellenberg, 2001).[6]

---

6 An dieser Stelle ist auf die Nähe zu den Bestrebungen der „Humanisierung der Arbeit" (vgl. Kapitel 2 dieser Arbeit) oder auf die „Meaning-of-Work"-Studien (MoW International Re-

Das Konzept „Qualität von Arbeit", das vor allem in den angloamerikanischen Ländern stark gemacht wurde, lässt sich wie folgt beschreiben:

> „Qualität von Arbeit beinhaltet bessere Jobs und Wege, Arbeits- und Privatleben zu vereinbaren. (…) Gute Beschäftigungs- und Sozialpolitik ist nötig, um die Produktivität zu untermauern und die Anpassung an den Wandel zu erleichtern" (Commission of the European Communities, 2001, Übersetzung durch die Autorin).

„Qualität von Arbeit" wird durch vier Komponenten bestimmt (Lowe & Schellenberg, 2001):

- objektive Charakteristika von Arbeit: allgemeine Rahmenbedingungen (z.B. Krankenversicherungsregelungen, Karriereaussichten etc.) und jeweils spezifische Arbeitscharakteristika (z.B. Arbeitszeit, Arbeitsinhalt),
- Charakteristika der Arbeitenden,
- Passung von Merkmalen des Arbeitenden mit den Arbeitsanforderungen,
- subjektive Bewertung der Arbeit: Arbeitszufriedenheit.

Üblicherweise nimmt man an, Qualität der Arbeit sei vor allem in jenen Arbeitsgebieten zu finden, in denen die folgenden Merkmale gegeben sind (Lowe & Schellenberg, 2001): hohes Maß an Wissen, relative Sicherheit des Arbeitsplatzes, bessere Vereinbarkeit von Beruf und Privatleben („Work-life-balance"), guter Zugang zu Weiterbildung und Entwicklung, hohe Produktivität und vergleichsweise hohe Bezahlung.

Doch, wie bereits ausführlich dargelegt wurde, verändert sich die Arbeit auch in Deutschland hin zu atypischen Beschäftigungsverhältnissen, die von den eben genannten Charakteristika abweichen, aber teilweise von Arbeitnehmern mehr oder weniger freiwillig gewählt werden. Durch die Stärkung neuer Arbeitsformen, wie sie oben geschildert wurden, sinkt Arbeitsplatzsicherheit mehr als sie steigt. Zudem ist der Zugang zu (Weiter)Bildung nicht allen Menschen gleich offen und Karriereaussichten werden teilweise als relativ schlecht beurteilt. Man kann davon ausgehen, dass die Unsicherheit der Beschäftigungsverhältnisse gerade in einer wirtschaftlich angespannteren Phase verschärft wird und im Erleben der Erwerbspersonen selbst dann noch „nachhallt", wenn der ökonomische Aufschwung eingesetzt hat.

Insgesamt ist eine hohe Qualität der Arbeit für Individuen, Organisationen und Volkswirtschaften aber sehr wichtig. Denn eine gesteigerte Qualität von Arbeit kann Verbesserungen auf verschiedenen Ebenen hervorrufen (Commission of the European Communities, 2001, Lowe & Schellenberg, 2001):

---

search Team, 1986) hinzuweisen. In diesem Kapitel wird allerdings die Betrachtung auf das derzeit diskutierte Konzept der „Qualität von Arbeit" eingeengt.

■ Auf der Ebene des Individuums können Kompetenzen und die Beschäftigungsfähigkeit gefördert sowie die Arbeitszufriedenheit und die Vereinbarkeit von Beruf und Privatleben verbessert werden,

■ auf der Ebene der Organisation ist eine stärkere Berücksichtigung der Qualität von Arbeit ein Weg, um unter anderem eine erhöhte Produktivität zu erreichen,

■ auf der gesamtgesellschaftlichen, volkswirtschaftlichen Ebene kann durch eine höhere Qualität von Arbeit eine Steigerung der Attraktivität von Arbeit sowie eine verbesserte Beschäftigungssituation im Allgemeinen und von Frauen und älteren Arbeitnehmern im Speziellen erreicht werden.

Welche Faktoren haben nun wesentlichen Einfluss auf die Qualität von Arbeit? Nach der kanadischen Studie „What's a good job?" (Lowe & Schellenberg, 2001) sind die psychosozialen Faktoren Vertrauen, Commitment, Kommunikation und Einflussnahmemöglichkeiten von zentraler Bedeutung. So resümiert die Studie, dass eine gesunde, förderliche Arbeitsumgebung ausschlaggebend für ein stabiles Beschäftigungsverhältnis ist. Von Relevanz sind hierbei Beziehungen zu Kollegen, die Attraktivität der Arbeit, ein günstiges Verhältnis von Beruf und Privatleben („Work-life-balance") und angemessene Arbeitsanforderungen. Auch die Ressourcenausstattung, Zugang zu Fort- und Weiterbildung oder Ausstattung des Arbeitsplatzes, spielen eine Rolle. Gleichzeitig wird in der kanadischen Untersuchung festgehalten, dass der organisationale Wandel in Form von Downsizing und Reorganisationsmaßnahmen in der Regel mit einem Verlust an Vertrauen, Commitment und Kommunikation einhergehen.

Dieser letzte Aspekt ist von besonderem Interesse, denn gerade in einer Zeit des rapiden Wandels beruhen neue Formen von Arbeit häufig auf Reorganisationsmaßnahmen und Downsizing. Entsprechend der kanadischen Studie ließe dies eine Reduzierung der Qualität von Arbeit erwarten.

Die European Foundation for the Improvement of Living and Working Conditions (2002a, 2004) hat versucht, Qualität von Arbeit in der EU zu erheben. Ihrer Analyse liegt das in Abbildung 2-27 visualisierte konzeptionelle Verständnis zugrunde. Um Qualität von Arbeit zu konkretisieren, hat die European Foundation for the Improvement of Living and Working Conditions (2004) ferner von diesem Konzept zehn Kriterien abgeleitet, deren inhaltliche Beschreibung jedoch nicht in vollem Umfang mit Datenmaterial abgedeckt wurde:

Abbildung 2-27: Einflussfaktoren auf die Qualität von Arbeit

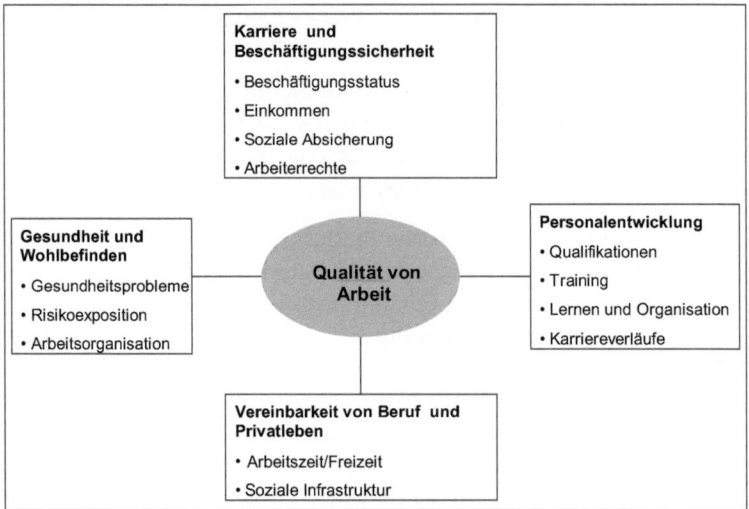

Quelle: European Foundation for the Improvement of Living and Working Conditions, 2002a, S. 6.

◾ *Fähigkeiten, lebenslanges Lernen und Karriereentwicklung* (Anteil von Mitarbeitern mit mittlerem und hohem Bildungs- bzw. Qualifikationsabschluss, Anteil von Mitarbeitern, die sich weiterbilden, Anteil von Mitarbeitern mit grundlegenden oder fortgeschrittenen Kenntnissen in „e-"Bereichen),

◾ *Gender-Gleichstellung* (Einkommenskluft zwischen Männern und Frauen, Über-, Unterrepräsentation von Frauen und Männern in bestimmten Sektoren oder Berufen, Verhältnis von Frauen und Männern in vergleichbaren Verantwortungsbereichen),

◾ *Gesundheit und Sicherheit* (Arbeitsunfälle, Krankheitsquoten, gesundheitsschädigende Einflüsse, Stress),

◾ *Flexibilität und Sicherheit* (Systeme sozialer Sicherung, Anteil von Arbeitern in flexiblen Arbeitsformen, Downsizing, Anteil an Mitarbeitern, die arbeitsbedingt umziehen),

◾ *Einschluss in und Zugänglichkeit zum Arbeitsmarkt* (Erwerbsquote junger Menschen, Arbeitslosigkeit, Barrieren),

- *Arbeitsorganisation und Vereinbarkeit von Beruf und Privatleben* (Anteil der Mitarbeiter in flexiblen Arbeitsformen, Möglichkeiten eines zeitweisen Ausstiegs wegen Mutter- bzw. Vaterschaft, Einrichtungen für Kinder),

- *Sozialer Dialog und Einbindung der Mitarbeiter* (Anteil an Mitarbeitern, denen Gewinn- und Kapitalbeteiligung angeboten wird, Anzahl an Streik- und Arbeitstagen),

- *Diversity und Nicht-Diskriminierung* (Einkommenskluft zwischen verschiedenen Altersgruppen oder zwischen behinderten und nicht-behinderten Menschen, Arbeitsgerichtsprozesse) und

- *allgemeine Arbeitsleistung* (durchschnittliche Produktivität pro Stunde und Mitarbeiter, durchschnittlicher Output pro Stunde und Mitarbeiter, durchschnittlicher Lebensstandard).

Im Ergebnis sind auf EU-Ebene etwa drei Viertel der Arbeitsplätze von mittlerer bis guter Qualität. Die Arbeitsplatzqualität variiert mit der Art der Beschäftigung: Teilzeitbeschäftigte erleben in der Tendenz eine niedrigere Qualität als Vollzeitbeschäftigte. Bei Letzteren spielt es eine Rolle, wie hoch die Bezahlung ist, wie sicher die Arbeitsplätze sind und wie gut Weiterbildung und Entwicklung beurteilt werden (Europäische Kommission, 2002). Je nachdem, wie Qualität der Arbeit beurteilt wird, fällt auch die Arbeitszufriedenheit aus.

Fragen zur weiteren Beschäftigung mit dem Stoff

1. Weswegen wird mit „Qualität von Arbeit" argumentiert?

2. Wie beurteilen Sie die derzeitige Praxisrelevanz dieses Konzepts in Deutschland?

3. Vermuten Sie Unterschiede innerhalb der Europäischen Union?

4. Ziehen Sie den Kriterienkatalog der European Foundation for the Improvement of Living and Working Conditions (2004) heran und prüfen Sie bei jedem dieser Punkte die Möglichkeiten und Grenzen, die Sie für wahrscheinlich erachten, möchte man die Kriterien empirisch messen.

Zusammenfassung

Mit Veränderungen von Arbeit und Organisation und der Herausbildung neuer Formen von Arbeit entwickeln sich zusehends flexible Strukturen und Prozesse. Neue Formen von Arbeit werden unabhängig davon, ob sie im Kontext der Privatwirtschaft oder der öffentlichen Wirtschaft diskutiert werden, als Mittel zur Flexibilisierung gesehen. Zusammenfassend können die verschiedenen Formen danach unterschieden werden, ob sie quantitativ oder qualitativ sowie internal oder external ausgerichtet sind (vgl. Tabelle 2-20).

Tabelle 2-20:   *Neue Arbeitsformen als Flexibilisierungsinstrumente*

	Quantitativ	**Qualitativ**
External	Beschäftigungsstatus – Unbefristeter Vertrag – Befristeter Vertrag – Saisonarbeit – Ad hoc-Arbeit *Numerische und/oder vertragsbedingte Flexibilität*	Produktionssystem – Sub-Verträge – Outsourcing – Freie Mitarbeit *Produktionsbezogene und/oder geographische Flexibilität*
Internal	Arbeitszeiten und -entlohnung – Reduktion/Anpassung der Arbeitszeiten – Teilzeit – Überstunden – Schichtarbeit, – Nacht-/Wochenendarbeit – Irreguläre (unvorhersehbare) Arbeitszeiten – Änderung der Entlohnung (Individualisierung, variable Anteile) *Zeit- und/oder finanzielle Flexibilität*	Arbeitsorganisation – Job Enrichment – Teamwork/teilautonome Arbeitsgruppen – Multitasking/Multi-Skilling – Verantwortungsdelegation – Projektgruppen *Funktionale und/oder organisationale Flexibilität*

Quelle: European Foundation for the Improvement of Living and Working Conditions, 2002a, S. 15, Übersetzung durch die Autorin.

Wenngleich in dieser Darstellung, wie auch in den vorangegangenen Ausführungen, ein Bild gezeichnet wird, nach dem es relativ einfach ist, neue Formen von Arbeit zu fassen, wird dies in der Praxis bei weitem nicht so eindeutig sein. Bei der Beurteilung, wann man von einer neuen Form von Arbeit sprechen kann, kommt es auf den Beobachterstandpunkt und die Referenzgrößen an (vgl. Abbildung 2-28).

Die Beurteilung, was neue Formen von Arbeit sind, kann einmal darauf Bezug nehmen, welche Geschichte eine Organisation durchlaufen hat. Oder sie bedient sich anderer Organisationen der gleichen oder einer anderen Branche im In- oder Ausland als Referenzsysteme, um über neue Formen von Arbeit zu urteilen. Das Ergebnis kann unterschiedlich ausfallen, je nachdem ob ein organisations*interner* oder ein *externer*

Beobachter bestimmt, was neue Arbeitsformen sind. Insofern können die jeweiligen Bestimmungsschritte zu ganz unterschiedlichen Ergebnissen kommen.

Abbildung 2-28: *Perspektiven bei der Beurteilung neuer Formen von Arbeit*

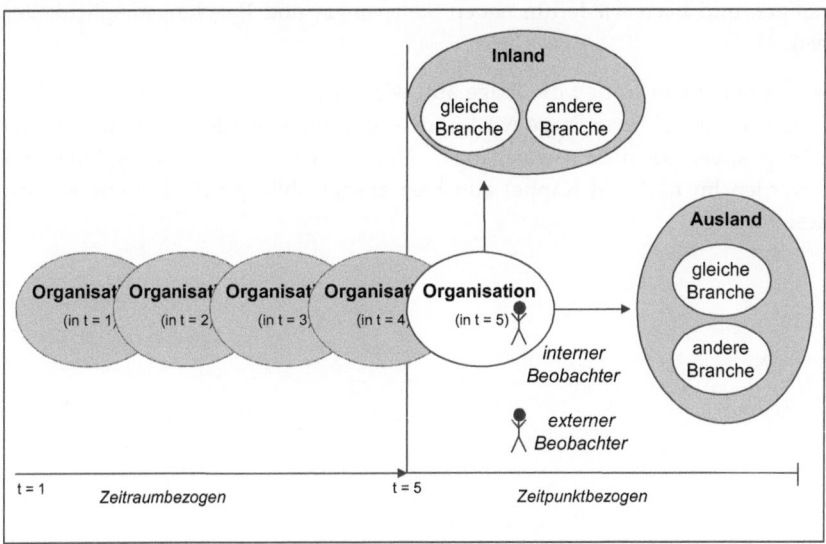

Die Europäische Kommission (European Commission, 1998, 2000) nennt als Vorteile neuer Arbeitsformen Erhöhung der Innovationsrate von Produkten, Service und Prozessabläufen, Verbesserung der operativen Effizienz (v.a. durch Kostenreduzierung), erleichterte Strukturanpassung, gestiegene Kundenzufriedenheit, Umsatzzuwachs, Sicherung bestehender und Ausbau neuer Arbeitsplätze, Expansion in neue Märkte und der Anziehung von Investitionen. Auch die Mitarbeiterzufriedenheit steige.

Dieses optimistische Bild kann jedoch nicht als uneingeschränkt gültig angesehen werden. Denn das Paradigma der neuen Formen von Arbeit läuft zugleich auf eine Verdichtung von (erwarteten) Fähigkeiten und Leistung hinaus. Dies bestätigt eine Untersuchung der European Foundation for the Improvement of Living and Working Conditions (2003a). Arbeitsverdichtung zeigt sich in Form von hoher Geschwindigkeit und geringer Zeit für die Arbeitsbewältigung. Besonders ausgeprägt ist die Verdichtung in der Industrie, im Bau, im Hotel- und Gaststättengewerbe, bei Post und Telekommunikation sowie im Transportgewerbe. Öffentliche Verwaltungen sind hingegen in dieser Hinsicht noch begünstigt. Arbeitsverdichtung wird in den seltensten Fällen Arbeitszufriedenheit auf Dauer fördern, sondern eher Stress erhöhen und die Gesundheit der Beschäftigten beeinträchtigen.

Nicht-intendierte Folgen der Implementierung neuer Formen von Arbeit werden sich aber nicht nur auf der Ebene des Individuums ausprägen. So können Organisationen einen positiven Rückkoppelungsprozess lostreten: Kühl (2002) macht auf Basis empirischer Studien deutlich, wie das Management stets bemüht ist, neue und optimierte Arbeitsformen zu finden, nach einiger Zeit nicht-intendierte Rückkoppelungseffekte, Widersprüche und Paradoxien erkennt und sich erneut gezwungen sieht, diese zu bewältigen und nach wiederum neuen Steuerungs- und Regelungsmöglichkeiten zu suchen.

Diese Überlegungen werfen die Frage auf, wie neue Formen von Arbeit von Betroffenen erlebt werden. Dieser Frage wird in den nachfolgenden Kapiteln von verschiedenen Perspektiven aus noch nachgegangen. Um das Arbeitserleben analysieren zu können, werden im nächsten Kapitel zunächst ausgewählte psychologische Konstrukte vorgestellt.

3 Erleben der modernen Arbeitswelt

Es gibt verschiedene Herangehensweisen, Arbeitserleben zu erfassen. Zuerst werden ausgewählte theoretische Konzepte skizziert.

In einem nächsten Schritt wird unter Bezugnahme auf einige Studien analysiert, wie Mitarbeiter die bisher beschriebenen organisationalen Rahmenbedingungen erleben.

3.1 Ausgewählte Dimensionen des Arbeitserlebens

Lernziel: Beschäftigung mit verschiedenen Dimensionen des Erlebens von Arbeit.

Wichtige Begriffe: Commitment – organizational citizenship behaviour – psychologischer Kontrakt – transaktionale Vertragsform – relationale Vertragsform – „alter" und „neuer" psychologischer Kontrakt – Dimensionen des Commitments – affective commitment – normative commitment – continuance commitment – Arbeitszufriedenheit – verschiedene Betrachtungsperspektiven – Motivationstheorien – Erhebungsinstrumente – Arbeitsinhalte – Arbeitsmotivation – Arbeitsleistung – Stress – Disstress – Eustress – Stressoren – transaktionales Stressmodell – Anforderungs-Kontroll-Modell – Modell beruflicher Gratifikationskrisen – Erwartungs-Beziehungsmodell – Erfassung von Stress – Stressmanagement – Burnout – persönlichkeitszentrierte Theorien – institutionszentrierte Theorien – gesellschaftstheoretische Ansätze – Prozesstheorien – Burnoutsymptome – Erhebung von Burnout – Burnout bei bestimmten Berufsgruppen – Coping – Arbeitssucht – Karoshi-Syndrom – Gesundheit – Gesundheitsbeeinträchtigungen.

Abbildung 3-1:   *Übersicht über das Kapitel „Dimensionen des Arbeitserlebens"*

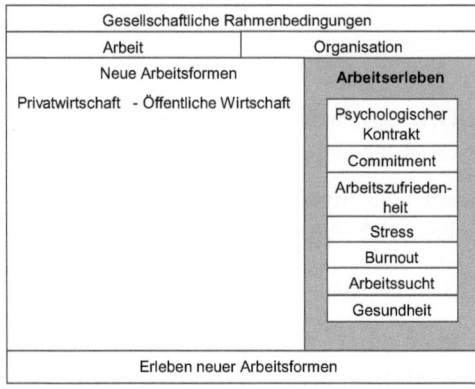

Als Erstes wird der psychologische Kontrakt als neue Vertragsform zwischen Arbeitgeber und Arbeitnehmer vorgestellt. Commitment, das als Nächstes erläutert wird, ist verschiedenen Ansätzen zufolge ein wesentlicher Einflussfaktor auf die (Re)Konstruktion eines psychologischen Kontrakts (Guest & Conway, 1997, 1999, 2001, Maguire, 2002).

Wie aus der Arbeitsskizze von Guest und Conway ersichtlich wird, bietet Commitment auch zu anderen Formen des Arbeitserlebens Anknüpfungspunkte (vgl. Abbildung 3-2).

Die Skizze, die eigentlich auf Commitment hin ausgerichtet ist, macht deutlich, dass beispielsweise die aufgezählten Faktoren, wie etwa Organisationsklima, Verfahrensweisen des Human Resource Managements oder Erfahrungen als Ursachen auf der einen Seite und Fairness, Vertrauen und Vermittlung auf der anderen Seite verschiedene Konsequenzen nach sich ziehen. Zu den Konsequenzen zählen Einstellungsänderungen (z.B. organisationales Commitment oder Arbeitszufriedenheit) sowie Verhaltensänderungen (z.B. Motivation, Anstrengung).

Nach der Präsentation einiger Aspekte des Commitments wird das Konstrukt Arbeitszufriedenheit angesprochen. Daran schließen sich knappe Abhandlungen zu Stress und Burnout an. Am Rande erwähnt wird auch Arbeitssucht als besondere Form des Arbeitserlebens. Den Schluss dieses Abschnitts bildet eine auf physische bzw. psychosomatische Gesundheit, als Ausdruck eines bestimmten Arbeitserlebens, ausgerichtete Betrachtung.

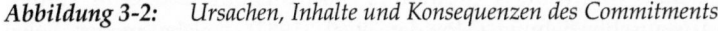

Abbildung 3-2: *Ursachen, Inhalte und Konsequenzen des Commitments*

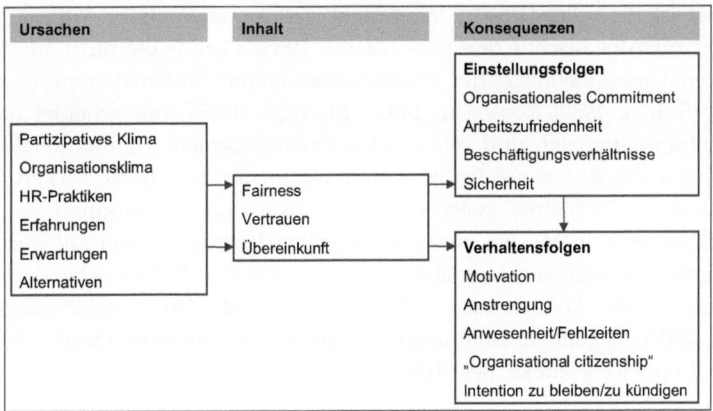

Quelle: Guest & Conway, 1997, S. 6, Übersetzung durch die Autorin.

In dem skizzierten Geflecht von Arbeitszufriedenheit, Commitment, Identifikation etc. wird hin und wieder auch das „organizational citizenship behaviour" erwähnt. Dieses beschreibt ein Verhalten von Organisationsmitgliedern, das der Organisation als ganzem System förderlich ist (vgl. z.B. Feather & Rauter, 2004). Nach Wittig-Berman und Lang (1990) zählen zu dem „organizational citizenship behaviour" beispielsweise Verhaltensweisen wie Arbeit mit nach Hause zu nehmen, abends sehr lange zu arbeiten, einen Urlaub aus organisationsbezogenen Gründen zu verschieben, während des Mittagessens über die Arbeit zu sprechen usw. Dies zeigt eine gewisse Nähe zu oder Überschneidungen mit den anderen aufgeführten Konstrukten. Nachdem beim „organizational citizenship behaviour" eine vergleichsweise starke Akzentsetzung auf die Organisation gegeben ist und deswegen aus psychologischer Sicht die anderen genannten Konstrukte adäquater erscheinen, wird auf eine eigenständige Betrachtung des „organizational citizenship behaviour" verzichtet.

Bei den nachfolgenden Abschnitten werden empirische Studien nur exemplarisch am Rande eingeflochten. In dem Abschnitt „Erleben neuer Arbeitsformen" folgt eine ausführliche Diskussion.

3.1.1 Psychologischer Kontrakt

Das Konzept des psychologischen Kontrakts schließt die beidseitigen Erwartungen von Arbeitgebern und Arbeitnehmern ein (Rousseau, 1995). Während Rousseau den psychologischen Kontrakt als kognitives Konstrukt versteht, stellen andere Autoren das Interaktionale heraus (Millward & Brewerton, 2000, Maguire, 2002). Im Vordergrund steht eine Austauschbeziehung (Mowday et al., 1982), welche an den Polen „rein juristisch definierter Vertrag" und „ausschließlich psychologisches Konstrukt" aufgehängt ist (Spindler, 1994). Damit steht der „psychologische Vertrag" in enger Beziehung zur Austauschtheorie (z.B. Adams, 1965). Gerade die nicht auf den ersten Blick erkennbaren Elemente der Austauschbeziehung bilden den psychologischen Kontrakt (Schein, 1980, Rousseau, 1989). MacNeil (1985) unterscheidet dabei noch zwischen transaktionalen und relationalen Vertragsformen. Transaktionale Verträge konzentrieren sich auf monetäre Austauschargumente, relationale rücken das (auch nicht monetäre) Verhältnis zwischen Individuum und Organisation ins Zentrum (Guzzo & Noonan, 1994). Bei einem relationalen Vertrag können auf der Seite des Individuums Commitment, Loyalität und Vertrauen eine Rolle spielen, auf der Seite der Organisation kompetentes Management und Partizipationsmöglichkeiten (Maguire, 2002). Es kann angenommen werden, dass zwischen den beiden Kontraktarten (Rück)Koppelungseffekte bestehen.

Unabhängig von der konkreten definitorischen Fassung des psychologischen Kontrakts lässt sich festhalten, dass einst folgendes „idealtypisches" Austauschverhältnis Bestand hatte: Der Arbeitgeber bot sichere Arbeitsplätze, der Arbeitnehmer zeigte dafür Loyalität und erbrachte hohe Leistung (Herriot & Stickland, 1996). Diese Form des psychologischen Kontrakts scheint zumindest in weiten Kreisen der Wirtschaft überholt und wird als nicht mehr tragfähig erachtet, vor allem aus Sicht der Arbeitgeber. Dies ist auch in vorangegangenen Ausführungen wiederholt deutlich geworden. Arbeitsplatzsicherheit wollen Organisationen nicht mehr bieten (Burchell et al., 2002, Smithson & Lewis, 2000, Worrall et al., 2000), sie setzen an ihre Stelle das Konstrukt „Employability", die Arbeitsmarkt- oder Beschäftigungsfähigkeit (Raeder & Grote, 2001). So gehen Unternehmen dazu über, in die Arbeitsmarktfähigkeit ihrer Mitarbeiter zu investieren, indem sie diese fortlaufend qualifizieren (ebd.) oder lebenslanges Lernen fördern (Maguire, 2002). Manche Autoren beobachten jedoch auch reduzierte Personalentwicklungsmöglichkeiten (Atkinson, 2002, McGovern et al., 1998). Dann ist davon auszugehen, dass Organisationen die Entwicklung ihrer Mitarbeiter fordern, ohne selbst aktive Schritte zu unternehmen.

Nehmen Individuen organisationalen Wandel wahr, modifizieren sie ihren psychologischen Kontrakt. Sie beurteilen von neuem, was sie von der Organisation erwarten können und wie sie sich vor dem Hintergrund dieser erwarteten Belohnung engagieren wollen (Salancik & Pfeffer, 1978, Rousseau & Parks, 1993). Werden bisher bestehende Sicherheiten von Seiten der Organisation in Frage gestellt, kann dies bei den Individuen zu Misstrauen führen und Ohnmachtsgefühle auslösen (Maguire, 2002). Dies kann wiederum negative Auswirkungen auf Organisationen haben, wenn diese beispielsweise über Downsizing versuchen, im Wettbewerb zu bestehen, dann aber in dieser schwierigen Phase mit einer verunsicherten, demotivierten und misstrauischen Belegschaft arbeiten müssen (Maguire, 2002). Auf Dauer ist es den meisten Arbeitnehmern nicht möglich, mit Leistungsreduktion Widerstand zu demonstrieren, denn so laufen sie Gefahr, ihre Arbeit zu verlieren. Doch ist eine Modifikation dessen zu erwarten, womit sich Individuen mit der Organisation verbunden fühlen.

Empirische Studien zeigen, dass eines dieser Bindeglieder einst Loyalität war. In der modernen Arbeitswelt empfinden Individuen kaum mehr Loyalität gegenüber ihrem Arbeitgeber (Gallie et al., 1998, 2001, Smithson & Lewis, 2000, Worrall et al., 2000), sondern sie konzentrieren sich auf den Arbeitsinhalt, mit dem sie sich noch identifizieren können. Die Verantwortung für die eigene Beschäftigungsfähigkeit wird in der Regel auf das Individuum verlagert (Cavanaugh & Noe, 1999, Turnley & Feldman, 1998). In einem solchen organisationalen Umfeld bringen Individuen keine sehr gute, sondern lediglich zufriedenstellende Leistung (Maguire, 2002), sie verfolgen weniger organisationale Ziele, vielmehr konzentrieren sie sich auf das eigene Fortkommen (Hiltrop, 1995).

Bei dem Versuch einer definitorischen Schärfung des „neuen" psychologischen Kontrakts werden in der nachstehenden Tabelle 3-1 verschiedene Konzepte vereint (Raeder & Grote, 2001, Kissler, 1994 und McCarthy & Hall, 2000), modifiziert und mit eigenen Überlegungen ergänzt. Bei der Darstellung finden nur ausgewählte Aspekte Berücksichtigung. Die beschriebenen Merkmale traditioneller und neuer Kontraktformen stellen lediglich Pole dar, in der Praxis sind Misch- und abgeschwächte Formen wahrscheinlich.

Je nachdem, wie im jeweiligen organisationalen Kontext die erst einmal abstrakte Idee der Eigenverantwortlichkeit inhaltlich gefüllt wird, kann der Kontrakt darauf reduziert sein, dass Unternehmen ihren Mitarbeitern einen Arbeitsplatz ohne Sicherheit bieten und sie auch nicht unter Einbringung organisationaler Ressourcen in ihrer Arbeitsmarktfähigkeit fördern, sondern sich darauf zurückziehen, dies liege im Verantwortungsbereich des Individuums. Einige Studien belegen zum Beispiel, dass es Organisationen nicht als ihre Aufgabe erachten, für eine Förderung der beruflichen Entwicklung ihrer Mitarbeiter Sorge zu tragen (Maguire, 2002).

Wie weit diese Strategie betrieben wird, hängt von zahlreichen Faktoren ab, unter anderem davon, wie groß das Arbeitskräfteangebot ist und welche Unternehmenskultur vorherrscht. Als interessante Frage stellt sich hier die Überlegung, welche Effekte eine solche Situation auf Individuen haben kann und was diese bereit sind, dem Unternehmen zu „geben". Auf Fallstudien basierend halten Raeder und Grote (2001) fest, dass in der Praxis verschiedene psychologische Verträge zu finden sind, die sich zwischen den beiden von ihnen differenzierten alten und neuen Kontraktformen bewegen.

Tabelle 3-1:   *Merkmale des alten und neuen psychologischen Kontrakts*

	Traditionelle Kontrakt-form	Neue Kontraktform
Umwelt	**Stabil**	**Instabil**
Wettbewerb	national, multinational	global
Arbeitskräfte	lokal/regional	ortsungebunden
Organisation		
Bindung der Mitarbeiter	langfristige Arbeitsplatz-sicherheit	momentane Arbeitsmöglichkeit
Wertschätzung des Mitarbeiters	Mitglied der „Familie"	Wertschöpfungseinheit
Weiterentwicklung	Beförderung	leistungsbezogene Entwicklung
Beschäftigungsdauer	lebenslang	so lange, bis es einen besseren Mitarbeiter gibt
Einstellung zur Fluktuation	möglichst vermeiden	möglichst fördern
Individuum		
Bindung an das Unternehmen	Loyalität, Identifikation, Unterordnung	Vorteilsbeschaffung
Identifikation	über Organisation	über Beruf, Interessen
Weiterentwicklung	interner Aufstieg	Wechsel der Organisation
Qualifikationsausrichtung	Spezialisierung	Flexibilität: lebenslanges Lernen
Beschäftigungsperspektive	Organisation trägt Sorge	Individuum ist alleine für Beschäftigungsfähigkeit verantwortlich
Kernkompetenzen	arbeitsspezifische(s) Wissen und Fähigkeiten	Metakompetenzen: z.B. Anpassungsfähigkeit

Sparrow und Hiltrop (1997) gehen davon aus, dass psychologische Kontrakte Individuen dazu dienen, die Form der antizipierten Belohnung abzuschätzen. Wahrgenommene „Vorhersagbarkeit" lässt Folgen von Engagement berechenbarer erscheinen. Erlebte Vorhersagbarkeit ist wiederum wichtig für Motivation (Vroom, 1964), bildet Vertrauen (Morrison, 1994) und vermag Stress entgegenzuwirken (Sutton & Kahn, 1986). Ein Problem der scheinbaren Vorhersagbarkeit wird offensichtlich: Es wird eine Kausalität zwischen Vergangenheit und Zukunft hergestellt, Erfahrungen werden fortgeschrieben. Entsprechend schwierig wird es für Individuen, wenn sich Organisationen wandeln und Kausalitäten sichtbar zusammenbrechen. Bei einem Individuum ruft dies nicht selten Widerstand gegen Veränderung hervor (Morrison, 1994). Rousseau und Greller (1994) beschreiben als Folge der Risikoverlagerung von der Organisation auf die Individuen vor allem Ärgerreaktionen der Arbeitnehmer, in deren Kontext die Leistungsbereitschaft, Loyalität und das Commitment zurückgehen.

Für Organisationen wird es zu einer zentralen Herausforderung, neue Kontraktformen zu finden, die Arbeitnehmern ausreichend Anreize bieten, sich im Sinne der Organisation einzubringen. An die Stelle von Arbeitsplatzsicherheit müssen andere Bindungsfaktoren treten. Auf Dauer können Organisationen negative Folgen von Kontraktformen, die zu sehr individualisiert und losgelöst von organisationalen Interessen geartet sind, nicht tragen.

3.1.2 Commitment

Commitment kam bei den vorangegangen Ausführungen immer wieder kurz zur Sprache, nun soll dieses Konstrukt etwas genauer unter die Lupe genommen werden.

Commitment kann mit Porter und Mitarbeitern (1974, S. 604, Übersetzung durch die Autorin) wie folgt definiert werden: „Die Stärke, mit der sich ein Individuum mit einer Organisation identifiziert und sich an die Organisation bindet. Solches Commitment kann allgemein durch mindestens drei Aspekte charakterisiert werden: (a) einen starken Glauben an und Akzeptanz von organisationale(n) Ziele(n) und Werte(n); (b) den Willen, sich sehr für die Organisation einzusetzen; (c) einen ausdrücklichen Wunsch, die organisationale Zugehörigkeit fortzuführen." Damit ist zuerst das „organisational commitment" beschrieben worden. In späteren Publikationen ist eine zweite Akzentsetzung hinzugekommen, das „occupational commitment". Letzteres wird definiert als „psychologisches Bindeglied zwischen einem Individuum und seinem Beruf, das auf affektiver Reaktion auf den Beruf basiert" (Lee et al., 2000, S. 800, Übersetzung durch die Autorin).

Gerade vor dem Hintergrund einer Stärkung des neuen psychologischen Vertrags ist diese modifizierte Betrachtung des Commitments nachvollziehbar. Vor allem organisationale Veränderungsprozesse und erlebte Unsicherheit haben dazu beigetragen, dass aus dem „organisational commitment" ein „occupational commitment" wurde (Handy, 1994, Johnson, 1996, Meyer & Allen, 1997).

Unabhängig davon, welche Form von Commitment betrachtet wird, ist es ein komplexes Phänomen (Meyer & Allen, 1997), in dem mehrere Dimensionen vereinigt sein können. O'Reilly und Mitarbeiter (1991) spalten Commitment in drei Facetten auf: Fügsamkeit („compliance"), Identifikation („identification") und Zielübernahme („internalisation"). Commitment ist vor allem daran abzulesen, inwieweit Individuen bei ihrer Handlungsplanung und -ausführung organisationale Interessen einbeziehen (Andolsek & Stebe, 2004). Grundsätzlich kann in Anlehnung an Meyer und Allen (1997) sowie Cook und Wall (1980) Commitment drei Dimensionen umfassen:

- *„affective commitment"* (im Folgenden: „affektives Commitment", emotionale Bindung, Identifikation, Inklusion und Stolz, Mitglied der Organisation zu sein),

- *„normative commitment"* (im Folgenden: „normatives Commitment", wertebezogenes Verantwortungsempfinden gegenüber der Organisation) und

- *„continuance commitment"* (im Folgenden: „beständigkeitsbezogenes Commitment", Berücksichtigung der Kosten, die mit dem Verlassen der Organisation verbunden wären).

In Analogie zur dreidimensionalen Aufspaltung des organisationalen Commitments kann beim berufsbezogenen Commitment die affektive Komponente als der emotionale Bezug zum Beruf verstanden werden, die normative Komponente verpflichtet dazu, in dem gewählten Beruf zu verbleiben, und der Kontinuitätsaspekt fragt nach den Kosten, die mit der Aufgabe des Berufs verbunden wären (Meyer et al., 1993).

Manche Autoren plädieren für eine Erweiterung um eine vierte Dimension, in der aus dem dritten Aspekt zwei Faktoren resultieren: Kosten und Alternativen (Culpepper, 2000, Dunham, Grube & Castaneda, 1994). Blau (2003), der ebenfalls mit einem vierdimensionalen Konstrukt arbeitet, stellt fest, dass ein positiver Zusammenhang zwischen der Höhe der wahrgenommenen Kosten, die mit einem Berufswechsel verbunden wären, und der normativen Dimension besteht.

Weiterhin wird auch zwischen „attitudional" und „behavioral commitment" unterschieden, wobei bei der ersten Form die Wertekongruenz zwischen Individuum und Organisation angesprochen ist und die zweite Form den Integrationsprozess des Individuums in den Mittelpunkt rückt (Meyer & Allen, 1997). Commitment ist sowohl für die Leistung des Individuums von Bedeutung als auch für den Erfolg der Organisation (Brooks, 2002).

Um Commitment zu erheben, kann beispielsweise auf den Organisational Commitment Questionnaire (OCQ) von Porter und Mitarbeitern (1974) zurückgegriffen werden. Allerdings haben manche Autoren an diesem Instrument die Vermischung mit organisationalen Effekten (wie Fluktuation und Leistungserbringung) kritisiert (Cohen, 1996).

Bei der Frage, welche Faktoren das Commitment von Mitarbeitern beeinflussen, werden auf der einen Seite oft Persönlichkeitsmerkmale (Alter, Geschlecht, ethnischer Hintergrund etc.), auf der anderen Seite Umweltmerkmale (z.B. Organisationsgröße, Organisationsstrukturen und Organisationsklima) untersucht. Persönlichkeitsmerkmale scheinen von untergeordneter Rolle zu sein, sie sind meist nur von schwachem Einfluss (z.B. DeCotiis & Summers, 1987, Mathieu & Zajac, 1990). Einige Studien gelangen zu dem Ergebnis, dass die organisationale Umwelt vor allem auf das beständigkeitsbezogene Commitment wirkt. Wird Unsicherheit erlebt, hat dies negative Folgen für das affektive Commitment (Ashford et al., 1989). Hinsichtlich der Organisationsstrategie der Dezentralisierung haben Mathieu und Zajac (1990) in ihrer metaanalytischen Betrachtung keinen klaren Zusammenhang mit Commitment feststellen können. In kleineren Organisationen ist das Commitment in der Tendenz größer als bei großen Organisationen (Varona, 1996, Kalleberg & Mastekaasa, 1998).

Brooks (2002) untersucht den Zusammenhang zwischen Commitment und wissensbasierten Organisationsstrukturen, wobei der Autor die herausragende Relevanz des Commitments in diesen Organisationen herausstreicht; Hislop (2003) geht auf die Relevanz von Commitment für Wissensmanagement ein.

In empirischen Studien werden ferner eine Reihe weiterer Variablen der Arbeitsbedingungen einbezogen, zum Beispiel Eröffnung von Autonomiespielräumen (DeCottis & Summers, 1987, Mottaz, 1988), Partizipation (Zaffane, 1994) oder persönliche Entwicklung (Karrieremöglichkeiten, Sicherheit, Gallie, 2003, Randall, 1987, Romzek, 1989). Der aus einem sozialen Vergleich abgeleitete Schluss, gerecht behandelt zu werden, kann Prädiktor für Commitment sein (Meyer & Allen, 1997).

Allgemein scheinen arbeitsbezogene Werthaltungen für das Commitment ausschlaggebend zu sein, wobei intrinsische Werte von größerer Relevanz sind als extrinsische (Putti et al., 1989). In einer international vergleichenden Untersuchung gelangen Andolsek und Stebe (2004) zu dem Ergebnis, dass Commitment in allen eingeschlossenen Ländern (Japan, Ost- und Westdeutschland, Slowenien, Großbritannien, Ungarn, USA) von diesen Variablen beeinflusst wird: Qualität der Arbeit, Zufriedenheit mit der Organisation und intrinsische Arbeitsorientierung. In Ländern mit ausgeprägtem Individualismus sind die Qualität der Arbeit und hohes Einkommen deutlich wichtiger als in kollektivistischen Ländern, in denen postmaterialistische Werte herausstechen. Unsicherheit erklärt (schwaches) beständigkeitsbezogenes Commitment in fast allen Ländern, außer in den USA und in Slowenien. Ökonomische Rahmenbedingungen wirken sich auf das beständigkeitsbezogene Commitment in den meisten Ländern ähnlich aus – anders verhält es sich mit dem affektiven Commitment, bei dem kulturelle Besonderheiten eher ins Gewicht fallen.

Ein weiterer Schwerpunkt der Forschung zu Commitment liegt auf der Frage nach seinem Bezug zur Arbeitszufriedenheit (Spector, 1997, Meyer & Allen, 1997, Jernigan et al., 2002). Zudem wird erhoben, ob es einen Zusammenhang zwischen Commitment und dem Wunsch, eine Organisation zu verlassen, gibt, wobei – angesichts der definitorischen Fassung des Konzepts (man bedenke die Einbeziehung des beständigkeitsbezogenen Commitments) – wenig überraschend eine negative Beziehung zwischen beiden Variablen festgestellt wird (Mathieu & Zajac, 1990, Meyer & Allen, 1991, Chen & Francesco, 2000, Iverson & Buttigieg, 1999). Absentismus ist bei Mitarbeitern mit niedrigem (hohem) affektiven Commitment besonders groß (niedrig) (Meyer & Allen, 1997, Mathieu & Zajac, 1990, Gellaty, 1995). Hinsichtlich des beständigkeitsbezogenen und normativen Commitments liegen keine (aussagekräftigen) Ergebnisse vor (Hislop, 2003).

Allgemein lässt sich konstatieren, dass hohes Commitment Stress reduzieren und das Wohlbefinden eines Individuums verbessern kann (Meyer & Allen, 1997). Für Organisationen kann sich hohes Commitment unter den – loyalen und leistungsbereiten –

Mitarbeitern über niedrige Fluktuation, geringen Absentismus und verbesserte Produktivität auszahlen (Mathieu & Zajac, 1990, Meyer & Allen, 1997, Mowday, 1998, Randall, 1987, Shepard & Mathews, 2000, Gallie et al., 2001, Guest & Conway, 1999, Storey & Quintas, 2001 – der Schwerpunkt der Betrachtung liegt hier auf organisationalem Commitment).

3.1.3   Arbeitszufriedenheit

Die Diskussion um das Konstrukt der Arbeitszufriedenheit hat eine lange Tradition und kann bei weitem weder als abgeschlossen bezeichnet noch in diesem Buch erschöpfend dargelegt werden. Lediglich einige zentrale Aspekte werden im Weiteren angesprochen.

Erwähnenswert ist das Arbeitszufriedenheitsverständnis von Locke (1976, S. 1304), denn es hebt eine Verschränkung von Kognition und Emotion hervor: „[Job satisfaction] is a pleasurable or positive emotional state resulting from the appraisal of one's job or job experience". Eine günstige Bewertung der Arbeit löst positive Emotionen aus, Arbeitszufriedenheit kann sich entfalten.

Nach Wiendieck (1994) lässt sich Arbeitszufriedenheit unter einer *relationalen* Betrachtungsweise als Ergebnis eines kognitiven Prozesses erklären, dem ein Soll-Ist-Abgleich vorangegangen ist. Die *konditionale* Perspektive befasst sich vor allem mit Umständen, in deren Kontext (Un)Zufriedenheit erlebt wird (Wiendieck, 1994). Stellt man vor allem auf Werte und Normen ab, die beim Erleben von Arbeitszufriedenheit eine Rolle spielen, steht das Konzept der Arbeitszufriedenheit unter einer *normativen* Betrachtungsweise. Der Ansatz mit der vermutlich größten Empirienähe ist der *dynamische*. Rahmenbedingungen werden nicht als objektives Faktum wirksam, sondern sie werden erlebt, interpretiert und durch individuelles Handeln beeinflusst. Ein Modell, das sich diese Betrachtungsweise zunutze macht, stammt von Bruggemann und Mitarbeitern (1975).

Diese Ausführungen lassen vermuten, dass die konzeptionelle Fassung von Arbeitszufriedenheit häufig mit bestimmten Motivationstheorien verknüpft wird bzw. werden kann, wie dies beispielsweise bei der relationalen Betrachtungsweise im Lichte der Zwei-Faktoren-Theorie von Herzberg und Mitarbeitern (1967) deutlich wird.

Schon das Motivationsmodell von Porter und Lawler (1968), welches der VIE-Theorie von Vroom (1964) nahe steht, beinhaltet in seiner Konzeption Arbeitszufriedenheit. In etwas modifizierter Form stellt das nachstehende Modell von Lawler (1983) Arbeitszufriedenheit wie folgt dar (vgl. Abbildung 3-3).

Abbildung 3-3: *Modell der Arbeitszufriedenheit nach Lawler*

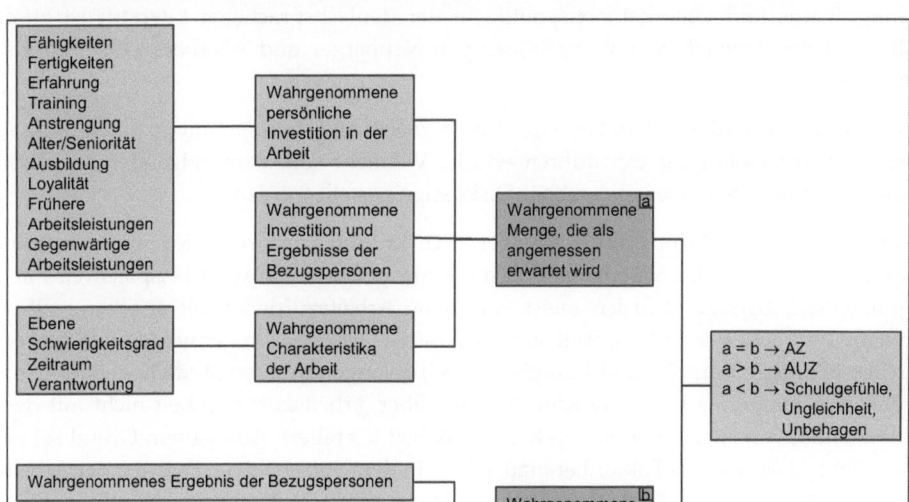

Quelle: Lawler, 1983, S. 80, Übersetzung durch die Autorin, AZ: Arbeitszufriedenheit, AUZ: Arbeitsunzufriedenheit.

Das Modell legt dar, wie wichtig subjektive Wahrnehmungsprozesse bei der Herausbildung von Zufriedenheit bzw. Unzufriedenheit sind.

Arbeitszufriedenheit umfasst damit vielerlei Aspekte, welche unter anderem intrinsische und extrinsische Elemente einschließen (Howard & Frick, 1996). Von manchen Autoren wird Arbeitszufriedenheit als eindimensionales Konstrukt beschrieben, andere spalten es in mehrere Facetten auf. Arbeitszufriedenheit ist dann ein komplexes Gebilde aus Zufriedenheit mit dem Vorgesetzten, mit der Bezahlung, Arbeitszeit etc. (Neuberger & Allerbeck, 1978). Arbeitszufriedenheit kann sowohl abhängige als auch unabhängige Variable sein (v. Rosenstiel, 2003a). Hohe Arbeitszufriedenheit senkt Fehlzeiten, Fluktuation, Unfallhäufigkeit und steigert die Leistung (bei Letzterem sei jedoch einschränkend auf die niedrige Korrelation hinzuweisen). Arbeitszufriedenheit kann insgesamt als Maßstab humaner Arbeit verstanden werden (v. Rosenstiel, 2003a).

Es gibt eine ganze Reihe an *Erhebungsinstrumenten* für Arbeitszufriedenheit. Auf Arbeitseinstellung konzentriert ist der Job Descriptive Index (JDI, Smith, Kendall & Hulin, 1969), der aber auch Bezahlung, Förderung, Beziehung zu Kollegen und die Arbeitsinhalte einbezieht. Der Minnesota Satisfaction Questionnaire (MSQ, Weiss et al., 1967), den es in einer Kurz- und Langform gibt, umfasst unter anderem ethische Werte, Verantwortung, Supervision, Arbeitsbedingungen, Arbeitssicherheit, Bezahlung, Status und Unternehmenspolitik. In der deutschsprachigen Literatur ist zum Beispiel der Arbeitsbeschreibungsbogen von Neuberger und Allerbeck (1978) zu erwähnen.

Zur Arbeitszufriedenheit gibt es eine Flut an *empirischen Untersuchungen,* deren umfassende Beschreibung zu weit führen würde. Vielmehr sollen im Folgenden lediglich ausgewählte Ergebnisse vor- und zur Diskussion gestellt werden.

Teilweise eher deskriptiv, teilweise aber auch kritisch wird verschiedentlich auf die Stabilität von Arbeitszufriedenheit aufmerksam gemacht. So wird beispielsweise argumentiert, Befragte würden meist eine hohe Arbeitszufriedenheit angeben, selbst wenn dies nicht der Fall sei, weil sie so kognitive Dissonanzen vermeiden und besser leben könnten. Scarpello und Campbell (1983) gelangen in ihren Studien weiterhin zu dem Ergebnis, dass die allgemeine Aussage über Arbeitszufriedenheit nicht mit der Bewertung von spezifizierten Facetten der Arbeit korreliert. Aus diesem Grund sei es empfehlenswert, einen Faktor heranzuziehen, in dem verschiedene Facetten der Arbeit zusammengenommen sind (ebd., Judge & Hulin, 1993). Witt und Nye (1992) merken an, dass man von der Kenntnis eines allgemeinen Arbeitszufriedenheitswertes eher auf die Person als auf kontextbezogene Arbeitszufriedenheit Rückschlüsse ziehen könne.

Weniger auf die Reduktion kognitiver Dissonanzen, sondern dafür auf Disposition abzielende Untersuchungen gelangen zu einem ähnlichen Befund: Staw und Ross (1985) resümieren, dass die Arbeitszufriedenheit einer Person als relativ stabil angesehen werden kann, ihre Höhe verändere sich selbst bei einem Arbeits- oder Organisationswechsel kaum. Staw, Bell und Clausen (1986) stellen einen Bezug zwischen kindlichem Temperament und späterer, stabiler Arbeitszufriedenheit her. Die Bedeutung dispositioneller Faktoren wird in darauf folgenden Studien nicht nur bestätigt (House, Shane & Herold, 1996), sondern auch in Frage gestellt (Davis-Blake & Pfeffer, 1989). Erez (1994) erachtet vor allem den unzureichend geklärten Zusammenhang zwischen Disposition und Arbeitszufriedenheit als Hauptproblem. Weiss und Cropanzano (1996) sehen den Wirkungsbezug darin, dass Menschen Arbeitsereignisse entsprechend ihrer Disposition wahrnehmen, verarbeiten und sich dies auf ihre geäußerte Arbeitszufriedenheit auswirkt.

Nach Judge und Bono (2001) sowie Judge, Heller und Mount (2002) ist die Selbsteinschätzung einer Person bei der Entstehung von Arbeitszufriedenheit von Relevanz. Aber auch andere Persönlichkeitsmerkmale können Arbeitszufriedenheit erklären, wie Extraversion und Gewissenhaftigkeit. Doch nicht nur Persönlichkeitsmerkmale sind bezüglich Arbeitszufriedenheit zu bedenken, sondern auch Arbeitsinhalte (Judge & Church, 2000). Hierbei sind vor allem Herausforderung, Autonomie, Abwechslung und gewährter Spielraum von herausragender Bedeutung (Saari & Judge, 2004). Dieser Argumentation folgend wird Arbeitszufriedenheit oft als Indikator für Qualität der

Arbeit angesehen (Büssing, 1995). Zahlreiche Autoren filtern Partizipation als zentrale Variable mit positivem Einfluss auf Arbeitszufriedenheit heraus (Büssing et al., 1999, Kim, 2002, Wagner & LePine, 1999, Daniels & Bailey, 1999).

Unter einer etwas anderen Perspektive betonen Eylon und Bamberger (2000) die zufriedenheitssteigernden Effekte von Empowerment. Egan, Yang und Bartlett (2004) entwickeln ein empirisch fundiertes Modell, nach dem Arbeitszufriedenheit vor allem von dem Organisationsklima abhängt.

Es gibt ein paar Untersuchungen, die in Verbindung mit Qualität von Arbeit nach Arbeitszufriedenheit fragen. So stellt die Europäische Kommission (Merllié & Paoli, 2001) für den europäischen Raum fest, dass 84% der Arbeitnehmer mit ihren Arbeitsbedingungen zufrieden und 16% unzufrieden sind. (Im Vergleich dazu sind 70% der Erwerbslosen mit ihrer Situation unzufrieden, vgl. ebd.). Zeitarbeiter sind am wenigsten zufrieden, und auch Personen in befristeten Arbeitsverhältnissen haben eine niedrigere Zufriedenheit.

Meist Bezug nehmend auf Hofstedes vergleichende Untersuchungen (1980, 1985) werden auch kulturelle Einflüsse auf das Erleben von Arbeitszufriedenheit ausgemacht. In neueren Untersuchungen wird vor allem der Zusammenhang zwischen Kultur und Arbeitseinstellung belegt (Saari & Judge, 2004). Andere Studien betonen die kulturell variierenden sozialen Repräsentationen des Arbeitnehmers, inwiefern beispielsweise ein humanistisches oder instrumentelles Bild dominiert (Jackson, 2002).

Einige Untersuchungen geben auch die enge Konzentration auf die Arbeit auf und erweitern ihre Betrachtung auf die allgemeine Lebenszufriedenheit. Saari und Judge (2004) differenzieren hierbei drei mögliche Modelle:

1. *„Spillover Model"*: Arbeitszufriedenheit beeinflusst Lebenszufriedenheit und umgekehrt,
2. *„Segmentation Model"*: Beide Lebensbereiche (Arbeit und Nicht-Arbeit) beeinflussen einander kaum,
3. *„Compensation Model"*: Herrscht in einem der beiden Lebensbereiche Unzufriedenheit, sucht eine Person nach Kompensation in dem jeweils anderen Bereich.

Nach einer US-amerikanischen Studie von Judge und Watanabe (1994) ließen sich US-amerikanische Arbeitnehmer zu 68% der ersten Gruppe, zu 20% der zweiten und zu 12% der dritten Gruppe zuordnen.

Die Erweiterung des Blickfelds auf die allgemeine Lebenszufriedenheit kann das Wohlbefinden eines Menschen sicherlich angemessener beschreiben, wenngleich sie vor die Herausforderung der methodischen Umsetzung gestellt wird.

Arbeitszufriedenheit wird des Weiteren auch im Kontext von Arbeits*motivation* diskutiert. Während sich Letztere mit Verhaltensdispositionen im Hinblick auf Art und Auswahl des Verhaltens sowie mit deren Stärke und Intensität beschäftigt, betrachtet Arbeits*zufriedenheit* die möglichen Empfindungen gegenüber der Arbeit sowie die möglichen Konsequenzen. Sieht man sich das Verhältnis von Arbeitszufriedenheit und Arbeitsleistung näher an, lässt sich Folgendes zusammenfassend sagen (Weinert, 1987):

- Es gibt keine direkte und einfache Beziehung zwischen Arbeitszufriedenheit und Arbeitsleistung.

- Es gibt keinen Kausalzusammenhang zwischen Arbeitszufriedenheit und Arbeitsleistung. Hohe Arbeitszufriedenheit und hohe Arbeitsleistung treten nur dann zusammen auf, wenn in der hohen Arbeitsleistung ein Weg gesehen wird, bestimmte dem Individuum wichtige Ziele zu erreichen.

- Es gibt große interindividuelle Unterschiede in der Arbeitsmotivation und in der subjektiven Wahrnehmung der Arbeitssituation.

In einer Studie von Iaffaldano und Muchinsky (1985) wird die Korrelation von Arbeitszufriedenheit und Arbeitsleitung mit 0,17 beziffert, in späteren Untersuchungen wurden teilweise höhere Korrelationskoeffizienten festgestellt, wie zum Beispiel die Metaanalyse von Judge und Mitarbeitern (2001) deutlich macht (nach diesen Autoren liege der Korrelationskoeffizient bei 0,30). Vor allem bei komplexen Arbeitsgebieten sei der Zusammenhang zwischen beiden Variablen größer als bei einfachen Tätigkeiten. Auch von Rosenstiel (2003a) verweist auf einen nur schwach positiven Zusammenhang zwischen Arbeitszufriedenheit und -leistung ($r = 0,15$).

Zuletzt wird ein Mangel an Arbeitszufriedenheit häufig mit Absentismus und Fluktuation zusammengebracht. Unzufriedene Mitarbeiter neigen eher dazu, nicht zur Arbeit zu kommen und sich nach einer neuen Arbeit umzusehen (Hackett & Guion, 1985, Hulin, Roznowski & Hachiya, 1985, Kohler & Mathieu, 1993, Sczesny & Thau, 2004). Der Wunsch, die Organisation zu verlassen, wächst mit der Unzufriedenheit (Spector, 1997). Saari und Judge (2004) nehmen eine Korrelation von -0,25 zwischen Arbeitszufriedenheit und Arbeitsplatzwechsel/Fehlzeiten an. Auch andere Formen von „Protestverhalten" könnten bei Unzufriedenheit beobachtet werden, wie beispielsweise Unpünktlichkeit, Drogenabusus und Wunsch nach vorzeitiger Pensionierung. Andere Untersuchungen stellen jedoch den eindeutigen Zusammenhang zwischen Unzufriedenheit und Arbeitsplatzwechsel in Frage (Lee et al., 1999). Relevanter als Unzufriedenheit seien Aussicht auf einen interessanten Arbeitsinhalt und Entwicklungs- bzw. Aufstiegsmöglichkeiten (Egan, Yang & Bartlett, 2004).

Zuletzt sei noch der Zusammenhang zwischen Arbeitszufriedenheit und Gesundheit zu erwähnen, der ebenfalls Gegenstand zahlreicher Studien ist. Beispielsweise haben Kaluza und Mitarbeiter (2002) in ihrer Befragung von 1.420 Beschäftigten des Universitätsklinikums Marburg einen hoch signifikanten Zusammenhang zwischen Arbeitszufriedenheit und Rückenschmerzen berechnet. Je höher die Arbeitszufriedenheit, desto weniger Rückenschmerzen geben die Befragten an.

3.1.4 Stress

Verschiedene Studien machen deutlich, dass die allgemeinen Gesundheitsrisiken am Arbeitsplatz über die letzten Jahre hinweg abgenommen haben. Allerdings sind neue Risiken – insbesondere die Belastung durch den Wandel von Arbeit – aufgekommen (Merllié & Paoli, 2001). Diese neuen Risiken äußern sich verstärkt in Form psychischer Belastungen, die Phänomene wie Stress und Burnout einschließen können.

In diesem Kapitel werden ausgewählte Überlegungen zum Konstrukt Stress angestellt. Voranzustellen ist die Aufspaltung des Konstrukts in zwei Elemente: „Eustress", die „positive" (im Sinne von motivierende) Ausprägungsform, und „Disstress", die negative Variante (Selye, 1974). Stress wird durch Stressoren ausgelöst. Je nach Ursprung kann man innere und äußere Stressoren differenzieren (Wagner-Link, 1989). Zu den inneren Stressoren zählen körperliche (z.B. Zahnschmerzen), emotionale (z.B. Angst vor einem Kritikgespräch) und kognitive Stressoren (z.B. wiederkehrende negative Gedanken). Äußere Stressoren umfassen physikalische (z.B. Hitze) und bio-(chemische) Faktoren (z.B. Bodenozon). Auch kritische Lebensereignisse, wie zum Beispiel Eintritt in das Berufsleben oder Arbeitsplatzverlust, sind zu erwähnen, deren Bedeutung für das Stresserleben vor allem durch die Studien von Holmes und Rahe (1967) herausgestrichen wurden.

Selbstverständlich ist eine trennscharfe Unterscheidung von und Zuordnung zu inneren und äußeren Quellen nicht immer möglich. Außerdem gilt es zu berücksichtigen, dass es auch komplexe Situationen gibt, in denen mehrere Stressorengruppen zusammenkommen. Stressoren können nicht immer wahrgenommen werden, doch können sie auch dann Wirkung entfalten, wenn sie unterhalb der Bewusstseinsschwelle liegen. Ein Beispiel wäre die Wirkung von Lärm auf das Herz-Kreislauf-System eines Menschen. Gerade wenn ein Stressor nicht (mehr) wahrgenommen wird und eine Person keine bewussten Vorsorge- oder Bewältigungsstrategien einsetzt, können die Folgen besonders schwerwiegend sein.

Franz (1986, S. 25) plädiert für eine möglichst ganzheitliche Betrachtung aller Stressoren und bringt diese in einem Modell zusammen (vgl. Abbildung 3-4). In diesem Konzept finden also Stressoren inner- wie auch außerhalb der Arbeit Berücksichtigung. Diese werden noch einmal bezüglich ihrer Dauer konkretisiert. Außerdem sind intervenierende Variablen in dem Modell einbezogen.

Abbildung 3-4: *Stressoren und psychophysisches Wohlbefinden*

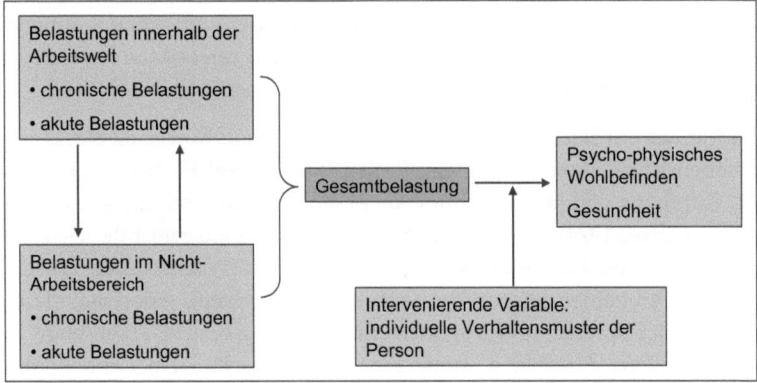

Quelle: Franz, 1986, S. 25.

Die Darstellung von Sutherland und Cooper (1988) nimmt einen noch stärker organisationalen Blickwinkel ein, wobei auch hier organisationsinterne, wie -externe Stressoren und intervenierende Variablen in ihr Modell integriert werden (vgl. Abbildung 3-5).

Sutherland und Cooper (1988) fassen unter die intrinsischen Faktoren (abweichend von der Aufgliederung in intrinsische und extrinsische Faktoren nach Herzberg und Mitarbeitern (1967)) zahlreiche bio-physikalische Stressoren, wie Lärm, Vibration, Temperatur, Belüftung, Luftfeuchtigkeit, Beleuchtung und Hygiene. Bei der Rolle des Individuums in der Organisation thematisieren die Autoren Rollenkonflikte und Rollenambiguität sowie Verantwortung. Bei der Karriereentwicklung ist in erster Linie die wahrgenommene Sicherheit des Arbeitsplatzes von Relevanz. Mit Blick auf Beziehungen und interpersonale Anforderungen erwähnen sie vor allem die Probleme, die aus Rivalität und Misstrauen resultieren können. Darüber hinaus können Statusunvereinbarkeit, soziale Dichte, ignorante Persönlichkeiten, Führungsstil des Vorgesetzten und Gruppendruck Stress auslösen. Die Struktur und das Klima in der Organisation sind der letzte von den Autoren aufgezählte Punkt, der organisationalen Anforderungen zugerechnet werden kann. Das Klima wird geprägt durch informelle Regeln und Partizipationsmöglichkeiten.

Der zweite von den Autoren differenzierte Bereich untersucht Anforderungen, die auf das Individuum eindringen, aber ihre Ursachen außerhalb der Organisation haben (ebd.). Dies können persönliche, soziale oder finanzielle Probleme sein, die der Mitarbeiter u.U. auch mit in seine Arbeit trägt.

Abbildung 3-5:   *Arbeitsbezogener Stress (nach Sutherland & Cooper)*

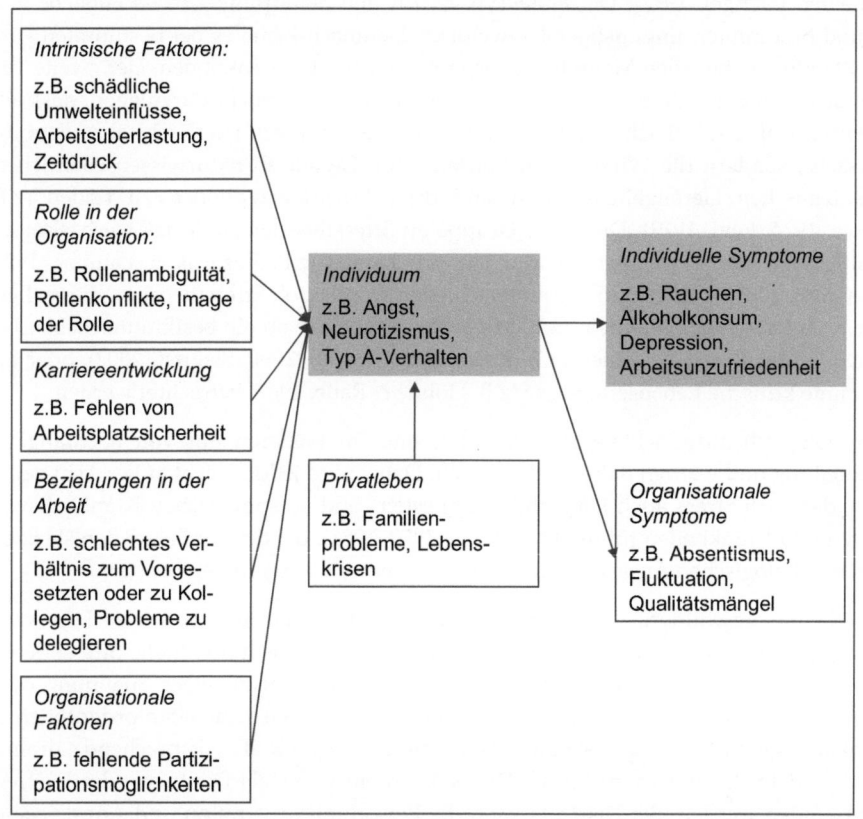

Quelle: In Anlehnung an Sutherland & Cooper, 1988, S. 5.

Zu den Merkmalen des Individuums zählen zum Beispiel Extrovertiertheit oder Selbstvertrauen (Sutherland & Cooper, 1988). Außerdem ist die Kontrollüberzeugung zu erwähnen. Schließlich spielt auch noch der physiologische Zustand des Menschen eine Rolle.

Auf die Stressoren kann ein Individuum z.B. mit Arbeitsunzufriedenheit, Substanzenmissbrauch oder Depressionen reagieren. Unter einer organisationalen Perspektive können Absentismus und Fluktuation in der Belegschaft sowie Qualitätsmängel Hinweise auf nicht bewältigten Stress geben.

Die Darstellung von Sutherland und Cooper (1988) gibt einen guten Überblick über möglicherweise relevante Aspekte des Stresserlebens.

Zur Analyse der Stressentstehung, teilweise auch der Stressfolgen, gibt es zahlreiche *theoretische Konzepte*. Grundsätzlich lassen sich drei Typen von Stresstheorien unterscheiden (Stengel, 1997): Der erste Typ vertritt den Standpunkt, Stress entstehe aufgrund bestimmter, ungünstiger Umwelt*reize*. Demnach käme es bei bestimmten Umwelteinflüssen bei allen Menschen gleichermaßen zu Stressreaktionen. Der zweite Typ betrachtet insbesondere *Reaktionen* von Menschen und versucht darzulegen, dass alle Menschen in etwa gleich reagieren, wenn sie Stress erleben. Hier steht also nicht die Ursache, sondern die Wirkung im Vordergrund. Gerade in naturwissenschaftlichen, medizinischen Herangehensweisen sind diese Stresskonzeptionen zu finden (z.B. Selye, 1974, Levi, 1972). Die dritte Gruppe an Stresstheorien stellt das wechselseitige Einflussverhältnis von Mensch und Umwelt heraus (z.B. Lazarus & Launier, 1978, McGrath, 1981). Weiterhin kann unterschieden werden, ob Stresstheorien Stress allgemein und abstrakt behandeln (z.B. McGrath, 1981), oder ob ein bestimmter Lebensbereich, in der Regel die Arbeit (z.B. Karasek & Theorell, 1990, Siegrist, 2002), oder bestimmte kritische Lebensereignisse (z.B. Holme & Rahe, 1967) betrachtet werden.

Physiologisch ausgerichtete Stresstheorien sind im Weiteren nur von nachrangiger Bedeutung und werden daher nicht vertieft. Dabei wird jedoch nicht außer Acht gelassen, dass sich Stress auch körperlich manifestiert und zu somatischen Krankheitsvorboten und Krankheiten führen kann (Levi, 1972, 1981). Bei den im Folgenden skizzierten psychologischen Ansätzen wird dies auch immer wieder mit einbezogen.

Wie bereits geschildert, werden Stressoren subjektiv erlebt und bewertet. Dies kann intra- und interpersonal sehr unterschiedlich ausfallen. Das individuelle Stresserleben lässt sich wie folgt erklären (Linneweh, 1984): Es kommt zu einer Spannung oder Druck, wenn die persönlichen Erwartungen nicht mit den Umweltanforderungen in Einklang gebracht werden können. Wird die Diskrepanz als entsprechend „dramatisch" erlebt, kommt es zu Stress. Dieser kann entweder als Disstress oder Eustress empfunden werden. Bei Disstress kann die Person mit Frustration und Angst reagieren, worauf oft Reaktionen wie Flucht- und Abwehrverhalten oder Aggressionen folgen. Aus Eustress können Motivation oder gesteigerte Kreativität resultieren.

Die Reaktionsbreite variiert zwischen den Menschen (horizontale Variabilität), das heißt die eine Person reagiert auf hohe Arbeitsbelastung mit Aggression, die andere mit Angst. Die Reaktionsart variiert aber auch bei einem Menschen über die Zeit hinweg (vertikale Variabilität). Im einen Moment empfindet die Person Angst, in einer ähnlichen Situation hingegen Freude oder Ansporn.

Ein für psychologische Analysen sehr brauchbares Konzept stammt von Lazarus und Launier (1978). Stress wird nicht ausschließlich durch Reaktionsmechanismen des Organismus oder durch Anforderungen bedingt, sondern durch eine wechselseitige Beziehung zwischen Reiz und Reaktion; dies erklärt auch die Bezeichnung dieses Stressansatzes als ein *transaktionales Modell*. Diese Theorie stellt kognitive Prozesse in den Mittelpunkt, welche vor allem auf Bewertungsvorgängen beruhen. In der primären Bewertung urteilt eine Person über einen Umweltreiz, den sie wahrnimmt. Das

Ereignis kann entweder als unwichtig, positiv oder negativ eingestuft werden. Bei negativen oder belastenden Ereignissen differenziert Lazarus zwischen drei Belastungstypen: Schädigung/Verlust („harm-loss"), Bedrohung („threat") und Herausforderung („challenge"). In dieser Bewertungsphase versucht eine Person also, eine Bewertung der Umweltsituation und der Anforderungen vorzunehmen. In der sekundären Bewertung schätzt sie ihre Bewältigungsfähigkeiten und -möglichkeiten ein, die ihr als „Antwort" auf die Umweltanforderungen zur Verfügung stehen. Wird die Bewältigungskapazität als ausreichend erachtet, um mit dem fordernden, bedrohlichen oder schädlichen Ereignis fertig zu werden, entsteht kein Stress. Im anderen Fall entwickelt sich Stress, wenn Bewältigungsressourcen fehlen, nicht erkannt oder als nicht ausreichend eingestuft werden.

Auf diesen beiden kognitiven Prozessen aufbauend setzt das Bewältigungsverhalten an. Die gewählten Prozesse können problem- oder emotionszentriert sein, über eine Informationssuche, direkte Handlung oder intrapsychische Bewältigungsversuche ablaufen. Der Aspekt des Bewältigungsverhaltens wird an dieser Stelle nur kurz behandelt, da er später noch einmal aufgegriffen wird.

Nach der Bewertung und dem Verhalten reflektiert eine Person über Erfolg und Misserfolg. Es kommt zu einer Neubewertung, die unter Umständen Ausgangspunkt eines erneuten Stressverarbeitungszykluses sein kann. (Noch allgemeiner und stärker Rückkoppelungsprozesse betonend ist das Stresskonzept von McGrath (1981).)

Bei dem gesamten Stressverarbeitungszyklus spielen intervenierende Variablen eine Rolle, die Merkmale der Umwelt und Persönlichkeitseigenschaften beinhalten. Bei den Personenmerkmalen sind beispielsweise Motivationsmuster, Wissen oder Bewältigungsmuster sowie individuelle Kontrollüberzeugungen anzuführen.

Zur Betrachtung von *Stress im Arbeitskontext* bietet sich eine Einbeziehung weiterer Konzepte an, die weniger allgemein gehalten, sondern auf Arbeit bezogen sind. Das Anforderungs-Kontroll-Modell nach Karasek und Theorell (1990) zum Beispiel berücksichtigt Entscheidungsspielraum und Kontrollmöglichkeiten sowie psychologische Anforderungen (vgl. Abbildung 3-6).

Zu den (psychologischen) Arbeitsanforderungen zählen Zeitdruck oder sich widersprechende Arbeitsaufgaben. Der Entscheidungsspielraum bestimmt die Möglichkeiten zur Fähigkeitserweiterung und Entscheidungsmacht.

In *high-strain-jobs*, wie etwa bei Fließbandarbeitern oder Kellnern (Karasek & Theorell, 1990), ist der Entscheidungsspielraum gering, psychologische Anforderungen sind hoch. Unter solchen Gegebenheiten entwickelt ein Individuum schnell das Gefühl, überfordert zu sein, es hat Angst, leidet unter erhöhter Krankheitsanfälligkeit, vor allem unter Herz-Kreislauf-Erkrankungen.

Abbildung 3-6: *Anforderungs-Kontroll-Modell*

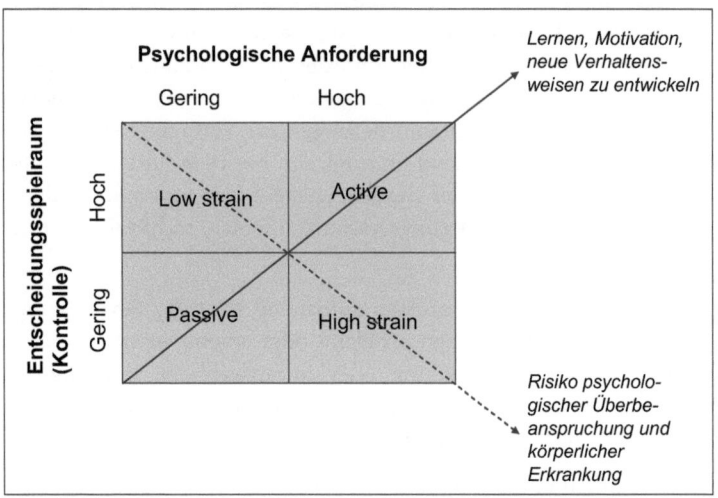

Quelle: Karasek & Theorell, 1990, S. 32.

In *active-jobs* sieht sich eine Person zwar einer hohen Arbeitsanforderung ausgesetzt, jedoch hat sie gleichzeitig großen Entscheidungsspielraum. Anspannung – oder Stress – kann, so die Autoren, aktiv bearbeitet und bewältigt werden. In solchen Arbeitsbereichen kann sich leicht Motivation zur Weiterentwicklung herausbilden. Eine erfolgreiche Bewältigung der Herausforderungen bringen Emotionen wie Stolz und Zufriedenheit mit sich.

In *low-strain-jobs* sind Anforderungen gering, aber der Entscheidungsspielraum ist groß. Nach Karasek und Theorell findet sich eine solche Konstellation etwa bei Naturwissenschaftlern oder Architekten und wird von den Autoren als „almost too good to be true" interpretiert. Allerdings stellt sich hier die Frage, ob Unterforderung tatsächlich so positiv zu bewerten ist oder nicht gleichermaßen zu Stress führen kann, wenn eine Person zwar Entscheidungsspielraum besitzt, die Inhalte der Arbeit aber als unterfordernd oder bedeutungsarm wahrnimmt.

Passive-jobs zeichnen sich durch einen niedrigen Anforderungsgrad und einen geringen Entscheidungsspielraum aus. Die Autoren zählen hierzu zum Beispiel Aufsichtspersonal. Unter solchen Umständen kann sich Apathie einstellen, wobei die Betroffenen einmal bereits Gekonntes wieder verlernen. Motivation und Produktivität gehen verloren und die sich manifestierende Gleichgültigkeit kann sich sogar auf den Privatbereich ausdehnen.

In zahlreichen empirischen Studien konnten die Annahmen von Karasek und Theorell bestätigt werden, doch gibt es auch widersprüchliche Untersuchungen (siehe hierzu Aust, 1999).

In dem Modell beruflicher *Gratifikationskrisen* nach Siegrist (1996) ist das Bedürfnis nach Selbstwirksamkeit, nach Selbstbewertung und nach Selbsteinbindung für das Wohlbefinden einer Person ausschlaggebend. Diese allgemeinen Überlegungen werden auch auf den Arbeitsbereich angewandt. Die Selbstwirksamkeit bedeutet dann die Möglichkeit, in dem Beruf etwas zu leisten, die Selbstbewertung umfasst Belohnung und Anerkennung für berufliche Leistungen, die Selbsteinbindung meint die Mitgliedschaft in einer durch die berufliche Tätigkeit definierten Gruppe. Fehlen Leistung, Belohnung und Zughörigkeit oder steht einer hohen Verausgabung eine niedrige Belohnung gegenüber, löst dies eine berufliche Gratifikationskrise aus (vgl. Abbildung 3-7).

Abbildung 3-7: *Modell beruflicher Gratifikationskrise*

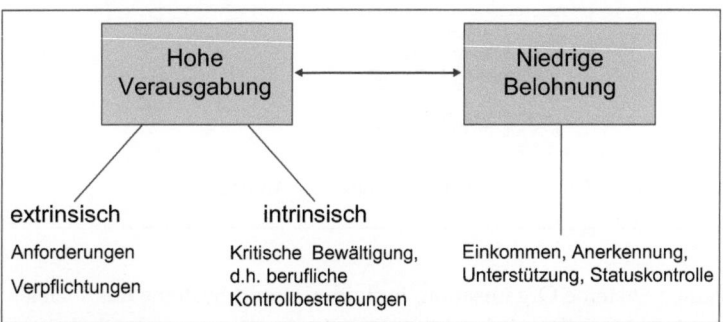

Quelle: Siegrist, 1996, S. 99.

Ein anderes Modell, das ebenfalls auf die Erklärung von beruflichem Stress abzielt, stammt von Malone und Mitarbeitern (1997). Es hat Ähnlichkeiten mit dem vorher vorgestellten Stressorenkonzept von Sutherland und Cooper (1988) und rückt Erwartungen verschiedener Systeme in den Vordergrund (vgl. Abbildung 3-8).

Abbildung 3-8: Erwartungs-Beziehungsmodell

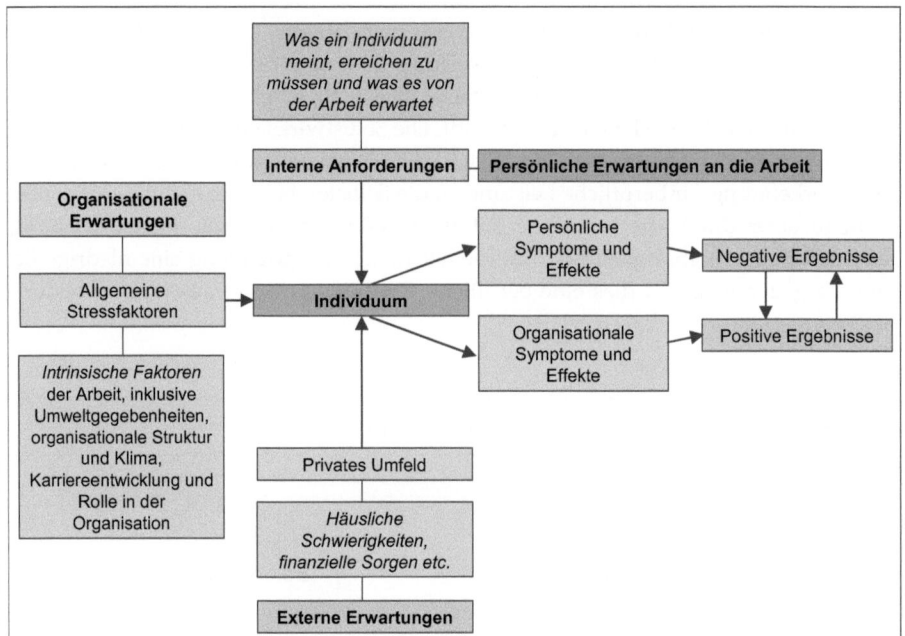

Quelle: Malone et al., 1997, S. 26, Übersetzung durch die Autorin.

Die relevanten Systeme Organisation, Individuum und Systeme des sozialen Umfelds werden in dem Modell berücksichtigt. Die eingezeichneten „Ergebnisse" können in ihrer positiven Variante zum Beispiel Arbeitszufriedenheit, hohe Motivation sowie physisches und psychisches Wohlbefinden sein, in ihrer negativen Ausprägung Krankheit, Unzufriedenheit und fehlende Motivation.

Bei der *Erfassung von Stress* kann man, wie in der gesamten empirischen Sozialforschung, verschiedene Vorgehensweisen wählen, zum Beispiel eine quantitative oder eine qualitative Erhebung, eine Befragung oder eine Beobachtung. Auch über Experimente kann Stress (Entstehung, Auswirkung, Bewältigung) erforscht werden.

Quantitative Instrumente basieren in der Regel auf vorformulierten, geschlossenen Fragen. In seltenen Fällen sind noch offene Antwortfelder gegeben. Betrachtet man die Breite an vorhandenen Stressfragebögen, so lassen sich insbesondere im wissenschaftlichen Kontext Instrumente mit erheblichem Seitenumfang finden (z.B. der englischsprachige Occupational Stress Questionnaire QSQ (Institute of Occupational Health, 1992), der vor allem in skandinavischen Ländern zum Einsatz kommt). [7]

Deutschsprachige Instrumente zur Erhebung psychischer Belastung sind zum Beispiel die AET-Belastungsanalyse, die ihr Augenmerk allerdings in erster Linie auf körperliche Gesundheit richtet (Landau et al., 1996), die Analyse von Tätigkeitsstrukturen und prospektive Arbeitsgestaltung bei Automatisierung (Wächter et al., 1989), der Fragebogen zur Analyse der Situation am Arbeitsplatz (Frese, 1991), der Beschwerdeerhebungsbogen (Mohr, 1986), der Stressverarbeitungsbogen (SVF) von Janke und Mitarbeitern (1978), der Fragebogen zur subjektiven Belastung (SBUS-B, Weyer at al., 1980), der Fragebogen zum Belastungserleben (Künstler, 1980) sowie der Berufs-Stressfragebogen (Spielberger & Reheiser, 1994).

In einer Zusammenschau legt Linneweh (2002) dar, welche Faktoren bei Arbeitenden in Deutschland in besonderem Ausmaß Stress hervorrufen. Dies sind in erster Linie hohes Arbeitstempo sowie Zeit- und Leistungsdruck. Zudem können Monotonie, Unterforderung, Überforderung (zu großer Verantwortungs- und Entscheidungsdruck), unklare Anweisungen, fehlende positive Anerkennung, Informationsüberlastung sowie soziale Konflikte zu Stress führen (Leymann, 1995, Regnet, 2003). Ein weiterer Stressor ist Diskriminierung am Arbeitsplatz (European Foundation for the Improvement of Living and Working Conditions, 2003a).

Europaweit ist Arbeitsstress besonders in den Branchen Transport, Bildungswesen, Hotel- und Gaststättengewerbe sowie in öffentlichen Verwaltungen und sozialen Einrichtungen ein Problem (European Foundation for the Improvement of Living and Working Conditions, 2003a).

Bei diesen knappen Bemerkungen wird es an dieser Stelle belassen, nachdem der Zusammenhang zwischen Stress und neuen Formen von Arbeit in den nachfolgenden Kapiteln immer wieder aufgegriffen wird.

Auch wenn *Coping* in diesem Buch nicht im Zentrum steht, sollen in diesem Abschnitt einige Überlegungen zur Stressbewältigung ergänzt werden. Um beruflichen wie privaten Stress zu bewältigen, ist die Entwicklung bzw. Förderung der Stresskompetenz erforderlich (Linneweh, 2002). Darunter werden Bewegung und gesunde Ernährung, Entspannungstechniken sowie andere aktive Maßnahmen wie zum Beispiel selbst bestimmte Lebensplanung gefasst. In eine ähnliche Richtung geht die Auflistung

---

[7] Im nicht-wissenschaftlichen Kontext erfreuen sich Stresstests ebenfalls großer Beliebtheit (z.B. in Zeitschriften oder im Internet). Meist sind sie von knappem Umfang und erwecken häufig den Eindruck einfacher Instrumente, die mehr der Unterhaltung dienen als einer nahe am Thema angelehnten Analyse. Nicht immer erscheint die gegebene Rückmeldung hilfreich, manchmal ist sie inhaltsleer, manchmal bezieht sich die Ergebnisinterpretation nicht auf die Fragen, sondern ist aus der Luft gegriffen. Grundsätzlich kann das Ausfüllen eines solchen Kurzfragebogens aber eine gewisse Sensibilisierung herbeiführen, die unter Umständen eine Eisbrecherfunktion übernimmt, zumal bei den beispielhaft genannten Medien der Effekt der sozialen Erwünschtheit weniger zum Tragen kommen dürfte.

von Regnet (2003) in fünf Ebenen, die miteinander verwoben sind und sich gegenseitig beeinflussen:

- Stärkung der Widerstandskraft (z.B. Schlaf, Ernährung, Ruhe),

- Gestaltung der Arbeitssituation (z.B. Bekämpfung von Lärm, Mobbing, ungünstiger Arbeitsorganisation),

- Einstellungsänderung und emotionale Unterstützung (v.a. soziale Unterstützung),

- Sport und

- gezielte Entspannungsmethoden (z.B. progressive Muskelentspannung, Yoga).

Diese Ansatzpunkte können nur zum Teil von einem Individuum beeinflusst werden, manche Maßnahmen fallen in den Verantwortungsbereich der Organisation.

Konkretere Schritte, die einem Individuum offen stehen und die entweder kurzfristig oder langfristig ausgerichtet sind, erarbeitet Wagner-Link (1999). Zu den kurzfristig wirksamen Techniken zählen beispielsweise Wahrnehmungslenkung, positive Selbstgespräche, kontrollierte Abwehrreaktion oder systematische Spontanentspannung. Langfristige Strategien umfassen muskuläre, vegetative, konzentrativ-emotionale sowie meditative Entspannungstechniken, systematische Problemlösung, Einstellungsänderung, Belastungsausgleich und Suchen sozialer Unterstützung.

Murphy (1996) analysiert die Wirkung von Stressmanagementprogrammen und gelangt zu dem Ergebnis, dass diese nur kurzfristig ihre positive Wirkung entfalten. Daran schließen sich auch Befunde von Bunce und West (1996) an, nach denen traditionelles Stressmanagement wenig nachhaltig ist. Günstiger sei es, Innovationen in der Arbeit zu fördern, da diese langfristig Vorteile brächten. Auch Burke (1993) sieht in der Erhöhung der Mitarbeiterpartizipation einen besseren Weg als in der Nutzung individuell ausgerichteter Stressbewältigungskonzepte. Insgesamt erweisen sich organisationale Konzepte im Vergleich zu individuellen Maßnahmen als effektiver (Shinn et al., 1984).

3.1.5 Burnout

In dem Begriff des Burnout oder „Ausbrennens" verbirgt sich bereits der Kern des Konzepts: Es geht um Menschen, die hoch engagiert waren, oder: die einmal „Feuer gefangen" haben, das jedoch im Laufe der Zeit erloschen ist.

Der Psychoanalytiker Freudenberger gab diesem Phänomen 1974 einen Namen. Er verstand Burnout als psychischen und physischen „Verfall" bei ehrenamtlichen Mitarbeitern. Er beschrieb, wie aus einst glühenden Idealisten nach und nach müde, frustrierte und reizbare Zyniker wurden. Am Schluss waren sie körperlich erschöpft, gleichgültig und feindselig gegenüber ihren Klienten.

Grundsätzlich kann man bei der Beschreibung und Analyse des Burnout-Phänomens drei verschiedene Perspektiven einnehmen, die jeweils unterschiedliche Hauptursachen ausmachen. *Persönlichkeitszentrierte Theorien* stellen das Individuum in den Mittelpunkt der Betrachtung. Burnoutansätze, die dieser Ebene zugewiesen werden können, stammen von Edelwich und Brodsky (1980) oder Fischer (1983). Bewegt man sich auf dieser Argumentationsebene, tritt die Frage in den Vordergrund, ob es eine typische „Burnoutpersönlichkeit" gibt. Genannt werden hier Helfer (Schmidbauer, 1977), Perfektionisten (Freudenberger & Richelson, 1983) oder Narzissten (Johnson, 1988, Fischer, 1983). Die empirischen Befunde sind hierzu allerdings höchst widersprüchlich (vgl. Burisch, 1994). Eine Frage, die beispielsweise immer wieder in empirischen Studien aufgegriffen wird, beschäftigt sich mit der Überlegung, ob es eine geschlechtsspezifische Burnoutanfälligkeit gibt. Dabei kommen manche Studien zu dem Befund, Burnout treffe eher Frauen (Vollmer, 1996, Pines et al., 1993). Andere Untersuchungen ergeben höhere Burnoutwerte bei Männern, und wieder andere Studien können keinen geschlechtsspezifischen Unterschied feststellen (McDermott, 1984). Auch was die Frage einer möglichen Altersabhängigkeit angeht, sind die Ergebnisse uneinheitlich.

Auf der zweiten Ebene der *institutionszentrierten Theorien* haben organisationale Einflüsse stärkeres Gewicht, wie etwa organisationsbedingte Arbeitsüberlastung oder Rollenambiguität, zu geringe Kontrollspielräume oder unzureichende Belohnung. Burnoutansätze auf dieser Ebene stammen beispielsweise von Pines und Mitarbeitern (1993) oder Maslach (1982).

Die dritte Ebene nimmt eine *gesamtgesellschaftliche Perspektive* ein. Ein klassischer Ansatz, wie etwa der von Karger (1981), geht von marxistischen Prämissen aus und erachtet so beispielsweise Entfremdungsprozesse als zentrale Ursache für Burnout.

Grundsätzlich gilt festzuhalten, dass eine eindeutige Zuordnung von Burnoutansätzen oder -theorien zu den einzelnen Ebenen nicht immer möglich ist. Dies umso mehr, als Burnout das Erleben eines Individuums umschreibt und die Interaktion von der Person mit ihrer Umwelt (sei es die Organisation oder die gesamtgesellschaftliche Umwelt) kaum unberücksichtigt bleiben kann.

Auf ihre empirischen Studien gestützt haben Maslach und Jackson (1986) Burnoutmerkmale drei Dimensionen zugeordnet: der emotionalen Erschöpfung, der Depersonalisierung (oder: Zynismus) und der reduzierten persönlichen Leistungsfähigkeit (oder: Ineffizienz).

Da Burnout kein einmaliger, punktueller Zustand, sondern ein längerfristiger Prozess ist, sind ferner verschiedene *Prozesstheorien* aufgestellt worden, zum Beispiel von Lauderdale (1982), Edelwich und Brodsky (1980), Maslach (1982) oder Cherniss (1982). Im Allgemeinen beschreiben sie eine Entwicklung weg von idealistischer Begeisterung (die „brennende Flamme") hin zu Frustration, Verzweiflung und Apathie (die „erloschene Flamme"). Dieser Entwicklung liegt das Bild zugrunde, dass ein Mensch mit hohen Idealen an seine Arbeit herangeht, sehr viel investiert, um bestimmte (von ihm selbst oder von außen gesetzte) Ziele zu erreichen. Allmählich stellt die Person dann fest, bei weitem nicht das erreicht zu haben, was sie wollte. Sie gesteht sich das aber nur ungern ein und beschließt im Gegenteil, noch mehr zu investieren, um das Erreichen der Ziele sicherzustellen oder falls nötig, auch zu erzwingen. Sie bringt immer mehr Energie auf, dennoch kommt immer weniger dabei heraus. Das Endstadium von Burnout wird von Gefühlen der Apathie und Gleichgültigkeit dominiert, die in dramatischen Fällen bis hin zu Suizid(gefahr) führen können.

Komplexere Burnout-Modelle sind das ökologische Modell von Carroll und White (1984), das kybernetische Modell von Heifeitz und Bersani (1983), das Soziale-Kompetenz-Modell nach Harrison (1983) oder das integrative Modell (bzw. das Modell gestörter Handlungsepisoden) von Burisch (1994). In all diesen Modellen wird versucht, das Zusammenspiel von Person und Umwelt unter burnoutrelevanten Gesichtspunkten zu analysieren und zu modellieren. Dabei setzen die Modelle unterschiedliche theoretische Schwerpunkte, was mit verschiedenen Vor- und Nachteilen einhergeht, insbesondere dann, wenn diese Modelle für empirische Fragestellungen genutzt werden sollen.

Burisch (1994, S. 18f.) hat in einer sehr ausführlichen Darstellung mögliche Burnout-Symptome mit Burnoutphasen zusammengeführt. Aus dieser Übersicht werden in der Tabelle 3-2 einige beispielhaft herausgegriffen:

Tabelle 3-2: Beispiele für Burnoutphasen und -symptome

Phase	Beispiele für Symptome
Warnsymptome der Anfangsphase	*Vermehrtes Engagement für Ziele* (Hyperaktivität, Gefühl der Unentbehrlichkeit, Gefühl, nie Zeit zu haben, Verdrängung von Misserfolgen und Enttäuschungen, Beschränkung sozialer Kontakte auf Klienten)
	Erschöpfung (chronische Müdigkeit, Energiemangel)
Reduziertes Engagement	*Für Klienten und Patienten* (Desillusionierung, Verlust positiver Gefühle gegenüber Klienten, größere Distanz zu Klienten, Schuldzuweisung für Probleme an Klienten, höhere Akzeptanz von Kontrollmitteln, Stereotypisierung von Klienten, Dehumanisierung)
	Für andere allgemein (Kälte, Verlust der Empathie, Zynismus)
	Für die Arbeit (Desillusionierung, negative Einstellung zur Arbeit, Widerwillen und Überdruss, Fluchtphantasien, Fehlzeiten)
	Erhöhte Ansprüche (Verlust von Idealismus, Gefühl mangelnder Anerkennung, Partner- und Familienprobleme)
Emotionale Reaktionen, Schuldzuweisungen	*Depression* (Schuldgefühle, reduzierte Selbstachtung, Insuffizienzgefühle, Selbstmitleid, Abstumpfung, Pessimismus, Fatalismus, Apathie, Selbstmordgedanken)
	Aggression (Schuldzuweisung, Intoleranz, Ärger)

Tabelle 3-2 – Fortsetzung: Beispiele für Burnoutphasen und -symptome

Phase	Beispiele für Symptome
Abbau	*der kognitiven Leistungsfähigkeit* (Konzentrations- und Gedächtnisschwäche, Desorganisation, Entscheidungsunfähigkeit)
	der Motivation (verringerte Initiative, verringerte Produktivität, Dienst nach Vorschrift)
	der Kreativität (verringerte Phantasie und Flexibilität)
	Entdifferenzierung (rigides Schwarz-Weiß-Denken, Widerstand gegen Veränderungen aller Art)
Verflachung	*des emotionalen Lebens* (Gleichgültigkeit)
	des sozialen Lebens (Meidung informeller Kontakte, Eigenbröteleien, Einsamkeit)
	des geistigen Lebens (Aufgeben von Hobbys, Desinteresse, Langeweile)
Psychosomatische Reaktionen	Unfähigkeit zur Entspannung in der Freizeit, Schlafstörungen, Rückenschmerzen, Kopfschmerzen, Verdauungsstörungen, Magen-Darm-Geschwüre, mehr Alkohol, Kaffee, Tabak etc.
Verzweiflung	Negative Einstellung zum Leben, Hoffnungslosigkeit, Sinnlosigkeit, Selbstmordabsichten

Quelle: In Anlehnung an Burisch, 1994, S. 18f.

Eine unter empirischen bzw. praktischen Überlegungen wichtige Frage ist, wie man Burnout erheben bzw. *messen* kann. Es gibt eine ganze Reihe so genannter Burnout-Erhebungsinstrumente. Ein international vielfach verwendeter Fragebogen ist der Maslach-Burnout-Inventory (MBI), der aus einer Liste von 22 Items besteht, bei der eine Person angeben muss, wie oft sie die jeweiligen Aussagen an sich beobachtet. Beispielsweise soll sie beurteilen, ob sie sich durch ihre Arbeit nie, einige Male im Jahr und seltener, einmal im Monat, einige Male im Monat, einmal oder einige Male pro Woche oder täglich „ausgelaugt fühlt". Die einzelnen Fragen werden schließlich den drei Kategorien „emotionale Erschöpfung", „Depersonalisierung" (oder: Zynismus) und „reduzierte persönliche Leistungsfähigkeit" (oder: Ineffizienz) zugeordnet und jeweils ein eigener Dimensionswert errechnet. Das macht allerdings die Interpretation nicht immer einfach, wenn etwa eine Person in einer Dimension einen hohen Burnoutwert aufweist (z.B. in der emotionalen Erschöpfung), in einer anderen einen mittleren (z.B. reduzierte persönliche Leistungsfähigkeit) und vielleicht in der dritten einen niedrigen (z.B. Depersonalisierung). Golembiewski und Mitarbeiter (1986) haben an dieser Fragestellung angesetzt und basierend auf den drei Dimensionen ein eigenständiges Phasenmodell konzipiert (vgl. Tabelle 3-3):

Tabelle 3-3:   *Phasenmodell nach Golembiewski und Mitarbeitern (1986)*

Phase	1	2	3	4	5	6	7	8
Depersonalisierung	N	H	N	H	N	H	N	H
Reduzierte persönliche Leistungsfähigkeit	N	N	H	H	N	N	H	H
Emotionale Erschöpfung	N	N	N	N	H	H	H	H

Quelle: Burisch, 1994, S. 29. N: niedrig, H: hoch.

Ganz unproblematisch ist diese Darstellung auch nicht. Zum Beispiel erscheint die Phasenbeschreibung diskussionswürdig.

Ein anderes bekanntes Instrument ist der Burnout Measure (BM) von Pines und Mitarbeitern (1993). In diesem Fragebogen, der auf den drei Komponenten „körperliche", „emotionale" und „geistige Erschöpfung" basiert, werden allgemeine Befindlichkeitsfragen unabhängig vom Arbeitsbereich gestellt. Als drittes Instrument sei auf den Staff Burnout Scale for Health Professions (SBS-HP von Jones, 1982) hingewiesen. Hier liegt die Betonung auf den Dimensionen „Unzufriedenheit mit der Arbeit", „psychische und interpersonale Spannung", „physische Krankheit und Disstress" sowie „unprofessionelle Beziehung zu Patienten". Außerdem ist eine so genannte „Lügenskala" eingebaut.

Die Verwendung solcher Fragebogen hat eine Reihe von Vorteilen. So kann mit relativ einfachen Mitteln eine große Anzahl von Menschen befragt werden, ohne dass ein Forscher allzu sehr auf seine Befragten eingehen muss. Die Ergebnisse können in quantifizierender Weise präsentiert werden und eine (weil auf Zahlen beruhende und damit nicht selten als „objektiv" erscheinende) Grundlage für weitergehende Abstimmungen oder Handlungsentscheidungen bilden. Dennoch sollte bedacht werden, dass auch diese Ergebnisse keine Objektivität sichern. Außerdem ist ein grundsätzliches Problem bei dem Umgang mit quantitativen Fragebogen zu bedenken: Gerade in den frühen Phasen des Burnouts versucht eine Person nicht zugeben zu müssen, ein Problem zu haben. Füllt sie in dieser Zeit den Fragebogen aus, ist es nahe liegend, dass sie ein beschönigendes Bild zeichnet, das an sich zu unzutreffender Ergebnisinterpretation führen kann. Grundsätzlich gilt es ferner bei der Deutung der Resultate solcher Befragungen zu berücksichtigen, vor welchem Hintergrund die Befragung stattfand (z.B. Stellenstreichungen, anstehende Beförderungen etc.).

Zur Erhebung von Burnout kann man auch offene *qualitative Interviews* nutzen. Dieses Verfahren wird jedoch weit weniger herangezogen. Dies mag verschiedene Ursachen haben. In der Durchführung und Auswertung ist ein qualitatives Interview erheblich zeitaufwändiger als der Einsatz eines standardisierten Fragebogens. Weiterhin lassen sich die Inhalte kaum in Zahlenwerte umsetzen. Zudem sehen sich qualitative Methoden der Sozialforschung grundsätzlich dem Vorwurf ausgesetzt, sie seien nicht objektiv und weder reliabel noch valide. Das Ziel eines qualitativen Ansatzes ist es jedoch nicht, den Gütekriterien quantitativer Sozialforschung zu genügen, sondern mit einem weitgehend offenen Verfahren die Lebenswelt eines Menschen nachvollziehen zu können. Dabei bieten qualitative Verfahren durch ihre Offenheit die Chance, neue Aspekte zu erkennen. Zwar wird bei qualitativen Interviews in der Regel ein Leitfaden zur Gesprächsgestaltung verwendet, doch ist eines der Prinzipien qualitativer Sozialforschung, offen für neue vom Interviewten eingebrachte Aspekte zu bleiben. Letzteres ist bei geschlossenen Fragen nicht möglich, da dort nur herauskommen kann, was durch die Fragen vorgegeben war. Somit haben Fragebogen und Interviews ihre jeweiligen Vor- und Nachteile. Im Endeffekt kommt es darauf an, welches Ziel mit der Erhebung erreicht werden soll.

Eine andere im Kontext von Burnout immer wieder diskutierte Frage ist, welche *Personengruppen* besonders gefährdet sind. Vor allem folgende Berufsgruppen werden in Studien berücksichtigt (die Auflistung setzt ihren Schwerpunkt auf Publikationen nach 1990):

- Ärzte (Bergner, 2004)

- Krankenpflegekräfte (Dahmen-Fischer, 1992, Modestin, 1994, Perrar, 1995, Büssing, 1997, Aries-Kiener & Zuppiger, 1999, Domnowski, 1999, Killmer, 1999, Richardsen & Martinussen, 2004, Schmidt, 2004)

- Altenpflegekräfte (Bermejo, 1994)

- Physiotherapeuten (Richardsen & Martinussen, 2004)

- Sozialarbeiter (Röhrig & Reiners-Kröncke, 2003, Richardsen & Martinussen, 2004),

- Mitarbeiter in der AIDS-Arbeit (Beerlage & Kleiber, 1990)

- Kinder- und Jugendfürsorger (Savicki, 2002)

- Pflegeeltern (Paltinat & Warzecha, 1999)

- Lehrer (Winkel, 1991, Knauder, 1996, Barth, 1997, Hedderich, 1997, Brock & Grady, 2000, Lauck, 2003, Körner, 2003, Richardsen & Martinussen, 2004)

- Studienberater (Brewer & Clippard, 2002)

- Polizisten (Manzoni, 2003)

- Pfarrer (von Heyl, 2003)

- Bibliotheksangestellte (Caputo, 1991)

- Journalisten (Bodin, 2000)

- Manager (Müri, 1990, Lee & Ashforth, 1993, Marchand, 1994, Hoppeler, 1994, Heibutzky, 1995, Kernen, 1998)

- Vertriebspersonal (Low et al., 2001)

- IT-Mitarbeiter (Carr, 2004)

Burnout sollte allerdings nicht ausschließlich auf das Erwerbsleben eingeschränkt werden. Zum Beispiel kann es auch im Nicht-Arbeits-Bereich (etwa in Paarbeziehungen, z.B. Pines, 1996, Pines & Nunes, 2003) zu Burnout kommen. Burnout kann in unterschiedlichen Lebens- und Arbeitsbereichen auftreten, es ist überall dort möglich, wo sich Menschen mit Idealen in eine Tätigkeit oder Beziehung einbringen.

Was das *Coping*, die Bewältigung, von Burnout angeht, besteht zum einen die Möglichkeit, burnoutförderliche Faktoren möglichst im Vorfeld zu eliminieren oder diesen entgegen zu wirken, um eine Art Prophylaxe zu betreiben. Zum anderen gibt es Interventionsansätze, wenn der Burnoutprozess bereits eingesetzt hat und es dann sozusagen um die „Heilung" geht. Alle Schritte lassen sich zum Zwecke einer Systematisierung wieder den oben genannten drei Ebenen (Individuum-Organisation-Gesellschaft) zuordnen.

Auf der Ebene des Individuums ist der erste wichtige Schritt die Problemerkennung (Kerber, 2002). Ausbrennende Menschen erleben oft Zeitmangel, auf den gezieltes Zeitmanagement folgen sollte. Das Individuum muss Kontrolle zurückgewinnen, „nein" sagen lernen und regelmäßige Entspannungsphasen suchen und nutzen. Weiterhin können zum Beispiel Fortbildungen oder regelmäßiger Sport eine Prophylaxehilfe darstellen. Eine Therapie kann helfen, wenn es schon zu fortgeschrittenem Burnout gekommen ist.

Auf der Ebene der Organisation kann ein günstiges Betreuungsverhältnis zwischen Dienstleistern und Kunden Burnout vorbeugen (Richter & Hacker, 1998, Pines et al., 1993). Arbeitszeitmodelle sollten so weit wie möglich den Bedürfnissen der Mitarbeiter entgegenkommen. Die Organisation kann mit Laufbahnentwicklungen Über- und Unterforderung abschwächen. Anforderungsvielfalt und Tätigkeitsspielräume vermag intrinsische Motivation zu steigern. Supervision und Mitarbeitergespräche bieten Hilfen, wenn in der Belegschaft schon Burnoutfälle vorkommen. Besonders zu erwähnen ist außerdem die soziale Unterstützung durch Kollegen, die nachweislich einen großen, stark positiven (oder negativen) Einfluss hat. Des Weiteren können Aus- und Fortbildung spezielles Training bieten, um Burnout vorzubeugen.

Weniger konkret und direkt sind die Ansätze auf gesamtgesellschaftlicher Ebene. Zu nennen wären etwa ein verändertes Ausbildungssystem oder entsprechende Aktivitäten in Forschung und Wissenschaft.

Zuletzt sei darauf verwiesen, dass Burnout kein unumkehrbarer Prozess ist. Er stellt eine Krise im Leben eines Menschen dar, die zugleich aber auch die Möglichkeit eines Neubeginns eröffnen kann.

3.1.6 Arbeitssucht

Stress und Burnout sind die klassischen Befindlichkeitsformen, die im Arbeitskontext erforscht werden. Ein anderes Phänomen, das das Erleben von Arbeit beschreibt, ist die vergleichsweise weniger betrachtete Arbeitssucht, deren extremste Ausformung in dem Karoshi-Syndrom enden kann, das ebenfalls knapp thematisiert werden wird.

Um beurteilen zu können, ob bzw. ab wann man tatsächlich von Sucht sprechen kann, ist zu allererst eine definitorische Bestimmung des Suchtbegriffs vonnöten. Nach der WHO lässt sich das Abhängigkeitssyndrom (in Anlehnung an den ICD-10) wie folgt bestimmen:

> „Die 10. Überarbeitung der Internationalen Klassifikation von Krankheiten und Gesundheitsproblemen (ICD-10) definiert das Abhängigkeitssyndrom als ein Bündel von physiologischen, behavioralen und kognitiven Phänomenen, bei welchem der Gebrauch einer Droge oder einer Gruppe von Drogen eine – im Vergleich zu anderen Verhaltensweisen – wachsende Bedeutung für ein Individuum erlangt" (http://www.who.int/substance_abuse/terminology/definition1/en/, Übersetzung durch die Autorin).

Das Individuum entwickelt ein starkes Verlangen nach dem Konsum einer Droge, es verliert Kontrolle über den Drogengebrauch, erleidet Entzugssymptome bei fehlendem oder als zu gering erlebtem Konsum, wobei es im Laufe der Zeit eine steigende Menge benötigt. Alternativen zur Droge werden immer weniger wahrgenommen. Die Abhängigkeit zieht zusehends negative Konsequenzen nach sich: Das Individuum leidet physisch und psychisch mehr und mehr.

Während die Ausführungen der WHO im Wesentlichen auf den Drogenkonsum (Alkohol, synthetische Drogen etc.) abzielen, konkretisiert Heide (2000) Sucht nach Arbeit über vier zentrale Kennzeichen:

- Verleugnung der Sucht,
- Zwanghaftigkeit, die die Unfähigkeit des Entspannens und Abschaltens umschließt,
- Aufrechterhaltung der Arbeitsmenge durch Perfektionierung und damit Hinauszögern des Arbeitsabschlusses oder durch fortwährendes Planen weiterer Schritte,
- Unehrlichkeit, Selbstisolation und Rücksichtslosigkeit.

Fassel (1991, S. 150) legt dar, dass die Arbeitssucht nicht nur eine Verhaltenssucht ist, sondern auch eine Suchtmittelabhängigkeit aufweist, die auf einem erhöhten Adrenalinspiegel im Blut beruhe:

> „Das Hochgefühl ist chemisch und emotional bedingt, und der Arbeitssüchtige verspürt den Impuls, es ständig zu intensivieren, bis schließlich eine fortschreitende Betäubung einsetzt. Diese Betäubung blockiert unsere Fähigkeit, unsere körperlichen und psychischen Bedürfnisse klar wahrzu-

nehmen und beeinträchtigt unser Urteilsvermögen. Wird Arbeitssucht nicht behandelt, führt sie schließlich zum Tod."

Die schlimmste Variante des Ausgangs von Arbeitssucht, der Tod, wird auch unter dem Schlagwort des Karoshi-Syndroms thematisiert, das im nächsten Abschnitt kurz vorgestellt wird.

Bei dem Personenkreis, der besonders von Arbeitssucht betroffen sein soll, unterscheidet Heide (2000) drei Gruppen.

In der ersten Gruppe fasst er Selbständige und Personen mit einem sozialen Beruf zusammen. Verbindendes und entscheidendes Merkmal sind die berufliche Identitätsstiftung und der Aspekt der Berufung. Beide Charakteristika tragen dazu bei, dass Menschen in die Arbeitssucht abgleiten.

Die zweite Gruppe besteht aus abhängig Beschäftigten, deren Sucht durch die Arbeit selbst ausgelöst wird. Unter anderem können neue Formen von Arbeit, wie das Lean-Management oder Telearbeit, ähnliche Rahmenbedingungen ausbilden wie in der Selbständigkeit: Es zählt nur noch der Arbeitserfolg, während die dafür benötigte Arbeitszeit gänzlich in den Hintergrund rückt. Dadurch arbeiten die Beschäftigten mehr, länger, unter wachsendem Stress und von einander isoliert.

Die dritte Gruppe umfasst Personen außerhalb des Erwerbsbereichs und umschließt in erster Linie Hausfrauen und Rentner, die beide versuchen, über entsprechend intensives Engagement im unentgeltlichen Arbeitsbereich gesellschaftliche Anerkennung zu erlangen.

Die Arbeitssucht kann entweder nach außen getragen werden, um damit beispielsweise die eben angesprochene soziale Anerkennung zu bekommen, oder sie wird möglichst verheimlicht, damit der Arbeitssüchtige sein Verhalten nicht zu rechtfertigen braucht (Fassel, 1991).

Ein Phasenmodell der Arbeitssucht ist in der nachstehenden Abbildung 3-9 dargestellt. Es lehnt sich an die Ausführungen von Bohmeyer (2002) und Heide (2000) an und vereinigt beide Konzepte.

Zu Beginn strotzt ein Individuum vor Energie, es engagiert sich intensiv in seinem Beruf und erhält dafür positive Rückmeldung von seinem sozialen Umfeld, was wiederum ein Hochgefühl auslöst. Das Individuum verengt sein Leben auf die Arbeit, nimmt dafür aber bereits erste körperliche Beeinträchtigungen in Kauf. Positive Rückmeldungen und das Hochgefühl werden seltener. Es erlebt eine wachsende Diskrepanz zwischen Arbeitsmenge und seinen verfügbaren Ressourcen. Verdrängungsversuche, Aggression und andere Verhaltensauffälligkeiten treten auf.

Manche Individuen flüchten sich in Suchtverhalten (Alkohol, Tabletten). In der nächsten Phase wird die Zusammenarbeit mit anderen Menschen immer schwieriger, Krankheiten treten gehäuft auf und der Medikamentenabusus nimmt zu. Wird der Prozess nicht unterbrochen, läuft das Individuum Gefahr der Selbstzerstörung.

Abbildung 3-9:   Phasen der Arbeitssucht

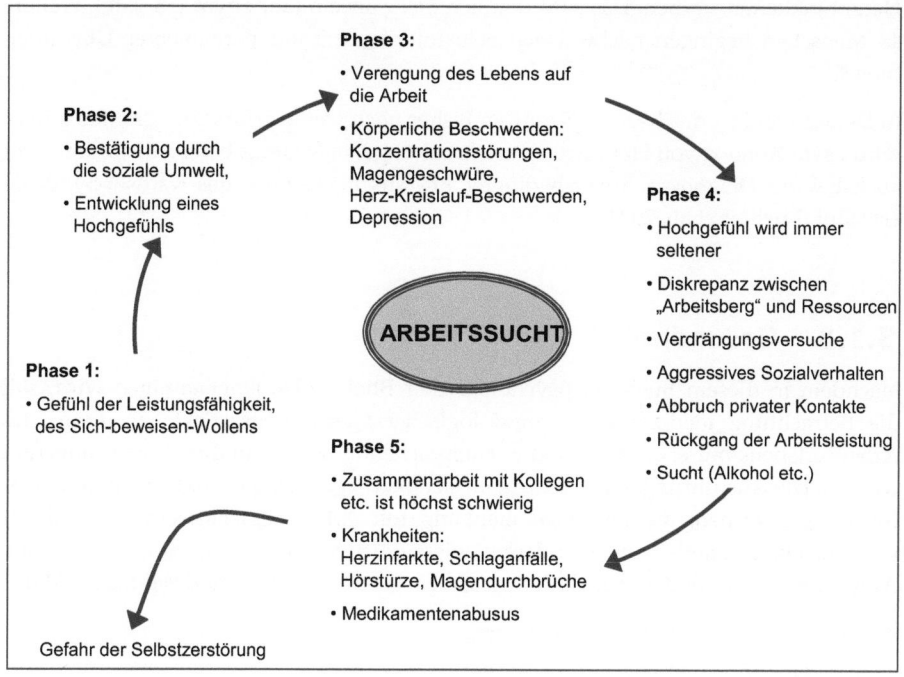

3.1.7   Karoshi-Syndrom

Der Begriff des Karoshi-Syndroms stammt aus dem Japanischen und bedeutet Tod durch Überarbeitung. Von besonderer Bedeutung ist in diesem Zusammenhang eine extreme Arbeitsüberlastung in Verbindung mit einer großen Menge (meist unbezahlter) Überstunden.

Bisher wird das Karoshi-Syndrom vornehmlich als ein japanisches Phänomen angesehen. In Japan lag die jährliche Arbeitszeit im Jahr 2000 bei 1.970 Stunden. Unbezahlte Überstunden erscheinen in keiner japanischen Statistik, so dass von einer erheblich höheren tatsächlichen Arbeitszeit auszugehen ist. In Deutschland bewegte sich im Vergleichsjahr die Arbeitszeit (inklusive Überstunden) bei etwa 1.369 Stunden (IAB, 2005), das sind also 601 Stunden weniger als in Japan.

Nach Heide (2000) sind schon 10.000 Menschen in Japan an Tod durch Überarbeitung (Karoshi-Syndrom) oder Selbstmord aufgrund von Überarbeitung (Karojisatsu) gestorben – die Zahl der Gefährdeten wird auf das Zehnfache geschätzt. Im Jahr 2002 wurden in 160 Fällen Entschädigungen gezahlt, weil Arbeitnehmer – durch das Amt für Arbeitsschutz anerkannt – an durch Überarbeitung hervorgerufenen Hirn- oder Herzkrankheiten starben. Das sind deutlich mehr als ein Jahr zuvor (58 Tote). Weitere 43 Menschen begingen nachweislich Selbstmord aufgrund permanenter Überarbeitung.[8]

In Deutschland ist das Karoshi-Syndrom bisher noch wenig erforscht. Von Medizinern wird es im Kontext von Herz-Kreislauferkrankungen allerdings bereits diskutiert, und auch bei der Diagnostik arbeitsbedingter Erkrankungen wird das Karoshi-Syndrom erwähnt (Buchter et al., 2003).

3.1.8   Gesundheit

Nachdem in diesem Buch ein psychologischer Blickwinkel eingenommen wird, soll die Betrachtung medizinischer, physiologischer Gesundheitsaspekte als Form des Arbeitserlebens nur ergänzend und in entsprechender Kürze an dieser Stelle angefügt werden. Die Ausführungen konzentrieren sich hierbei auf jene Krankheits- bzw. Beeinträchtigungsformen, die im Zusammenhang mit Arbeit üblicherweise thematisiert werden. Hierzu zählen unter anderem folgende Symptome (vgl. zu der folgenden Aufstellung bspw. Bödeker et al., 2002 und den Gesundheitsbericht des Bundes, 2001):

- Infektiöse und parasitäre Krankheiten,
- Krankheiten des Blutes und der blutbildenden Organe,
- Endokrinopathien, Ernährungs- und Stoffwechselkrankheiten, Störungen des Immunsystems,
- Psychiatrische Krankheiten,
- Krankheiten des Nervensystems und der Sinnesorgane,
- Krankheiten des Kreislaufsystems,
- Krankheiten der Atmungsorgane,
- Krankheiten der Verdauungsorgane,
- Krankheiten der Haut und des Unterhautzellgewebes,
- Krankheiten des Skeletts, der Muskeln und des Bindegewebes,
- Verletzungen, Vergiftungen und bestimmte andere Folgen äußerer Ursachen.

Während diese Auflistung allgemein gehalten ist und vor allem für die Kostenerhebung herangezogen wird, werden einige dieser Krankheiten in der Dritten Europäi-

---

8   Die Informationen stammen aus japanischen Pressenachrichten, die von der Japanischen Botschaft ins Deutsche übersetzt wurden und auf deren Internetseite einzusehen sind („Tod durch Überarbeitung" auf Rekordhoch, Japan Brief des Foreign Press Center, Japan, Japan Brief, FPC Nr. 0334, 18.06.2003 http://www.de.emb-japan.go.jp).

schen Umfrage über die Arbeitsbedingungen noch unter einem arbeitsbezogenen Blickwinkel konkretisiert, wie etwa Rückenschmerzen, Kopfschmerzen, Stress, allgemeine Erschöpfung, Schlafstörungen, Angst und Reizbarkeit (Merllié & Paoli, 2001).

Dabei werden die genannten Gesundheitsbeeinträchtigungen in Abhängigkeit von psychologischen Stressoren (z.B. Termindruck, Arbeitstempo) und der Exposition gesundheitsschädlicher Einflüsse (z.B. Lärm, Asbest, Hautallergene, Inhalationsallergene) erhoben (vgl. z.B. aktuelle Forschungsschwerpunkte der European Agency for Health and Safety, http://agency.osha.eu.int). Beispielsweise ist der Zusammenhang zwischen Rückenschmerzen und Arbeitsbelastung in zahlreichen Studien belegt, wobei sowohl biomechanische Belastungen als Ursachen ausgemacht werden (z.B. Elkeles, 1994) als auch psychosoziale Stressoren (z.B. Molo-Bettelini et al., 1996).

Statistische Daten verdeutlichen, dass die Risiken über die Erwerbstätigen hinweg ungleich verteilt sind. So sind Mitarbeiter in der Industrie und Landwirtschaft den meisten physischen Risiken ausgesetzt (European Foundation for the Improvement of Living and Working Conditions, 2003a). Dazu zählen Lärm, Luftverschmutzung, Gefahrenquellen, ungünstige klimatische Verhältnisse (Hitze, Kälte) und Strahlung. Aber auch Einrichtungen der öffentlichen Versorgung („public utilities") zählen zu Sektoren mit besonders gesundheitsschädlichen Arbeitsbedingungen. Auf die Arbeit zurückgeführte Probleme des Bewegungsapparates sind in erster Linie bei Arbeitnehmern in den Sektoren Landwirtschaft, Bau, Transport, Textilindustrie und in sozialen Einrichtungen zu finden (ebd.).

Paoli (1996) sowie Merllié und Paoli (2001) gelangen unter Analyse EU-weiter Daten zu dem Ergebnis, dass in der Zeit von 1995 bis 2000 einige Befindlichkeitsstörungen zugenommen haben, Stress, Reizbarkeit und Angst sind auf dem Niveau von 1995 geblieben. In keiner Dimension liegen die Werte von 2000 unter jenen von 1995 (vgl. Abbildung 3-10).

60% der Befragten sind sich sicher, dass sich ihre Arbeit negativ auf die Gesundheit auswirkt. Rückenschmerzen sind die häufigste Gesundheitsbeeinträchtigung, gefolgt von eher psychischen Befindlichkeitsstörungen wie Stress und allgemeiner Erschöpfung.

Abbildung 3-10:   *Ausgewählte Beschwerden bei europäischen Arbeitnehmern 1995 und 2000*

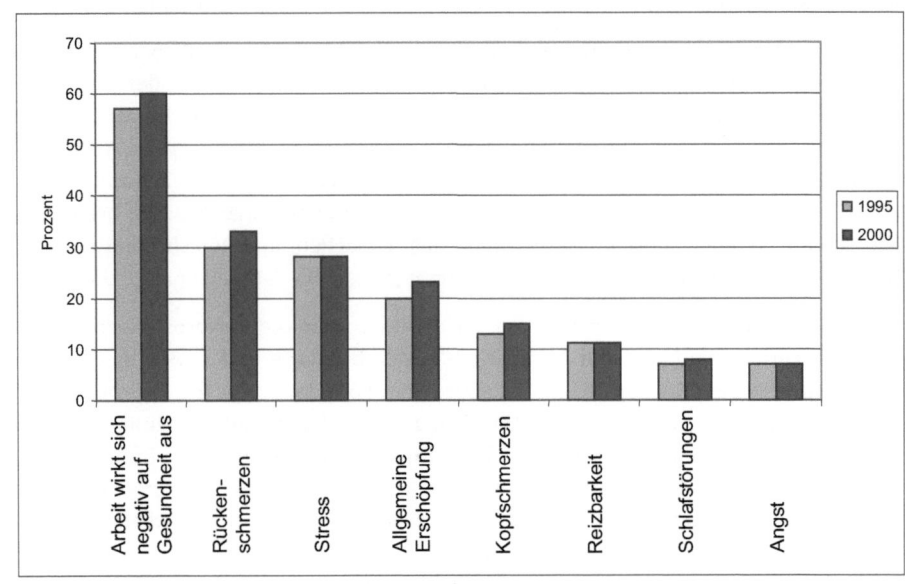

Quelle: In Anlehnung an Daten von Merllié und Paoli, 2001, S. 35.

Als Gründe für Gesundheitsbeeinträchtigungen sind nach der European Foundation for the Improvement of Living and Working Conditions (2002a) denkbar:

- Arbeitsverdichtung, die vor allem aufgrund eines verstärkten Einsatzes neuer Technologien, eines verschärften Konkurrenzdrucks und erhöhten Termindrucks zustande kommt,

- „traditionelle" Stressoren, die von „alten" Produktionsverfahren ausgehen und an sich reduziert werden könnten,

- Arbeitsorganisation, die auf monotonen Tätigkeiten beruht (ca. 33% der Befragten sagen aus, keinen Einfluss auf ihre Arbeitsorganisation zu haben, 40% erleben Monotonie),

- organisationale Neugestaltung ohne Berücksichtigung der Bedürfnisse der Mitarbeiter,

- Überforderung durch neue Arbeitsformen, die mehr Verantwortung delegieren und höhere Qualifikationen von den Beschäftigten fordern.

Demnach lässt sich der Zusammenhang zwischen verschiedenen Stressorengruppen und körperlichen wie psychischen Reaktionen wie folgt darstellen (vgl. Abbildung 3-11):

Abbildung 3-11:   *Stressorengruppen, somatische und psychische Gesundheit*

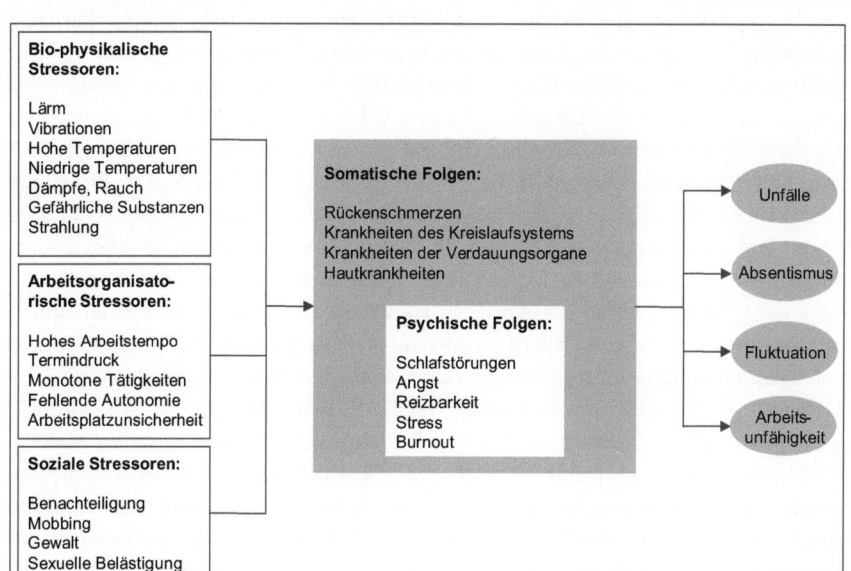

Die Darstellung ist sehr vereinfacht, zeigt jeweils nur Beispiele für Stressoren und Folgen und verzichtet darauf, Rückkoppelungsprozesse mit abzubilden. Im organisationalen Kontext wird Gesundheit der Mitarbeiter meist vor dem Hintergrund von Arbeitsunfällen, Absentismus, Fluktuation und Arbeitsunfähigkeit gesehen. Auf diese drei Punkte wird in den weiteren Ausführungen nur noch am Rande eingegangen, schließlich steht hier das Arbeitserleben im Vordergrund. In den nachfolgenden Kapiteln werden immer wieder empirische Befunde zitiert, die die Beziehung zwischen bestimmten Stressoren und Folgen aufzeigen.

Zusammenfassung

Die hier herausgegriffenen Dimensionen des Arbeitserlebens sind in ihrer inhaltlichen Ausgestaltung miteinander verbunden und werfen damit, wie oben thematisiert, Abgrenzungsfragen auf. Unabhängig davon soll an dieser Stelle zu den jeweiligen Konzepten Folgendes festgehalten werden: Der (neue) psychologische Kontrakt fußt auf gegenseitigen Erwartungen, die das Individuum an die Organisation richtet und umgekehrt. Angesichts der aufgezeigten Veränderungen der modernen Arbeitswelt werden einst traditionelle Bindeglieder (v.a. Sicherheit und Loyalität) abgelöst von individualistischeren Austauschargumenten. Commitment stellt in einer emotions- oder wertebezogenen Ausrichtung eine Art Verbundenheit des Individuums mit der Organisation – oder mit seinem Beruf – dar. Auch ist von Bedeutung, welche Kosten mit einem Organisations- oder Berufswechsel zu tragen wären und welche Alternativen sich dem Individuum bieten. Dementsprechend kann Commitment einmal mehr eine freiwillige oder aber unfreiwillige Verbundenheit repräsentieren. Im Arbeitskontext werden dann als konkrete Dimensionen des Arbeitserlebens einbezogen: Arbeitszufriedenheit, Stress, Burnout, Arbeitssucht und physische (wie auch psychosomatische) Gesundheit. Bei Arbeitszufriedenheit spielen zahlreiche Faktoren eine Rolle, unter anderem ist der Abgleich zwischen Soll und Ist, zwischen Engagement und Ergebnis, relevant. Zur Bestimmung der jeweiligen Größen werden häufig Referenzgruppen herangezogen, so dass Arbeitszufriedenheit auch über einen sozialen Vergleich bestimmt wird. Stress wird in diesem Buch vor allem als Resultat der Primär- und Sekundärbewertung, wie von Lazarus und Launier beschrieben (1978), verstanden. Im Arbeitszusammenhang erweisen sich ferner Anforderungen, Kontrollspielräume (in Anlehnung an Karasek, und Theorell, 1990), Rückmeldungen (in Anlehnung an Siegrist, 1996) wie auch Erwartungen und Beziehungen (in Anlehnung an Malone et al., 1997) als bedeutsam. Dabei ist auch der Nicht-Arbeitsbereich miteinzubeziehen. Grundsätzlich werden in dem vorliegenden Buch beide Stressfacetten, Disstress und Eustress, berücksichtigt. Bei Burnout sind vor allem die zentralen Kennzeichen (Depersonalisierung, emotionale Erschöpfung, reduzierte persönliche Leistungsfähigkeit etc.) sowie der Prozesscharakter hervorzuheben. Arbeitssucht als spezielle Unterform wird bei den weiterführenden Abhandlungen lediglich am Rande erwähnt. Bei Gesundheit, als abstraktem Konstrukt, das das psychische und somatische Wohlbefinden einschließt, werden vor allem die genannten physischen bzw. psychosomatischen Befindlichkeitsbeeinträchtigungen berücksichtigt. Sowohl die Art und Weise der Ausgestaltung des psychologischen Kontraktes als auch das spezifische Commitment können Einfluss haben, wie Arbeitszufriedenheit, Stress und Burnout etc. bei einem Individuum ausgeprägt sind. Auch die umgekehrte Wirkung ist möglich, wenn der psychologische Kontrakt und Commitment Ergebnis eines bestimmten Arbeitserlebens sind.

Abbildung 3-12 fasst die genannten Aspekte noch einmal zusammen.

Abbildung 3-12: Dimensionen des Arbeitserlebens

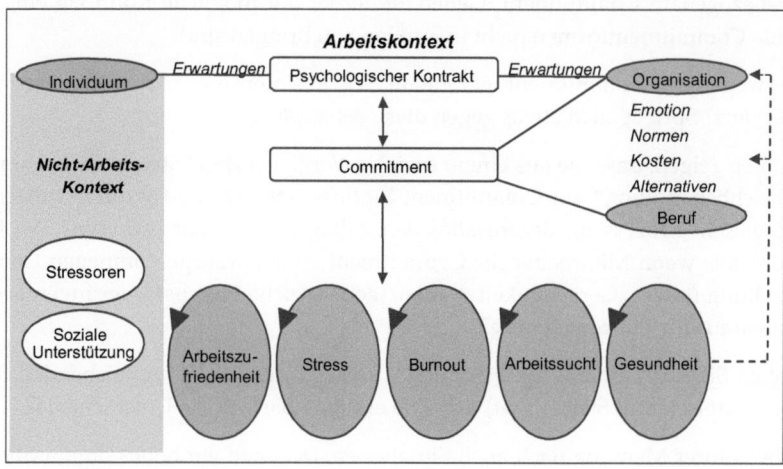

Nachdem nun die theoretischen Grundlagen ausgewählter Dimensionen des Arbeitserlebens geschaffen sind, wird in einem nächsten Schritt der Frage nachgegangen, welche Bedeutung das Erleben der modernen Arbeitswelt hat.

Fragen zur weiteren Beschäftigung mit dem Stoff

1. Guest und Conway (1997) haben im Kontext von Commitment verschiedene theoretische Facetten zusammengebracht. Veranschaulichen Sie sich diese anhand selbst gewählter Beispiele. Sehen Sie zwischen den einzelnen Facetten auch Überschneidungsprobleme?

2. Suchen Sie Beispiele für transaktionale und relationale psychologische Kontrakte.

3. Ziehen Sie Beispiele heran, die die Gegenüberstellung des „alten" und „neuen" psychologischen Kontrakts veranschaulichen.

4. Wenn man der Frage nachgeht, welche Kontraktart in Organisationen vorherrscht: Vermuten Sie Unterschiede je nach Branche, Berufsgruppe, Unternehmensgröße, Hierarchieebene etc.? Was könnte hierfür ursächlich sein?

5. Wenn Arbeitsplatzsicherheit nicht mehr das zentrale Austauschargument ist, welche anderen Anreize könnte eine Organisation bieten? Unterscheiden Sie zwischen Maßnahmen im Rahmen der Organisations- und der Personalentwicklung.

6. Nehmen Sie als Beispiel Altenpflegekräfte und beschreiben Sie die drei Facetten des Commitments. Unterscheiden Sie des Weiteren nach organisationalem und berufsbezogenem Commitment. Gehen Sie ferner auf mögliche Konflikte ein, wenn beide Commitmentformen nicht in Einklang zu bringen sind.

7. Weswegen ist Commitment gerade in wissensintensiven Arbeitsbereichen von Relevanz? Spricht auch etwas gegen diese Behauptung?

8. Studien zeigen, dass die aus einem sozialen Vergleich abgeleitete wahrgenommene „Gleichbehandlung" auf Commitment Einfluss übt. Welche Faktoren dürften sich bei diesem Prozess im organisationalen Alltag als relevant erweisen? Wo liegen Probleme, wenn Mitarbeiter ihr Commitment an der wahrgenommenen Gleichbehandlung (oder: „Gerechtigkeit") ausrichten? Welche Herausforderungen erwachsen daraus für Führungskräfte?

9. Stellen Sie noch einmal die zentralen Aussagen der ländervergleichenden Studie von Andolsek und Stebe (2004) dar. Wie erklären Sie sich die Unterschiede?

10. Gibt es Ihrer Meinung nach auch Situationen, in denen ein hohes organisationales Commitment in einer Abteilung nicht mit niedriger Fluktuation, geringem Absentismus und verbesserter Produktivität einhergehen kann? Worin könnten Gründe liegen?

11. Arbeitszufriedenheit kann mit jeweils unterschiedlicher Schwerpunktsetzung analysiert werden (z.B. relationale, konditionale Perspektive etc.). Veranschaulichen Sie sich mögliche Betrachtungsweisen anhand selbst gewählter Beispiele.

12. Wenn Sie das Modell zur Erklärung von Arbeitszufriedenheit nach Lawler empirisch umsetzen wollen, wo sehen Sie Schwierigkeiten?

13. Welche Konsequenzen könnten sich daraus ergeben, wenn man Arbeitszufriedenheit ausschließlich als persönlichkeitsbedingtes Konstrukt definieren würde?

14. Ziehen Sie konkrete Beispiele heran und veranschaulichen Sie sich die drei von Saari und Judge (2004) beschriebenen Formen, wie Arbeits- und Lebenszufriedenheit zusammenhängen können.

15. Wenn Arbeitszufriedenheit und Arbeitsleistung tatsächlich nur so gering miteinander korrelieren, welche Gründe könnte es noch geben, weswegen sich eine Organisation dafür interessiert, dass ihre Mitarbeiter zufrieden sind?

16. Wenden Sie die Aufgliederung der Stressoren in innere und äußere Stressoren auf die Situation „Bewerbungsinterview" an und machen Sie sich an diesem Beispiel Fragen der Überschneidungsproblematik und des Beobachterstandpunkts deutlich.

17. Das Modell von Sutherland und Cooper verbindet organisationsinterne Anforderungen, Merkmale des Individuums und mögliche Konsequenzen. Wenn Sie dieses Modell für eine Erhebung der Stressproblematik in einer Organisation verwenden

wollen, mit welchen Schwierigkeiten rechnen Sie? Unterscheiden Sie hierbei die Phasen Feldzugang, Instrumentenentwicklung, Durchführung der Befragung, Auswertung der Ergebnisse, Rückmeldung der Ergebnisse an die Organisation sowie Entwicklung von Handlungsinterventionen.

18. Nehmen Sie kritisch zu den von Karasek und Theorell (1990) beschriebenen vier Typen („high-strain-jobs", „active jobs" etc.) Stellung.

19. Wenden Sie das Modell der beruflichen Gratifikationskrise auf die Erklärung von Disstress bei Managern der obersten Managementebene sowie auf Arbeiter im Außendienst (z.B. Mülllader, Gärtner) an.

20. Ziehen Sie ein selbst gewähltes Beispiel heran und verdeutlichen Sie an diesem den Erklärungsbeitrag des Erwartungs-Beziehungs-Modells.

21. In den vorausgegangenen Ausführungen haben Sie das Argument kennengelernt, öffentliche Organisationen arbeiteten ineffizient und ineffektiv. Zugleich legen Daten der European Foundation for the Improvement of Working and Living Conditions dar, dass Arbeitsstress gerade in öffentlichen Verwaltungen ein Problem ist. Liegt Ihrer Ansicht nach ein Widerspruch vor? Wie erklären Sie sich die hohen Stresswerte in Organisationen der öffentlichen Wirtschaft?

22. Welche organisationalen Maßnahmen erachten Sie für besonders geeignet, um Disstress in der Belegschaft zu reduzieren?

23. Was spricht für und gegen einen persönlichkeitszentrierten Erklärungsansatz von Burnout?

24. Würden Sie unter gesamtgesellschaftlicher Perspektive heute auch noch mit marxistischen Entfremdungstheorien argumentieren oder erscheint Ihnen ein anderer theoretischer Ansatz besser geeignet?

25. Führen Sie sich die Kurzdarstellung der ausgewählten Burnoutsymptome und -phasen von Burisch (1994) vor Augen. Können Sie diese Darstellung nachvollziehen? Spricht etwas gegen die geschilderte Abfolge?

26. Welche Vor- und Nachteile sehen Sie, wenn Sie Burnout mit dem MBI erheben?

27. Ziehen Sie das Phasenmodell von Golembiewski und Mitarbeitern (1986) heran: Was spricht für die dargestellte Phasenfolge, was dagegen?

28. Nehmen Sie an, Sie möchten erheben, ob Führungskräfte der mittleren bis oberen Managementebene ausgebrannt sind. Für welches methodische Verfahren entscheiden Sie sich? Auf welche Schwierigkeiten müssen Sie sich einstellen?

29. Wird bei bestimmten Berufsgruppen schwerpunktmäßig Burnout erhoben? Welche Schwerpunkte können Sie erkennen? Welche Gruppen werden weitgehend ausgeblendet? Woran könnte dies liegen?

30. Wenden Sie die WHO-Definition von Sucht Punkt für Punkt auf Arbeitssucht an. Wie gut eignet sich die WHO-Definition als Bezugsgröße?

31. Welche der drei Gruppen, die Heide (2000) im Kontext von Arbeitssucht beschrieben hat, läuft Ihrer Meinung nach am meisten Gefahr, eine gesundheitsgefährdende Form der Arbeitssucht zu entwickeln?

32. Ziehen Sie ein selbst gewähltes Beispiel heran und diskutieren Sie kritisch das vorgestellte Phasenmodell der Arbeitssucht.

33. Ist das Karoshi-Syndrom Ihrer Meinung nach ein ausschließlich „japanisches Phänomen"?

34. Diskutieren Sie die Problematik, gesundheitliche Beeinträchtigungen eindeutig auf Arbeit zurückführen zu können.

3.2 Bedeutung des Arbeitserlebens für ausgewählte Systeme

Lernziel: Diskussion, was das Erleben von Arbeit für verschiedene Systeme, Gesellschaft, Organisation und Individuum, bedeuten kann.

Wichtige Begriffe: direkte, indirekte und psychosoziale Kosten – Gesundheitskosten – Kostenmessung – Arbeitsunfähigkeit – Verlust an Erwerbsjahren – Invalidität – Arbeitsunfälle.

Drei Ebenen lassen sich unterscheiden: Gesellschaft, Organisation und Individuum. Positive Formen des Arbeitserlebens können Vorteile auf gesellschaftlicher, organisationaler und individueller Ebene mit sich bringen (European Commission, 1998, 2000). Beispielsweise lassen günstige Arbeitsbedingungen erkennen, wie hoch die Wertschätzung ist, die eine Gesellschaft ihrer arbeitenden Bevölkerung entgegenbringt, und welche Qualität Arbeit aufweist. Gleiches kann auf organisationaler Ebene gelten. Auf der individuellen Ebene der Mitarbeiter können gute Arbeitsbedingungen psychisches und physisches Wohlbefinden sicherstellen und fördern.

Demgegenüber lassen sich Beispiele negativen Arbeitserlebens und dessen Folgen wie in Abbildung 3-13 zusammenfassen.

Auf der abstraktesten Ebene der Gesellschaft entfaltet das durchschnittliche, übliche und weitgehend akzeptierte Maß an gesundheitlichen Beeinträchtigungen Wirkung auf die Qualität der Arbeit. Werden körperliche und psychische Belastungen und Erkrankungen hingenommen oder nicht als arbeitsbedingte Erscheinungen angesehen, zeigt dies, wie oben schon erwähnt, nicht nur das Maß an Qualität der Arbeit, sondern auch, welchen „Verschleiß" an Menschen eine Gesellschaft bereit ist zur Steigerung des Wirtschaftswachstums in Kauf zu nehmen. Arbeits- und Gesundheitsschutzvorschriften können von rechtlicher Seite entsprechende Rahmenbedingungen schaffen, wie sich der konkrete Arbeitsalltag gestalten sollte. Doch hat dies Grenzen: Zum Teil werden gesetzliche Regelungen nicht umgesetzt, zum Teil bewegt sich Arbeit in einem ungeschützten Raum, wie beispielsweise in der (in diesem Buch nicht thematisierten) „Schattenarbeit", in der die Vorteile der „Steuerfreiheit" mit Nachteilen fehlender Schutzmechanismen eingekauft werden können.

Abbildung 3-13:   *Bedeutung des Arbeitserlebens*

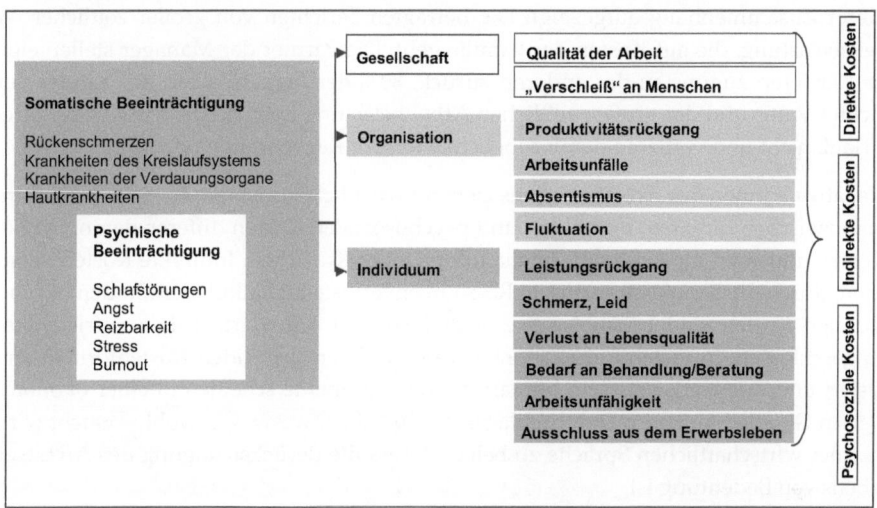

Herrscht in einer Organisation negatives Arbeitserleben vor, kann dies zumindest mittelfristig Produktionsrückgänge bedingen, wenn die Gesundheit der Mitarbeiter immer schlechter wird und die Organisation diese nicht einfach „ersetzen" kann. Es kann zu Arbeitsunfällen kommen, die ihrerseits wiederum die Gesundheit der Mitarbeiter nachhaltig schädigen können, Absentismus und Fluktuation werden zu einem wachsenden Problem. Die Organisation hat dann Rekrutierungs- und Einarbeitungskosten zu tragen. Zahlt das Unternehmen eine Firmenrente, stellen Frühverrentungen nicht unerhebliche Kostenpunkte dar. Aber auch das Image kann geschädigt werden, wenn eine Organisation durch ihre gesundheitsschädlichen Arbeitsbedingungen bekannt wird (Hoel et al., 2001).

Ein Individuum, das unter körperlicher und/oder psychischer Beeinträchtigung leidet, wird auf Dauer weniger leisten können. Sieht es sich einer großen Personalkonkurrenz ausgesetzt, kann die Angst hinzukommen, deswegen entlassen zu werden. Gesundheitsbeeinträchtigungen bedeuten in aller Regel Leid und reduzieren die Lebensqualität und -zufriedenheit. Es kann sein, dass das Individuum (juristischen, medizinischen, psychologischen) Rat und Behandlung benötigt – für deren Kosten es teilweise selbst aufkommen muss. Führen die Belastungen bis zur Arbeitsunfähigkeit, wird das Individuum aus dem Erwerbsleben ausgeschlossen und verliert damit eine zentrale soziale Integrationsform. Auch auf das soziale Umfeld haben Arbeitsbelastungen Einfluss: Erlebt ein Mensch lange und/oder sehr intensiv arbeitsbedingten Stress, kann dies auf das Privatleben ausstrahlen und Familien belasten. Die Lebensqualität nimmt ab, Kinder leiden und Scheidungsraten steigen (Ross & Altmaier, 1994).

In einer in zehn Ländern durchgeführten Befragung von 330 „Topmanagern" wurde dieser Zusammenhang aufgezeigt: Die Befragten berichten von großer zeitlicher Arbeitsbelastung, die auf Kosten der Familie geht. Die Partner der Manager stellen eigene Karrieren zugunsten des anderen zurück, 80% der Frauen haben auf Kinder verzichtet. Aufgrund der großen zeitlichen Arbeitbelastung nehmen die Mitarbeiter ihren Urlaub nicht und verlieren damit Möglichkeiten der Regeneration (Hunziger, 2004).

Negative Formen des Arbeitserlebens ziehen Kostenbelastungen nach sich. Dabei kann man zwischen direkten, indirekten und psychosozialen Kosten differenzieren. Direkte Kosten umfassen die Kosten der Behandlung einer Krankheit. Indirekte Kosten versuchen, durch die Krankheit bedingte Ressourcenverluste zu kalkulieren. In den psychosozialen Kosten sind beispielsweise auch Leid und reduzierte Lebenszufriedenheit eingeschlossen. In vielen Publikationen werden die ersten beiden Kostenformen analysiert und monetarisiert. Rein humanistische Argumente scheinen in einer ökonomisierten Gesellschaft kaum Durchschlagskraft zu haben, weswegen wohl versucht wird, in einer wirtschaftlichen Sprache zu belegen, dass die Berücksichtigung des Arbeitserlebens von Bedeutung ist.

Die meisten Daten gibt es zur Kostenmessung von (arbeitsbedingtem) Stress und (arbeitsbedingten) Krankheiten (wobei beides miteinander verwoben ist). Einige diesbezügliche Beispiele werden nun vorgestellt, auch wenn diese immer nur quantifizierende Annäherungen darstellen können – eine exakte Kostenbestimmung ist nicht möglich (Ross & Altmaier, 1994). Ein paar Vorüberlegungen sollen dem nicht unproblematischen Umgang mit Kostenberechnungen voraus geschickt werden.

■ Es fallen Gesundheitskosten an, wenn Personen präventiv Schritte ergreifen, um das Stressausmaß in einem für sie erträglichen Maß zu halten. Werden diese Kosten privat getragen, sind sie erst einmal keine gesamtgesellschaftlichen Kosten. Sie können aber auch von einer Krankenkasse in Form von für ihre Mitglieder angebotenen Programmen übernommen werden, wie dies noch bei einigen Krankenkassen der Fall ist. Dann sind die Kosten von gesamtwirtschaftlicher Bedeutung, sie können (zumindest kurzfristig) zur Beitragssteigerung beitragen. Doch wie ist mit diesen Kosten umzugehen, wenn sie gleichzeitig die Genese von stressbedingten Erkrankungen verhindern? Nachdem eine eindeutige Zurechenbarkeit des Anteils von Präventivmaßnahmen auf Gesundheit nicht möglich ist, gestaltet sich die Nutzenbestimmung entsprechend problematisch.

- Krankheitskosten können durch Arztbesuche, Krankenhaus- oder Kuraufenthalte, oder Rehabilitationsprogramme entstehen, aber auch durch Selbstmedikation. Während Letztere in der Regel wieder auf Kosten des Individuums geht, kommt für die anderen Maßnahmen meist eine Krankenkasse oder Berufsgenossenschaft auf.

- Erkranken Menschen an Stress oder Burnout, bleiben aber berufstätig, so ist davon auszugehen, dass ihre Leistungsfähigkeit im Laufe der Zeit abnimmt.

- Sind die Folgen von Stress und Burnout so massiv, dass sie zur Frühverrentung führen, bedeutet dies wiederum eine erhebliche gesamtwirtschaftliche Kostenbelastung.

Einfach ist die Rechnung aus verschiedenen Gründen nicht: Unter anderem kommt hier das Problem der Messbarkeit und Zuordenbarkeit von Stress zum Tragen. So sind entsprechende Herangehensweisen gefordert, beispielsweise den Anteil festzulegen, den die Arbeit auf die Entstehung von Rückenschmerzen hat. Rückkoppelungseffekte mit dem Nicht-Arbeits-Bereich sollen ausgeklammert werden. Auf der anderen Seite stellt sich die Frage, wie Kosten messbar sind, wenn man beispielsweise den Versuch unternimmt, Schmerzen und Leid in Euro auszudrücken.

Außerdem hat sich die Stress- und Burnoutbehandlung in den letzten Jahren zu einem nicht unbedeutsamen Wirtschaftsbereich entwickelt, der Arbeitsplätze schafft und Steuern einbringt. Die einen versprechen Bereitstellung von Messinstrumenten, Auswertung der Ergebnisse, die anderen bieten Seminare, Beratung, Coaching und Therapien an, um Gruppen oder Individuen zu helfen, die Pharmaindustrie preist ihre Medikamente an. So zynisch es klingt, mit Stress und Burnout ist Geld zu machen, das betriebswirtschaftlichen Nutzen auf Kosten des Individuums bringt.

Lässt man sich doch auf den Versuch der Messung ein, ist ein erster Ansatzpunkt, durch Stress verlorene Arbeitstage zu erheben. In Großbritannien sollen dies jährlich 40 Millionen Arbeitstage sein, in den USA werden circa 280 Millionen verlorene Arbeitstage pro Jahr auf Stress zurückgeführt (Emerging Health-Related Problems at Work, zit. in Di Martino, 2001).

Die meisten Studien gehen noch einen Schritt weiter und übersetzen Stress in Geldgrößen. Lässt man Fragen der Vergleichbarkeit der Studien und der konkreten Vorgehensweise bei der Kostenberechnung einmal beiseite, so wird über all diese Studien hinweg doch sehr deutlich, von welch weitreichender ökonomischer Relevanz das Phänomen Stress ist.

In Australien werden die Kosten von Berufsstress im Jahre 1994 auf 30 Millionen A\$ geschätzt (ca. 25 Mio. Euro, Emerging Health-Related Problems at Work, zit. in

Di Martino, 2001). Nach Tangri (2003) verursacht Stress über eine Reduktion der Produktivität Absentismus, Arbeitsunfälle, Fluktuation, medizinische und juristische Betreuungs- bzw. Behandlungskosten in den USA jährlich 300 Mrd. US-Dollar. Im Auftrag des Seco wurde eine Studie durchgeführt, die das Ausmaß von Stress in der Schweiz in der erwerbstätigen Bevölkerung und die dadurch verursachten Kosten ermittelt hat. Dabei beläuft sich der Gesamtbetrag der direkten finanziellen Kosten auf 4,2 Mrd. Franken (ca. 2,6 Mrd. Euro), wobei hier ausschließlich die dem Stress direkt angelasteten Kosten eingerechnet wurden. Dieser Gesamtbetrag setzt sich aus der medizinischen Versorgung (1,4 Mrd. Franken), der Selbstmedikation gegen Stress (348 Mio. Franken) und den Lohnkosten, die aufgrund von Fehlzeiten und Produktionsverlusten entstanden sind (2,4 Mrd. Franken), zusammen (Seco-Studie, 2003).

Von dem Unternehmen Alceta, das das größte Betriebsrentenunternehmen in Schweden ist, wurden Daten von über 1,4 Millionen Versicherten gesammelt (Rolander, 2001). Die Zahl neuer Krankheitsfälle (über 90 Tage) bei Angestellten im privaten Beschäftigungsverhältnis hat sich in der Zeit von 1997 bis 2000 deutlich erhöht. Einen besondern Anstieg hat die zusammengefasste Gruppe „Depression, Ausgebranntsein und Reaktionen auf starken Stress" verzeichnet. Die Zunahmeraten können der nachfolgenden Abbildung 3-14 entnommen werden.

Abbildung 3-14: *Zuwachsraten neuer Krankheitsfälle in Schweden*

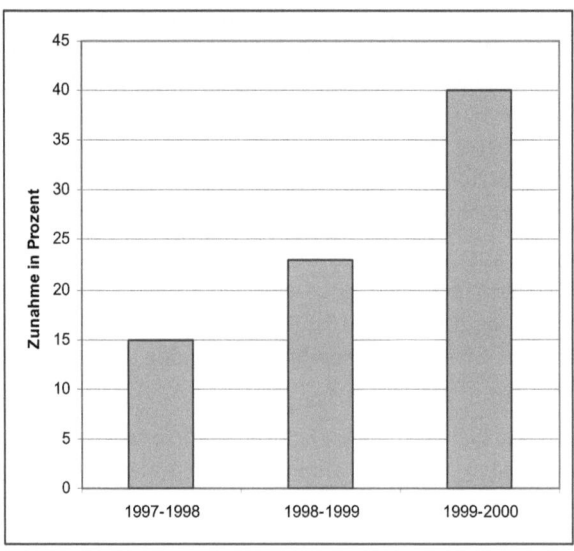

Quelle: In Anlehnung an Daten von Rolander, 2001, S. 5.

Basierend auf demselben Datensatz und wiederum bezogen auf Schweden legen Åsberg, Nygren und Rylander (2001) dar, dass die Kosten für Krankheitsurlaub von 1,7 Milliarden USD im Jahre 1998 auf 3,30 Milliarden USD im Jahr 2000 ebenso gestiegen sind wie die Zahl derer, bei denen eine psychische Erkrankung diagnostiziert wurde. Waren dies 1998 noch 11,7%, bewegte sich der Anteil der psychischen Erkrankungen im Jahr 2000 bereits bei 13,9%. Bei Personen, die mehr als 90 Tage krank sind, beläuft sich der Anteil sogar auf 30%. In einer weiteren Studie der Autoren, in der sie Patienten mit physischen Symptomen nach den von diesen vermuteten Krankheitsursachen befragten, wurde von zwei Dritteln der bisherige Arbeitsplatz als angenommene Ursache angegeben (ebd.).

Hoel und Mitarbeiter (2001) gelangen zu dem Schluss, etwa 40% der Kosten, die durch krankheitsbedingte Abwesenheit entstehen, seien auf Stress zurückzuführen.

Bezogen auf *Deutschland* bieten die Gesundheitsberichterstattung des Bundes (Bezugsjahr 2001, www.gbe-bund.de) und die metaanalytische Studie von Bödeker und Mitarbeitern (2002) interessante Einblicke. Nach der Gesundheitsberichterstattung des Bundes beliefen sich die direkten Krankheitskosten 1994 auf rund 174 Mrd. €. Die meisten Kosten werden von Krankheiten der Verdauungsorgane verursacht (dies erklärt sich durch Einschluss von Kosten für Zahnbehandlung und Zahnersatz in diese Rubrik, die etwa 50% dieses Postens ausmachen), gefolgt von Erkrankungen von Skelett, Muskeln und Bindegewebe, Kreislauferkrankungen sowie psychiatrischen Erkrankungen. Indirekte Kosten umfassen verlorene Erwerbstätigkeitsjahre und basieren dabei auf Arbeitsunfähigkeit, Invalidität und vorzeitigem Tod von Erwerbstätigen. In der Gesundheitsberichterstattung des Bundes werden diese Kosten mit 130 Mrd. € veranschlagt, wobei ein Verlust von 6,2 Mio. Erwerbsjahren angenommen wird.

Kritiker, wie beispielsweise Koopmanschap und Mitarbeiter (1995), erachten diese Berechung für zu hoch, schließlich würden durch Erwerbsunfähigkeit oder Tod Arbeitsplätze frei, die Arbeitslose übernehmen könnten. Ein alternatives Berechnungsverfahren könne in der Berücksichtigung der Lebensjahre anstatt der Erwerbstätigkeitsjahre gesehen werden. Der Verlust an Erwerbstätigkeitsjahren belief sich 1994 auf 24,9 Mio. Jahre; davon entfielen 10,5 Mio. Jahre auf Mortalität, 9,4 Mio. Jahre auf Invalidität und 5 Mio. Jahre auf Arbeitsunfähigkeit.

Bödeker und Mitarbeitern (2002) zufolge haben psychische Belastungen direkte Kosten in Höhe von 11,1 Mrd. € und indirekte Kosten von 13,4 Mrd. € verursacht. *Arbeitsausfälle* bedingt durch psychische Erkrankungen und Verhaltensstörungen verursachen Kosten von 4,87 Mrd. € (gemessen an dem Ausfall an Bruttowertschöpfung, Deutscher Bundestag, 2002).

Akute Gesundheitsbeeinträchtigungen in Form von meldepflichtigen *Arbeitsunfällen* sowie schwerwiegende Formen wie Arbeitsunfähigkeit und tödliche Arbeitsunfälle haben seit 1960 deutlich abgenommen. 2002 wurden in Deutschland von den gewerblichen landwirtschaftlichen Berufsgenossenschaften sowie den Unfallversicherungsträgern der öffentlichen Hand insgesamt 1.306.772 Arbeitsunfälle registriert. (Zum

Vergleich: In den 60er Jahren schwankte die Zahl noch zwischen 2,5 und 3 Mio.) 28.278 neue Arbeitsunfallrenten sowie 1.071 tödliche Arbeitsunfälle wurden aufgenommen (Deutscher Bundestag, 2002). Zu den meisten Arbeitsunfällen ist es in den Wirtschaftsbereichen Bau und Holz gekommen. Die niedrigsten Unfallzahlen werden im Gesundheitsdienst, in der Chemie-, Feinmechanik- und Elektronikbranche sowie im Handel und in Verwaltungen gemeldet. Anzeigen bei *Verdacht auf Berufskrankheit* und deren Anerkennung gehen teilweise weit auseinander. Die meisten Anzeigen berufen sich auf Hauterkrankungen, gefolgt von Lärmschwerhörigkeit, Probleme der Lendenwirbelsäule (Heben und Tragen), durch Asbest verursachte Erkrankungen usw. Während Quarzstaublungenerkrankungen zwar selten angezeigt, aber relativ gesehen meist als Berufskrankheit anerkannt werden, ist die Kluft zwischen Anzeige und Anerkennung bei Hauterkrankungen am größten.

Bödeker und Mitarbeiter (2002) zeigen, dass 44% der Arbeitsunfälle bei großer körperlicher Belastung passieren, bei 63% liegt psychische Belastung vor. Erweist sich die Gesundheitsbeeinträchtigung als so gravierend, dass es zur *Arbeitsunfähigkeit* kommt, wird nach der (wahrscheinlichen) Ursache gefragt. In etwa 29% der Fälle gehe diese auf körperliche Belastungen und in 31% auf psychische Belastungen zurück. Arbeitsunfähigkeit wird vor allem durch „Arbeitsschwere und Lastenheben" (23%) sowie durch „geringen Handlungsspielraum" (14%) und „geringe psychische Anforderungen" (9%) bedingt. Dementsprechend werden auch die meisten Kosten durch diese drei Faktoren hervorgerufen (Bödeker et al., 2002).

Zu ähnlichen Befunden gelangt der „Verband deutscher Rentenversicherungsträger", nach dessen Daten bei Frauen Erkrankungen der Psyche an erster Stelle als Ursache für Erwerbs- und Berufsunfähigkeit (mit 35 Prozent) stehen. Bei Männern folgen nach der Schädigung des Bewegungsapparates psychische Probleme mit 22 Prozent bereits an zweiter Stelle (VDR, 2001).

Der Volkswirtschaft entstehen durch Arbeitsunfähigkeit Kosten in Höhe von 44,15 Mrd. Euro, wenn der Produktionsausfall als Richtwert herangezogen wird; ist der Ausfall an Bruttowertschöpfung Grundlage der Berechnung, sind es sogar 69,53 Mrd. Euro (Deutscher Bundestag, 2002).

Die vorgestellten Daten liefern vor allem ökonomische Begründungen, weswegen es wichtig ist, auf das Arbeits*erleben* zu achten. Zieht man außerdem noch humanistische, ethische Argumente hinzu, wird die Bedeutung des Arbeitserlebens noch augenscheinlicher.

Das nächste Kapitel ist darauf konzentriert, Arbeitserleben speziell unter modernen Arbeitsbedingungen zu untersuchen.

Fragen zur weiteren Beschäftigung mit dem Stoff

1. Welche Problematik sehen Sie, versucht man, Kosten von Disstress zu messen?

2. Wenn es um die Begründung der Schaffung einer möglichst „gesunden" Arbeitsumgebung geht: Welche Durchsetzungskraft humanistischer – nicht-monetärer – Argumente erwarten Sie derzeit in Deutschland?

3. Wie erklären Sie sich, dass Arbeitsunfälle häufiger bei psychischer Belastung als bei körperlicher Beanspruchung geschehen?

3.3 Erleben neuer Arbeitsformen

Lernziel: Betrachtung neuer Formen von Arbeit mit Blick auf Arbeitserleben. Diskussion verschiedener Vor- und Nachteile organisationaler Strategien.

Wichtige Begriffe: Business Reengineering – Cost- und Profit-Center – Telearbeit – Lean-Management – Gruppen-, Team- und Projektarbeit – flexible Arbeitsverträge – flexible Arbeitszeitmodelle – Outsourcing – Downsizing – Qualitätsmanagement – KVP/Kaizen – Unternehmenskultur – Fort- und Weiterbildung – Technikeinsatz – (Un)Sicherheit – Moral – Motivation – Loyalität – Arbeitsbelastung – Arbeitsverdichtung – Autonomie – Arbeitszufriedenheit – Commitment – Stress – Burnout – gesundheitliche Beeinträchtigungen.

Werden Organisationen flexibler, implementieren sie neue Arbeitsformen, steigt die Komplexität der Koordinationsleistungen. Dies wirkt sich auch auf Individuen aus: Sie müssen mehr Autonomie und Eigenverantwortung an den Tag legen (Willke, 2004). Analog zu der oben eingeführten Struktur werden nachfolgend ausgewählte Facetten neuer Formen von Arbeit mit Blick auf mögliche Folgen für Individuen betrachtet. Dazu werden zu den wichtigsten Punkten exemplarisch Studienergebnisse herangezogen (vgl. Abbildung 3-15).

Abbildung 3-15: *Übersicht über das Kapitel „Erleben neuer Arbeitsformen"*

Gesellschaftliche Rahmenbedingungen	
Arbeit	Organisation
Neue Arbeitsformen	Arbeitserleben
Privatwirtschaft - Öffentliche Wirtschaft	

Erleben neuer Arbeitsformen

Neue Organisationsstrukturen	
Flexible Arbeitsmethoden	
Neue Wirtschaftspraktiken	
Aus- und Weiterbildung	Verschiedene Formen des Arbeitserlebens
Neues Entlohnungssystem	
Neue Verfahren der Leistungsmessung	
Neue Mitarbeiter	
Technikeinsatz	

3.3.1   Neue Organisationsstrukturen

In der bereits erwähnten Studie zu *Business Reengineering* von Elmuti und Kathawala (2000) wird deutlich, dass der Hauptgrund für das Scheitern dieser Strategie darin begründet liegt, dass die Mehrzahl der Beschäftigten die Umstrukturierung nur als „Chaos" und die versprochenen Vorteile nicht wahrnehmen bzw. erkennen können. Dies deutet auf Widerstände in der Belegschaft hin, die von den Autoren jedoch nicht weiter analysiert werden.

Einen guten Einblick, wie Business Reengineering erlebt wird, bietet eine britische Untersuchung, in deren Rahmen 5.000 Manager befragt wurden. Etwa 60% der befragten Manager haben während der zwölf Monate vor der Befragung große Reorganisationsprozesse (v.a. Downsizing und Outsourcing) erlebt. Als Folgen beschreiben die Befragten verschärfte Unsicherheit, gesenkte Moral und Verlust an Motivation und Loyalität. Zwar wären auf der einen Seite Rentabilität und Produktivität durch die Restrukturierungsmaßnahmen verbessert worden, doch haben sich zugleich Entscheidungsprozesse verlangsamt und wertvolle Humanressourcen sind verloren gegangen (Worrall & Cooper, 1997, 1998). Durch Restrukturierungsstrategien sehen sich viele Manager genötigt, deutlich mehr Stunden zu arbeiten, worunter mehr als die Hälfte leidet. 56% berichten von gesunkener Arbeitsmoral, 55% nehmen bei sich selbst niedrigere Produktivität wahr und 73% geben familiäre Probleme, mit Partner und Kindern, an. Abbildung 3-16 veranschaulicht, wie sich Loyalität, Moral, Motivation und Gefühl von Sicherheit durch Restrukturierungsmaßnahmen verändert haben.

Business Reengineering kann also ganz erhebliche psychosoziale Effekte nach sich ziehen, vor allem aber Angst um den Arbeitsplatz auslösen.

Wählen Organisationen Strategien der *Dezentralisierung*, lassen sich zwei Möglichkeiten differenzieren, die wiederum unterschiedliche Effekte auf das Arbeitserleben haben können (European Foundation for the Improvement of Living and Working Conditions, 2002a). In der ersten Form von Dezentralisierung erhalten Beschäftigte kaum mehr Autonomiespielräume. In einer so strukturierten Organisation sieht sich der Beschäftigte einem Spannungsfeld ausgesetzt, in dem auf der einen Seite hohe Ansprüche an ihn gestellt werden, er eine große Arbeitslast zu tragen hat, auf der anderen Seite aber kaum Autonomie zugestanden bekommt und er wenig Weiterentwicklungsmöglichkeiten in seiner Arbeit findet. Die zweite Form einer dezentralisierten Organisation fordert und fördert ein hohes Maß an Autonomie. Sie lässt sich als „soziotechnische Organisation" bezeichnen (European Foundation for the Improvement of Living and Working Conditions, 2002a). Je nach Vorliegen der ersten oder zweiten Dezentralisierungsvariante steigen oder schrumpfen Autonomiespielräume der Mitarbeiter. Abhängig davon, welche Einstellung sie zu Autonomie haben, ob sie diese schätzen oder als überfordernd erleben, wird sich dies auf die Arbeitszufriedenheit auswirken.

Abbildung 3-16: *Psychosoziale Effekte von Restrukturierung auf Mitarbeiter*

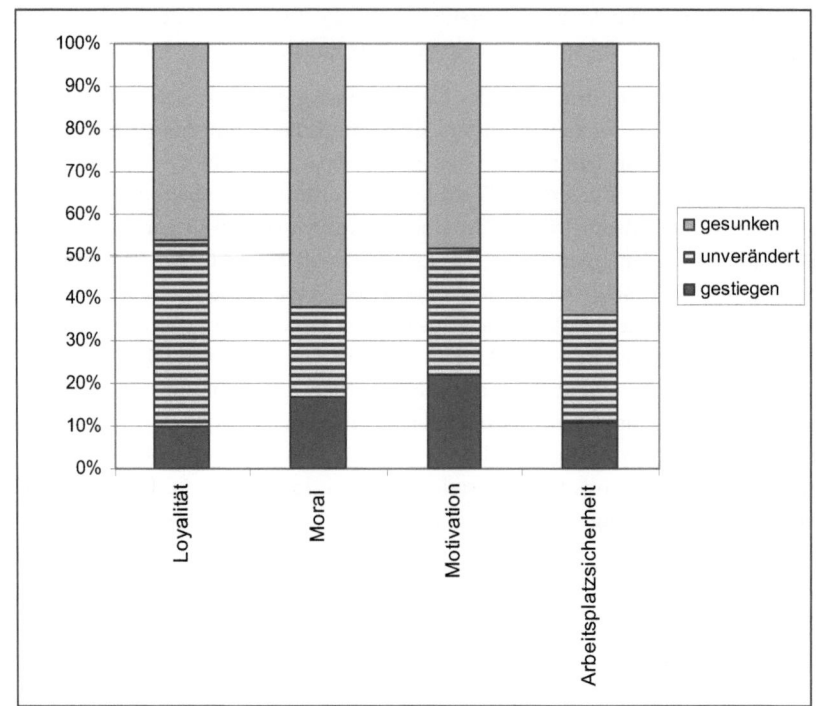

Quelle: In Anlehnung an Daten von Worrall, Cooper & Campbell, 2000a, S. 33.

Die Bildung von Cost- und Profit-Centern als konkrete Dezentralisierungsmaßnahme kann erhebliche Koordinations-, Integrations- und Kontrollprobleme hervorrufen (Müller-Jentsch, 2003). Das Problem ist insbesondere dann gegeben, wenn die an sich angestrebte Selbstorganisation funktioniert. Die Subsysteme können sich dann abkoppeln, nach eigenen „Gesetzen" arbeiten und auf Steuerungsversuche von außen (von der Konzernzentrale) kaum mehr in der von dieser gewünschten Form reagieren. Weiterhin kann der Wettbewerb, der zwischen den Cost- und Profit-Centern besteht, negative Effekte mit sich bringen, wenn etwa Desintegration und Konzentration auf Partikularinteressen gefördert werden. Manchmal sind die mit der Dezentralisierung verbundenen Effekte derart gravierend, dass Organisationsentwickler über eine Re-Zentralisierung versuchen, die aufgekommenen Schwierigkeiten zu meistern (Hirsch-Kreinsen, 1995, Funder, 1999).

Telearbeit, eine weitere Dezentralisierungsstrategie, kann positive und negative Konsequenzen für Individuen haben. Stengel (1997) weist auf das Risiko hin, dass die soziale

Kompetenz der Telearbeiter abnimmt und sie in soziale Isolation gleiten. Durch Verschwimmen der Grenzen zwischen Arbeit und Freizeit können Erholungsräume schrumpfen und Stress zunehmen. Die Gefahr der Selbstausbeutung ist gegeben. Außerdem erfordert Telearbeit oft ein hohes Maß an Selbstdisziplin. Der Arbeits- und Gesundheitsschutz kann bei Telearbeit deutlich weniger kontrolliert bzw. kontrollierbar sein, wodurch das Individuum insofern mehr Risiken ausgesetzt ist.

Inwiefern eine mit Telearbeit möglicherweise verbundene Flexibilisierung der Arbeitszeit positive oder negative Folgen für ein Individuum hat, hängt von dem Individuum selbst ab. Alles in allem ist es eine Frage der individuellen Wertmuster, Fähigkeiten und sozialen Normen, ob ein Individuum eher die Vorzüge der Telearbeit nutzen kann oder an Nachteilen leidet (ebd.).

Empirische Studien belegen eine tendenziell positive Einstellung zu und Erfahrung mit Telearbeit (Picot et al., 2001). So attestieren Telearbeiter im Vergleich zu Nicht-Telearbeitern ihrem Arbeitsplatz eine höhere Attraktivität (Schwarb, Vollmer & Niederer, 2000). Auch erleben sie mehr Selbständigkeit und Entscheidungsfreiheit (Adami, 1999). Weiterhin erachten Telearbeiter ihre Organisation aufgrund der Einführung der Telearbeit als fortschrittlich und gehen auch davon aus, dass dies deutlich die Außenwirkung der Organisation beeinflusst. Dies trägt zu einer stärkeren Identifikation mit der Organisation bei (Brandes, 1999, Metzger et al., 2003).

In einer Studie bei einem Schweizer Versicherungsunternehmen, das verschiedene Telearbeitsformen eingeführt hat, stellen Metzger und Mitarbeiter (2003) folgende Zusammenhänge fest (vgl. Tabelle 3-4):

Tabelle 3-4: *Zusammenhang zwischen Arbeitszeit außerhalb der Organisation und verschiedenen Variablen*

	Korrelationskoeffizient (Spearman-Rho)
Attraktivität der Arbeit	0,25**
Autonomie	0,19**
Möglichkeit der freien Zeiteinteilung	0,41**
Geschäftliche Kommunikation	-0,21**
Private Kommunikation mit dem Team	-0,19**
Teamzusammenhalt	-0,18**
Teamkommunikation	-0,16**

Quelle: In Anlehnung an Metzger et al., 2003, S. 155.

Telearbeit macht Arbeit attraktiver, die Möglichkeit freier Zeiteinteilung und das Autonomieerleben steigen. Diese Vorteile gehen auf Kosten privater und geschäftlicher Kommunikation sowie des Teamzusammenhalts und der Teamkommunikation.

Die organisationale Identifikation von Telearbeitern wird durch Partizipationsmöglichkeiten, Attraktivität der Arbeit, wahrgenommenes Image der Organisation, Kommunikation mit dem Vorgesetzten sowie Betriebszugehörigkeit gefördert. Je mehr Autonomie Telearbeiter erleben, umso weniger sind sie identifiziert (ebd.).

Lean-Management ist die nächste Form moderner Organisationsstrukturen, die betrachtet werden soll. Manche Untersuchungen deuten auf eine Verbesserung der Arbeitssituation von Mitarbeitern in Organisationen mit flachen Hierarchieebenen hin, im Sinne ausgeweiteter Autonomie und Verbesserung der Qualifikationen (Womack et al., 1990). Andere Studien zeigen auf, wie Mitarbeiter das Gefühl entwickeln, Arbeitsanforderungen seien gewachsen, aber Kontrollmöglichkeiten zurückgegangen (Rinehart et al., 1997, Garrahan & Stewart, 1992, Barker, 1999, Sewell, 1998). Vor allem fänden sich in Organisationen, die auf Lean Management setzen, sehr viele Arbeitsplätze, die hohe psychische Anforderungen stellen, keine oder kaum Entscheidungsspielräume bieten und so Dauerstress bedeuten („high strain jobs") (Oeij & Wiezer, 2002). Negative Effekte von flachen Organisationsstrukturen zeigen sich also sowohl bezüglich des Arbeitsinhaltes als auch der Gesundheit (Landsbergis et al., 1999, Jackson & Mullarkey, 2000, Lewchuck et al., 2001). Zuletzt ist noch zu ergänzen, dass hierarchisch schlanke Organisationen kaum Aufstiegsmöglichkeiten bieten und Mitarbeiter so wenig Entwicklungsperspektiven haben (Kühl, 1995).

Es gibt zahlreiche Studien, die das Erleben von *Gruppen-, Team- oder Projektarbeit* erheben. Vorwegschickend kann auf die Ergebnisse von Wegge (2001) hingewiesen werden, nach denen Gruppenarbeit grundsätzlich drei positive, motivationsförderliche Effekte auslösen kann: soziale Förderung („social facilitation effect"), Köhler-Effekt und Aufopferungseffekt („social compensation effect"). Dem stehen als mögliche, motivationssenkende Wirkungen gegenüber: sozialer Müßiggang („social loafing effect"), Trittbrettfahrereffekt („free rider effect") und der „sucker effect", bei dem sich Individuen in der Gruppe nicht engagieren wollen, weil sie den Eindruck haben, damit als Einzige Leistung zu bringen.

Wird *Teamarbeit* gefordert und gefördert, kann es zu gemischten (positiven, wie negativen) Folgen kommen (Blyton & Bacon, 1997, Findlay et al. 2000). Positive Effekte sind Autonomiegewinn sowie Erhöhung der Arbeitszufriedenheit und Identifikation (Appelbaum et al., 2000). Außerdem erhalten Personen, die im Team arbeiten, von der Organisation mehr formelle und informelle Weiterbildung (ebd.). Andere Studien weisen jedoch auch auf mögliche Schattenseiten der Teamarbeit hin: Arbeitsverdichtung und Kontrollverlust (Rinehart et al., 1997, Garrahan & Stewart, 1992, Barker, 1999, Sewell, 1998). Parker und Slaughter (1988) beschreiben Probleme, wenn Mitarbeiter mit Einführung von Teamarbeit nicht mehr ausreichend Verantwortung übertragen bekommen oder wenn sie ihre Kollegen kontrollieren sollen (Parker & Slaughter, 1988) oder sich von diesen kontrolliert fühlen (Nienhüser, 1988).

Ob eher Vor- oder Nachteile der Teamarbeit dominieren, hängt von vielen Faktoren ab. Unter anderem sind die Einstellungen und Ziele des Managements von Relevanz (Drago, 1996, Heller et al., 1998). Dabei steht meist nicht die Humanisierung der Arbeit als Hauptmotor im Vordergrund, sondern die Verbesserung der Produktivität oder Erhöhung der Kundenzufriedenheit (Buchanan, 1994). Oft ist die Einführung von Gruppenarbeit Folge einer systematischen Rationalisierung, die bei Individuen Rollenambiguität, ein nachgewiesener Belastungsfaktor, auslöst (Nienhüser, 1988).

Sind Ziele des Managements bei Implementierung von Teamarbeit breiter ausgerichtet und nicht eng auf wenige ökonomische Kennzahlen reduziert, erhöht dies die Chance positiver Effekte von Teamarbeit (Bacon & Blyton, 2000a, b). Nach Delbridge und Whitfield (2001) erweist es sich von Vorteil, wenn Teams ihren Teamleiter selbst bestimmen können. Ebenso ist die Wahrnehmung bezüglich der Sicherheit bzw. Gefährdung des Arbeitsplatzes ausschlaggebend, was vor allem dann zum Tragen kommt, wenn Teamarbeit im Zuge von Personalfreistellung eingeführt wird (Hunter et al., 2002, Bacon & Blyton, 2003).

In ihrer empirischen Studie zu Effekten der Einführung von Gruppenarbeit halten Bacon und Blyton (2003) folgende Befunde fest (vgl. Tabelle 3-5):

Tabelle 3-5:   *Folgen der Einführung von Gruppenarbeit*

n = 401, Erhebungsjahr 1999	Gestiegen* (%)	Gefallen** (%)
Qualifikationsniveau der Tätigkeit	71	7
Vielfältigkeit der Arbeit	62	11
Umfang an Fort- und Weiterbildung	51	30
Qualität	51	8
Arbeitsumfang	84	6
Arbeitstempo	69	9

* Gestiegen umfasst „gestiegen" und „stark gestiegen", ** Gefallen umfasst „gefallen" und „stark gefallen". Der Wert „gleich geblieben" ist hier nicht dargestellt.

Quelle: Bacon & Blyton, 2003, S. 21, Übersetzung durch die Autorin.

Nach Einführung von Gruppenarbeit berichten Mitarbeiter von einem gestiegenen Qualifikationsniveau und erhöhter Aufgabenvielfalt ihrer Tätigkeit. Außerdem haben sie mehr Einfluss auf die Qualität ihrer Arbeit. Zugleich nehmen mit Gruppenarbeit Arbeitsumfang und Tempo zu. Bezüglich des Aspekts der Fort- und Weiterbildung fallen die Antworten auseinander: Eine Gruppe hat mehr Zugang zu entsprechenden Entwicklungsmaßnahmen, die andere weniger.

Interessant sind auch die Ergebnisse einer Längsschnittuntersuchung der Autoren (Bacon & Blyton, 2003, vgl. Tabelle 3-6):

Tabelle 3-6:   *Zufriedenheit mit verschiedenen Facetten der Arbeit nach Einführung von Gruppenarbeit*

n = 453 Erhebungsjahr 1991 *n = 401 Erhebungsjahr 1999*	Jahr	zufrieden* (%)	unzufrieden** (%)
Umfang von Fort- und Weiterbildung	1991	35	44
	1999	38	46
Möglichkeiten, Fähigkeiten und Fertigkeiten einzusetzen	1991	44	35
	1999	58	26
Vielfältigkeit der Arbeit	1991	57	25
	1999	67	19
Verantwortungsspektrum	1991	55	26
	1999	61	17
Freiheit, Organisation der Arbeit zu beeinflussen	1991	40	45
Freiheit, eigene Arbeitsmethode zu wählen	1999	65	16
Einbeziehung in übergeordnete Entscheidungen	1991	26	56
	1999	28	43

* Zufrieden umfasst „zufrieden", „sehr zufrieden" und „extrem zufrieden"

** Unzufrieden umfasst „unzufrieden", „sehr unzufrieden" und „extrem unzufrieden"

Quelle: Bacon & Blyton, 2003, S. 22, Übersetzung durch die Autorin.

Was den Umfang von Fort- und Weiterbildungsmaßnahmen angeht, polarisieren die Antworten der Befragten 1999 stärker als 1991. Positiv entwickeln sich Möglichkeiten, Fähigkeiten und Fertigkeiten einzusetzen, die Vielfältigkeit der Aufgabenbereiche, das Verantwortungsspektrum und die Partizipation bei übergeordneten Entscheidungsprozessen. Alles in allem scheint Gruppenarbeit für die Beteiligten überwiegend positiv zu sein.

Zwei spezielle Gruppenformen sollen abschließend noch kurz betrachtet werden: Projekt- und teilautonome Arbeitsgruppen.

Projektgruppen erweisen sich unter anderem aufgrund bereichsübergreifender Zusammenarbeit und effektiver Problemlösung häufig als positiv. Dem stehen mögliche Nachteile in Form von Konflikten um Ressourcen und Macht gegenüber, vor allem zwischen dem Projekt- und Linienmanagement (Antoni, 2003).

Teilautonome Arbeitsgruppen werden in den meisten Studien ebenfalls positiv beurteilt, in ökonomischer wie in sozialer Hinsicht (Antoni, 2003). Es gibt auch Ausnahmen: Windels (1996) Studie in einem elektrotechnischen Unternehmen legt offen, dass nach der Implementierung von sich selbst organisierenden Gruppen nur innerhalb des ersten Jahres die soziale Unterstützung innerhalb der Gruppe und die Arbeitszufriedenheit gestiegen sind. Danach ging das persönliche Wohlbefinden der Individuen zurück.

3.3.2 Flexible Arbeitsmethoden

Flexible Arbeitsverträge beruhen, wie bereits ausführlich dargelegt, häufig auf Befristung. Einige Studien vergleichen beispielsweise „organisational citizenship behavior" von Festangestellten mit dem „organisational citizenship behavior" von Personen mit befristeten Verträgen. Dabei gelangen van Dyne und Ang (1998) zu dem Ergebnis, dass das „organisational citizenship behavior" bei befristet Beschäftigten geringer ist. Zu genau entgegengesetzten Ergebnissen kommen beispielsweise Parker und Mitarbeiter (2002) oder Feather und Rauter (2004), die ein vergleichsweise höheres „organisational citizenship behavior" bei Mitarbeitern mit befristeten Arbeitsverträgen feststellen. Dies könnte unter anderem daran liegen, dass Personen mit befristeten Verträgen auf diese Weise ihre Fähigkeiten und Bereitschaft zu externaler Kontrolle demonstrieren möchten und sich dadurch erhoffen, eine Festanstellung zu erhalten. Sie versuchen also, trotz gleichzeitig niedriger Arbeitszufriedenheit und größerem Unsicherheitsempfinden hohes „organisational citizenship behavior" an den Tag zu legen. Eine ganze Reihe von Studien belegt, dass Menschen mit befristeten Arbeitsverträgen oder Personen, die in Zeitarbeit arbeiten, vergleichsweise schlechten Arbeitsbedingungen ausgesetzt sind und im Allgemeinen mehr über gesundheitliche Beeinträchtigungen klagen (Letourneux, 1997, Platt, 1997, Benach & Benavides, 1999, Goudswaard & Andries, 2002, vgl. Abbildungen 3-17 und 3-18).

Abbildung 3-17: *Beschäftigungsform und Arbeitsbedingungen: physikalische Risiken*

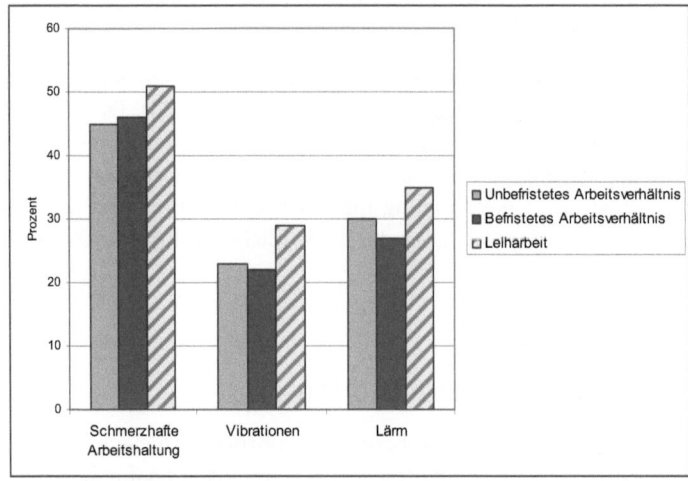

Quelle: In Anlehnung an die European Foundation for the Improvement of Living and Working Conditions, 2002a, S. 10.

Die Abbildung zeigt, dass Personen, die einen unbefristeten Arbeitsvertrag haben, weniger in schmerzverursachenden Arbeitshaltungen arbeiten müssen als ihre Kollegen mit befristeten Verträgen oder die als Leiharbeiter in das Unternehmen gekommen sind. Die letzte Gruppe ist insgesamt die am stärksten belastete.

Die beiden Personengruppen, befristet Beschäftigte und Leiharbeiter, haben auch ungünstigere Arbeitsbedingungen, was Arbeitstempo, Monotonie und fehlende Kontrollspielräume angeht. Außerdem kommt Fort- und Weiterbildung in erster Linie Personen in einem unbefristeten Arbeitsverhältnis zugute (vgl. Abbildung 3-18).

Abbildung 3-18:   *Beschäftigungsform und Arbeitsbedingungen: Arbeitsintensität, Monotonie, Autonomie und Weiterbildung*

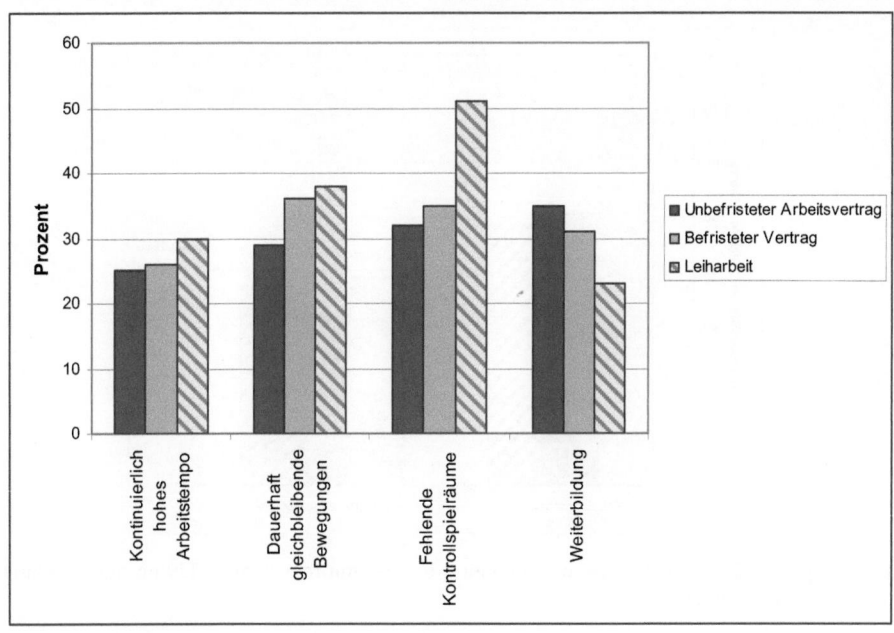

Quelle: In Anlehnung an European Foundation for the Improvement of Living and Working Conditions, 2002a, S. 10.

Des Weiteren bestätigen die Daten, dass Arbeitsunfälle überproportional bei Leih- und Zeitarbeitern auftreten (vgl. Abbildung 3-19):

Abbildung 3-19:   *Arbeitsunfälle bei Zeit- und Leiharbeitern im Vergleich zu allen Erwerbstätigen*

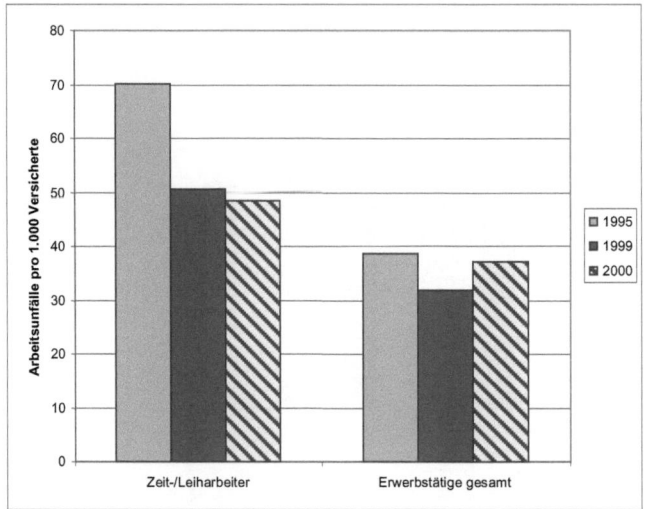

Quelle: VGB 2002, zit. in European Foundation for the Improvement of Living and Working Conditions, 2003b, S. 12

Bei den betroffenen Personengruppen kann ein Einflussbündel zusammenkommen, das über die ausschließliche Betrachtung der Art des Arbeitsvertrags hinausgeht und andere Variablen mit einschließt, zum Beispiel Alter, Beruf oder konkretes Tätigkeitsfeld (European Foundation for the Improvement of Living and Working Conditions, 2002a).

Insgesamt scheint die Personengruppe mit unbefristeten Arbeitsverträgen begünstigt zu sein und ihre Arbeit tendenziell positiver zu erleben.

Als Nächstes wird das Erleben bestimmter *Arbeitszeitmodelle* herausgegriffen. Bei der Flexibilisierung der Arbeitszeiten gilt zu berücksichtigen, dass der „Flexibilisierungsbedarf" der Beschäftigten in der Regel kleiner ist als jener der Unternehmen. Flexible Arbeitszeitmodelle bringen nicht automatisch größere Zeitsouveränität oder höhere Lebensqualität der Beschäftigten mit sich (Eberling et al., 2004). Zieht man das Beispiel der Vertrauensarbeitszeit heran, kann man auf die Gefahr der zeitlichen Ausbeutung verweisen (Wagner, 2001). Nachteile für die Beschäftigten beinhalten nicht vergütete Überstunden wie auch Kosten in Form von zusätzlicher psychischer Belastung.

Wie in Kapitel 2 bereits geschildert, haben die meisten Beschäftigten keinen Einfluss auf den zeitlichen Umfang ihrer Arbeit (European Foundation for the Improvement of

Living and Working Conditions, 2002a). Dabei ist Zufriedenheit mit dem zeitlichen Umfang des Beschäftigungsverhältnisses oft nicht gegeben: Nach einer Untersuchung aus dem Jahre 1997 möchten die meisten Vollzeitbeschäftigten (63%) nicht mehr, sondern eher weniger arbeiten (National Study of the Changing Workforce, Bond et al., 1998). Vor allem ältere Arbeitnehmer würden gerne ihre Arbeitszeit reduzieren (Fagan, 2001). Gleichzeitig machen andere Studien deutlich, dass Teilzeitbeschäftigte in der Tendenz lieber einen Vertrag mit einem größeren Stundenumfang hätten (Fagan, 2001, Lilja & Hämäläinen, 2001). Insgesamt wünschen sich nach einer Befragung unter deutschen Erwerbstätigen 74% mehr Mitsprachemöglichkeit bei der Gestaltung ihrer Arbeitszeit (Föste et al., 2001).

Die Art und Weise der Arbeitszeitgestaltung hat gesundheitliche Auswirkungen. Von Bedeutung ist dabei nicht nur die Stundenanzahl, sondern auch die Vorhersehbarkeit der Arbeitszeiten (European Foundation for the Improvement of Living and Working Conditions, 2002a). Boisard und Mitarbeiter (2003) haben zudem den Zusammenhang zwischen Arbeitszeitform und gesundheitlichen Beeinträchtigungen erhoben und belegen eindeutig höhere Gesundheitsbeeinträchtigungen bei atypischen Arbeitszeiten. Am stärksten sind Personen betroffen, die an mindestens einem Tag pro Monat mehr als zehn Stunden pro Tag arbeiten (70% von diesen Personen leiden unter Gesundheitsbeeinträchtigungen). Auch Rückenschmerzen treten vermehrt bei Personen mit atypischen Arbeitszeiten auf, vor allem bei Personen im Schichtdienst. Auch andere gesundheitliche Beschwerden sind bei Menschen, die atypische Arbeitszeiten haben, häufiger vorhanden: Hörprobleme, Magenschmerzen, Verletzungen, Stress, allgemeine Erschöpfung, Schlafstörungen und Reizbarkeit (ebd.).

Weiterhin kann man festhalten, dass Arbeitsunfähigkeit (in Folge eines Unfalls oder Krankheit) bei Beschäftigten mit atypischen Arbeitszeiten vermehrt auftreten (vgl. Abbildung 3-20).

Zahlreiche Studien haben den Zusammenhang von Einstellungen zur Arbeit bei Teilzeit- und Vollzeitbeschäftigten untersucht (z.B. Sinclair, Martin & Michel, 1999). Mögliche Auswirkungen auf die Arbeitszufriedenheit gelangen zu widersprüchlichen Erkenntnissen: Einige Studien finden bei Teilzeitbeschäftigten im Vergleich zu Vollzeitbeschäftigten eine geringere Arbeitszufriedenheit (z.B. Shockey & Mueller, 1994), andere eine höhere (Krausz, Sagie & Bidermann, 2000).

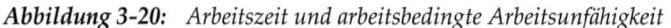

Abbildung 3-20: *Arbeitszeit und arbeitsbedingte Arbeitsunfähigkeit*

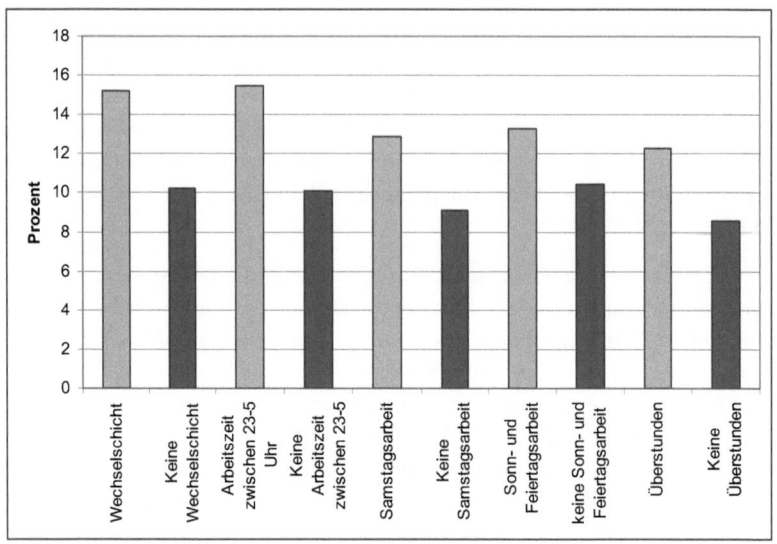

Quelle: In Anlehnung an Daten des Deutschen Bundestages, 2002, S. 36.

Zur Erklärung von Unterschieden zwischen Teil- und Vollzeitbeschäftigten können verschiedene theoretische Bezüge hergestellt werden (Thorsteinson, 2003). Die Theorie der Partialinklusion begründet eine niedrigere Arbeitszufriedenheit bei Teilzeitbeschäftigten mit der geringeren Einbindung (Martin & Hafer, 1995). Zugleich könnte diese geringe Einbindung auch zu einer Erhöhung der Arbeitszufriedenheit führen, wenn Mitarbeiter dadurch weniger negativ zu wertende Informationen über die Organisation erhalten (Eberhardt & Shani, 1984). Andere Autoren finden, unabhängig von dem Gefühl der Einbindung, unter Teilzeitbeschäftigten eine höhere Arbeitszufriedenheit (Barker, 1993).

Unter dem Blickwinkel der Austauschtheorie stellen einige Autoren die Bedeutung der zugrunde gelegten sozialen Bezugsgruppe heraus. Wenn Teilzeitbeschäftigte nicht andere Teilzeitbeschäftigte, sondern Vollzeitkräfte als soziale Vergleichsgruppe heranziehen, ist ihre Arbeitszufriedenheit in der Tendenz niedriger (Thorsteinson, 2003).

Vor dem Hintergrund von Person-Environment-Fit-Ansätzen wird geprüft, inwieweit der Arbeitsstatus (Teil-/Vollzeit) den Wünschen der Beschäftigten entspricht und dies Auswirkungen auf die Arbeitszufriedenheit hat (Burke & Greenglass, 2000, Krausz et al., 2000). So plausibel der in Frage gestellte Zusammenhang auch erscheinen mag, einige Studien können jedoch keine Korrelation von Erwartungserfüllung und Arbeitszufriedenheit nachweisen (z.B. Keil et al., 2000, Krausz et al., 2000).

Von besonderer Bedeutung ist, ob die Teilzeitkräfte freiwillig oder unfreiwillig (nur) eine stundenreduzierte Anstellung haben. Bei Unfreiwilligkeit liegt eine reduzierte Arbeitszufriedenheit vor (Keil et al., 2000).

Auf Basis seiner Meta-Analyse legt Thorsteinson (2003) dar, dass die Arbeitseinbindung („job involvement") bei Vollzeitkräften höher ist als bei Teilzeitbeschäftigten. Mit der Bezahlung, den kollegialen Beziehungen und dem Arbeitsinhalt sind Vollzeitbeschäftigte zufriedener als Personen, die stundenreduziert arbeiten. Dieser Analyse zufolge bestehen keine Unterschiede, was die Wahrnehmung von Entwicklungsperspektiven und die Zufriedenheit mit dem Vorgesetzten angeht.

Das Interesse an flexibilisierten Arbeitszeiten hält sich in Grenzen. Aus Grotes (2002) Untersuchung geht hervor, dass v.a. gewerbliche Mitarbeiter wenig Bereitschaft zeigen, Mehrarbeit zu leisten und wenn doch, dann nur in erkennbaren Ausnahmezuständen und gegen entsprechende Vergütung. Anders ist es bei den Angestellten, die sich signifikant häufiger dazu bereit erklären würden, Überstunden zu leisten und ihre Arbeitszeit den betrieblichen Erfordernissen anzupassen. Den empirischen Daten von Föste und Mitarbeitern (2001) zufolge hätten 71% der Erwerbstätigen am liebsten geregelte Arbeitszeiten von Montag bis Freitag. Innerhalb dieses Zeitfensters wünschen sich die meisten (65%) jedoch möglichst viele Freiräume.

Fasst man Flexibilisierung von Arbeitsverträgen und Arbeitszeit unter dem Dach prekärer Beschäftigungsverhältnisse zusammen, zeigen sich im Vergleich zu Normalarbeitsverhältnissen einige Effekte (vgl. Abbildung 3-21).

Das Bild fällt gemischt aus: Unzufriedenheit mit der Arbeit ist bei Zeitarbeitern vergleichsweise groß. Am geringsten ist sie bei Teilzeitmitarbeitern in unbefristeten Beschäftigungsverhältnissen. Stress wird dagegen v.a. von unbefristet Beschäftigten erlebt und ist im Verhältnis dazu bei Zeitarbeitern geringer. Erschöpfung hängt offensichtlich am meisten vom Arbeitszeitumfang ab, da sie bei Vollzeitkräften deutlich höher ist als bei Teilzeitbeschäftigten. Ähnlich ist das Verhältnis zwischen den Gruppen bei krankheitsbedingten Fehlzeiten. Diese sind bei Zeitarbeitern in Vollzeit am höchsten. Teilzeitkräfte, die befristet beschäftigt sind, haben tendenziell niedrigere Fehlzeiten als Personen in unbefristeten Arbeitsverhältnissen.

Die meisten Studien belegen einen schlechteren Gesundheitszustand bei Personen in so genannten „prekären" Beschäftigungsverhältnissen (Letourneux, 1997, Platt, 1997, Benach & Benavides, 1999, Goudswaard & Andries, 2002).

Abbildung 3-21: *Arbeitserleben in Abhängigkeit des Beschäftigungsverhältnisses*

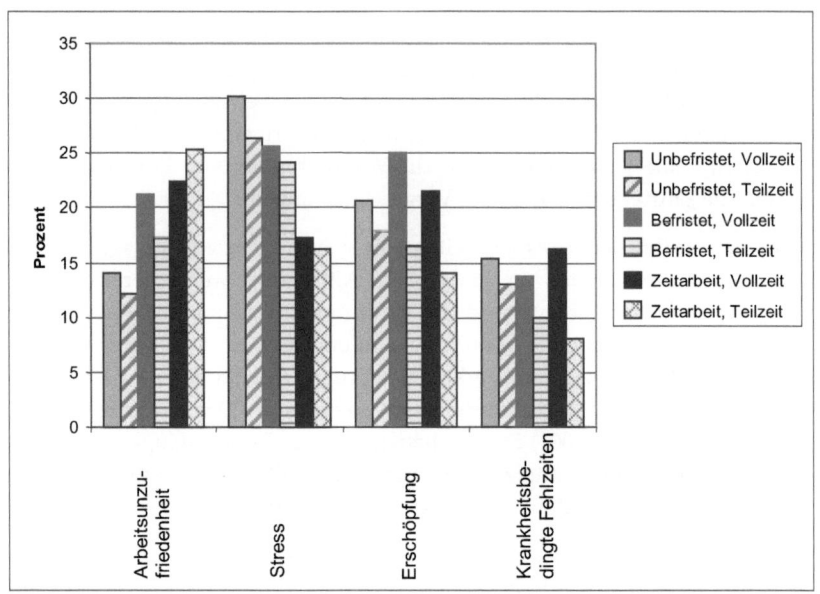

Quelle: In Anlehnung an Daten der European Foundation for the Improvement of Living and Working Conditions, 2002b, S. 14.

Aktuelle Studien zur Wirkung der Flexibilisierung von Kompetenzen („Multi-Skilling") oder der Einführung von Job Rotation, Enlargement oder Enrichment liegen kaum vor. Eine Studie von Grote (2002) erhebt das Interesse von Erwerbstätigen an diesen Arbeitsformen. Gewerbliche Mitarbeiter wünschen sich sowohl Job Enrichment als auch Job Enlargement. Angestellte sprechen sich vor allem für Job Enrichment aus. Wie bereits dargelegt, können alle der aufgezählten Formen positive Auswirkungen haben, wenn Individuen eine Bereicherung ihres Aufgabenbereichs wahrnehmen und sich dadurch nicht überfordert fühlen. Letzteres ist eine Gefahr von so genannten *„High-skill-Bereichen"*. In diesen Tätigkeitsgebieten bekommen Mitarbeiter zwar viel Autonomie zugestanden, dafür leiden sie aber unter Zeitdruck, Unsicherheit über die Qualität ihrer Arbeit und sie klagen über zu lange Arbeitszeiten (Weltz & Ortmann, 1992, Kalikowski et al., 1995, Trautwein-Kalms, 1995, Moldaschl & Brödner, 2002).

3.3.3   Neue Wirtschaftspraktiken

Zu der Frage, wie *Outsourcingstrategien* von Mitarbeitern wahrgenommen werden, gibt es eine Reihe interessanter Studien. Nelson und Mitarbeiter (1995) haben in einer Langzeitstudie festgestellt, dass mit Outsourcing in einer Organisation der öffentlichen Wirtschaft die Arbeitszufriedenheit von Managern, Angestellten und Arbeitern im Laufe der Zeit immer stärker zurückgegangen ist. Beeinträchtigungen der psychischen Gesundheit (z.B. Depression, Angst und niedriges Selbstwertgefühl) kamen ebenfalls hinzu.

Eine andere Untersuchung im öffentlichen Dienst, bei Mitarbeitern einer Air Force, zeigt, dass bereits mit der Ankündigung von Outsourcing die Arbeitszufriedenheit ab- und der Wunsch nach einem Arbeitsplatzwechsel zunimmt (Kennedy et al., 2002). Besonders hervorzuheben ist hierbei, dass die „betroffenen" Mitarbeiter ihren Arbeitsplatz durch die Outsourcingstrategie nicht verlieren, sondern „lediglich" versetzt oder mit einer neuen Aufgabe betraut würden. Dennoch überwiegen negative Effekte von Outsourcing.

Aus Sicht von Arbeitnehmern dürfte zwischen Outsourcing und *Downsizing* eine große Ähnlichkeit bestehen, was ein zentrales Merkmal anbelangt: Arbeitsplätze gehen verloren, was zu einer Gefährdung der beruflichen Zukunft in dieser Organisation führen kann. (Dies gilt im Übrigen auch für die Verlagerung von Arbeitsplätzen ins Ausland.)

Es überrascht nicht, dass verschiedene Studien die überwiegend negativen Auswirkungen von betrieblichen Downsizingstrategien belegen. Noers (1993) Studie, die auf teilstrukturierten Gruppendiskussionen und Einzelinterviews mit Personalverantwortlichen und „Überlebenden" („survivors") basiert, setzt an einer Überprüfung seines theoretischen Modells an. Dabei sieht der Autor sein Phasenmodell, das sich an das Modell der Sterbe- und Trauerforschung von Kübler-Ross (1986) anlehnt, auch in seiner Längsschnittbetrachtung als bestätigt an. Einschränkend geben Weiss und Udris (2001) zu bedenken, dass bei diesem Modell personale und situative Faktoren nicht ausreichend Berücksichtigung finden und die Gleichsetzung von Familie (bezugnehmend auf den Ansatz von Kübler-Ross) und Firma fraglich erscheint.

Zwar kann sich unter den „Überlebenden" auch Erleichterung abzeichnen, die Entlassungswelle überstanden zu haben, doch bringt Downsizing vor allem negative Konsequenzen mit sich.

Bleibt der Arbeitsumfang in dem Unternehmen in etwa gleich, oder steigt er sogar, müssen weniger Arbeitnehmer mehr bewältigen. Für Mitarbeiter, die die Downsizingstrategie „überleben", können Leistungsdruck und Arbeitsüberlastung zu ernst zu nehmenden Stressoren werden (vgl. auch Weiss & Udris, 2001).

Zudem können sie unter der Angst leiden, von der nächsten Reduzierungswelle mitgerissen zu werden. Mitarbeiter sind verunsichert, haben Zukunftssorgen und fürchten, negativ besetzte Rollen übernehmen zu müssen. Gerade jüngere Arbeitnehmer stellen sich auf einen bevorstehenden Arbeitsplatzwechsel ein (von Baeckmann, 1998, Berner, 1999, Weiss & Udris, 2001). Der erlebte Kontrollverlust in der Arbeit dehnt sich manchmal sogar auf das gesamte Leben aus (Weiss & Udris, 2001).

Es kann davon ausgegangen werden, dass sich die Verbliebenen über ihre Arbeitssituation nicht negativ äußern werden, weil sie sonst um ihre Arbeit fürchten müssten. Höhere Anforderung an ihre Flexibilität und Mobilität werden gestellt. Die Konkurrenz unter den Verbliebenen steigt; Vertrauen und Arbeitsmoral schwinden, Konflikte und Intrigen nehmen zu (Cameron et al., 1993). Insgesamt zeichnet sich unter der Belegschaft eine Entsolidarisierung ab und das Organisationsklima verschlechtert sich (Weiss & Udris, 2001). Je privilegierter Personen ihre Arbeit bzw. ihren Arbeitsplatz einschätzen, umso schwerwiegender wird der Konkurrenzdruck erlebt (Moldaschl, 1998, Moldaschl & Sauer, 2000).

Einen wenig thematisierten Aspekt greift Kieselbach (1998) heraus, wenn er auf das Stresserleben bei jenen Managern aufmerksam macht, die Mitarbeiter im großen Umfang entlassen müssen (vgl. hierzu auch Lerner, 1996).

Dougherty und Bowman (1995) zeigen auf, wie informelle Netzwerke („entrapreneurial networking") durch Downsizing zerstört werden und damit innovatives Potential verloren geht.

> „'Entrepreneurial Networking' fanden wir in keiner derjenigen Firmen, die extrem Downsizing betrieben haben. Wir vermuten, dass es das Beziehungsnetz dort zerstört hat. Leute, die in solchen Firmen Innovationen vorantreiben wollten, hatten weniger Möglichkeiten, Ressourcen und Unterstützung zu erhalten, einen Ort zu finden, um die Produktideen zur Reife zu bringen, oder die Kompetenzen des Unternehmens zu nutzen, um eine Hebelwirkung zu erzielen" (S. 31f.).

Bommer und Jalajas (1999) Befragung von 150 Ingenieuren zeigt ferner auf, wie diese aufgrund von Downsizing immer risikoaverser werden. Außerdem wirkt sich der unternehmensinterne Stellenabbau deutlich auf ihre Motivation aus, Vorschläge einzubringen und Eigeninitiative zu übernehmen.

Kivimäki und Mitarbeiter (2000) legen dar, wie sich in Downsizingphasen die Gesundheit der verbliebenen Beschäftigten verschlechtert und sich dies in langen Krankheits- und Abwesenheitszeiten manifestiert. Andere Autoren beschreiben Rückkoppelungen auf betriebswirtschaftliche Kennzahlen (z.B. Produktivität, Burke et al., 2000).

Littler (2000) hat die Nachwirkungen von Downsizing-Strategien auf drei Länder bezogen dargestellt und ist zu sehr interessanten Befunden gelangt (vgl. Abbildung 3-22).

Abbildung 3-22: *Nachwirkungen von Downsizing im Drei-Länder-Vergleich 1993-1996 (n = 1.703 Organisationen) I*

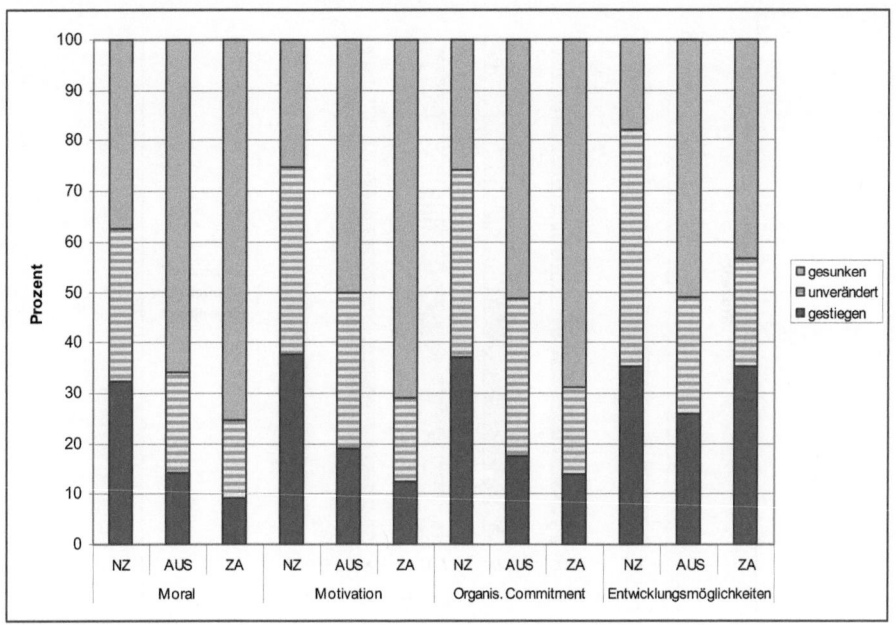

Quelle: In Anlehnung an Daten von Littler, 2000, S. 65, NZ: Neuseeland, AUS: Australien, ZA: Südafrika.

Aus der Darstellung gehen vor allem zwei zentrale Ergebnisse hervor: Es gibt große länderspezifische Unterschiede. Während Mitarbeiter von neuseeländischen Unternehmen nach Downsizingphasen in der Mehrzahl motivierter sind, sich das organisationale Commitment verbessert und Entwicklungsmöglichkeiten günstiger beurteilt werden, überwiegen in Australien und Südafrika eindeutig die negativen Konsequenzen. Zudem erkennt man tendenziell negative Auswirkungen von Downsizing. Am meisten sinkt durch Downsizing die Moral, aber auch das organisationale Commitment geht stark zurück. Bezogen auf Arbeitsunzufriedenheit und Angst um den Arbeitsplatz ergibt sich folgendes Bild (vgl. Abbildung 3-23):

Abbildung 3-23: *Nachwirkungen von Downsizing im Drei-Länder-Vergleich 1993-1996 (n = 1.703 Organisationen) II*

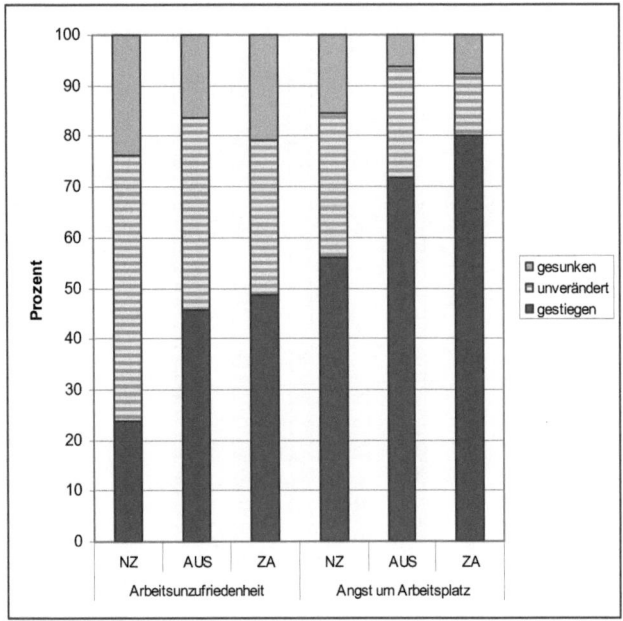

Quelle: In Anlehnung an Daten von Littler, 2000, S. 65, NZ: Neuseeland, AUS: Australien, ZA: Südafrika.

Diese Ergebnisse sind alarmierend: Die nach Downsizing verbliebenen Mitarbeiter haben in einer überwältigenden Anzahl Angst um ihren Arbeitsplatz, und vor allem Mitarbeiter in Australien und Südafrika sind ferner mit ihrer Arbeit deutlich unzufriedener.

Mitarbeiter, die einer Downsizingstrategie zum Opfer fallen, haben mit bekannten Problemen der Arbeitslosigkeit zu kämpfen (z.B. Jahoda, 1983). Selbstbeschuldigungen treten selbst dann auf, wenn es an sich offensichtlich sein müsste, dass betriebliche Gründe die Ursache für die Entlassung sind. Die Betroffenen erkennen, dass sie nicht unersetzbar sind. Sie verlieren die Arbeit als Identifikations- und Bestätigungsanker. Dies begründet, weswegen die „Opfer" des Downsizings oft an ihrem Selbstwert zweifeln. Plötzlich gehören sie zu jenen, denen unterstellt wird, sie hätten sich nicht genug in ihrer Arbeit eingesetzt, sie wollten nicht wirklich arbeiten und würden nun auf Kosten der Gesellschaft nichts tun (z.B. Fuchs & Susman, 1999).

In einer großen Langzeitstudie aus den Niederlanden gelangen Swaen und Mitarbeiter (2004) zu dem Schluss, dass ein bevorstehender oder befürchteter Arbeitsplatzverlust zu Disstress führt, der besonders ausgeprägt ist bei Personen mit geringerem Bildungsniveau. Die psychische Belastung ist außerdem bei Männern höher als bei Frauen, was die Autoren auf das noch traditionelle Rollenverständnis in den Niederlanden zurückführen, nach dem Männer immer noch den Hauptanteil an der Sicherung des Lebensunterhalts haben.

Die beiden Maßnahmen, Outsourcing und Downsizing, sind den ausgewählten Untersuchungen nach von zahlreichen negativen Effekten begleitet. Positivere Auswirkungen scheint die nächste Strategie, Einführung eines *Qualitätsmanagements*, zu versprechen.

Auf einer großen Stichprobe (2.249) basierend gelangt Morrow (1997) zu dem Ergebnis einer positiven Beeinflussung der Arbeitszufriedenheit durch TQM, wobei verschiedene Dimensionen der Arbeitszufriedenheit betroffen sind: allgemeine Arbeitszufriedenheit, Zufriedenheit mit dem Führungsverhalten, mit dem kollegialem Klima sowie mit der Informationsqualität und -quantität. Weiterhin hat TQM einen positiven Einfluss auf die Wahrnehmung der Arbeitsbedingungen. Utley und Mitarbeiter (1997) vergleichen die von ihnen einbezogenen neun Unternehmen nach ihrem Qualitätsindex und der erhobenen Arbeits(un)zufriedenheit (vgl. Abbildung 3-24).

In Unternehmen, in denen Qualitätsmanagement großen Raum einnimmt, wird eine hohe Arbeitszufriedenheit festgestellt, während in Organisationen, in denen Qualitätsmanagement von nachrangiger Bedeutung ist, deutlich mehr Unzufriedenheit herrscht.

Boselie und van der Wiele (2002) haben in ihrer Studie am Beispiel von 2.300 Mitarbeitern von Ernst und Young analysiert, welche Auswirkungen ein qualitätsorientiertes Personalmanagement (TQM/HRM) auf Arbeitszufriedenheit und den Wunsch nach Stellenwechsel haben. Sie gelangen zu dem Ergebnis, dass Mitarbeiter dann mit ihrer Arbeit zufrieden sind, wenn sie die Zusammenarbeit zwischen Organisationseinheiten, das Führungsverhalten und ihre Bezahlung als gut einstufen. Dabei sind ältere Mitarbeiter zufriedener als jüngere, Frauen sind zufriedener als Männer und Mitarbeiter, die Kinder haben, weisen ebenfalls höhere Arbeitszufriedenheitswerte auf als kinderlose. Werden die genannten Punkte (Zusammenarbeit, Führungsverhalten und Bezahlung) schlecht bewertet, korreliert dies positiv mit dem Wunsch, die Organisation zu verlassen.

Abbildung 3-24:   *Qualitätsindex und Arbeits(un)zufriedenheit*

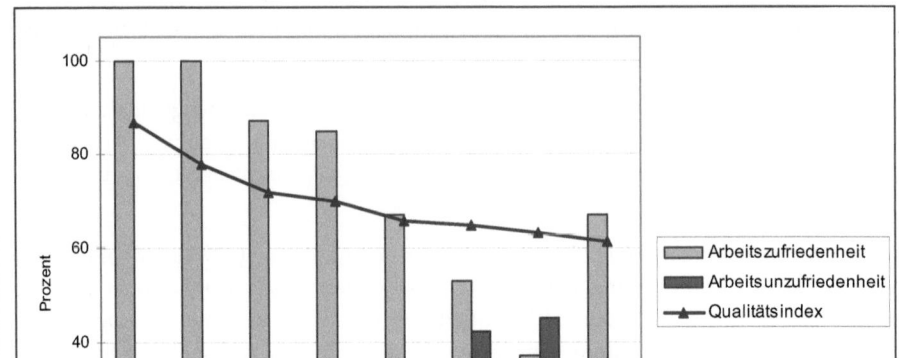

Quelle: In Anlehnung an Daten von Utley et al., 1997, S. 11. Anmerkung: Fehlende Werte beruhen auf der Antwort: Arbeitszufriedenheit unverändert.

Bezugnehmend auf das Beispiel *Qualitätszirkel* hält Antoni (2003) fest, dass diese nicht nur ökonomische Vorteile (Produktivität und Produktqualität) mit sich bringen, sondern auch soziale Vorteile, wie Verbesserung des Betriebsklimas und Erhöhung der Arbeitszufriedenheit. Schwierigkeiten können in einer mangelnden Unterstützung durch das mittlere Management, Angst vor Kontrollverlust, Zeitknappheit oder Dauer, bis Verbesserungsvorschläge kommentiert und umgesetzt werden, liegen.

Diese Punkte leiten bereits über zu der nächsten Strategie, der *kontinuierlichen Verbesserung* oder *Kaizen.* In Imais (1986) grundlegender Abhandlung zu Kaizen werden einige Folgen der Einführung dieses Konzepts vorgestellt. Der Schwerpunkt der Argumentation fußt dabei auf ökonomischen Größen, wie Produktivität oder Effizienz, oder auch Rückgang an Kundenbeschwerden. Während diese Zusammenhänge mit Zahlen belegt werden, bleiben die Aussagen zur Wirkung auf die Mitarbeiter weitgehend allgemein gehalten. So nimmt Imai schlichtweg an, dass durch die Einführung von Kaizen, insbesondere durch die damit verbundene Team- und Gruppenarbeit, die Arbeitszufriedenheit der Mitarbeiter steigt.

Deutlich kritischer fällt die Bewertung von Parker und Slaughter (1988) aus. Sie betonen, dass einige Mitarbeiter nicht den Wunsch haben, mehr Autonomie zu bekommen. Sie nehmen Kaizen als Zwang zur Partizipation wahr und erwarten in Folge eine Intensivierung ihrer Arbeitslast (ebd.).

Andere Autoren beschreiben eine positive Wirkung der kontinuierlichen Verbesserung auf die Arbeitszufriedenheit (Locke & Latham, 1984). Auch in der oben zitierten Untersuchung von Morrow (1997) wird dieser Zusammenhang bestätigt.

3.3.4   Neue Unternehmenskultur

Ein Ausdruck verstärkter *Mitarbeiterorientierung* ist, wie weiter oben veranschaulicht, die partizipative Einbindung des Mitarbeiters. Fühlen sich Mitarbeiter in ihrer Arbeit verstärkt eingebunden, erleben sie größere Autonomie, sind zufrieden und identifizieren sich mit dem Unternehmen (Appelbaum et al., 2000). Partizipative Strukturen wirken sich hemmend auf Disstress aus (Peterson, 1997, Quick et al., 1997). Es gibt verschiedene Möglichkeiten, wie eine Organisation ihren Mitarbeitern Partizipation anbieten kann. Die jeweils unterschiedlichen Formen haben verschiedene Auswirkungen auf das Arbeitserleben: Teilhabe an Problemidentifikation und Lösungsauswahl haben einer Studie von Black und Gregersen (1997) zufolge keinen signifikanten Einfluss auf Leistung oder Arbeitszufriedenheit. Sind Mitarbeiter bei der Suche nach Alternativen, bei der Planung der Implementierung sowie der Ergebnisbeurteilung eingebunden, wirkt sich dies förderlich auf Leistung und Arbeitszufriedenheit aus (ebd.).

Gleichzeitig belegen einige Untersuchungen negative Auswirkungen fehlender Partizipationsmöglichkeiten. Werden Mitarbeitern weder Einfluss noch Kontrolle, Autonomie oder Entscheidungsfreiheit zugestanden, kann dies Stress auslösen (Karasek & Theorell, 1990a, Jones-Johnson & Johnson, 1992) und die psychische Gesundheit negativ beeinflussen (Dyer & Quine, 1998, Narayanan et al., 1999). Ebenso wirkt sich Unterforderung schädlich auf das psychische Befinden aus (Clegg & Wall, 1990, Jones-Johnson & Johnson, 1992).

Bezugnehmend auf das EI („employee involvement")-Konzept, das die vier Prinzipien Lernen, Informationsteilung, Machtzugeständnis und Erfolgsbelohnung beinhaltet, zeigen einige Studien nicht nur ökonomische Vorteile verstärkter Mitarbeitereinbindung, etwa in Form verbesserter Produktivität (z.B. Lawler, 1999, Vandenberg et al., 1999), sondern auch günstige psychosoziale Effekte: Arbeitszufriedenheit (Miller & Monge, 1986), Arbeitsmoral (Vandenberg et al., 1999), Motivation (Latham et al., 1994) sowie Gesundheit und Sicherheit (Lawler, 1992) werden verbessert. In einem mehrdimensionalen Pfad-Modell, in dem neben der Mitarbeitereinbindung (EI) auch Kohärenzsinn (SOC, Antonovsky, 1987), Depression und Arbeitsstress eingebunden sind, stellen Mackie und Mitarbeiter (2001) auf Basis ihrer Befragungen von 728 Mitarbeitern einer Pflegeeinrichtung eine positive Wirkung von Partizipation fest. Eine weitreichende Mitarbeitereinbindung (über Förderung von Wissen und Fähigkeiten, Informationsteilhabe, Machtverteilung und Leistungsbelohnung) ist förderlich für den Kohärenzsinn, welcher wiederum hemmend auf das Erleben von Depression und Arbeitsstress einwirkt. Insofern belegen die Autoren einen indirekten Effekt von Partizipation auf psychische Beeinträchtigungen.

Der Dritten Europäischen Umfrage über die Arbeitsbedingungen zufolge erleben die Befragten im Vergleich zu den 90er Jahren im Jahr 2000 mehr Entscheidungsfreiheit, Eigenverantwortung und Mitspracherecht. Merllié und Paoli (2001) zeigen, dass die Informiertheit über arbeitsbedingte Risikogrößen von 81% 1995 auf 86% im Jahr 2000 gestiegen ist. Bei organisationalen Veränderungsprozessen fühlen sich 71% der Beschäftigten eingebunden. (Allerdings bestehen große Unterschiede zwischen den einzelnen europäischen Ländern.)

Ausgeprägte *Kundenorientierung* wird mit hoher Arbeitszufriedenheit und positiver Wahrnehmung der Arbeitsbedingungen assoziiert (Griffin, 1982). Nach Morrow (1997) erklärt Kundenorientierung die allgemeine Arbeitszufriedenheit sowie die Zufriedenheit mit Kollegen, Informationsquantität und -qualität. Ebenso legt die Autorin dar, dass Kundenorientierung der Organisation mit einer besseren Beurteilung der Arbeitsbedingungen einhergeht. Diese Ergebnisse deuten auf positive Effekte einer kundenorientierten Organisation hin. Negative Begleiterscheinungen bleiben unkommentiert, doch wäre zu bezweifeln, dass es diese nicht auch gibt.

3.3.5   Verstärktes Engagement in Fort- und Weiterbildung

Investieren Organisationen in Fort- und Weiterbildung ihrer Mitarbeiter, steigen dadurch nicht nur Produktivität und Rentabilität, sondern die Mitarbeiter erklären sich auch zufriedener (Watkins & Marsick, 2003).

Die meisten Erwerbstätigen erkennen die große Bedeutung von Fort- und Weiterbildung. 94% erachten kontinuierliches Lernen als Voraussetzung, die eigene Beschäftigungsfähigkeit zu erhalten (Föste et al., 2001). Die meisten Befragten sind auch bereit, sich in ihrer Freizeit fortzubilden (84%, ebd.). Dabei bestehen bei den dahinter liegenden Motiven Unterschiede zwischen gewerblichen und angestellten Mitarbeitern. Angestellte bilden sich vor allem dann fort, wenn sie meinen, damit ihre beruflichen Perspektiven zu verbessern. Gewerbliche Mitarbeiter versprechen sich höhere finanzielle Entlohnung (Grote, 2002).

Die Idee, das lebenslange Lernen als Mittel zur Sicherung der Beschäftigungsfähigkeit zu nutzen, bringt im Arbeitsleben auch Probleme mit sich. So sieht sich das Individuum dem kontinuierlichen Druck der Weiterentwicklung und einem Wissenswettlauf ausgesetzt (Flecker, 1998). Zudem wird der Wert eines einmal aufgebauten Expertenwissens in dieser Dynamik schnell in Frage gestellt.

3.3.6 Neue Entlohnungssysteme

Zufriedenheit mit der Bezahlung wird vor allem als Einflussvariable auf Stellenwechsel und Absentismus erachtet (Motowidlo, 1983, Schrieshiem, 1978, Weiner, 1980). Dabei kann die Zufriedenheit mit der Entlohnung von verschiedenen Faktoren abhängen: zum Beispiel von soziodemographischen Variablen (Shank, 1986, Berkowitz et al., 1987) oder Arbeitscharakteristika, wie Schwierigkeit der Aufgabe, oder der Arbeitszeitform (z.B. Schichtarbeit, Jenkins & Lawler, 1981).

Welbourne und Cable (1995) zeigen anhand eines Vergleichs von zwei Unternehmen, die beide ein neues Vergütungssystem eingeführt haben, dass die Zufriedenheit mit der Bezahlung dann steigt, wenn Boni unter Mitarbeitern zu gleichen Anteilen ausgezahlt werden. Orientiert sich der Verteilungsschlüssel an der individuellen Leistung, ließ sich keine allgemeine Aussage über die Zufriedenheit treffen.

Eskew und Heneman (1996) haben in ihrer Umfrage bei 72 Unternehmen festgestellt, dass die Effektivität von Leistungszulagen von den Befragten als mäßig eingestuft wird. Dies belegen eindrücklich folgende Zahlen (vgl. Tabelle 3-7):

Tabelle 3-7:   *Einschätzung der Wirkungen von Leistungszulagen*

	Mittelwert (bei einer Skala von 1-7, 1: widerspreche sehr, 7: stimme völlig zu)
Leistungssteigerung	3,30
Steigerung der Zufriedenheit mit der Vergütung	3,29
Stärkung positiver Einstellungen und Verhaltensformen	3,28
Steigerung der Arbeitszufriedenheit	3,08
Senkung der Fluktuation	2,81
Senkung des Absentismus	2,71

Quelle: In Anlehnung an Daten von Eskew & Heneman, 1996, S. 14, Übersetzung durch die Autorin.

Leistungszulagen sind den Aussagen der Befragten zufolge kaum dazu geeignet, eine Leistungssteigerung zu bewirken. Die Befragten gehen auch wenig davon aus, dass Leistungszulagen die Zufriedenheit mit der Bezahlung oder die allgemeine Arbeitszufriedenheit erhöhen oder positive Einstellungen und Verhaltensnormen verstärken. Am geringsten fällt die Zustimmung aus, durch die Einführung von Leistungszulagen ließen sich Fluktuation und Absentismus senken.

Wird Gruppen- und nicht Individualleistung vergütet, kann dies Gruppenmitglieder dazu zwingen, über die Höhe der Entlohnung ihrer Kollegen zu entscheiden, was massiven Druck erzeugen und Stress auslösen kann (Parker & Slaughter, 1988).

Einige Studien gehen auch der Frage nach, welche Entlohnungsform sich Beschäftigte wünschen. In Grotes (2002) Analyse wird deutlich, dass weder gewerbliche Mitarbeiter noch Angestellte an einer Gewinn- (und Verlust)Beteiligung am Unternehmen interessiert sind. Nach einer Umfrage von Föste und Mitarbeitern (2001), die dieselbe Frage gestellt haben, liegt der Anteil jener, die dies ablehnen, bei 56%. 47% fänden es eine akzeptable Alternative, anstelle eines bestimmten Lohnanteils Unternehmensanteile zu erhalten. Für eine Flexibilisierung der Entlohnungssysteme sprechen sich 51% aus, und fast drei Viertel wollen vorzugsweise nach ihrer Leistung und nicht nach dem Ergebnis von Tarifverhandlungen bezahlt werden. Dabei möchten die meisten aber auf einen bestimmten Anteil Festlohn nicht verzichten, lediglich 30% befürworten eine ausschließlich leistungsbezogene Vergütung ohne fixe Anteile (ebd.).

3.3.7 Erwartungen an den „neuen" Mitarbeiter

Die zitierten Erwartungen an den „neuen" Mitarbeiter fordern – überspitzt ausgedrückt – eine schizophrene Persönlichkeit, die egoistisch ist, gleichzeitig hohe soziale Kompetenzen aufweist und die sich an den Zielen und Werten der Organisation ausrichtet. Es gibt kaum empirische Studien, die das Erleben von Beschäftigten erforschen, die in die Rolle des neuen Mitarbeiters gedrängt werden. Insofern kann an dieser Stelle lediglich auf zum Teil oben bereits erwähnte Befunde verwiesen werden, die einzelne Aspekte betrachten, wie etwa das Erleben hoher Arbeitsanforderungen oder eröffneter Autonomieräume.

3.3.8 Intensivierter Einsatz von Technologien

Vor allem IuK-Technologien haben den Arbeitsalltag von Erwerbstätigen verändert. Was dies für deren Arbeitserleben bedeutet, wird aus Ergebnissen verschiedener empirischer Studien ersichtlich. Eine Erhebung der European Foundation for the Improvement of Living and Working Conditions (2004a) legt beispielsweise dar, welche Effekte die Implementierung von IuK-Technologien nach sich ziehen (vgl. Abbildung 3-25):

Abbildung 3-25: *Wahrnehmung der Implementierung der IuK-Technologie*

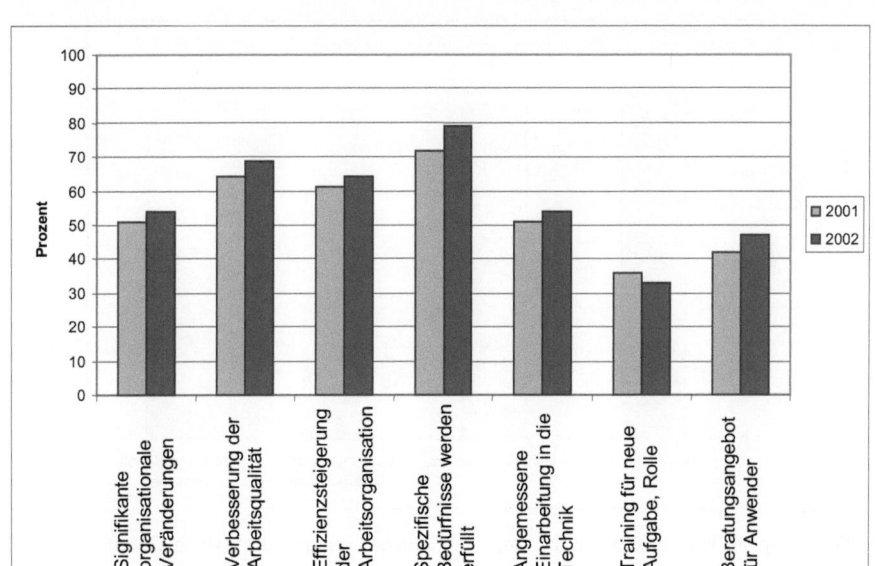

Quelle: European Foundation for the Improvement of Living and Working Conditions, 2004a, S. 15, Übersetzung durch die Autorin.

Diesen Ergebnissen zufolge wird die Implementierung von IuK-Technologien von den befragten Beschäftigten überwiegend positiv beurteilt. So sagt die Mehrheit, die Arbeitsqualität verbessere sich, spezifische Bedürfnisse der Arbeitsbereiche würden berücksichtigt und die Mehrzahl erhält eine adäquate technische Einarbeitung. Schlechter bewertet werden Training für die neue Rolle oder ein nachhaltiges Beratungs- bzw. Betreuungsangebot.

Allerdings zeichnen sich in Ergebnissen einer anderen auf EU-Ebene angelegten Untersuchung, die auf die PC-Nutzung konzentriert ist (PC-, E-Mail- und Internetnutzung), eine Arbeitsverdichtung und die Gefahr der technikbedingten Isolation ab (vgl. Abbildung 3-26):

Abbildung 3-26: *Effekte einer intensivierten PC-Nutzung*

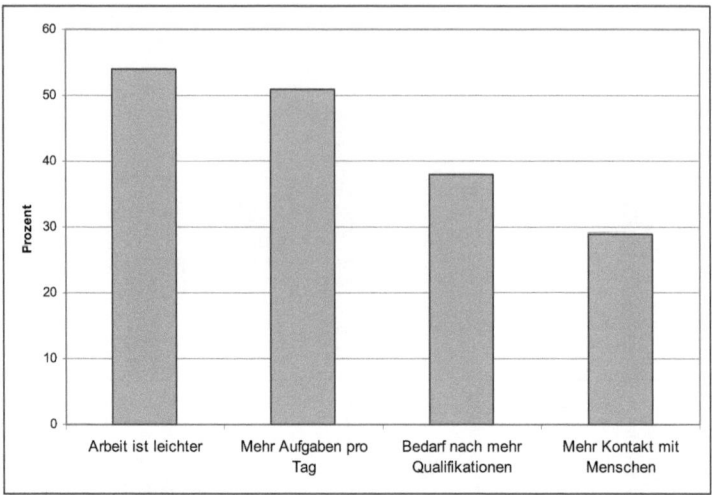

Quelle: European Foundation for the Improvement of Living and Working Conditions, 2004a, S. 16, Übersetzung durch die Autorin.

Nur circa ein Drittel der Beschäftigten hat nach Einführung bzw. intensiviertem Einsatz von IuK-Technologien mehr Kontakt mit Menschen, was allerdings nicht zwangsläufig Rückgang sozialer Kontakte oder gar soziale Isolation bedeuten muss; es kann sich auch um eine Stagnation auf hohem Niveau handeln.

Diese Daten deuten damit mögliche Probleme lediglich an, enthalten sich jedoch einer direkten Wertung. Konkretere nachteilige Effekte werden aber aus anderen Daten derselben Studie offensichtlich: 9,7% der Befragten benötigen nach dem intensivierten Computereinsatz weniger Qualifikationen, 9,2% mussten Verantwortung abgeben, 13,8% nehmen wachsende Schwierigkeiten bei der Vereinbarung von Beruf und Familie wahr, 12,1% erachten ihre Arbeit als schwieriger und 6,5% haben Probleme, relevante Informationen zu erkennen und zu verarbeiten.

Ein verstärkter Einsatz von Technologien im Arbeitskontext kann zu einem größeren Formalisierungsgrad der Arbeit führen und zugleich die Autonomie des Individuums und seinen Freiraum für persönliche Entwicklung reduzieren. Eine japanische Studie von Kumashiro und Mitarbeitern (1989) bringt ein hohes Stressniveau zu Tage, das sie auf das Erfordernis zurückführen, den Taktzeiten des technischen Systems zu entsprechen. Ähnliche Argumente finden sich bei Cooper (1999).

Ein stärkerer Einsatz des Computers führt bei Individuen dazu, dass sie die ihrer Arbeit zugrunde liegende Logik immer weniger nachvollziehen können. Damit verliert das Individuum an Sicherheit und Identifikationsmöglichkeiten, Gefühle der Verunsicherung und Wertlosigkeit können daraus erwachsen (Sennett, 2000). Zudem werden sie in programmierte Vorgänge gezwungen und über den Einsatz von IuK-Technologien zusehends kontrolliert, was wiederum Stress hervorrufen kann (Brandon & Inman, 1992).

Einige Autoren haben im Hinblick auf Stress im Umgang mit Technologie den Ausdruck „Technostress" geprägt. Nach Weil und Rosen (1997) wird darunter eine Reaktion auf sich fortwährend ändernde Technologien verstanden. Brod (1984) leitet aus dem Umgang mit dem Computer Technostress ab, wenn er angstbesetzt ist, zu Informationsüberflutung führt und Rollenkonflikte auslöst. Brillhart (2004) ergänzt die Hilflosigkeit, die einsetzt, wenn sich Mitarbeiter lange Zeit auf das Funktionieren des technischen Systems verlassen haben, dieses aber plötzlich nicht mehr zuverlässig läuft und sie dadurch nicht weiter arbeiten können.

Es lassen sich verschiedene Formen von Technostress differenzieren: Shenk (o.J.) erachtet die durch das Internet verursachte Informationsüberflutung als zentralen Aspekt. Dieser „data smog" oder das „information fatigue syndrome" werde zur Belastung: Zwar würden 73% der in einer international angelegten Studie befragten Manager (USA, England, Hong Kong, Singapore und Australien) angeben, in ihrer Arbeit auf aktuelle Informationen angewiesen zu sein und dazu auf neue IuK-Technologien zurückzugreifen, doch gleichzeitig erleben es zwei Drittel als Belastung, dann einer Informationsflut ausgeliefert zu sein (zit. in Brillhart, 2004). Moderne Computer können bei Arbeitenden eine „multitasking madness" auslösen, die durch eine weitgehend zeitgleiche Bearbeitung mehrerer Aufgaben ausgelöst wird. Diese zieht Stress, Erleben von Kontrollverlust und physische Beschwerden nach sich (Brillhart, 2004). Schwierigkeiten mit dem Computer, wenn seine Bearbeitungszeit als zu langsam wahrgenommen wird, Abstürze geschehen oder das E-Mailfach mit Spams überschüttet wird, können ebenfalls Technostress bedingen. Andere Autoren sehen als Folge erschöpfender Arbeit am Computer sogar Burnout (Moorehead & Griffin, 2004). Einer inzwischen schon älteren Studie zufolge kann Technostress auch in der „Cyberphobie" enden, die gezeichnet ist von einem angstbesetzten Umgang mit Computern, der von einigen physischen Beeinträchtigungen, wie zum Beispiel Schwindel, Kurzatmigkeit, begleitet wird (Elder et al., 1987). Etwa drei Prozent der Befragten würden unter diesem Syndrom leiden; weitere elf Prozent erleben Technostress (ebd.).

Zuletzt soll noch die Situation jener Mitarbeiter betrachtet werden, die großen Anteil an der Entwicklung und Implementierung von IuK-Technologien haben. Wenn neue IuK-Technologien implementiert sind, benötigt es Regelungs- bzw. Steuerungssysteme, die das Funktionieren des technischen Systems sicherstellen sollen. Der kreative oder innovative Anteil, der einst mit der Entwicklung dieser technischen Entwicklung einherging, ist nach der Einführung auf ein Minimum reduziert. Die Folgen davon kann man gut an Studien zum Arbeitserleben von IT-Kräften ablesen. So nimmt im Laufe der Zeit die Arbeitszufriedenheit von IT-Personal ab, während der Arbeitsstress dafür kontinuierlich steigt (Kaluzniacky, 2004). Arbeitnehmer des IT-Bereichs beklagen sich über das gestiegene Arbeitstempo und die Verdichtung der Arbeit. Sie sind der Ansicht, zu wenige Ressourcen bereitgestellt zu bekommen und sie haben das Gefühl, die meiste Zeit nur vor dem Computer zu sitzen, um stets steigenden Ansprüchen ihrer „Kunden" zu entsprechen.

Zusammenfassung

Allgemein weisen einige metaanalytische Studien auf gemischte Folgen der Implementierung neuer Arbeitsformen hin (Bettenhausen, 1991, Windel & Zimolong, 1997). Es kommt darauf an, ob die Arbeit ein „retention job" oder ein „secondary job" ist (Tilly, 1996). Erstere werden als „gut" eingestuft, weil sie gut bezahlt werden, qualifiziert sind und Entwicklungsmöglichkeiten offerieren. Zweitere hingegen werden wegen der niedrigen Entlohnung, schlechter Entwicklungsperspektiven und Monotonie als „schlecht" eingestuft.

Andere Autoren legen dar, dass es weniger auf organisationale Faktoren, sondern vielmehr auf soziodemographische Variablen ankommt, wenn es um Arbeitserleben geht. So weisen zahlreiche Untersuchungen beispielsweise einen Zusammenhang zwischen Alter und Arbeitszufriedenheit nach: Ältere Mitarbeiter sind zufriedener als jüngere (Kacmar & Ferris, 1989, Spector, 1997).

Die vorangegangenen Ausführungen haben verschiedene Vor- und Nachteile von neuen Formen von Arbeit dargelegt. An dieser Stelle sollen in einer komprimierten Darstellung vor allem jene Aspekte noch einmal zusammengeführt werden, die für Individuen besonders relevant sind. Auf betriebswirtschaftliche Punkte wird im Folgenden nicht mehr oder nur noch am Rande eingegangen. Die nachstehenden Zusammenfassungen konzentrieren sich auf die erwähnten Ergebnisse empirischer Studien. Dabei gilt für alle aufgeführten Aspekte, dass es immer auf eine Reihe verschiedener Faktoren ankommt, ob eine Person eher Vor- oder Nachteile einer organisationalen Strategie erlebt. Insofern stellen die Ausführungen lediglich einen groben Überblick dar, erfüllen aber keinen Anspruch auf Vollständigkeit.

Die Einführung neuer Organisationsstrukturen kann für psychische Systeme verschiedene Chancen und Risiken mit sich bringen (vgl. Tabelle 3-8):

Tabelle 3-8:   *Chancen und Risiken neuer Organisationsstrukturen*

Neue Form von Arbeit	Chancen	Risiken
Business Reengineering	*(Nur betriebswirtschaftliche Vorteile)*	Unsicherheit steigt Moral sinkt Loyalität nimmt ab Motivation schwindet Arbeitsbelastung wächst
Cost- und Profit-Center	Autonomiegewinn	Koordinationsprobleme nehmen zu Integrationsschwierigkeiten entstehen Kontrollprobleme weiten sich aus Mitarbeiter konzentrieren sich auf Partikularinteressen Interne Konkurrenz wächst
Telearbeit	Attraktivität des Arbeitsplatzes steigt Selbständigkeit wird gefördert Entscheidungsfreiheit nimmt zu Organisation hat positives Image Identifikationsmöglichkeit wächst	Möglichkeit sozialer Isolation besteht Regenerationsräume sind reduziert Gefahr der Selbstausbeutung ist gegeben Kommunikation mit Kollegen und anderen nimmt ab
Lean-Management	Autonomiegewinn Qualität kann verbessert werden	Arbeitsanforderungen wachsen Kontrollmöglichkeiten schwinden Geringe Aufstiegsmöglichkeiten
Gruppen-, Team- oder Projektarbeit	Autonomiegewinn Arbeitszufriedenheit wächst Identifikation steigt Vielfältigkeit des Arbeitsinhalts nimmt zu Partizipation weitet sich aus Mehr Weiterbildung wird angeboten	Arbeitsverdichtung (Umfang und Tempo) nimmt zu Kontrolle geht verloren Rollenambiguität entsteht

Die zitierten empirischen Studien zu Business Reengineering zeigen keine positiven Effekte für Individuen auf. Sie erwähnen lediglich betriebswirtschaftlichen Nutzen des

Business Reengineering Prozesses. Aus systemtheoretischer Sicht sind die beschriebenen Effekte nachvollziehbar. Für ein System bedeutet ein gänzliches Neuorganisieren ein Loslassen von etablierten Strukturen und Funktionsmechanismen. Dabei ist zu erwarten, dass Systemeinheiten bemüht sind gegenzusteuern, um so zumindest partielle Systemstabilität aufrechtzuerhalten. In diesem Fall werden mit Business Reengineering verbundene Ziele unterwandert. Wird der tiefgreifende Wandel auch gegen diese Widerstände durchgesetzt, verliert ein System viel von den bis dahin aufgebauten Kompetenzen. Mit der radikalen Neugestaltung gehen Orientierungspunkte verloren, die danach erst wieder gefunden werden müssen. Es ist möglich, dass sich psychische Systeme wie auch soziale Subsysteme mehr auf sich selbst konzentrieren, sprich abzukoppeln versuchen, als dies im Sinne der Organisation wäre.

Maßnahmen, die auf Dezentralisierung abzielen, können Autonomiespielräume eröffnen, zugleich aber erhebliche Abstimmungsschwierigkeiten nach sich ziehen. Verselbständigen sich die gebildeten Organisationseinheiten zu sehr, geht ihre Steuerbarkeit zurück und es ist offen, inwiefern sie im Sinne der Organisationszentrale agieren. Die von der Organisation angestrebte interne Konkurrenz kann auf Individuen erheblichen Druck ausüben.

Telearbeit vereint in sich ebenfalls eine Reihe möglicher Vor- und Nachteile. Je nach der konkreten Ausgestaltung von Telearbeit und den Motiven des Individuums („Person-Environment-Fit") wird es eher positive oder negative Seiten von Telearbeit wahrnehmen. Ebenfalls recht gemischt fallen die Befunde zur Wirkung von Lean-Management aus.

Deutlich positiver werden in empirischen Studien die Einführung von Gruppen-, Team- oder Projektarbeit beurteilt. Hier überwiegen meist damit verbundene Vorteile.

Von den geschilderten Maßnahmen, neue Organisationsstrategien zu implementieren, erscheint die Bildung von Gruppen aus psychologischer Sicht am vorteilhaftesten. Allerdings ist dies ein ziemlich pauschalisierendes Ergebnis, das im Einzelfall Besonderheiten der Organisation und seiner Mitglieder außer Acht lässt.

Betrachtet man in einem nächsten Schritt die vorgestellten Ergebnisse zur Flexibilisierung von Arbeitsverträgen und -zeiten, können folgende Chancen und Risiken einander gegenüber gestellt werden (vgl. Tabelle 3-9).

Bei befristeten Verträgen stechen vor allem Nachteile heraus. In befristeten Arbeitsverhältnissen ist die Wahrscheinlichkeit erhöht, dass Mitarbeiter unter schlechten Arbeitsbedingungen arbeiten und monotone Tätigkeiten ausüben müssen. Zudem kommt es in diesen Bereichen überproportional oft zu Arbeitsunfällen.

Bei flexibilisierten Arbeitszeitmodellen werden auf der einen Seite die Chance größerer Zeitsouveränität, auf der anderen Seite Risiken, wie erhöhter Stress, Gesundheitsbeeinträchtigungen bis hin zur Arbeitsunfähigkeit genannt. Unzufriedenheit dürfte vor allem daraus erwachsen, wenn die Flexibilität bei der Arbeitszeitgestaltung vornehmlich auf organisationale Belange hin ausgerichtet ist.

Tabelle 3-9: Chancen und Risiken flexibler Arbeitsmethoden

Neue Form von Arbeit	Chancen	Risiken
Flexible Arbeitsverträge	„Organizational citizenship behaviour" nimmt zu	„Organizational citizenship behaviour" nimmt ab
		schlechte Arbeitsbedingungen
		hohes Arbeitstempo
		geringe Kontrollmöglichkeiten
		monotone Tätigkeiten
		kaum Zugänglichkeit zu betrieblicher Fort- und Weiterbildung
		Arbeitsunfälle
Flexible Arbeitszeitmodelle	Zeitsouveränität	Fehlende Einflussmöglichkeit, Flexibilität ist ausschließlich an organisationalen Bedürfnissen ausgerichtet
		Gesundheitsbeeinträchtigungen treten vermehrt auf
		Stress nimmt zu
		Häufigere Arbeitsunfähigkeit
Teilzeit	Höhere Arbeitszufriedenheit	Niedrigere Arbeitszufriedenheit
		Partialinklusion
		Geringe Partizipation
		Wenig attraktive Arbeitsinhalte

Allgemein kann man mit Ladwig (2003) Vor- und Nachteile einer Arbeitszeitflexibilisierung folgendermaßen zusammenfassen (vgl. Tabelle 3-10, dabei finden auch betriebswirtschaftliche Aspekte Berücksichtigung, die Ausführungen des Autors sind auf Führungskräfte konzentriert):

Tabelle 3-10:   *Chancen und Risiken der Arbeitszeitflexibilisierung*

Chancen	Risiken
Für das Unternehmen	
Effizienzsteigerung der gesamten „Teilzeitfamilie"	Kontinuität der Arbeitserledigung leidet
Erhöhung der Kreativität, Innovativität	Einheitlichkeit der Führung ist reduziert
Sinken der Ausfallzeiten	höhere Personal-/Sachkosten
steigende Aktivitäten und Identifikation der Führungskräfte und Teilzeit-Familie	radikale Änderung der Führungskultur des Führungsverständnisses
Bewahrung wertvollen Human Potentials (Kinderphase, Unternehmenswechsel)	
höhere Mobilität	
Für die Führungskraft	
Effizienzsteigerung der Teilzeit-Führungskraft	Gefühl der Selbstausbeutung steigt
Erwerb von Schlüsselqualifikationen	geringes Gehalt
Chance zur ganzheitlichen Lebenskarriere	niedrigere Rentenansprüche
Reduktion von Dual-Career-Couple-Problemen	Entmystifizierung der Berufskarriere
höhere Flexibilität	
Für die Arbeitsfamilie	
Effizienzsteigerung des „Familien"-Outputs	Mehrbelastung durch Aufgabenumverteilung, Delegation
Erwerb von Schlüsselqualifikationen	
„Familen"-Betriebsklima wird besser	weniger Führung, mehr Eigenverantwortung
Erweiterung des Arbeitsspektrums (anspruchsvollere, abwechslungsreichere Tätigkeit)	

Quelle: Ladwig, 2003, S. 860.

Strategien neuer Wirtschaftspraktiken sind je nach der gewählten Form mit ganz unterschiedlichen Chancen und Risiken verbunden (vgl. Tabelle 3-11):

Tabelle 3-11:   Chancen und Risiken neuer Wirtschaftspraktiken

Neue Form von Arbeit	Chancen	Risiken
Outsourcing	*(Nur betriebswirtschaftliche Vorteile)*	Arbeitszufriedenheit sinkt
		Depressionen werden häufiger
		Angst steigt
		Selbstwert nimmt ab
		Wunsch nach Arbeitsplatzwechsel wächst
Downsizing	*(Betriebswirtschaftliche Vorteile)*	Leistungs- und Konkurrenzdruck verschärfen sich
	Erleichterung, „überlebt" zu haben	Arbeitsverdichtung nimmt zu
		Entsolidarisierung setzt ein
		Unsicherheit wächst
		Motivation und Arbeitszufriedenheit sinken
		Depressionen werden häufiger
		Angst steigt
		Selbstwert wird beeinträchtigt
		Vertrauen, Moral und Loyalität nehmen ab
		Wunsch nach Arbeitsplatzwechsel wächst
Qualitätsmanagement	Arbeitszufriedenheit steigt	Bereichsstreitigkeiten können vorkommen
	Arbeitsklima verbessert sich	
	Wunsch, in der Organisation zu verbleiben, verfestigt sich	
Kontinuierliche Verbesserung/Kaizen	Beziehung zu Kunden verbessert sich	Zwang zur Partizipation
	Arbeitszufriedenheit steigt	

Vor allem Outsourcing und Downsizing haben den zitierten Studien zufolge in erster Linie negative Effekte auf das Arbeitserleben der Betroffenen. Qualitätsmanagement, kontinuierliche Verbesserung und Kaizen sind im Vergleich dazu mit positiveren Auswirkungen auf die Beschäftigten verbunden.

Die Darstellung zur neuen Unternehmenskultur läuft bei dem Aspekt der Mitarbeiterorientierung weitgehend auf Partizipation hinaus. Diese kann als Schritt zur Humanisierung der Arbeit erscheinen, jedoch ist es auch möglich, dass es sich dabei vielmehr um einen ausgefeilten Weg handelt, individuell angeeignetes „Kapital" im Sinne der Organisation noch ökonomischer zu verwerten, ohne dass dabei die Ziele und Motive des Mitarbeiters von besonderem Interesse wären. Demnach muss die Partizipation im Falle der Nutzung des Erfahrungswissens nicht mit einer Humanisierung der Arbeit einhergehen. Dennoch deuten die meisten Studienergebnisse auf eine positive Wirkung von Partizipation auf Mitarbeiter hin. Empirische Ergebnisse zur Wirkung einer Unternehmenskultur, in der Mitarbeiterorientierung vorherrscht, gelangen zu diesen Befunden (vgl. Tabelle 3-12):

Tabelle 3-12:   *Chancen und Risiken einer mitarbeiterorientierten Unternehmenskultur*

Chancen	Risiken
Autonomiespielräume werden erweitert	Überforderung durch Autonomie
Arbeitszufriedenheit nimmt zu	
Identifikation wächst	
Disstress wird abgebaut	
Moral und Motivation wachsen	
Gesundheit wird gestärkt	

Wie oben dargelegt, finden sich kaum Untersuchungen zur Wirkung einer kundenorientierten Unternehmenskultur.

Sind Fort- und Weiterbildung von Bedeutung, kann dies für Individuen sowohl positive wie auch negative Effekte nach sich ziehen (vgl. Tabelle 3-13):

Tabelle 3-13:   *Chancen und Risiken gestärkter Fort- und Weiterbildung*

Chancen	Risiken
Arbeitszufriedenheit steigt	Druck, kontinuierlich lernen zu müssen
Beschäftigungsfähigkeit wird verbessert	Erarbeitetes Expertenwissen hält nicht lange

Ebenfalls wenig analysiert sind psychosoziale Konsequenzen neuer Entlohnungssysteme und Verfahren der Leistungsmessung. Vor allem bei den Entlohnungssystemen wurde offensichtlich, dass diese Faktoren zum Teil nur indirekte Effekte auf Arbeitserleben haben.

Gemischt sind auch die Ergebnisse zur Implementierung von IuK-Technologien (vgl. Tabelle 3-14):

Tabelle 3-14:   *Chancen und Risiken intensivierten Technikeinsatzes*

Chancen	Risiken
Qualität der Arbeit wächst	Formalisierungsgrad nimmt zu
Arbeitsorganisation verbessert sich	Autonomie sinkt
Mehr Informationen werden zugänglich	Technostress bildet sich aus
	Informationsüberflutung

In den vorangegangenen Ausführungen wurden – unabhängig von dem jeweils thematisierten Aspekt neuer Arbeitsformen – zwei Punkte immer wieder angesprochen, auf die die neuen Formen von Arbeit hinauslaufen: Arbeitsverdichtung und Unsicherheit. Dies fordert insgesamt mehr Flexibilität von den Individuen.

Verschiedene Studien belegen dies. So zeigt beispielsweise die European Foundation for the Improvement of Living and Working Conditions (2002a), dass Mitarbeiter Arbeitsverdichtung vor allem in Form eines extrem hohen Arbeitstempos und enger Terminvorgaben erleben. Beides hat in den letzten zehn Jahren zugenommen (vgl. Abbildung 3-27):

Abbildung 3-27:   *Erleben von Arbeitstempo und Termindruck*

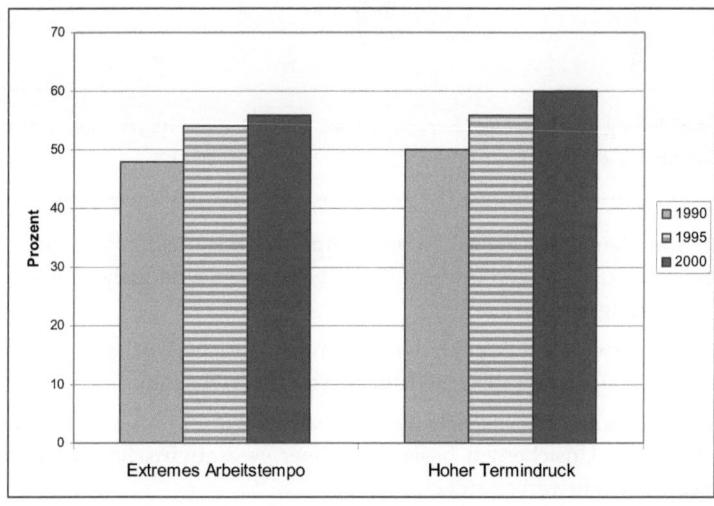

Quelle: European Foundation for the Improvement of Living and Working Conditions, 2002a, S. 17.

Die Abbildung macht deutlich, dass sich beide Belastungsgrößen in den letzten Jahren verschärft haben. Dabei wirkt sich Arbeitsverdichtung negativ auf das Stresserleben aus (im Sinne einer Stressverstärkung, Kompier & Levy, 1994, Dhondt, 1997), fördert Mobbing und trägt zu gesundheitlicher Beeinträchtigung bei (European Foundation for the Improvement of Living and Working Conditions, 2002a, vgl. auch Abbildung 3-28).

Abbildung 3-28:   *Erleben von Arbeitstempo und Termindruck und gesundheitliche Beeinträchtigungen*

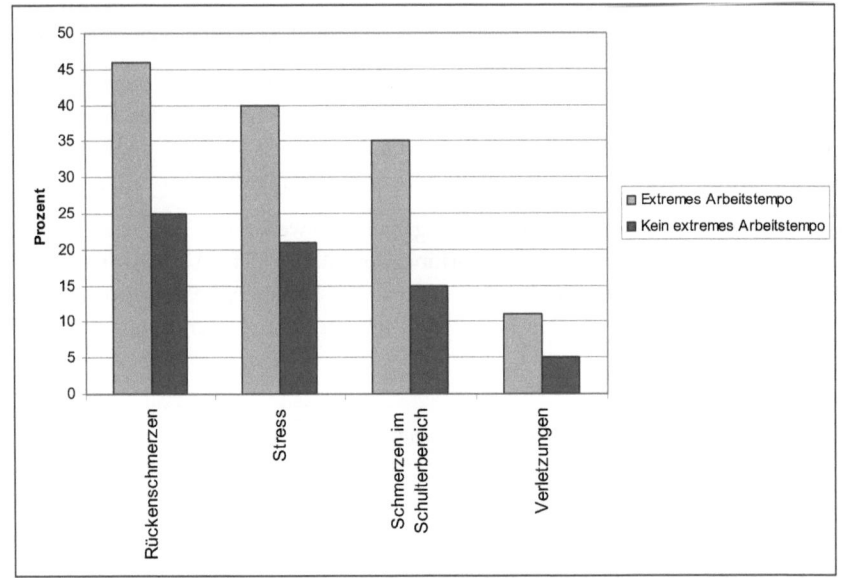

Quelle: In Anlehnung an Daten der European Foundation for the Improvement of Living and Working Conditions, 2002a, S. 18

Menschen, die dauerhaft hohes Arbeitstempo erleben, leiden deutlich mehr an Rückenschmerzen, Schmerzen im Schulterbereich, Stress und ziehen sich vergleichsweise oft Verletzungen zu.

Zu dem zweiten erwähnten Aspekt, der steigenden Unsicherheit, gilt es in Anlehnung an Mohr (1997, 2000) vier Unsicherheitsformen zu unterscheiden:

1. Allgemeine gesellschaftliche Arbeitsplatzunsicherheit:
   Diese Form der Unsicherheit basiert auf einer gesamtwirtschaftlichen oder branchenspezifischen Erwerbslosigkeit.

2. Allgemeine betriebliche Arbeitsplatzunsicherheit:
   Zu diesem Typus kommt es in erster Linie dann, wenn in einem Unternehmen Gerüchte kursieren, die ökonomische Stabilität sei nicht mehr gegeben.

3. Akute individuelle Unsicherheit:
   Diese Unsicherheit kann vor allem in der Phase festgemacht werden, in der ein Unternehmen bereits Umstrukturierungen und Entlassungen angekündigt hat, das Individuum aber noch nicht absehen kann, ob es selbst davon betroffen ist.

4. Antizipation des Arbeitsplatzverlusts:
   Nun sind die Entscheidungen gefällt und das Individuum weiß, dass es zu einem bekannten Zeitpunkt seine Arbeit verlieren wird.

Das Erleben von Arbeitsplatzunsicherheit reduziert Arbeitszufriedenheit oder internale Kontrollüberzeugung (Büssing, 1987, 1999, Hellgren et al., 1999), führt zu Stress und geht mit physischer Beeinträchtigung einher (Hellgren et al., 1999, Klandermans & van Vuuren, 1999 und Mohr, 1997, 2000). Nach Rosenblatt et al. (1999) nimmt mit steigendem Unsicherheitsempfinden die Arbeitsleistung ab, die Mitarbeiter kündigen entweder innerlich oder tatsächlich.

In einer europäischen Studie wird die von den Befragten wahrgenommene Arbeitsplatzsicherheit im Zeitverlauf (1985 bis 1995) aufgezeigt (ISR, 1995, vgl. Abbildung 3-29).

Abbildung 3-29: *Arbeitsplatzsicherheit in ausgewählten europäischen Ländern im Zeitvergleich*

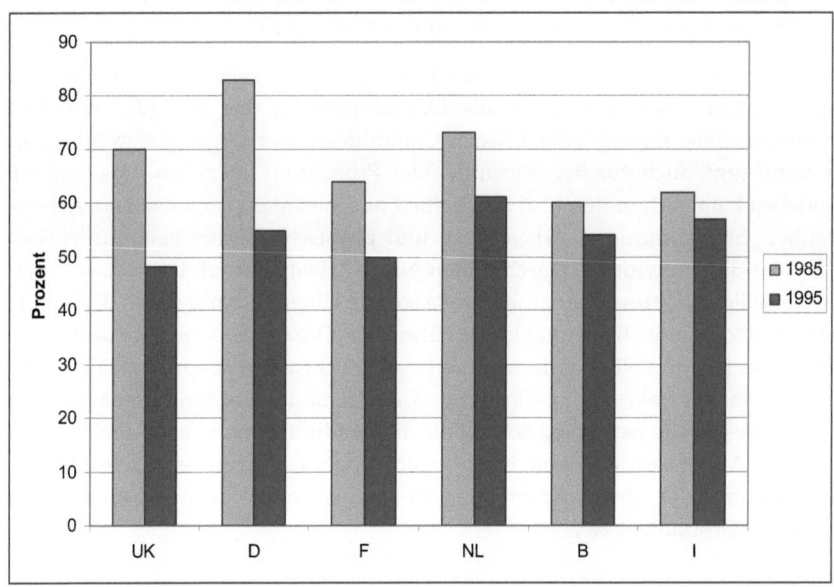

Quelle: In Anlehnung an ISR, 1995.

In allen Ländern ist die erlebte Arbeitsplatzsicherheit zurückgegangen. Deutschland, das einst das höchste Niveau an erlebter Sicherheit aufwies, verzeichnet den dramatischsten Rückgang. Im Jahr 1995 bewegt sich die erlebte Arbeitsplatzsicherheit im Durchschnitt. Es kann angenommen werden, dass sich seit 1995 die Situation weiter verschlechtert hat.

All die angesprochenen Entwicklungen fordern von Individuen immer mehr Flexibilität. Ein starkes Maß an beruflicher Flexibilisierung und damit einhergehenden Zwängen kann für das Individuum zu einer wiederholten Entwurzelung werden, wenn es zu einem häufigen Arbeitsplatzwechsel gezwungen wird oder sich gezwungen sieht. Ohne feste Bande ist das Individuum einem oberflächlichen Dahintreiben ausgesetzt (Sennett, 2000). Gerade die geforderte Mobilität, aber auch Unsicherheiten bezüglich der weiteren Arbeits- und Lebensplanung können das Privatleben sehr belasten (Heidenreich, 2001, 2002).

Zusammenfassend lässt sich resümieren, dass die Frage, wie neue Arbeitsformen erlebt werden, auf keine eindeutige Antwort stößt. Dies liegt zum einen an der Vielfalt an Möglichkeiten, was unter neuen Arbeitsformen verstanden wird, und daran, wie sie im jeweiligen organisationalen Kontext umgesetzt werden. Eine diesbezügliche Festlegung wird immer vom Beobachterurteil abhängen. Zum anderen weist das Spektrum, was unter Arbeitserleben gefasst wird, ebenfalls Breite auf. Beides trägt zur Komplexität der Thematik bei. In der vereinfachenden Abbildung 3-30 sind verschiedene Aspekte des Zusammenspiels von Arbeitsformen und Erleben vereint.

Ein psychisches System schließt einen Kontrakt, der auf eigenen Erwartungen und wahrgenommenen Erwartungen, die die Organisation an das Individuum richtet, basiert. Verschiedene Bindeglieder können Commitment zur Organisation oder zum eigenen Beruf (ggf. auch zur Berufsgruppe oder Profession) herstellen. Das konkrete Arbeitserleben kann sich in den fünf beispielhaft ausgewählten Dimensionen, Arbeitszufriedenheit, Stress, Burnout, Arbeitssucht und physische Gesundheit, ausdrücken. Zugleich wird das Individuum durch seinen Nicht-Arbeits-Bereich beeinflusst, erlebt beispielsweise Freizeitstress oder erhält große soziale Unterstützung durch die Familie oder den Freundes- und Bekanntenkreis. Führt eine Organisation nun neue Formen von Arbeit ein, hat dies Rückwirkungen auf das psychische System. Es kann seinen psychologischen Kontrakt neu ausrichten und ein verändertes Commitment erleben. Ebenso können sich die psychologischen Folgen der Einführung neuer Arbeitsformen in veränderter Arbeitszufriedenheit, in Zu- oder Abnahme von Stress und Burnout, in einer Verstärkung oder Abschwächung der Arbeitssucht sowie in einer Beeinflussung der physischen Gesundheit zeigen.

Abbildung 3-30: Arbeitsformen und Erleben

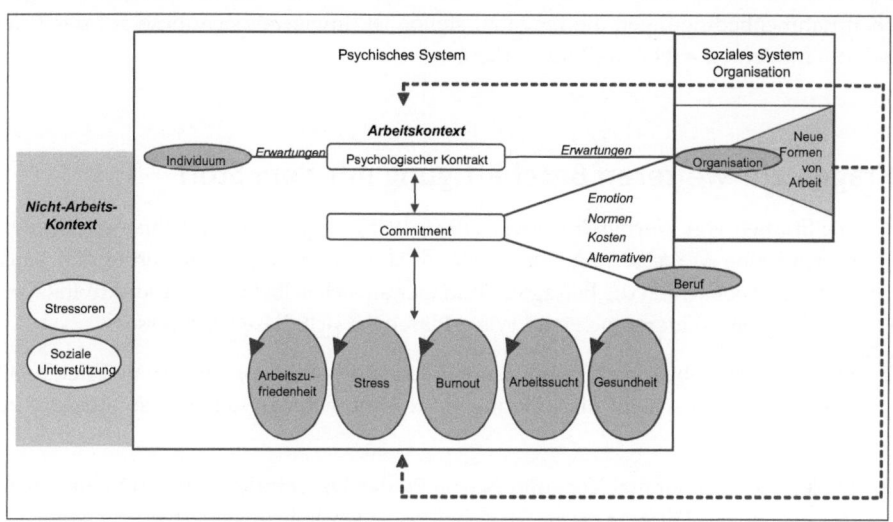

Die beispielhaft herangezogenen Studienergebnisse machen deutlich, dass organisationale Strategien, die auf neue Arbeitsformen zielen, mit einer Reihe psychosozialer Risiken verbunden sind. Die geschilderten Befunde bestätigen die Ausführungen des Kapitels 2, wonach es oft zur Arbeitsverdichtung, gesteigerten Arbeitsbelastung und zu reduzierten Kontrollspielräumen kommt. Außerdem verschärft sich unter den Mitarbeitern der Konkurrenzdruck. Die Verbundenheit des Individuums mit der Organisation, in der es arbeitet, wird schwächer: Moral sinkt, Loyalität und Motivation nehmen ab. Mitarbeiter konzentrieren sich zusehends auf Partikularinteressen, Solidarität in der Belegschaft schwindet. Dem stehen potentielle positive Folgen gegenüber, etwa Vergrößerung von Autonomie und Zuwachs an Zeitsouveränität.

Ingesamt kommt es darauf an, mit welchen Absichten Organisationen neue Formen von Arbeit initialisieren, ob sie mehr rationalisierende, tayloristische Arbeitsgestaltung anstreben oder ihre Strategien mit dem Ziel einer Re-Humanisierung verknüpfen. Zudem sind individuelle Ziele und Werthaltungen der Mitarbeiter von Bedeutung, wenn es darum geht, wie sie neue Formen von Arbeit erleben.

Die bisherigen Ausführungen beruhen auf verschiedenen theoretischen Überlegungen und exemplarischen Studienergebnissen zahlreicher Autoren. Sie geben einen guten Einblick in das Erleben der modernen Arbeitswelt. Allerdings können diese Analysen nur einen ungefähren Eindruck davon vermitteln, wie sich das Arbeitserleben derzeit in Deutschland verhält. Dies liegt zum einen daran, dass internationale Publikationen herangezogen wurden, deren Ergebnisse trotz wirtschaftlicher und sozialer Globalisierungseffekte nur sehr bedingt auf Deutschland übertragbar sein dürften. Zum anderen sind manche Studien älteren Datums, so dass angesichts der derzeitigen gesellschaftlichen Rahmenbedingungen die Frage zu stellen ist, inwieweit sich diese auf das Erleben der modernen Arbeitswelt auswirken.

Fragen zur weiteren Beschäftigung mit dem Stoff

1. Die Studien von Worrall & Cooper (1997, 1998) zeigen, dass mit Business Reengineering eine Verbesserung von Rentabilität und Produktivität verbunden sind. Zugleich beobachten die befragten Manager an sich selbst einen Produktivitätsverlust. Liegt ein Widerspruch vor? Wie erklären Sie sich diese Ergebnisse?

2. Business Reengineering bringt z.T. erhebliche nachteilige psychosoziale Effekte mit sich. Weswegen scheint diese Strategie für Unternehmen dennoch so attraktiv zu sein?

3. Stellen Sie noch einmal Vor- und Nachteile der Dezentralisierungsstrategie einander gegenüber. Differenzieren Sie dabei zwischen Führungskräften und Mitarbeitern ohne Führungsverantwortung.

4. Welche Voraussetzungen erachten Sie für wichtig, damit die Bildung von Cost- und Profit-Centern die erhofften Vorteile bringt?

5. In vorangegangen Abschnitten haben Sie gelesen, dass sich Telearbeit nicht so durchgesetzt hat, wie manche Autoren prognostizierten. Wenn Sie Vor- und Nachteile dieser Arbeitsform berücksichtigen: Woran könnte dies liegen?

6. Bezogen auf ein Versicherungsunternehmen dominieren die Vorteile von Telearbeit. Halten Sie dieses Ergebnis für einen brachenspezifischen Befund oder vermuten Sie Unterschiede zwischen Branchen, Berufsgruppen und Hierarchieebenen?

7. Differenzieren Sie Vor- und Nachteile von Lean-Management aus Sicht der Organisation, von Führungskräften und Mitarbeitern ohne Führungsverantwortung.

8. Veranschaulichen Sie sich die allgemein beschriebenen Effekte von Gruppenarbeit (nach Wegge, 2001) anhand eigener Beispiele.

9. Welche Faktoren beeinflussen den Erfolg von Teamarbeit?

10. Schildern Sie Unterschiede im „organizational citizenship behaviour" je nachdem, ob Arbeitsverträge befristet oder unbefristet vergeben werden.

11. Welche Gründe kann es haben, dass arbeitsbezogene Risikoquellen (z.B. Vibrationen, Lärm) über die verschiedenen Formen von Arbeitsverträgen variieren?

12. Erklären Sie mögliche Zusammenhänge zwischen Beschäftigungsform und Arbeitsintensität.

13. Wenn Sie die verschiedenen Studienergebnisse zusammentragen: Welche Schlussfolgerungen ziehen Sie hinsichtlich der Beurteilung von Leih- und Zeitarbeit?

14. Stellen Sie Vor- und Nachteile von Teilzeitarbeit einander gegenüber.

15. Skizzieren Sie die Studienergebnisse zu psychosozialen Auswirkungen von Downsizing.

16. Der Ländervergleich von Littler (2000) legt internationale Unterschiede in den Auswirkungen von Outsourcing dar. Dabei stechen die Ergebnisse von Neuseeland heraus. Wie können Sie sich diese erklären?

17. Von welchen Faktoren kann es abhängen, dass Qualitätsmanagement bei den Beschäftigten zu einer positiven Veränderung des Arbeitserlebens führt? Welchen Beitrag können Führungskräfte leisten?

18. Oft wird von Individuen gefordert, sie sollten sich um ihre „Employability" (Beschäftigungsfähigkeit) kümmern. Was kann eine Organisation unternehmen, um Individuen dabei zu unterstützen? Welche Konsequenzen kann die Forderung nach dem Aufbau der Beschäftigungsfähigkeit für Individuen haben?

19. Ziehen Sie als Beispiel die so genannte „New Economy" Branche heran und veranschaulichen Sie sich an dieser Vor- und Nachteile neuer Entlohnungssysteme.

20. Diskutieren Sie kritisch, ob Technostress derzeit ein ernst zu nehmendes Problem ist oder nicht.

21. Wenn Sie die vorgestellten Studienergebnisse heranziehen: Wie beurteilen Sie dann die Qualität der Arbeit in Deutschland? Unterscheiden Sie hierbei verschiedene Branchen, Berufsgruppen und Hierarchieebenen.

22. Was ist Ihrer Ansicht nach wichtig, wenn man in Zukunft die Qualität von Arbeit stärken möchte? Welchen Beitrag können hierbei verschiedene soziale Systeme (politisches System, Hochschulen, Unternehmen der Privatwirtschaft und Organisationen des öffentlichen Dienstes, Gewerkschaften) und Individuen liefern?

4 Resümee

Im Verlauf dieses Buches wurde deutlich, wie vielschichtig eine Antwort auf die Frage ausfällt, wie Menschen die moderne Arbeitswelt erleben. Allein schon die Festlegung dessen, was das Moderne der Arbeitswelt sei, hängt vom Beobachterstandpunkt ab und kann, wie gezeigt wurde, nicht eindeutig bestimmt werden, weil es auf die jeweilige Perspektive ankommt.

Eine Annäherung über eine Literaturanalyse gibt ein noch vergleichsweise deutliches Bild von der modernen Arbeitswelt (Kapitel 2). Normalarbeitsverhältnisse verlieren immer mehr an Bedeutung, und Organisationen entwickeln sich in verschiedene Richtungen, die alle größere Flexibilität versprechen. Den zitierten Quellen zufolge lassen sich auch neue Formen von Arbeit verhältnismäßig klar skizzieren.

Weniger eindeutige Ergebnisse liefert der Versuch, Erleben der modernen Arbeitswelt über empirische Studien abzuschätzen. Zum einen fällt auf, dass es zu einigen Teilaspekten nur wenig Literatur und empirische Daten gibt, erst recht, wenn man sich für die Situation in Deutschland interessiert. Zum anderen werfen die beschriebenen Ergebnisse auch wieder neue Fragen auf, deuten doch einige von ihnen auf Widersprüche hin.

Die moderne Arbeitswelt kann durch ihre zunehmende Flexibilisierung zweifelsohne Freiräume schaffen und Individuen neue Entwicklungsmöglichkeiten bieten. Die Kehrseite der Medaille sind jedoch eine ganze Reihe an – meist individualisierten – Risiken. Arbeitsverhältnisse werden unsicherer und sind zunehmender Ökonomisierung unterworfen. In manchen Bereichen zeichnet sich eine Re-Taylorisierung ab, Humanisierungsbestrebungen sind jedoch vereinzelt zu finden.

Es wird eine spannende Frage bleiben, wie sich die Arbeitswelt weiterhin verändern und welchen Stellenwert dem Individuum eingeräumt wird. Eine der zentralen gesellschaftlichen Herausforderungen wird sein, eine Entwicklung zu ermöglichen, bei der *Qualität von Arbeit* nicht nur in irgendwelchen Publikationen proklamiert wird, sondern sich vor allem in der Arbeitsrealität widerspiegelt.

Literaturverzeichnis

ABURDENE, P. & NAISBITT, J. (1985): Megatrends des Arbeitsplatzes. München: Wilhelm Heyne.

ACCENTURE (2002) (Hrsg.): Outsourcing 2007. Von der IT-Auslagerung zur Innovationspartnerschaft. Eine Marktanalyse zu aktuellen Trends und Entwicklungen im deutschsprachigen Outsourcing-Markt. http://www.accenture.de/static_pdf_/ st_outsourcing_0802.pdf (Abruf 04.02.2004).

ACKROYD, S. & PROCTER, S. (1998): British Manufacturing Organization and Workplace Industrial Relations: Some Attributes of the New Flexible Firm. In: British Journal of Industrial Relations, 36, 2, S. 163-183.

ADAMI, L. M. (1999): Autonomy, control and the virtual worker. In: Jackson, P. J. (Ed.): Virtual Working: Social and organisational dynamics. London & New York: Routledge, S. 129-149.

ADAMS, J. S. (1965): Inequity in social exchange. In: Berkowitz, L. (Ed.): Advances in Experimental Social Psychology. Volume II, New York: Academic Press. S. 267-299.

ALLEN, S. & CHANDRASHEKAR, A. (2000): Outsourcing Services: The Contract is just the Beginning. In: Business Horizons, 43, S. 25-34.

ALTVATER, E. & MAHNKOPF, B: (1997): Grenzen der Globalisierung. Münster: Westfälisches Dampfboot.

ANDERSON, E. W. & MITTAL, V. (2000): Strengthening the Satisfaction-Profit Chain. In: Journal of Service Research, 3, 2, S. 107-120.

ANDERSON, E. W. & SULLIVAN, M. W. (1993): The Antecedents and Consequences of Customer Satisfaction for Firms. In: Marketing Science, 12, 2, S. 125-143.

ANDOLSEK, D. M. & STEBE, J. (2004): Multinational Perspectives on Work Values and Commitment. In: International Journal of Cross Cultural Management, 4, 2, S. 181-209.

ANDREWS, K. M. & DELAHAYE, B. L. (2000): Influences on knowledge processes in organizational learning: the psychosocial filter. In: The Journal of Management Studies, 37, 6, S. 797-810.

ANTONI, C. H. (1990): Qualitätszirkel als Modell partizipativer Gruppenarbeit. Bern et al.: Huber.

ANTONI, C. H. (1996): Teilautonome Arbeitsgruppen. Ein Königsweg zu mehr Produktivität und einer menschengerechten Arbeit? Weinheim: Beltz PVU.

ANTONI, C. H. (2003): Gruppenarbeitskonzepte. In: Rosenstiel, L. v., Regnet, E. & Domsch, M. (Hrsg.): Führung von Mitarbeitern. Stuttgart: Schäffer-Poeschel Verlag, S. 387-395.

ANTONOVSKY, A. (1987): Unraveling the mystery of health. San Francisco, CA: Jossey-Bass.

APPELBAUM, E., BAILEY, T., BERG, P. & KALLEBERG, A. (2000): Manufacturing Advantage: Why High-Performance Work Systems Pay Off. Ithaca et al.: Cornell University ILR Press.

ARGYRIS, CH. (2000): Flawed advice and the management trap. Oxford: Oxford Univ. Press.

ARIES-KIENER, M. & ZUPPIGER, R. I. (1999): Burnout eine quantitative Längsschnittuntersuchung und eine qualitative Vertiefungsstudie beim Pflegepersonal. Bern: Edition Soziothek.

ÅSBERG, M., NYGREN, Å & RYLANDER, G. (2001): Arbeitsbezogener Stress und seine Folgen. In: Internationaler Metallgewerkschaftsbund (Hrsg.): Stress und Ausgebranntsein ein wachsendes Problem für Angestellte. Ohne Ort, S. 12-29.

ASHFORD, S. J., LEE, C. & BOBKO, P. (1989): Content, Causes, and Consequences of Job Insecurity: A Theory-based Measure and Substantive Text. In: Academy of Management Journal, 32, S. 803-829.

ATKINSON, C. (2002): Career management and the changing psychological contract. In: Career Development International, 7, 1, S. 14-23.

ATKINSON, J. (1987): Flexibility of Fragmentation? The United Kingdom Labour Market in the Eighties. In: Labour and Society, 12, 1, S. 87-105.

AUST, B. (1999): Gesundheitsförderung in der Arbeitswelt. Münster: Lit-Verlag.

BACON, N. & BLYTON, P. (2000a): High road and low road teamworking: perceptions of management rationales and organizational and human resource outcomes. In: Human Relations, 53, 11, S. 1425-1458.

BACON, N. & BLYTON, P. (2000b): The diffusion of team working and new working practices: what role do industrial relations factors play? In: Procter, S. & Mueller, F. (Eds.): Teamworking. Basingstoke: MacMillan, S. 244-261.

BACON, N. & BLYTON, P. (2003): The impact of teamwork on skills: employee perceptions of who gains and who loses. In: Human Resource Management Journal, 13, 2, S. 13-29.

BALDERSHEIM, H. (1993): Die "Free Commune Experiments" in Skandinavien: Ein vergleichender Überblick. In: Banner, G. & Reichard, Ch. (Hrsg.): Kommunale Managementkonzepte in Europa – Anregungen für die deutsche Reformdiskussion, Köln: Dt. Gemeindeverlag, S. 27-41.

BANNER, G. (1991): Von der Behörde zum Dienstleistungsunternehmen. In: VOP, 1, S. 6ff.

BANNER, G. (1993): Der Carl Bertelsmann-Preis 1993: Anregungen für die kommunale Verwaltungsreform in Deutschland. In: Bertelsmann-Stiftung (Hrsg.), Carl Bertelsmann-Preis 1993: Demokratie und Effizienz in der Kommunalverwaltung, Band 1, Gütersloh, S. 147-169.

BARKER, J. R. (1999): The Discipline of Teamwork: Participation and Concertive Control. Thousand Oaks: Sage Publ.

BARKER, K. (1993): Changing assumptions and contingent solutions: The costs and benefits of women working full- and part-time. In: Sex Roles, 28, S. 47-71.

BARTH, A.-R. (1997): Burnout bei Lehrern theoretische Aspekte und Ergebnisse einer Untersuchung. Göttingen et al.: Hogrefe.

BARZELAY, M. & FÜCHTNER, N. (2003): Explaining Public Management Policy Change: Germany in Comparative Perspective. In: Journal of Comparative Policy Analysis: Research and Practice, 5, S. 7-27.

BAUMAN, Z. (1995): Moderne und Ambivalenz: das Ende der Eindeutigkeit. Frankfurt/Main: Fischer.

BAUMARD, P. (1999): Tacit Knowledge in Organisations. London: Sage Publ.

BAUSCHKE, H. J. & KURR, J. (2002): Teilzeitarbeit und befristete Arbeitsverhältnisse. Heidelberg: Sauer.

BDU (BUNDESVERBAND DEUTSCHER UNTERNEHMENSBERATER BDU E.V.) (2004): Der Unternehmensberatungsmarkt 2003. www.bdu.de (Abruf 12.02.2005).

BDU (BUNDESVERBAND DEUTSCHER UNTERNEHMENSBERATER BDU E.V.) (2005): Der Unternehmensberatungsmarkt 2004. www.bdu.de.

BECHTLE, G. & SAUER, D. (2003): Postfordismus als Inkubationszeit einer neuen Herrschaftsnorm. In: Dörre, K. & Röttger, B. (Hrsg.): Das neue Marktregime. Hamburg: VSA-Verlag, S. 35-54.

BECK, U. & BECK-GERNSHEIM, E. (1994): Individualisierung in modernen Gesellschaften – Perspektiven und Kontroversen einer subjektorientierten Soziologie. In: Dies. (Hrsg.): Riskante Freiheiten. Frankfurt/Main: Suhrkamp, S. 10-39.

BECK, U. (1986): Risikogesellschaft. Auf dem Weg in eine andere Moderne. Frankfurt/Main: Suhrkamp.

BECK, U. (1999): Schöne neue Arbeitswelt. Frankfurt/Main: Suhrkamp.

BECK, U., BONß, W. & LAU, CH. (2001): Theorie reflexiver Modernisierung – Fragestellungen, Hypothesen, Forschungsprogramme. In: Beck, U. & Bonß, W. (Hrsg.): Die Modernisierung der Moderne. Frankfurt/Main: Suhrkamp, S. 5-49.

BEERLAGE, I. & KLEIBER, D. (1990): Stress und Burnout in der Aids-Arbeit. Berlin: Sozialpädagogisches Institut.

BEERMAN, L. & STENGEL, M. (1992): Werte im interkulturellen Vergleich. In: Bergemann, N. & Sourisseaux, A. L. J. (Hrsg.): Interkulturelles Management. Heidelberg: Physica-Verlag, S. 7-34.

BELL, D. (1985): Die nachindustrielle Gesellschaft. Frankfurt/Main & New York: Campus.

BENACH, J. & BENAVIDES, F. G. (1999): Precarious employment and health-related outcomes in the European Union. European Foundation for the Improvement of Living and Working Conditions, Luxembourg: Office for Official Publications of the European Communities.

BERGNER, TH. (2004): Burn-out bei Ärzten: Lebensaufgabe statt Lebens-Aufgabe. In: Deutsches Ärzteblatt 101, Ausgabe 33 vom 13.08.2004, Seite A-2232.

BERKOWITZ, L., FRASER, C., TREASURE, F. P. & COCHRAN, S. (1987): Pay, equity, job gratifications and comparisons in pay satisfaction. In: Journal of Applied Psychology, 72, 4, S. 544-551.

BERMEJO, I. (1994): „Burnout" und Bedarf an psychosozialer Fortbildung und Supervision in der Altenpflege. Münster et al.: Lit-Verlag.

BERNER, S. (1999): Reaktionen der Verbleibenden auf einen Personalabbau. Bamberg: Divo-Druck OHG.

BETTENHAUSEN, K. L. (1991): Five years of group research – what we have learned and what needs to be addressed. In: Journal of Management, 17, 2, S. 345-381.

BIONG, H. (1993): Satisfaction and Loyalty to Suppliers within the Grocery Trade. In: European Journal of Marketing, 27, 7, S. 21-38.

BISCHOFF, J. (1992): Erfahrungen ostdeutscher Unternehmen mit Unternehmensberatern. In: Wagner, H. & Reineke, R.-D. (Hrsg.): Beratung von Organisationen: Philosophie - Konzepte – Entwicklungen. Wiesbaden: Gabler, S. 291-312.

BITNER, M. J. (1990): Evaluating Service Encounters: The Effect of Physical Surroundings and Employee Responses. In: Journal of Marketing, 54, 2, S. 69-82.

BLACK, S. J. & GREGERSEN, H. B. (1997): Participative Decision-Making: An Integration of Multiple Dimensions. In: Human Relations, 50, 7, S. 859-878.

BLAU, G. (2003): Testing for a four-dimensional structure of occupational commitment. In: Journal of Occupational and Organizational Psychology, 76, S. 469-488.

BLEICHER, A., FISCHER, J., GENSIOR, S. & STEINER, R. (2002): Auswirkungen von Outsourcing auf Beschäftigung und Arbeitsbeziehungen. In: WSI Mitteilungen, 7, S. 403-409.

BLYTON, P. & BACON, N. (1997): Re-casting the occupational culture in steel: some implications of changing from crews to teams in the UK steel industry. In: Sociological Review, 45, 1, S. 79-101.

BMBF (1998): Innovationen für die Wissensgesellschaft. Förderprogramm Informationstechnik. Bonn: Bundesministerium für Bildung, Wissenschaft, Forschung und Technologie.

BÖDEKER, W. ET AL. (2002): Kosten arbeitsbedingter Erkrankungen in Deutschland und Potentiale betrieblicher Präventionsmaßnahmen. In: O.V. (Hrsg.): Tagungsprotokoll: Wettbewerbsvorteil Gesundheit – Für eine Qualität der Arbeit, Köln. http://www.bkk.de/bkk/psfile/downloaddatei/13/kosten_arb4148390eafee8.pdf (Abruf 01.07.2003).

BODIN, M. (2000): Ausgebrannt. Über den „Burnout" im Journalismus. Wiesbaden: Westdeutscher Verlag.

BOGUMIL, J. (2001): Modernisierung lokaler Politik. Baden-Baden: Nomos Verlagsgesellschaft.

BÖHLE, F. (2002): Erfahrungswissen – eine neue Herausforderung für die berufliche Bildung? In: Boder, A., Dobischat, R. & Hendrichs, W. (Hrsg.): Jahrbuch Bildung und Arbeit. Opladen: Leske & Budrich.

BOHMEYER, A. (2002): Arbeitssucht als soziale Pathologie der Erwerbsgesellschaft. Frankfurt/Main. http://www.st-georgen.uni-frankfurt.de/nbi/pdf/fagsf/nbi_fa34.pdf (Abruf 16.08.2004).

BOISARD, P., CARTRON, M, GOLLAC, M. & VALEYRE, A. (2003): The constraints at work and health risks in Europe. European Foundation for the Improvement of Living and Working Conditions. Dublin. EF/03/07/EN

BOISOT, M. & GRIFFITHS, D. (1999): Possession is nine-tenths of the law: managing a firm's knowledge base in a regime of weak appropriability. In: International Journal of Technology Management, 17, 6, S. 662-676.

BOMMER, M. & JALAJAS, D. (1999): The threat of organizational downsizing on the innovative propensity of R&D professionals. In: R&D Management, 29, 1, S. 27-35.

BOND, J. T., GALINSKY, E. & SCHANBERG, J. E. (1998): The 1997 National Study of the Changing Workforce. New York: Families and Work Institute.

BONß, W. & PLUM, W. (1990): Gesellschaftliche Differenzierung und sozialpolitische Normalitätsfiktion. Zum theoretischen und empirischen Gehalt von Normalitätsunterstellungen in der Sozialpolitikdiskussion. In: Zeitschrift für Sozialreform, 36, S. 692-715.

BONß, W. (2002): Zwischen Erwerbsarbeit und Eigenarbeit. In: Arbeit, 14, 11, S. 5-20.

BORCHARDT, A. (2003): Siemens zieht Jobs ins Ausland ab. In: FTD vom 12.12.2003.

BORINS, S. & GRÜNING, G. (1998): New Public Management – Theoretische Grundlagen und problematische Aspekte der Kritik. In: Budäus, D., Conrad, P. & Schreyögg, G. (Hrsg.): Managementforschung 8: New Public Management, Berlin: deGruyter, S. 11-53.

BÖRSEGO (2004): Alcatel: Stellenabbau in Deutschland. In: www.finanznachrichten.de/nachrichten-2004-12/artikel-4147057 (Abruf 01.12.2004).

BOSCH, GERHARD (2001): Konturen eines neuen Normalarbeitsverhältnisses. In: WSI Mitteilungen, 4, S. 219-230.

BOSELIE, P. & VAN DER WIELE, T. (2002): Employee perceptions of HRM and TQM, and the effects on satisfaction and intention to leave. In: Managing Service Quality, 12, 3, S. 165-172.

BÖTTCHER, I. & KRÜGER, M. (1995): Ungeschützte Beschäftigungsverhältnisse. Handlungshilfe für Betriebsräte bei befristeten Arbeitsverhältnissen, Fremdfirmenarbeit und Teilzeit. Köln: Bund-Verlag.

BRANDES, A. (1999): Telearbeit und Mitarbeiterführung. Wiesbaden: Dt. Univ.-Verlag

BRANDON, L. D. & INMAN, R. A. (1992): A dark side of productivity improvement techniques. In: Work Study, 41, 6, S. 11-15.

BRANDT, G. (1990): Arbeit, Technik und gesellschaftliche Entwicklung. Frankfurt/Main: Suhrkamp.

BREUER, W., FRIEDRICH, W. & STEFFEN, J. (1985): Positivbeispiele psychisch förderlicher Arbeits-momente. Schriftenreihe der Bundesanstalt für Arbeitsschutz, Nr. 436. Bremerhaven: Wirtschaftsverlag NW, zit. in: Richter, G. (2000): Psychische Belastung und Beanspru-chung. Dortmund: Bundesanstalt für Arbeitsschutz und Arbeitsmedizin.

BREWER, E. W. & CLIPPARD, L. F. (2002): Burnout and Job Satisfaction among Student Support Services Personnel. In: Human Resource Development Quarterly, 13, 2, S. 169-186.

BRILLHART, P. E. (2004): Technostress in the Workplace. Managing Stress in the Electronic Work-place. In: Journal of American Academy of Business, 5, 1/2, S. 302-307.

BROCK, B. L. & GRADY, M. L. (2000): Rekindling the flame: principals combating teacher burnout. Thousand Oaks, CA.: Corwin Press.

BROCKHOFF, R. (1990): Abstimmung der Flexibilitätsinteressen zwischen Arbeitnehmern und Arbeitgebern. Pfaffenweiler: Centaurus-Verl.-Gesellschaft.

BROD, C. (1984): Technostress: The Human Cost of the Computer Revolution. Reading, MA: Addison-Wesley.

BRÖDNER, P. & LAY, G. (2002): Internationalisierung, Wissensteilung, Kundenorientierung – für zukunftsfähige Arbeitsgestaltung relevante Hintergrundstrends. In: Brödner, P. & Knuth, M. (Hrsg.): Nachhaltige Arbeitsgestaltung. München & Mering: Hampp, S. 27-60.

BRÖDNER, P. (2002): Nachhaltige Arbeitsgestaltung: Trendreports zur Entwicklung und Nutzung von Humanressourcen. München & Mering: Hampp.

BROOKS, G. (2002): Knowledge-based structures and organisational commitment. In: Management Decision, 40, 5/6, S. 566-573.

BRUGGEMANN, A., GROSKURTH, P. & ULICH, E. (1975): Arbeitszufriedenheit. Bern: Huber.

BRUHN, M. (2003): Kundenorientierung. München: Deutscher Taschenbuch Verlag.

BUCHANAN, D. (1994): Principles and practice in work design. In: Sisson, K. (Ed.): Personnel Management. Oxford: Blackwell, S. 85-116.

BUCHTER, A., ZELL, M., FEHRINGER, A. ET AL. (2003): Arbeitsbedingte Herz- und Kreislaufkrank-heiten. In: Buchter, A. (Hrsg.): Diagnostik arbeitsbedingter Erkrankungen und arbeits-medizinisch-diagnostische Tabellen. Medizinische Fakultät der Universität des Saar-landes. www.uniklinik-saarland.de/arbeits-medizin (Abruf 13.01.2004).

BUCK, H., KISTLER, E. & MENDIUS, H. G. (2002): Demographischer Wandel in der Arbeitswelt: Chancen für eine innovative Arbeitsgestaltung. Stuttgart: ohne Verlag.

BUDÄUS, D. (1995): Public Management: Konzepte und Verfahren zur Modernisierung öffentli-cher Verwaltungen, Berlin: Edition Sigma.

BULLINGER, H.-J. & MURMANN, H. (1999): Dienstleistungen – der dynamische Sektor. Wiesbaden: Universum-Verl.-Anst.

BUNCE, D. & WEST, M. A. (1996): Stress Management and innovation interventions at work. In: Human Relations, 49, 2, S. 209-232.

BUNDESANSTALT FÜR ARBEIT (2003): Statistiken. http://www.bundesagentur-fuer-arbeit.de/ (Abruf 01.02.2004).

BUNDESMINISTERIUM DER FINANZEN (2002): Insolvenzen und Unternehmensgründungen in Deutschland. Monatsbericht 10.2002.

BUNDESMINISTERIUM FÜR GESUNDHEIT UND SOZIALE SICHERUNG (2005): Armutsbericht 2004. http://www.bmgs.bund.de/deu/gra/themen/sicherheit/armutsbericht/in-dex.cfm (Abruf 06.03.2005).

BUNDESMINISTERIUM FÜR WIRTSCHAFT (1997): Neue Technologien. Basis für Wohlstand und Beschäftigung. Bonn.

BUNDESMINISTERIUM FÜR WIRTSCHAFT UND ARBEIT (2003): Wirtschaftsanalysen Nr. 2: Globalisierte Arbeitswelt – Wie kann Deutschland mit Schwellenländern konkurrieren? Berlin.

BURCHELL, B., LAPIDO, D. & WILKINSON, F. (2002): Job Insecurity and Work Intensification. London: Routledge.

BURISCH, M. (1994): Das Burnout-Syndrom. Berlin et al: Springer.

BURKE, R. & COOPER, C. (2000): The new organizational reality: Transition and renewal. In: Burke, R. & Cooper, C. (Eds.): Organization in crisis. Oxford, S. 3-20.

BURKE, R. J. & GREENGLASS, E. R. (2000): Work status congruence, work outcomes and psychological well-being. In: Stress Medicine, 16, 2, S. 91-99.

BURKE, R. J. (1993): Organizational-level interventions to reduce occupational stressors. In: Work and Stress, 7, 1, S. 77-87.

BÜSSING, A. (1987): Arbeitsplatzunsicherheit und Antizipation von Arbeitslosigkeit als Stadien des Arbeitslosigkeitsprozesses. In: Soziale Welt, 38, S. 309-329.

BÜSSING, A. (1995): Arbeitszufriedenheit. In: Greif, S., Holling, H. & Nicholson, N. (Hrsg.): Arbeits- und Organisationspsychologie. Weinheim: Beltz, S. 137-141.

BÜSSING, A. (1997): Psychischer Stress und Burnout in der Krankenpflege Ergebnisse im Längsschnitt. München: Berichte aus dem Lehrstuhl für Psychologie der TU München, 37.

BÜSSING, A. (1999): Can control at work and social support moderate psychological consequences of job insecurity? Results form a quasi-experimental study in the steel industry. In: European Journal of Work and Organizational Psychology, 8, S. 219-242.

BÜSSING, A., BISSELS, T., FUCHS, V. & PERRAR, K. (1999): A dynamic model of work satisfaction: Qualitative approaches. In: Human Relations, 52, 8, S. 999-1028.

BYRNE, R. (2001): Employees capital or commodity. In: The Learning Organization, 8, 1, S. 44-50.

BZA (2004): Informationsblatt „Zeitarbeit". www.bza.de (Abruf 16.11.2004).

CAMERON, K. S., FREEMAN, S. J. & MISHRA, A. K. (1993): Downsizing and Redesigning Organizations. In: Huber, G. & Glick, W. (Eds.): Organizational Change and Redesign: Ideas and Insights for Improving Performance. New York: Oxford University Press, S. 19-65.

CAPUTO, J. S. (1991): Stress and burnout in library service. Phoenix: Oryx Press.

CARR, N. G. (2004): Burned by IT. In: Industrial Engineer, 36, 8, S. 28-33.

CARROLL, J. F. X. & WHITE, W. L. (1984): Theory building: Integrating individual and environmental factors within an ecological framework. In: Paine, W. S. (ed.): Job stress and burnout. Beverly Hills: Sage Publ., S. 41-60.

CASCIO, W. F., YOUNG, C. E. & MORRIS, J. R. (1997): Financial Consequences of Employment-Change Decisions in Major U.S. Corporations. In: Management, 40, S. 1175-1190.

CAVANAUGH, M. A. & NOE, R. A. (1999): Antecedents and consequences of relational components of the new psychological contract. In: Journal of Organizational Behaviour, 20, S. 323-340.

CDU/CSU (2004): Schlechter Rat ist teuer. Rot-grüne Beratungssucht auf Kosten der Steuerzahler. www.cducsu.de/upload/beratung040402.pdf (Abruf 02.04.2004).

CHEN, Z. & FRANCESCO, A. (2000): Employee demograhpy, organizational commitment, and turnover intentions in China: do cultural differences matter? In: Human Relations, 53, 6, S. 869-887.

CHERNISS, C. (1982): Staff burnout: Job stress in the human services. Beverly Hills, CA.: Sage Publ.

CLEGG, C. & WALL, T. (1990): The relationship between simplified jobs and mental health: A replication study. In: Journal of Occupational Psychology, 63, S. 289-296.

COHEN, A. (1996): On the Discriminant Validity of the Meyer and Allen Measure of Organizational Commitment: How does it Fit with the Work Commitment Construct? In: Educational and Psychological Measurement, 56, 3, S. 494-504.

COLEMAN, J. S. (1979): Macht und Gesellschaftsstruktur. Tübingen: Mohr.

COMMISSION OF THE EUROPEAN COMMUNITIES (2001): Communication from the Commission to the Council, the European Parliament, the economic and social committee and the committee of the regions. Employment and social policies: a framework for investing quality. Brussels, 20.6.2001, COM(2001)313 final.

COOK, J. & WALL, T. (1980): New work attitude measures of trust, organisational commitment and personal need non-fulfilment. In: Journal of Occupational Psychology, 53, 1, S. 39-52.

COOPER, C. (1999): The changing psychological contract at work. In: European Business Journal, 11, 3, S. 115-118.

CORDERO, R. (1989): The measurement of innovation performance in the firm: an overview. In: Research Policy, 19, 2, S. 185-192.

CULPEPPER, R. (2000): A test of revised scales for the Meyer and Allen (1991) three component commitment construct. In: Educational and Psychological Measurement, 60, S. 604-616.

DAHMEN-FISCHER, U. (1992): Psychologische Intervention zur Reduktion von Stress und Burnout in der onkologischen Krankenpflege. Frankfurt/Main et al.: Lang.

DAHRENDORF, R. (1988): Anmerkungen zur Globalisierung. In: Beck, U. (Hrsg.): Perspektiven der Weltgesellschaft. Frankfurt/Main: Suhrkamp, S. 41-54.

DALE, B. G. (1999): Managing Quality. Oxford: Blackwell.

DAMKOWSKI W. & PRECHT C. (1995): Public Management: Neue Steuerungskonzepte für den öffentlichen Sektor. Stuttgart: Kohlhammer.

DANIELS, K. & BAILEY, A. (1999): Strategy development processes and participation in decision making: Predictors of role stressors and job satisfaction. In: Journal of Applied Management Studies, 8, 1, S. 27-42.

DAVENPORT, TH. (1997): Information Ecology. Mastering Information and Knowledge Environment. New York, Oxford: Oxford University Press.

DAVIDSON, J. (2002): Overcoming resistance to change. In: Public Management, 84, 11, S. 20-23.

DAVIS-BLAKE, A. & PFEFFER, J. (1989): Just a mirage: The search for dispositional effects in organizational research. In: Academy of Management Review, 14, S. 385-400.

DECOTIIS, T. A. & SUMMERS, T. P. (1987): A Path Analysis of a Model of the Antecedents and Consequences of Organizational Commitment. In: Human Relations, 40, 7, S. 445-470.

DEEGAN, S. (1995): Managerialism: a review of the debate and a consideration of its potential impact on innovation in public sector agencies. In: Journal of contemporary issues in business and government, 1, S. 11-19.

DELBRIDGE, R. & WHITFIELD, K. (2001): Employee perceptions of job influence and organizational participation. In: Industrial Relations, 40, 3, S. 472-490.

DEUTSCHER BUNDESTAG (Hrsg.) (2002): Sicherheit und Gesundheit bei der Arbeit 2002. Drucksache 15/2300 des Deutschen Bundestags.

DHONT, S. (1997): Time constraints and autonomy at work in the European Union. European Foundation for the Improvement of Living and Working Conditions. Luxembourg: Office for Official Publications of the European Communities.

DI MARTINO, V. (2001): Stress und seine Kosten – eine IAO-Antwort. In: Internationaler Metallgewerkschaftsbund (Hrsg.): Stress und Ausgebranntsein ein wachsendes Problem für Angestellte. Ohne Ort, S. 30-38.

DIENEL, H.-L. (2004): Deutschland in der globalen Wissensgesellschaft. Auswirkungen und Anforderungen. Gutachten der Friedrich-Ebert-Stiftung. Berlin: Friedrich-Ebert-Stiftung.

DIFU (2005): Verwaltungsmodernisierung in deutschen Kommunalverwaltungen - Eine Bestandsaufnahme. Ergebnisse einer Umfrage des Deutschen Städtetages und des Deutschen Instituts für Urbanistik. Ausgabe 06/2005. Berlin: Deutsches Institut für Urbanistik.

DOMNOWSKI, M. (1999): Burnout und Stress in Pflegeberufen: Ursachen, Wirkungen und Möglichkeiten zur Entlastung – ein Leitfaden zur Psychohygiene. Hagen: Kunz.

DOUGHERTY, D. & BOWMAN, E. H. (1995): The Effects of Organizational Downsizing on Product Innovation. In: California Management Review, 37, S. 28-44.

DOZ, Y. L. (1996): The evolution of cooperation in strategic alliances: initial conditions or learning processes? In: Strategic Management Journal, 17, special issue, summer, S. 55-84.

DPA-AFX (2005): Rückblick 2004: Die Banken machen wieder Gewinn – Stellenabbau geht weiter, 2.1.2005.

DRAGO, R. (1996): Workplace transformation and the disposable workplace: employee involvement in Australia. In: Industrial Relations, 25, 4, S. 526-543.

DROEGE & COMP. (HRSG.) (2000): Triebfeder Kunde IV. Eine Zeitverlaufstudie zur Kundenorientierung deutscher und internationaler Unternehmen. Düsseldorf: Droemer Verlag.

DRUCKER, P. F. (1969): The Age of Discontinuity. Guidelines to our Changing Society. New York: Harper & Row.

DUNHAM, R., GRUBE, J. & CASTANEDA, M. (1994): Organizational commitment: The quality of an integrative definition. In: Journal of Applied Psychology, 79, S. 370-380.

DURANT, R. F. & WILSON, L. A. (2001): Public management, TQM, and quality improvement: Toward a contingency strategy. In: Public Administration and Public Policy, 90, S. 148-170.

DUSCHEK, S., ORTMANN, G. & SYDOW, J. (2001): Grenzmanagement in Unternehmungsnetzwerken: Theoretische Zugänge und der Fall eines strategischen Dienstleistungsnetzwerks. In: Ortmann, G. & Sydow, J. (Hrsg.): Strategie und Strukturation - Strategisches Management von Unternehmen, Netzwerken und Konzernen. Wiesbaden: Gabler, S. 191-233.

DYER, S. & QUINE, I. (1998): Predictors of job satisfaction and burnout among the direct care staff of a community learning disability service. In: Journal of Applied Research in Intellectual Disabilities, 11, 4, S. 320-332.

EBERHARDT, B. J. & SHANI, A. B. (1984): The effects of full-time versus part-time employment status on attitudes toward specific organizational characteristics and overall job satisfaction. In: Academy of Management Journal, 27, S. 893-900.

EBERLING, M., HIELSCHER, V., HILDEBRANDT, E. & JÜRGENS, K. (2004): Prekäre Balancen. Flexible Arbeitszeiten zwischen betrieblicher Regulierung und individuellen Ansprüchen, Forschung aus der Hans-Böckler-Stiftung 53, Berlin: edition sigma.

EDELWICH, J. & BRODSKY, A. (1980): Burn-Out. Stages of Disillusionment in the Helping Professions. New York: Human Sciences Press.

EDVINSSON, L. & BRÜNING, G. (2000): Aktivposten Wissenskapital: unsichtbare Werte kalkulierbar machen. Wiesbaden: Gabler.

EFFENBERGER, J. (1998): Erfolgsfaktoren der Strategieberatung: die Analyse einer Leistung von Unternehmensberatern aus Klientensicht. Stuttgart: M und P, Verlag für Wissenschaft und Forschung.

EGAN, T. M., YANG, B. & BARTLETT, K. R. (2004): The Effects of Organizational Learning Culture and Job Satisfaction on Motivation to Transfer Learning and Turnover Intention. In: Human Resource Development Quarterly, 15, 3, S. 279-301.

ELDER, V. B., GARDNER, E. P. & RUTH, S. R. (1987): Gender and Age in Technostress: Effects on White-collar Productivity. In: Government Finance Review, 3, S. 17-21.

ELKELES, T. (1994): Arbeitswelt und Risiken für Rückenschmerzen – Potentiale für arbeitsweltbezogene Prävention und Gesundheitsförderung. Veröffentlichungsreihe der Forschungsgruppe Gesundheitsrisiken und Präventionspolitik, Wissenschaftszentrum Berlin für Sozialforschung, Nr. P94.

ELMUTI, D. & KATHAWALA, Y. (2000): Business Reengineering: Revolutionary management tool or fading fad? In: Business Forum, 25, 1/2, S. 29-36.

EMPSON, L. (2001): Fear of exploitation and fear of contamination: impediments to knowledge transfer in mergers between professional service firms. In: Human Relations, 54, 7, S. 839-862.

ENQUETE-KOMMISSION DES BUNDESTAGES (2002): Globalisierung der Weltwirtschaft – Herausforderungen und Antworten. Schlussbericht: Bundestagsdrucksache 14/9200 vom 16.02.2002. http://www.bundestag.de/gremien/welt/glob_end/ 5.html (Abruf 12.10.2003).

EREZ, M. (1994): Toward a model of cross-cultural industrial and organizational psychology. In: Triandis, H. C., Dunnette, M., D. & Hough, L. M. (Eds.): Handbook of industrial and organizational psychology. Palo Alto, CA: Consulting Psychologists Press, S. 559-608.

ESKEW, D. & HENEMAN, R. L. (1996): A survey of Merit Pay Plan Effectiveness: End of the Line for Merit Pay or Hope for Improvement? In: Human Resource Planning, 19, 2, S. 12-19.

ETZIONI, A. (1971): Soziologie der Organisationen. München: Juventa.

EUROPÄISCHE KOMMISSION (2002): Beschäftigung in Europa. Jüngste Tendenzen und Ausblick in die Zukunft. Luxembourg: Amt für amtliche Veröffentlichungen der Europäischen Gemeinschaften.

EUROPEAN COMMISSION (1998): New forms of work organisation. Case Studies. Luxembourg: Office for Official Publications of the European Communities.

EUROPEAN COMMISSION (2000): Government support programmes for new forms of work organisation. Luxembourg: Office for Official Publications of the European Communities.

EUROPEAN FOUNDATION FOR THE IMPROVEMENT OF LIVING AND WORKING CONDITIONS (1998): New Forms of Work Organisation: Can Europe Realise its Potential? Dublin. EF/98/03/EN.

EUROPEAN FOUNDATION FOR THE IMPROVEMENT OF LIVING AND WORKING CONDITIONS (2001): Employee Share Ownership and Profit-Sharing in the EU. Dublin. EF/01/57/EN.

EUROPEAN FOUNDATION FOR THE IMPROVEMENT OF LIVING AND WORKING CONDITIONS (2002a): Quality of Work and Employment in Europe – Issues and Challenges. Dublin. EF/02/12/EN.

EUROPEAN FOUNDATION FOR THE IMPROVEMENT OF LIVING AND WORKING CONDITIONS (2002b): Types of employment and health in the European Union. Dublin. EF0221.

EUROPEAN FOUNDATION FOR THE IMPROVEMENT OF LIVING AND WORKING CONDITIONS (2003a): Sectoral profiles of working conditions. Dublin. EF/03/08/EN.

EUROPEAN FOUNDATION FOR THE IMPROVEMENT OF LIVING AND WORKING CONDITIONS (2003b): Temporary agency work in the European Union. Dublin. EF/04/104/EN.

EUROPEAN FOUNDATION FOR THE IMPROVEMENT OF LIVING AND WORKING CONDITIONS (2004): Annual Review of working conditions in the EU: 2003-2004. Dublin: EF/04/94/EN.

EUROPEAN FOUNDATION FOR THE IMPROVEMENT OF LIVING AND WORKING CONDITIONS (2004a): Information technology: Use and training in Europe. Dublin.EF/04/134/EN.

EYLON, D. & BAMBERGER, P. (2000): Empowerment cognitions and empowerment acts: Recognizing the importance of gender. In: Group and Organization Management, 25, S. 354-373.

FAGAN, C. (2001): Gender, employment and working time preferences in Europe. European Foundation for the Improvement of Living and Working Conditions, Luxembourg: Office for Official Publications of the European Communities.

FASSEL, D. (1991): Wir arbeiten uns noch zu Tode. München: Kösel Verlag.

FATZER, G. (1998): Ansätze zur „lernenden Organisation". In: Howaldt, J., Kopp, R. & Winther, M. (Hrsg.): Kontinuierlicher Verbesserungsprozess: KVP als Motor lernender Organisation. Köln: Wirtschaftsverlag, S. 20-26.

FAUST, M., JAUCH, P, BRÜNNECKE, K. & DEUTSCHMANN, C. (1994): Dezentralisierung von Unternehmen. München & Mering: Hampp.

FEATHER, J. (2001): The information society: a study of continuity and change. London: Libr. Assoc. Publ.

FEATHER, N. T. & RAUTER, K. A. (2004): Organizational citizenship behaviours in relation to job status, job insecurity, organizational commitment and identification, job satisfaction and work values. In: Journal of Occupational and Organizational Psychology, 77, S. 81-94.

FINDLAY, P., McKINLAY, A., MARKS, A. & THOMPSON, P. (2000): In search of perfect people: teamwork and team players in the Scottish spirits industry. In: Human Relations, 53, 12, S. 1549-1574.

FISCHER, H. J. (1983): A psychoanalytic view of burnout. In: Farber, B. A. (Ed.): Stress and Burnout in the Human Service Professions. New York: Pergamon, S. 40-45.

FLECKER, J. (1998): Not-Wendigkeit? Zum Zusammenhang von flexiblen Unternehmensformen, Qualifikationsanforderungen und Arbeitsmarktregulierung. In: Zilian, H.-G. & Flecker, J. (Hrsg.): Flexibilisierung – Problem oder Lösung? Berlin: Edition Sigma, S. 207-222.

FLOOD, P., TURNER, T. RAMAMOORTHY, N ET AL. (2001): Causes and consequences of psychological contracts among knowledge workers in the high technology and financial services industry. In: International Journal of Human Resource Management, 12, 7, S. 1152-1161.

FORAY, D. (2002): The knowledge society. Oxford et al: Blackwell.

FORNELL, C., JOHNSON, M. C., ANDERSON, E. W., CHA, J. & BRYANT, B. E. (1996): The American Customer Satisfaction Index: Nature, Purpose and Findings. In: Journal of Marketing, 60, S. 7-18.

FÖSTE, W., HAARLAND, H. P., JANSSEN, P. & NIESSEN, H.-J. (2001): Flexibilität und Sicherheit am Arbeitsmarkt. Schriftreihe des Forschungsinstituts für Ordnungspolitik, Band 2, Frankfurt/Main: Campus.

FOUCAULT, M. (1991): Überwachen und Strafen. Die Geburt des Gefängnisses. Frankfurt/Main: Suhrkamp.

FOURASTIE, J. (1954): Die große Hoffnung des zwanzigsten Jahrhunderts. Köln-Deutz: Bund-Verlag.

FRANZ, H. J. (1986): Bewältigung gesundheitsgefährdender Belastungen durch soziale Unterstützung in kleinen Netzen. Konstanz: Hartung-Gorre.

FRESE, M. (1991): Die Führung der eigenen Person. Stressmanagement. Köln: Wirtschaftsverlag Bachem.

FREUDENBERGER, H. (1974): Staff burn-out. In: Journal of Social Issues, 30, S. 159-165.

FREUDENBERGER, H. J., RICHELSON, G. (1983): Mit Erfolg leben. München: Heyne.

FREY, H.-E. (1994): Agonie des Bürokratiemodells? Wo fehlt der politische Wille, wo hemmen Vorschriften die Reform des öffentlichen (kommunalen) Sektors? In: Steger, U. (Hrsg.): Lean Administration: die Krise der öffentlichen Verwaltung als Chance. Frankfurt/Main: Campus, S. 23-47.

FRIDRICH, A. (1985): Marketing- und Managementberatungen in mittelständischen Industriebetrieben. Berlin: E. Schmidt.

FROMME, H. (2004): Axa testet Jobverlagerung ins Ausland. In: FTD vom 10.12.2004.

FUCHS, R. & SUSMAN, M. (1999): Arbeit und Psyche. http://www.zb-beratung.at/arbeit_psyche.html (Abruf 07.03.2002).

FUNDER, M. (1993): Die Flexibilisierung der Arbeitszeit – eine Chance für Frauen zwischen Beruf, Familie und Partnerschaft? In: Klein, M. (Hrsg.): Nicht immer, aber immer öfter. Flexible Beschäftigung und ungeschützte Beschäftigungsverhältnisse. Marburg: Schüren, S. 26-38.

FUNDER, M. (1999): Paradoxien der Reorganisation. München & Mering: Hampp.

GALLIE, D. (2003): The Quality of Working Life: Is Scandinavia Different? In: European Sociological Review, 19, 1, S. 61-79.

GALLIE, D., Felstead, A. & Green F. (2001): Employer policies and organizational commitment in Britain 1992-1997. In: Journal of Management Studies, 38, 8, S. 1081-1097.

GALLIE, D., White, M., Chang, Y. & Tomlinson, M. (1998): Restructuring the Employment Relationship. Oxford: Clarendon Press.

GANZ, W. & HERMANN, S. (1999): Wissensintegrative und koordinative Dienstleistungstätigkeiten. Erfolgsfaktoren für einen nachhaltigen Wettbewerbsvorsprung. Stuttgart: Fraunhofer Institut Arbeitswirtschaft und Organisation.

GARBARINO, E. & JOHNSON, M. S. (1999): The Different Roles of Satisfaction, Trust, and Commitment in Customer Relations. In: Journal of Marketing, 63, 2, S. 70-87.

GAREIS, K. (2002): The Intensity of Telework in 2002 in the EU, Switzerland and the USA. www.empirica.de (Abruf 26.07.2003).

GARRAHAN, P. & STEWART, P. (1992): The Nissan Enigma. London: Mansell.

GEISHECKER, I. (2002): Outsourcing and the demand for low-skilled labour in German manufacturing: new evidence. In: DIW Diskussionspapiere, 313, Berlin: Deutsches Institut für Wirtschaftsforschung.

GELLATY, I. (1995): Individual and group determinants of employee absenteeism: test of a causal model. In: Journal of Organizational Behaviour, 16, S. 469-485.

GESUNDHEITSBERICHT DES BUNDES (2001), www.gbe-bund.de

GIBBONS, N., LIMOGES, C., NOWOTNY, H. ET AL. (1994): The New Production of Knowledge. The Dynamics of Science and Research in Contemporary Societies. London: Sage Publ.

GILBRETH, F. B. (1911): Motion Study. New York: Van Nostrand.

GLADEN, W. (2002): Performance Measurement als Methode der Unternehmenssteuerung. In: Fröschle, H.-P. (Hrsg.): Performance Measurement. Heidelberg: dpunkt.verlag, S. 5-16.

GOFFMAN, I. (1972): Asyle. Frankfurt/Main: Suhrkamp.

GOLEMBIEWSKI, R. T., MUNZENRIDER, R. & STEVENSON, J. G. (1986): Stress in Organizations. Toward a Phase Model of Burnout. New York: Praeger.

GÖTZ, M. (2001): Politische Steuerung in der Kommune. Düsseldorf: Schriftenreihe der Sozialdemokratischen Gemeinschaft für Kommunalpolitik in Nordrhein-Westfalen, Nr. 19.

GOUDSWAARD, A. & ANDRIES, F. (2002): Employment status and working conditions. European Foundation for the Improvement of Living and Working Conditions. Luxembourg: Office for Official Publications of the European Communities.

GRIFFIN, R. (1982): Task Design – An Integrative Approach. Glenview, IL: Scott, Foresman and Company.

GRÖMIG, E. (2001): Wo stehen die Städte heute? Ergebnisse der 4. DST-Umfrage zum Stand der Vewaltungsmodernisierung in den Städten. In: Adam, C., Feil, H.-J., & Grömig, E. (Hrsg.): Verwaltungsmodernisierung – Baustelle ohne Ende? Dokumentation der DST-Fachkonferenz am 12. September 2001 in Berlin. Berlin: DST-Beiträge zur Kommunalpolitik, Heft 30, S. 15-18 und Anhang S. 69-96.

GROTE, S. (2002): Der flexible Mitarbeiter. München: Utz.

GRUENING, G. (2001): Origin and theoretical basis of New Public Management. In: International Public Management Journal, 4, 1, S. 1-25.

GRÜNENFELDER, P. (1996): Die Rolle der politischen Führung im Rahmen des New Public Management in Christchurch. Bern et al.: Paul Haupt.

GUEST, D. & CONWAY, N. (1997): Employee Motivation and the Psychological Contract. London: IPD.

GUEST, D. & CONWAY, N. (1999): How Dissatisfied Are British Workers? A Survey of Surveys. London: IPD.

GUEST, D. & CONWAY, N. (2001): Organisational Change and the Psychological Contract. London: IPD.

GÜNTER, B. (2001): Beschwerdemanagement als Schlüssel zur Kundenzufriedenheit. In: Homburg, Ch. (Hrsg.): Kundenzufriedenheit. Wiesbaden: Betriebswirtschaftlicher Verlag Dr. Th. Gabler, S. 259-280.

GUZZO, R. & NOONAN, K. (1994): Human resource practices as communications and the psychological contract. In: Human Resource Management, 33, 3, S. 447-462.

HAAS, S. (2003): Flug LH 1806. In: SZ vom 13.06.2003.

HACKER, M. E. & LANG, J. D. (2000): Designing a performance measurement system for a high technology virtual engineering team – a case study. In: International Journal of Agile Management Systems, 2, 3, S. 225-232.

HACKER, W. & RICHTER, P. (1980): Psychologische Bewertung von Arbeitsgestaltungsmaßnahmen – Ziele und Bewertungsmaßstäbe. In: Hacker, W. (Hrsg.): Spezielle Arbeits- und Ingenieurspsychologie in Einzeldarstellungen. Lehrtext 1. Berlin (DDR): Deutscher Verlag der Wissenschaften.

HACKETT, R. D. & GUION, R. M. (1985): A re-evaluation of the absenteeism-job satisfaction relationship. In: Organizational Behaviour and Human Decision Processes, 35, S. 340-381.

HACKMAN, J. R. (1990): Groups That Work (And Those That Don't): Creating Conditions for Effective Teamwork. San Francisco, CA: Jossey-Bass.

HALDEMANN, T. (1995): Internationale Entwicklungen im Bereich des New Public Management und der wirkungsorientierten Verwaltungsführung – Übersicht und Vergleich. In: Hablützel, P., Haldemann, T., & Schedler, K. et al. (Hrsg.): Umbruch in Politik und Verwaltung. Bern et al.: Paul Haupt, S. 31-56.

HALDIN-HERRGARD, T. (2000): Difficulties of diffusion of tacit knowledge in organisations. In: Journal of Intellectual Capital, 1, 4, S. 357-365.

HAMMER, M. & CHAMPY, J. (1994): Reengineering the Corporation: A Manifesto for Business Revolution. New York: Harper and Collins Publishers Inc.

HAMMER, M. & STANTON, S. (1999): How process enterprise really works. In: Harvard Business Review, November/December, S. 108-118.

HAMMES, Y. (2002): Wertewandel seit der Mitte des 20. Jahrhunderts in Deutschland. Frankfurt/Main: Europäische Hochschulschriften: Reihe 31, Politikwissenschaften Band 451.

HANDY, C. (1994): The age of paradox. Boston: Harvard Business School Press.

HANSEN, M., NOHRIA, N. & TIERNEY, T. (1999): What's your strategy for managing knowledge? In: Harvard Business Review, 77, 2, S. 106.

HARRISON, W. D. (1983): A social competence model of burnout. In: Farber, B. A. (Ed.): Stress and burnout in the human service professions. New York: Pergamon Press., S. 46-62.

HEDDERICH, I. (1997): Burnout bei Sonderschullehrerinnen und Sonderschullehrern – eine vergleichende empirische Untersuchung, durchgeführt in Schulen für Körperbehinderte und in Hauptschulen, auf der Grundlage des Maslach-Burnout-Inventory. Berlin: Ed. Marhold.

HEGEWALD, B. (2003): Virtuelle Unternehmen. Marburg: Tectum Verlag.

HEIBUTZKY, H. J. (1995): Burnout. Die hässliche Fratze des Erfolgs. In: Managerseminare, 20, 7, S. 30-36.

HEIDE, H. (2000): Arbeitssucht – individuelle und sozialökonomische Dimensionen. Vortrag der Fachtagung „Sucht 2000" (www.labournet.de, Abruf 13.03.2002).

HEIDENREICH, M. (2001): Arbeit in der Wissensgesellschaft. In: www.uni-bamberg.de/sowi/soziologe/dawiss.html (Abruf 05.11.2001).

HEIDENREICH, M. (2002): IstdieArbeitsgesellschaftamEnde?In:www.uni-bamberg.de/sowi/europastudien/dokumente/jugendamt.pdf (Abruf 16.01.2002).

HEIFEITZ, L. J. & BERSANI, H. M. (1983): Disrupting the cybernetics of personal growth: Toward a unified theory of burnout in the human services. In: Farber, B.A. (Ed.): Stress and burnout in the human service professions. New York: Pergamon Press., S. 46-62.

HELLER, F., PUSIC, E., STRAUSS, G. & WILPERT, B. (1998): Organizational Participation. Oxford: Oxford University Press.

HELLGREN, J., SVERKE, M. & ISAKSSON, K. (1999): A two-dimensional approach to job insecurity: consequences for emloyee attitudes and well-being. In: European Journal of Work and Organisational Psychology, 8, S. 179-195.

HENDRIX, U. & WACHTLER, G. (2004): Grenzen überschreitende Unternehmensrationalisierung und ihre Auswirkungen auf Beschäftigungsverhältnisse – dargestellt am Outsourcing. In: Arbeit, 13, 2, S. 105-121.

HENDRIX, U., ABENDROTH, C. & WACHTLER, G. (2003): Outsourcing und Beschäftigung. Die Folgen betriebsübergreifender Kooperation für die Gestaltung von Arbeit. München & Mering: Hampp.

HENDRY, CH. (1995): Human Resource Management. A strategic approach to Employment. Oxford et al.: Butterworth-Heinemann.

HERRIOT, P. & STICKLAND, R. (1996): Career management: the issue of the millennium. In: European Journal of Work and Organizational Psychology, 5/4, S. 465-470.

HERZBERG, F., MAUSNER, B. & SNYDERMAN, B. (1967): The motivation to work. New York: Wiley.

HIELSCHER, V. (2000): Entgrenzung von Arbeit und Leben. Berlin: WZB Forschungsschwerpunkt Technik, Arbeit und Umwelt: Papers.

HILLMANN, K.-H. (2001): Zur Wertewandelforschung: Einführung, Übersicht und Ausblick. In: Oesterdiekhoff, G. W. & Jegelka, N. (Hrsg.): Werte und Wertewandel in westlichen Gesellschaften. Opladen: Leske & Budrich, S. 15-39.

HILTROP, J.-M. (1995): The changing psychological contract: The human resource challenge of the 1990s. In: European Management Journal, 13, S. 286-294.

HINRICHS, K. H. (1987): Motive und Interessen im Arbeitszeitkonflikt. Eine Analyse der Entwicklung von Normalarbeitszeitstandards. Frankfurt/Main & New York: Campus.

HIRSCH-KREINSEN, H. (1995): Dezentralisierung: Unternehmen zwischen Stabilität und Desintegration. In: Zeitschrift für Soziologie, 6, S. 422-435.

HISLOP, D. (2003): Linking human resource management and knowledge management via commitment. In: Employee Relations, 25, 1/2, S. 182-202.

HOCHSCHILD, A. (1990): Das gekaufte Herz: zur Kommerzialisierung der Gefühle. Frankfurt/Main & New York: Campus.

HÖCK, M. & KEUPER, F. (2001): Empirische Untersuchung zur Auswahl und Kompetenz von Beratungsgesellschaften. In: Die Betriebswirtschaft, 61, 4, S. 427-441.

HOEL, H., SPARKS, K. & COOPER, C. (2001): The Cost of Violence/Stress at Work and the Benefits of a Violence/Stress-Free Working Environment. Geneva: International Labour Organisation.

HOFSTEDE, G. (1980): Culture's consequences: International differences in work-related values. Newbury Park, CA: Sage Publ.

HOFSTEDE, G. (1985): The interaction between national and organizational value systems. In: Journal of Management Studies, 22, S. 347-357.

HOLMES, T. & RAHE, H. (1967): The social readjustment rating scale. In: Journal of Psychosomatic Research, II, S. 213-217.

HOLZINGER, A. G. (1992): Entrepreneurs to the Rescue. In: Nation's Business, 80, S. 20-28.

HOMBURG, CH. & BRUCERIUS, M. (2001): Kundenzufriedenheit als Managementherausforderung. In: Homburg, Ch. (Hrsg.): Kundenzufriedenheit. Wiesbaden: Betriebswirtschaftlicher Verlag Dr. Th. Gabler, S. 51-86.

HOMBURG, CH. & PFLESSER, CH. (2000): A Multiple Lyer Model of Market-Oriented Organizational Culture: Measurement Issues and Performance Outcomes. In: Journal of Marketing Research, 37, 4, S. 449-462.

HOOD, C. (1991): A Public Management for All Seasons? In: Public Administration, 1, S. 3-19.

HOOKER, J. T. (1982): Sparta. Geschichte und Kultur. Stuttgart: Reclam.

HOPPELER, R. (1994): Tabu: Burnout. In: io Management Zeitschrift, 11, S. 63.

HORX, M. (2000): Die acht Sphären der Zukunft: ein Wegweiser in die Kultur des 21. Jahrhunderts. Wien & Hamburg: Signum.

HOUSE, R. J., SHANE, S. A. & HEROLD, D. M. (1996): Rumours of the death of dispositional research are vastly exaggerated. In: Academy of Management Review, 21, S. 203-224.

HOWALDT, J., KOPP, R. & WINTHER, M. (1998.): Kontinuierlicher Verbesserungsprozess. Köln: Wirtschaftsverlag Bachem.

HOWARD, J. L. & FRICK, D. D. (1996): The effects of organizational restructure on employee satisfaction. In: Group and Organization Management, 21, 3, S. 278.

HUANG, K-T., YANG, W. L. & WANG. R. Y. (1999): Quality Information and Knowledge. Upper Saddle River, NJ: Prentice Hall.

HULIN, C. L., ROZNOWSKI, M. & HACHIYA, D. (1985): Alternative opportunities and withdrawal decisions: Empirical and theoretical discrepancies and in integration. In: Psychological Bulletin, 97, S. 233-250.

HUNTER, L. W., McDUFFIE, J. P. & DOUCET, L. (2002): What makes teams take? Employee reactions to work reforms. In: Industrial and Labor Relations Review, 55, 3, S. 448-473.

HUNZIGER, A. (2004): Kienbaum-Studie: „Zeitmanagement und Worklife-Balance internationaler Top-Manager". www.kienbaum.de (Abruf 04.02.2005).

HUWS, U. (1984): The New Homeworkers. New Technology and the Changing Location of White-Collar Work. London: Low Pay Unit.

IAB (INSTITUT FÜR ARBEITSMARKT- UND BERUFSFORSCHUNG DER BUNDESAGENTUR FÜR ARBEIT) (2005): Daten zur kurzfristigen Entwicklung von Wirtschaft und Arbeitsmarkt – Januar 2005. Ausgabe Nr. 01. http://doku.iab.de/werk-ber/2005/wb_arbeitszeit.pdf, (Abruf 18.02.2005).

IAFFALDANO, M. R. & MUCHINSKY, P. M. (1985): Job satisfaction and job performance: A meta-analysis. In: Psychological Bulletin, 97, S. 251-273.

IGZ (2005): Perspektive Zeitarbeit. Aktualisiertes IGZ-/DGB-Tarifwerk. Münster.

IMAI, M. (1986): Kaizen – The Key to Japan's Competitive Success. New York et al.: McGraw-Hill Publishing Company.

IMAI, M. (1998): Ein neuer Ansatz der Management-Wissenschaften: Zum Paradigma von Gemba Kaizen. In: Howaldt, J., Kopp, R. & Winther, M. (Hrsg.): Kontinuierlicher Verbesserungsprozess. Köln: Wirtschaftsverlag Bachem, S. 13-19.

INGLEHART, R. (1977): The Silent Revolution: Changing Values and Political Styles Among Western Publics. Princeton: Princeton University Press.

INSTITUTE OF OCCUPATIONAL HEALTH (1992): Occupational Stress Questionnaire: User's Instructions. Helsinki: Institute of Occupational Health.

ISR (1995): Employee Satisfaction: Tracking European Trends. London: Institute for Social Research (ISR).

IVERSON, R. & BUTTIGIEG, D. (1999): Affective, normative, and continuance commitment: can the right kind of commitment be managed? In: Journal of Management Studies, 36, 3, S. 307-333.

JACKSON, P. R. & MULLARKEY, S. (2000): Lean Production teams and health in garment manufacture. In: Journal of Occupational Health Psychology, 5, 2, S. 231-245.

JACKSON, T. (2002): The management of people across cultures: Valuing people differently. In: Human Resource Management, 41, S. 455-475.

JAHODA, M. (1983): Wie viel Arbeit braucht der Mensch? Arbeit und Arbeitslosigkeit im 20. Jahrhundert. Weinheim: Beltz.

JANKE, W., ERDMANN, G. & BOUCSEIN, W. (1978): Der Stressverarbeitungsbogen. In: Ärztliche Praxis, 38, S. 1208-1210.

JANN, W. (1998): Neues Steuerungsmodell. In: Blanke, B., Bandemer, S. v., Nullmeier, F., Wewer G. & Plaß, St. (Hrsg.): Handbuch zur Verwaltungsreform. Opladen: Leske & Budrich, S. 70-80.

JASANOFF, SH. (1990): The Fifth Branch: Science Advisers as Policymakers. Cambridge, MA.: Harvard University Press.

JENKINS, D. G. & LAWLER, E. E. (1981): Impact of employee participation in pay plan development. In: Organizational Behavior and Human Performance, 28, S. 111-128.

JENSEN, O. (2001): Kundenorientierte Vergütungssysteme als Schlüssel zur Kundenzufriedenheit. In: Homburg, Ch. (Hrsg.): Kundenzufriedenheit. Wiesbaden: Betriebswirtschaftlicher Verlag Dr. Th. Gabler, S. 281-294.

JERNIGAN, I. E., BEGGS, J. M. & KOHUT, G. F. (2002): Dimensions of Work Satisfaction as Predictors of Commitment Type. In: Journal of Managerial Psychology, 17, 7, S. 564-579.

JOHNSON, R. (1996): Antecedents and outcomes of corporate refocusing. In: Journal of Management, 22, S. 439-483.

JOHNSON, S. M. (1988): Der narzisstische Persönlichkeitsstil. Köln: Edition Humanistische Psychologie.

JONES, J. W. (1982): Diagnosing and treating staff burnout among health professionals. In: Jones, J. W. (Ed.): The Burnout Syndrome. Park Ridge, Ill.: London House Press, S. 107-125.

JONES-JOHNSON, G. & JOHNSON, W. R. (1992): Subjective underemployment and psychosocial stress: The role perceived social and supervisor support. In: Journal of Social Psychology, 132, 1, S. 11-21.

JUDGE, T. A. & BONO, J. E. (2001): Relationship of core self-evaluations traits – self-esteem, generalized self-efficacy, locus of control, and emotional stability – with job satisfaction and job performance: A meta-analysis. In: Journal of Applied Psychology, 86, S. 90-92.

JUDGE, T. A. & CHURCH, A. H. (2000): Job satisfaction: Research and practice. In: Cooper, C. & Locke, E. A. (Eds.): Industrial and organizational psychology: Linking theory with practice. Oxford, UK: Blackwell, S. 166-198.

JUDGE, T. A. & HULIN, C. L. (1993): Job satisfaction as a reflection of disposition: A multiple-source causal analysis. In: Organizational Behaviour and Human Decision Processes, 56, S. 388-421.

JUDGE, T. A. & WATANABE, S. (1994): Individual differences in the nature of the relationship between job and life satisfaction. In: Journal of Occupational and Organizational Psychology, 67, S. 101-107.

JUDGE, T. A., HELLER, D. & MOUNT, M. K. (2002): Five-factor model of personality and job satisfaction: A meta-analysis. In: Journal of Applied Psychology, 87, S. 530-541.

JUDGE, T. A., THORESEN, C. J., BONO, J. E. & PATTON, G. K. (2001): The job satisfaction-job performance relationship: A qualitative and quantitative review. In: Psychological Bulletin, 127, S. 376-407.

KACMAR, K. M. & FERRIS, G. R. (1989): Theoretical and methodological considerations in the age-job satisfaction relationship. In: Journal of Applied Psychology, 74, S. 201-207.

KALIKOWSKI, P., MICKLER, O. & MANSKE, F. (1995): Technologiestandort Deutschland: Produktinnovation im Maschinenbau: traditionelle Stärken - neue Herausforderungen. Berlin: Edition Sigma.

KALLEBERG, A. & MASTEKAASA, A. (1998): Organizational size, layoffs, and quits in Norway. In: Social Forces, 76, 4, S. 1243-1273.

KALUZA, G., HANKE, C., KELLER, ST. & BASLER, H.-D. (2002): Salutogene Faktoren bei chronischen Rückenschmerzen. In: Zeitschrift für Klinische Psychologie und Psychotherapie, 31, 3, S. 159-168.

KALUZNIACKY, E. (2004): Managing Psychological Factors in Information Systems Work: An Orientation to Emotional Intelligence. Hershey: Information Science Publishing.

KAPLAN, R. S. & NORTON, D. P. (1996): Translating Strategy into Action. Boston, MA: Harvard Business School Press.

KARASEK, R. & THEORELL, T. (1990): Stress, productivity and the reconstruction of working life. New York: Basic Books.

KARASEK, R. & THEORELL, T. (1990a): Healthy work: Stress, productivity and the reconstruction of working life. New York: Basic Books.

KARGER, H. (1981): Burnout as alienation. In: Social Science Review, 55, S. 270-308.

KARSTEN, H. & WOLTERS, H. (1999): Innovationsdynamik und Knowledge-Management in der Automobil- und -zuliefererindustrie. In: Wissensmanagement in deutschen Unternehmen. http://www.symposion.de/wissen/ (Abruf 24.06.2002).

KAUFFELD, S. (2000): Teamdiagnose. Göttingen: Verlag für Angewandte Psychologie.

KEIL, J. M., ARMSTRONG-STASSEN, M., CAMERON, S. J. & HORSBURGH, M. E. (2000): Part-time nurses: The effect of work status congruency on job attitudes. In: Applied Psychology: An International Review, 49, S. 227-236.

KELLER, B. & SEIFERT, H. (2000): Flexicurity – Das Konzept für mehr soziale Sicherheit flexibler Beschäftigung. In: WSI Mitteilungen, 5, S. 291-300.

KENNEDY, J. F., HOLT, D. T., WARD, M. A. & REHG, M. T. (2002): The Influence of Outsourcing on Job Satisfaction and Turnouver Intentions of Technical Managers. In: HR. Human Resource Planning, 25, 1, S. 23-31.

KERBER, B. (2002): Die „Arbeitsfalle" – und wie man sein Leben zurückgewinnt. Strategien gegen die Selbstausbeutung und für ein wertvolles Leben. Regensburg: Walhalla Verlag.

KERN, H. & SCHUMANN, M. (1984): Das Ende der Arbeitsteilung? München: Beck.

KERNEN, H. (1998): Burnout-Prophylaxe im Management erfolgreiches individuelles und institutionelles Ressourcenmanagement. Bern et al.: Haupt.

KEUPP, H. (1994): Ambivalenzen postmoderner Identität. In: Beck, U. & Beck-Gernsheim, E. (Hrsg.): Riskante Freiheiten. Frankfurt/Main: Suhrkamp, S. 336-350.

KIESELBACH, T. (1998): Die Verantwortung von Organisationen bei Personalentlassungen: Berufliche Transitionen unter einer Gerechtigkeitsperspektive. In: Blickle, G. (Hrsg.): Ethik in Organisationen. Göttingen: Verlag für Angewandte Psychologie, S. 234-250.

KIESER, A. (2002): Downsizing – eine vernünftige Strategie. In: Harvard Business Manager, Ausgabe 2/2002, S. 30-39.

KILLMER, CH. (1999): Burnout bei Krankenschwestern: Zusammenhänge zwischen beruflichen Belastungen, beruflichen Kontrollbestrebungen und dem Burnout-Phänomen. Münster: Lit-Verlag.

KILZ, H. W. & PRANTL, H. (2000): Ich will aus dem Asylrecht ein Gnadenrecht machen – Otto Schily im Gespräch mit der Süddeutschen Zeitung. In: Süddeutsche Zeitung, 11.03.2000.

KIM, S. (2002): Participative management and job satisfaction: Lessons for management leadership. In: Public Administration Review, 62, S. 231-241.

KIM, W. & MAUBORGNE, R. (1998): Procedural justice, strategic decision making, and the knowledge economy. In: Strategic Management Journal, 19, S. 323-338.

KISSLER, G. D. (1994): The new employment contract. In: Human Resource management, 33, 3, S. 335-351.

KIVIMÄKI, M., VAHTERA, J., GRIFFITHS, A. ET AL. (2000): Sickness Absence and Organizational Downsizing. In: Burke, R. J. & Cooper, C. (Eds.): Organization in crisis. Oxford: Blackwell, S. 78-94.

KLAGES, H. (1984): Wertorientierungen im Wandel. Rückblick, Gegenwartsanalyse, Prognosen. Frankfurt/Main & New York: Campus.

KLAGES, H. (1993): Wertewandel in Deutschland in den 90er Jahren. In: Rosenstiel, L. v., Djarrahzadeh, M., Einsiedler, H. E. & Streich, R. K. (Hrsg.): Wertewandel. Stuttgart: Schäffer Poeschel, S. 1-16.

KLAGES, H. (1998): Werte und Wertewandel. In: Schäfers, B. & Zapf, W. (Hrsg.): Handwörterbuch zur Gesellschaft Deutschlands. Opladen: Leske & Budrich, S. 689-709.

KLANDERMANS, B. & VAN VUUREN, T. (1999): Job insecurity: Introduction. In: European Journal of Work and Organizational Psychology, 8, S. 145-153.

KLEEMANN, F., MATUSCHECK, I. & VOß, G. (2002): Subjektivierung von Arbeit – Ein Überblick zum Stand der soziologischen Diskussion. In: Moldaschl, U. & Voß, G. (Hrsg.): Subjektivierung von Arbeit. München: Hampp, S. 53-100.

KLUGE, J., STEIN, W. & LICHT, T. (2001): Knowledge Unplugged. Basingstoke: Palgrave.

KMIECIAK, P. (1976): Wertstrukturen und Wertwandel in der Bundesrepublik Deutschland. Göttingen: Schwartz.

KNAUDER, H. (1996): Burn-out im Lehrberuf - verlorene Hoffnung und wieder gewonnener Mut. Graz: Leykam.

KOCKA, JÜRGEN (2001): Thesen zur Geschichte und Zukunft der Arbeit. In: Aus Politik und Zeitgeschichte, B21, S. 8-13.

KOCYBA, H. & SCHUMM, W. (2002): Begrenzte Rationalität – entgrenzte Ökonomie. Arbeit zwischen Betrieb und Markt. In: Honneth, A. (Hrsg.): Befreiung aus der Mündigkeit. Paradoxien des gegenwärtigen Kapitalismus. Frankfurter Beiträge zur Soziologie und Sozialphilosophie Band 1. Frankfurt/Main & New York: Campus, S. 35-64.

KOENEN (1994) ohne Literaturangaben zit. in: Neuberger, O. (2000): Individualisierung und Organisation. In: Ortmann, G., Sydow, J. & Türk, K. (Hrsg.): Theorien der Organisation. Wiesbaden: Westdeutscher Verlag, S. 487-522.

KOHLER, S. S. & MATHIEU, J. E. (1993): An examination of the relationship between affective reactions, work perceptions, individual resource characteristics, and multiple absence criteria. In: Journal of Organizational Behaviour, 14, S. 515-530.

KOHR, J. (2000): Die Auswahl von Unternehmensberatungen: Klientenverhalten – Beratermarketing. München & Mering: Hampp.

KOMPIER, M. & LEVY, L. (1994): Stress at Work: causes, effects and prevention. European Foundation for the Improvement of Living and Working Conditions. Luxembourg: Office for Official Publications of the European Communities.

KÖNIG, K. & BECK, J. (1997): Modernisierung von Staat und Verwaltung: Zum Neuen Öffentlichen Management. Baden-Baden: Nomos-Verl.-Gesellschaft.

KOOPMANSCHAP, M. A., RUTTEN, F. F. H., VAN INEVELD, B. M. & VAN ROIJEN, L. (1995): The Friction Cost Method for Measuring Indirect Costs of Disease. In: Journal of Health Economics, 14, S. 171-189.

KÖRNER, S. C. (2003): Das Phänomen Burnout am Arbeitsplatz Schule – ein empirischer Beitrag zur Beschreibung des Burnout-Syndroms und seiner Verbreitung sowie zur Analyse von Zusammenhängen und potentiellen Einflussfaktoren auf das Ausbrennen von Gymnasiallehrern. Berlin: Logos.

KRAUSZ, M., SAGIE, A. & BIDERMANN, Y. (2000): Actual and preferred work schedules and scheduling control as determinants of job-related attitudes. In: Journal of Vocational Behavior, 56, S. 1-11.

KÜBLER-ROSS, E. (1986): Über den Tod und das Leben danach. Melsbach: Verlag Die Silberschnur.

KÜHL, S. (1995): Wenn die Affen den Zoo regieren: die Tücken der flachen Hierarchie. Frankfurt/Main et al.: Campus.

KÜHL, S. (2000): Das Regenmacher-Phänomen. Widersprüche und Aberglaube im Konzept der lernenden Organisation. Frankfurt/Main: Campus.

KÜHL, S. (2002): Sisyphos im Management. Die vergebliche Suche nach der optimalen Organisationsstruktur. Weinheim: Wiley.

KUMASHIRO, M., KAMADA, T. & MIYAKE, S. (1989): Mental Stress with New Technology at the Workplace. In: Smith, M. J. & Salvendy, G. (Eds.): Work with Computers: Organizational Management, Stress and Health Aspects. Amsterdam: Elsevier Science Publishers, S. 270-277.

KÜNSTLER, B. (1980): Psychische Belastung durch die Arbeitstätigkeit – theoretisches Rahmenkonzept der Entwicklung eines Fragebogens zum Belastungserleben. In: Probleme und Ergebnisse der Psychologie, 74, S. 45-66.

LADWIG, D. H. (2003): Mobiles Arbeiten – Möglichkeiten der Arbeits(zeit)flexibilisierung für Führungskräfte. In: Rosenstiel, L. v., Regnet, E. & Domsch, M. (Hrsg.): Führung von Mitarbeitern. Stuttgart: Schäffer-Poeschel Verlag, S. 849-863.

LAM, A. (2000): Tacit knowledge, organizational learning and societal institutions: an integrated framework. In: Organization Studies, 21, 3, S. 487-513.

LANDAU, K., ROHMERT, W., IMHOF-GILDEIN, B. & MÜCKE, S. (1996): AET-Belastungsanalyse und arbeitsbedingte Erkrankungen. Dortmund: Schriftenreihe der Bundesanstalt für Arbeitsschutz. Fb 746.

LANDSBERGIS, P. A., SCHNALL, P. & CAHILL, J. (1999): The impact of lean production and related new systems of work organisation on worker health. In: Journal of Occupational Health Psychology, 4, 2, S. 180-130.

LATHAM, G. P., WINTERS, D. C. & LOCKE, E. A. (1994): Cognitive and motivational effects of participation. A mediator study. In: Journal of Organizational Behavior, 15, S. 49-63.

LAUCK, G. (2003): Burnout oder innere Kündigung? Theoretische Konzeptualisierung und empirische Prüfung am Beispiel des Lehrerberufs. München & Mering: Hampp.

LAUDERDALE, M. (1982): Burnout. Austin, TX: Learning Concepts.

LAWLER, E. E. (1983): Satisfaction and Behavior. In: Hackman, J. R., Lawler, E. E. & Porter, L. W. (Eds.): Perspectives on Behavior in Organisations. New York et al.: McGraw-Hill Book Company, S. 78-87.

LAWLER, E. E. (1992): The ultimative advantage: creating the high-involvement organization. Jossey-Bass, San Francisco.

LAWLER, E. E. (1999): Employee involvement makes a difference. In: Journal for Quality and Participation, 22, 5, S. 18-20.

LAZARUS, R. S. & LAUNIER, R. (1978): Stress related transactions between person and environment. In: Pervin, L. A. & Lewis, M. (Eds.): Perspectives in interactional psychology. New York: Plenum, S. 287-327.

LEE, K., CARSWELL, J. & ALLEN, N. (2000): A meta-analytic review of occupational commitment: Relations with person and work-related variables. In: Journal of Applied Psychology, 85, S. 799-811.

LEE, R. T. & ASHFORTH, B. E. (1993): A Longitudinal Study of Burnout among Supervisors and Managers. In: Organisational Behaviour and Human Decision Process, 54, S. 369-398.

LEE, T. W., MITCHELL, T. R., HOLTOM, B. C., MCDANIEL, L. S. & HILL, J. W. (1999): The unfolding model of voluntary turnover: A replication and extension. In: Academy of Management Journal, 24, 4, S. 450-462.

LEONARD, D. & SENSIPER, S. (1998): The role of tacit knowledge in group innovation. In: California Management Review, 40, 3, S. 112-132.

LERNER, M. J. (1996): Victims without harmdoers: Human casualties in the pursuit of corporate efficiency. In: Montada, L. & Lerner, M. J. (Eds.): Current societal concerns about justice. New York: Plenum Press, S. 155-170.

LETOURNEUX, V. (1997): Precarious employment and working conditions in Europe. European Foundation for the Improvement of Living and Working Conditions. Luxembourg: Office for Official Publications of the European Communities.

LEVI, L. (1972): Stress and Distress in Response to Psychosocial Stimuli. New York: Pergamon Press.

LEVI, L. (1981): Preventing work stress. Reading Massachusetts: Addison-Wesley.

LEWCHUCK, W., STEWART, P. & YATES, C. (2001): Quality of working life in the automobile industry: a Canada-UK comparative study. In: New Technology, Work and Employment, 16, 2, S. 72-87.

LEYMANN, H. (1995): Der neue Mobbing-Bericht. Reinbeck: Rowohlt.

LILJA, R. & HÄMÄLÄINEN, U. (2001): Working time preferences at different phases of Life. European Foundation for the Improvement of Living and Working Conditions, Luxembourg: Office for Official Publications of the European Communities.

LINNEWEH, K. (1984): Stress und Stressbewältigung. Der erfolgreiche Umgang mit sich selbst. Stuttgart: Deutscher Sparkassenverlag GmbH.

LINNEWEH, K. (2002): Stresskompetenz. Der erfolgreiche Umgang mit Belastungssituationen in Beruf und Alltag. Weinheim: Beltz.

LITTLER, C. R. (2000): Comparing the Downsizing Experiences of Three Countries: A Restructuring Circle? In: Burke, R. & Cooper, C. (Eds.): Organization in crisis. Oxford: Blackwell, S. 58-77.

LOCKE, E. A. & LATHAM, G. P. (1984): Goal Setting – A Motivational Technique that Works. Englewood Cliff, NJ: Prentice-Hall.

LOCKE, E. A. (1976): The nature and causes of job satisfaction. In: Dunnette, M. D. (Ed.): Handbook of industrial and organizational psychology. Chicago: Rand McNally, S. 1297-1349.

LOW, G. S., CRAVENS, D. W., GRANT, K. & MONCRIEF, W. C. (2001): Antecedents and consequences of salesperson burnout. In: European Journal of Marketing, 35, 5/6, S. 587-611.

LOWE, G. S. & SCHELLENBERG, G. (2001): What's a good Job? The Importance of Employment Relationships. CPRN Study No. W/05, Canadian Policy Research Networks.

LUHMANN, N. (1984): Soziale Systeme. Frankfurt/Main: Suhrkamp.

LUHMANN, N. (1990): Ökologische Kommunikation. Opladen: Westdeutscher Verlag.

LYNCH, R. L. & CROSS, K. F. (1999): Measure Up! Yardsticks for continuous improvement. Oxford: Blackwell.

MACBRYDE, J. & MENDIBIL, K. (2003): Designing performance measurement systems for teams: theory and practice. In: Management Decision, 41, 8, S. 722-733.

MACHLUP, F. (1962): The Production and Distribution of Knowledge. Princeton: Princeton University Press.

MACKIE, K. S., HOLAHAN, C. K. & GOTTLIEB, N. H. (2001): Employee involvement management practices, work stress, and depression in employees of a human services residential facility. In: Human Relations, 54, 8, S. 1065-1092.

MACNEIL, I. (1985): Relational contracts: what we do and do not know. In: Wisconsin Law Review, S. 483-525.

MÄDER, H. (1995): New Public Management: Der Kunde ist König. Oder: Die Verwaltung ist tot, es lebe die Verwaltung! In: Der Schweizer Treuhänder, 1-2, S. 43-50.

MAGUIRE, H. (2002): Psychological contracts: are they still relevant? In: Career Development International, 7, 3, S. 167-180.

MALONE, J., DENNY, T., DALTON, P. & ADDLEY, K. (1997): Stress at work. In: Addley, K. (Ed.): Occupational Stress: a practical approach. Oxford: Butterworth Heinemann, S. 1-97.

MANZONI, P. (2003): Gewalt zwischen Polizei und Bevölkerung Einflüsse von Arbeitsbelastungen, Arbeitszufriedenheit und Burnout auf polizeiliche Gewaltausübung und Opfererfahrungen. Zürich & Chur: Rüegger.

MARCHAND, R. (1994): Was tun gegen Burning out? In: Vision, 1, S. 13-19.

MARSDEN, D. (1999): A Theory of Employment Systems. Oxford: Oxford University Press.

MARTEN-GRUBINGER, B. & STENGEL, M. (1995): Berufsorientierung und Identifikationskrise in Japan. In: Zeitschrift für Personalforschung, S. 72-94.

MARTENS, W. (2000): Organisation und gesellschaftliche Teilsysteme. In: Ortmann, G., Sydow, J. & Türk, K. (Hrsg.): Theorien der Organisation. Wiesbaden: Westdeutscher Verlag, S. 263-311.

MARTIN, T. N. & HAFER, J. C. (1995): The multiplicative interaction effects of job involvement and organizational commitment on the turnover intentions of full- and part-time employees. In: Journal of Vocational Behavior, 46, S. 310-331.

MASLACH, CH. & JACKSON, S. E. (1986): Maslach Burnout Inventory. Consulting Psychologists. Press, PT 286 manual Palo Alto, CA.

MASLACH, CH. (1982): Understanding burnout: Definitional issues in analysing a complex phenomenon. In: Paine, W. S. (ed.): Job stress and burnout. Beverly Hills: Sage Publ.

MASTRONARDI, P. (1998): Die betriebswirtschaftliche Sicht des NPM und seiner staatsrechtlichen Elemente. In: Mastronardi, P. & Schedler, K. (Hrsg.): New Public Management in Staat und Recht. Bern: Helbig & Lichtenhahn, S. 47-119.

MATHIEU, J. E. & ZAJAC, D. (1990): A Review and Meta-analysis of the Antecedents, Correlates, and Consequences of Organisational Commitment. In: Psychological Bulletin, 108, S. 171-194.

MATTELART, A. (2003): The information society. London et al.: Sage Publ.

MCCARTHY, J. F. & HALL, D. T. (2000): Organizational Crises and Change: The New Career Contract at Work. In: Burke, R. & Cooper, C. (Eds.): The Organization in Crisis. Oxford: Blackwell, S. 202-219.

MCDERMOTT, D. (1984): Professional burnout and its relation to job characteristics, satisfaction, and control. In: Journal of Human Stress, 10, S. 79-85.

MCDERMOTT, R. & O'DELL, C. (2001): Overcoming cultural barriers to knowledge sharing. In: Journal of Knowledge Management, 5, 1, S. 76-85.

MCGOVERN, P., HOPE-HAILEY, V. & STILES, P. (1998): The managerial career after downsizing: case studies from the leading edge. In: Work Employment and Society, 12, 3, S. 457-478.

MCGRATH, J. E. (1981): Stress und Verhalten in Organisationen. In: Nitsch, J. (Hrsg.): Stress. Theorien, Untersuchungen, Maßnahmen. Bern: Huber, S. 441-499.

MERLLIE, D. & PAOLI, P. (2001): Third European Survey of working conditions. European Foundation for the Improvement of Living and Working Conditions. Luxembourg: Office for Official Publications of the European Communities.

MESCHNIG, A. (2003): Unternehme Dich selbst! Anmerkungen zum proteischen Charakter. In: Meschnig, A. & Stuhr, M. (Hrsg.): Arbeit als Lebensstil. Frankfurt/Main: Suhrkamp, S. 26-43.

METZGER, B., BERNARD, U. & STAFFELBACH, B. (2003): Der Einfluss der Telearbeit auf die Identifikation mit dem Unternehmen. Empirisch analysiert am Beispiel einer Versicherungsunternehmung. In: Arbeit, 12, 2, S. 147-162.

MEYER, J. N. & ALLEN, N. J. (1991): A three component conceptualization of organization commitment. In: Human Resource Management, Review, 1, S. 61-89.

MEYER, J. N. & ALLEN, N. J. (1997): Commitment in the Workplace. Theory, Research, and Application. London: Sage Publ.

MEYER, J. N., ALLEN, N. J. & SMITH, C. (1993): Commitment to organizations and occupations: Extensions and test of a three-component conceptualization. In: Journal of Applied Psychology, 78, S. 538-551.

MILLER, K. I. & MONGE, P. R. (1986): Participation, satisfaction, and productivity: A metaanalytic review. In: Academy of Management Journal, 29, S. 727-753.

MILLWARD, L. J. & BREWERTON, P. M. (2000): Psychological contracts: employee relations for the twenty-first century? In: Cooper, C. & Robertson, I. (Eds.): International review of industrial and organizational psychology. Chichester et al.: Wiley, S. 1-61.

MINSSEN, H. (2000): Begrenzte Entgrenzungen – Wandlungen von Organisation und Arbeit. Berlin: Sigma.

MINTZBERG, H. (1991): Mintzberg über Management. Wiesbaden: Gabler.

MITTAL, V. & KAMAKURA, W. A. (2001): Satisfaction, Repurchase Intent, and Repurchase Behaviour: Investigating the Moderating Effect of Customer Characteristics. In: Journal of Marketing Research, 38, 1, S. 131-142.

MODESTIN, J. (1994): Burnout in der psychiatrischen Krankenpflege. Resultate einer empirischen Untersuchung. Berlin et al.: Springer.

MOHR, G. (1986): Die Erfassung psychischer Befindlichkeitsbeeinträchtigung bei Industriearbeitern. Frankfurt/Main: Lang.

MOHR, G. (1997): Erwerbslosigkeit. Arbeitsplatzunsicherheit und psychische Befindlichkeit. Bern: Lang.

MOHR, G. (2000): The changing significance of different stressors after the announcement of bankruptcy: A longitudinal investigation with the special emphasis on job insecurity. In: Organizational Behaviour, 21, S. 337-359.

MOLDASCHL, M. & BRÖDNER, P. (2002): A Reflexive Methodology of Intervention. In: Docherty, P., Forslin, J. & Shani, A. (Eds.): Creating Sustainable Work Systems. London: Routledge, S. 179-189.

MOLDASCHL, M. & SAUER, D. (2000): Internationalisierung des Marktes – zur neuen Dialektik von Kooperation und Herrschaft. In: Minssen, H. (Hrsg.): Begrenzte Entgrenzungen. Wandlungen von Organisation und Arbeit. Berlin: Edition Sigma, S. 205-224.

MOLDASCHL, M. (1998): Internalisierung des Marktes. Neue Unternehmensstrategien und qualifizierte Angestellte. In: IfS, Inifes, ISF & SOFI (Hrsg.): Jahrbuch Sozialwissenschaftliche Technikberichterstattung 1997. Schwerpunkt: Moderne Dienstleistungswelten. Berlin: Edition Sigma, S. 197-250.

MOLDASCHL, M. (2000): Neue Arbeitsformen und ökologisches Handeln. Berlin: Wissenschaftszentrum Berlin für Sozialforschung.

MOLDASCHL, M. (2002): Subjektivierung – eine neue Stufe in der Entwicklung der Arbeitswissenschaften? In: Moldaschl, M. & Voß, G. (Hrsg.): Subjektivierung von Arbeit. München & Mering: Hampp, S. 23-52.

MOLO-BETTELINI, K., TESTA-MADER, N., CLERICI, N., JOHNSONS, S., MOCK, E. & ALLIDI, O. (1996): Prävalenz und Chronifizierungsfaktoren von lumbalen Rückenschmerzen: Die Bedeutung von psychosozialen und beruflichen Einflüssen. In: Keel, P., Perini, C. H. & Schütz-Petijean, D. (Hrsg.): Chronifizierung von Rückenschmerzen: Hintergründe, Auswege. Basel: Eular, S. 43-51.

MOOREHEAD, G. & GRIFFIN, R. (2004): Organizational Behavior. Boston, MA: Houghton Mifflin.

MORRIS, J. R., CASCIO, W. & YOUNG, C. E. (1999): Downsizing after all these years: Questions and answers about who did it, how many did it and who benefited from it. In: Organizational Dynamics, 27, S. 78-87.

MORRIS, T. & EMPSON, L. (1998): Organization and expertise: an exploration of knowledge bases and the management of accounting and consulting firms. In: Accounting, Organizations and Society, 23, 5/6, S. 609-624.

MORRIS, T. (2001): Asserting property rights: knowledge codification in the professional service firm. In: Human Relations, 54, 7, S. 819-838.

MORRISON, D. E. (1994): Psychological contracts and change. In: Human Resource Management, 33, 3, S. 353-371.

MORROW, P. C. (1997): The measurement of TQM principles and work-related outcomes. In: Journal of Organizational Behavior, 18, 4, S. 363-376.

MOSCOVICI, S. (2001): Social Representations. New York: New York University Press.

MOTOWIDLO, S. J. (1983): Predicting sales turnover from pay satisfaction and expectations. In: Journal of Applied Psychology, 68, S. 484-489.

MOTTAZ, C. (1988): Determinants of Organizational Commitment. In: Human Relations, 41, 6, S. 467-482.

MOW INTERNATIONAL RESEARCH TEAM (1986): The Meaning of Working: An International Perspective. London, New York: Academic Press.

MOWDAY, R. T. (1998): Reflections on the study and relevance of organisational commitment. In: Human Resource Management Review, 8, 4, S. 387-401.

MOWDAY, R. T., PORTER, L. W. & STEERS, R. M. (1982): Employee-organisation Linkages: The Psychology of Commitment, Absenteeism, and Turnover. New York: Academic Press.

MÜLLER-JENTSCH, W. & ITTERMANN, P. (2000): Industrielle Beziehungen. Daten, Zeitreihen, Trends 1950-1990. Frankfurt/Main & New York: Campus.

MÜLLER-JENTSCH, W. (2003): Organisationssoziologie. Frankfurt/Main & New York: Campus.

MÜRI, P. (1990): Burnout – die neue Managerkrankheit. In: io Management Zeitschrift, 59, 4, S. 5.

MURPHY, L. R. (1996): Stress management in work settings: A critical review of the health effects. In: American Journal of Health Promotion, 11, 2, S. 112-135.

NARAYANAN, L., MENON, S. & SPECTOR, P. E. (1999): Stress in the workplace: A comparison of gender and occupations. In: Journal of Organizational Behavior, 20, 1, S. 63-73.

NASCHOLD, F. & BOGUMIL, J. (1998): Modernisierung des Staates: New Public Management und Verwaltungsreform. Opladen: Leske & Budrich.

NASCHOLD, F. (1995): Ergebnissteuerung, Wettbewerb, Qualitätspolitik: Entwicklungspfade des öffentlichen Sektors in Europa. Berlin: Edition Sigma.

NASCHOLD, F. (1998): Strategisches Management. In: Naschold, F., Oppen, M. & Wegener, A. (Hrsg.): Kommunale Spitzeninnovationen: Konzepte, Umsetzung, Wirkungen in internationaler Perspektive. Berlin: Edition Sigma, S. 28-42.

NASCHOLD, F. (2000): Modernisierung des öffentlichen Sektors im internationalen Vergleich. In: Naschold, F. & Bogumil, J. (Hrsg.): Modernisierung des Staates: New Public Management in deutscher und internationaler Perspektive. Opladen: Leske & Budrich, 2. Auflage, S. 27-78.

NASCHOLD, F. (2000a): Zur Binnenmodernisierung des Staates am Beispiel Deutschlands – Hintergründe, Leitbild und Maßnahmen. In: Naschold, F. & Bogumil, J. (Hrsg.): Modernisierung des Staates: New Public Management in deutscher und internationaler Perspektive. Opladen: Leske & Budrich, 2. Auflage, S. 79-134.

NEELY, A. D., GREGORY, M. J. & PLATTS, K. W. (1995): Performance measurement system design: a literature review and research agenda. In: International Journal of Operations & Production Management, 15, 4, S. 80-116.

NELSON, A., COOPER, C. & JACKSON, P. (1995): Uncertainty Amidst Change: The Impact of Privatization on Employee Job Satisfaction and Well-Being. In: Journal of Occupational and Organizational Psychology, 68, S. 57-71.

NEUBERGER, O. & ALLERBECK, M. (1978): Messung und Analyse der Arbeitszufriedenheit. Bern: Huber.

NEUBERGER, O. & WIMMER, P. (1998): Personalwesen 2, Personalplanung, Beschäftigungssysteme, Personalkosten, Personalcontrolling. Stuttgart: Enke.

NEUBERGER, O. (2000): Individualisierung und Organisation. In: Ortmann, G., Sydow, J. & Türk, K. (Hrsg.): Theorien der Organisation. Wiesbaden: Westdeutscher Verlag, S. 487-522.

NEWELL, S., SCARBROUGH, H., SWAN, J. & HISLOP, D. (2000): Intranets and knowledge management: de-centred technologies and the limits of technological discourse. In: Prichard, D., Hull, R., Chumber, M. & Willmott, H. (Eds.): Managing Knowledge: Critical Investigations of Work and Learning. London: Macmillan, S. 88-106.

NIENHÜSER, W. (1988): Gruppenarbeit = Management by Stress? In: Berthel, J. (Hrsg.): Unternehmen im Wandel. München et al.: Hampp, S. 97-121.

NOELLE-NEUMANN, E. & KÖCHER, R. (1993): Allensbacher Jahrbuch der Demoskopie, Band 9, München.

NOER, D. (1993): Healing the wounds. San Francisco: Jossey-Bass.

NONAKA, I. (1991): Wie japanische Konzerne Wissen erzeugen. In: Harvard Businessmanager, 2, S. 95-104.

NORDHAUSE-JANZ, J. & PEKRUHL, U. (2000): Arbeiten in neuen Strukturen? Partizipation, Kooperation, Autonomie und Gruppenarbeit in Deutschland. München & Mering: Hampp.

NULLMEIER, F. (1998): Wettbewerb und Konkurrenz. In: Blanke, B., Bandemer, S. v., Nullmeier, F., Wewer G. & Plaß, St. (Hrsg.): Handbuch zur Verwaltungsreform. Opladen: Leske & Budrich, S. 80-93.

O. V. (2004): Wird die Auslagerung gestoppt? In: Manager-Magazin (06.12.2004)

O.V. (2003): Der Biermarkt in Aufruhr. In: SZ vom 08.05.2003.

O.V. (2003): Loewe führt Kurzarbeit ein. In: FTD 08.10.2003.

O.V. (2003): VW-Beschäftigte müssen Überstunden abbummeln. In: SZ vom 27.06.2003.

O.V. (2004): Ich-AG teurer als geplant. In: Süddeutsche Zeitung vom 24.05.2004.

O.V. (2004): Transrapid-Strecke Shanghai-Peking in der Schwebe. In: SZ vom 15.01.2004.

O'DONNELL, F. J. & DUFFY, A. H. B. (2002): Modelling design development performance. In: International Journal Operations & Production Management, 22, 11, S. 1198-1222.

O'REILLY, C. A., CHATMAN, J. & CALDWELL, D. F. (1991): People and Organizational Culture: A Profile Comparison Approach to Assessing Person-Organization-Fit. In: Academy of Management Journal, 34, S. 487-516.

O'SHEA, J. & MADIGAN, C. (1997): Dangerous Companies: The Consulting Powerhouses and the Businesses They Save and Ruin. New York: Times Books.

OEIJ, P. R. A. & WIEZER, N. M. (2002): New work organisation, working conditions and quality of work: towards the flexible firm. In: European Foundation for the Improvement of Living and Working Conditions, Dublin.

OPASCHOWSKI, H. W. (1983): Arbeit, Freizeit, Lebenssinn? Opladen: Leske & Budrich.

OPASCHOWSKI, H. W. (2002): Wir werden es erleben. Zehn Zukunftstrends für unser Leben von morgen. Darmstadt: Wissenschaftliche Buchgesellschaft.

OSBORNE, D. & GAEBLER, T. (1994): Reinventing Government. How the Entrepreneurial Spirit is Transforming the Public Sector. Reading, MA et al.: Addison-Wesley.

PALTINAT, I. & WARZECHA, B. (1999): Qualifizierung von Pflegeeltern statt Burnout und Stress: Hilfen für Erwachsene als Hilfen für Pflegekinder. Münster, Hamburg & London: Lit-Verlag.

PAN, S. & SCARBROUGH, H. (1999): Knowledge management in practice: an exploratory case study. In: Technology Analysis and Strategic Management, 11, 3, S. 359-374.

PAOLI, P. (1996): Second European Survey of working conditions. European Foundation for the Improvement of Living and Working Conditions, Luxembourg: Office for Official Publications of the European Communities.

PARKER, M. & SLAUGHTER, J. (1988): Choosing Sides: Unions and the Team Concept. Boston, MA: South End Press.

PARKER, S. K., GRIFFIN, M. A., SPRIGG, C. A. & WALL, T. D. (2002): Effect of temporary contracts on perceived work characteristics and job strain: A longitudinal study. In: Personnel Psychology, 55, S. 689-790.

PARSONS, T. (1964): Structure and process in modern societies. Glencoe, Ill.: Free Press.

PEDLER, M., BOYDELL, T. & BURGOYNE, J. (1996): Auf dem Weg zum „Lernenden Unternehmen". In: Sattelberger, T. (Hrsg.): Die lernende Organisation. Wiesbaden: Gabler, S. 57-65.

PERRAR, K.-M. (1995): Zum Verhältnis von Burnout und psychischem Stress in der Krankenpflege. Aachen: Shaker.

PETERSON, M. (1997): Work, corporate culture, and stress: Implications for worksite health promotion. In: American Journal of Health Behavior, 21, 4, S. 243-252.

PFARR, H. (2000): Soziale Sicherheit und Flexibilität: Brauchen wir ein „Neues Normalarbeitsverhältnis"? In: WSI-Mitteilungen, 5, S. 279-283.

PFEIFFER, W. & WEIß, E. (1994): Lean Management. Berlin: Schmidt.

PFIFFNER, M. & STADELMANN, P. D. (1995): Arbeit und Management in der Wissensgesellschaft. Bamberg: Difo-Druck.

PICOT, A., REICHWALD, R. & WIGAND, R. T. (2001): Die grenzenlose Unternehmung. Wiesbaden: Gabler.

PILOT EDITION, EMERGING HEALTH-RELATED PROBLEMS AT WORK, 2001, MARCH, SAFEWORK, IAO, ZIT. IN: DI MARTINO, V. (2001): Stress und seine Kosten – eine IAO-Antwort. In: Internationaler Metallgewerkschaftsbund (Hrsg.): Stress und Ausgebranntsein ein wachsendes Problem für Angestellte. Ohne Ort, S. 30-38.

PINES, A. M. & NUNES, R. (2003): The relationship between career and couple burnout: implications for career and couple counseling. In: Journal of Employment Counseling, 40, 2, S. 50-64.

PINES, A. M. (1996): Couple burnout causes and cures. New York et al.: Routledge.

PINES, A. M., ARONSON, E. & KAFRY, D. (1993): Ausgebrannt – vom Überdruss zur Selbstentfaltung. 3. Aufl. Stuttgart: Klett-Cotta.

PLATT, S. (1997): Employment and health: A literature review. European Foundation for the Improvement of Living and Working Conditions, Luxembourg: Office for Official Publications of the European Communities.

PORTER, L. & LAWLER, E. E. (1968): Managerial attitudes and performance. Homewood, Ill.: Irwin-Dorsey.

PORTER, L. W., STEERS, R. M., MOWDAY, R. T. & BOULIAN, P. V. (1974): Organizational Commitment, Job Satisfaction and Turnover among Psychiatric Technician. In: Journal of Applied Psychology, 59, 5, S. 603-609.

PRICHARD, C. (2000): Know, learn and share! The knowledge phenomenon and the construction of a consumptive-communicative body. In: Prichard, D., Hull, R., Chumber, M. & Willmott, H. (Eds.): Managing Knowledge: Critical Investigations of Work and Learning. London: Macmillan, S. 176-198.

PRIDDAT, B. (2003): Innovation, Wissen und Lebenschancen: Bildung in der Wissensgesellschaft. In: Berliner Forum Wissenschaft und Innovation der Friedrich-Ebert-Stiftung und der Alcatel SEL Stiftung vom 29.4.2003, Berlin, S. 32-34.

PRÖHL, M. (1993): Zielsetzung und Methodik der Preisvergabe. In: Bertelsmann-Stiftung (Hrsg.): Carl Bertelsmann-Preis 1993: Demokratie und Effizienz in der Kommunalverwaltung, Band 1, Gütersloh, S. 9-23.

PUTTI, J. M., ARYEE, S. & LIANG, T. K. (1989): Work Values and Organisational Commitment: A Study in the Asian Context. In: Human Relations, 42, 3, S. 275-288.

QUICK, J. C., QUICK, J. D., NELSON, D. L. & HURRELL, J. J. (1997): Preventive stress management in organizations. Washington, DC: American Psychological Press.

RAEDER, S. & GROTE, G. (2001): Flexibilität ersetzt Kontinuität. In: Arbeit, 3, 10, S. 352-364.

RANDALL, D. (1987): Commitment and the organisation: the organisation man revisited. In: Academy of Management Review, 12, 3, S. 460-471.

RANTANEN, J. (1998): Changing working conditions – new and changing burdens for employees. In: European Agency for Safety and Health at Work (Eds.): The changing world of work, Luxembourg, S. 70-75.

RAUSCHENBERG, H.-J. (1993): Flexibilisierung und Neugestaltung der Arbeitszeit: Der arbeitsrechtliche Entscheidungsrahmen. Baden-Baden: Nomos.

REGNET, E. & STENGEL, M. (1993): Berufsorientierungen und Lebenspläne von weiblichen Führungskräften. In: Rosenstiel, L. v., Djarrahzadeh, M., Einsiedler, H. E. & Streich, R. K. (Hrsg.): Wertewandel. Stuttgart: Schäffer Poeschel, S. 157-171.

REGNET, E. (2003): Stress und Möglichkeiten der Stressbehandlung. In: Rosenstiel, L. v., Regnet, E. & Domsch, M. (Hrsg.): Führung von Mitarbeitern. Stuttgart: Schäffer-Poeschel Verlag, S. 119-130

REICHARD, C. (1993): Internationale Entwicklungstrends im kommunalen Management. In: Banner, G. & Reichard, C. (Hrsg.): Kommunale Managementkonzepte in Europa – Anregungen für die deutsche Reformdiskussion. Köln: Deutscher Gemeindeverlag Verlag W. Kohlhammer, S. 3-24.

REICHARD, C. (1994): Internationale Ansätze eines „New Public Management". In: Hofmann, M. & Al-Ani, A. (Hrsg.): Neue Entwicklungen im Management. Heidelberg: Physica-Verlag, S. 135-164.

REICHARD, C. (1995): Von Max Weber zum „New Public Management" – Verwaltungsmanagement im 20. Jahrhundert. In: Hablützel, P., Haldemann, T. & Schedler, K. et al. (Hrsg.): Umbruch in Politik und Verwaltung: Ansichten und Erfahrungen zum New Public Management in der Schweiz. Bern: Haupt, S. 57-79.

REICHWALD, R. & MÖSLEIN, K. (2003): Management und Technologie. In: Rosenstiel, L. v., Regnet, E. & Domsch, M. (Hrsg.): Führung von Mitarbeitern. Stuttgart: Schäffer-Poeschel Verlag, S. 689-706.

REICHWALD, R., MÖSLEIN, K., SCHENBACHER, H. & ENGELBERGER, H. (2000): Telekooperation – verteilte Arbeits- und Organisationsformen. Berlin et al.: Springer Verlag.

REITINGER, K. (2002): Neue Arbeitsorganisationsformen und ihre Auswirkungen auf Arbeitnehmer/-innen. Wien: VOGB/AK.

REZNICEK, L. (1996): Lean Management für die öffentliche Verwaltung? Eine Analyse anhand der aktuellen Berliner Verwaltungsreform. Berlin: BWV.

RICHARDSEN, A. M. & MARTINUSSEN, M. (2004): The Maslach Burnout Inventory: Factorial validity and consistency across occupational groups in Norway. In: Journal of Occupational and Organizational Psychology, 77, S. 377-384.

RICHTER, G. (2000): Psychische Belastung und Beanspruchung. Dortmund: Bundesanstalt für Arbeitsschutz und Arbeitsmedizin.

RICHTER, P. & HACKER, W. (1998): Belastung und Beanspruchung. Heidelberg: Asanger.

RIEDER, S. & LEHMANN, L. (2001): Evaluation of New Public Management in reforms in Switzerland: Empirical results and reflections on methodology. In: International Public Management Review, 2, 2, S. 25-43.

RIFKIN, J. (1995): Das Ende der Arbeit und ihre Zukunft. Frankfurt/Main: Campus.

RINEHART, J., HUXLEY, C. & ROBERTSON, D. (1997): Just another car factory? Lean Production and Its Discontents. Ithaca: Cornell ILR Press.

RITZER, G. (1997): Die McDonaldisierung der Gesellschaft. Frankfurt/Main: Fischer.

ROBERTSON, M. & HAMMERSLEY, G. (2000): Knowledge management practices within a knowledge intensive firm: the significance of the people management decision. In: Journal of European Industrial Training, 24, 2-4, S. 514-253.

ROHMERT, W. (1972): Aufgaben und Inhalt der Arbeitswissenschaft. In: Die berufsbildende Schule, 24, S. 3-14.

RÖHRIG, S. & REINERS-KRÖNCKE, W. (2003): Burnout in der sozialen Arbeit. Augsburg: ZIEL.

ROKEACH, M. (1973): The Nature of Human Values. New York: Free Press.

ROLAND BERGER (2004): Service Offshoring takes off in Europe. München 16.06.2004. http://www.rolandberger.com/press/en/html/releases/514-press_archive 2004_sc_content/pr69.html

ROLANDER, B. (2001): Entwicklung von Stress und Ausgebranntsein in den neunziger Jahren. In: Internationaler Metallgewerkschaftsbund (Hrsg.): Stress und Ausgebranntsein ein wachsendes Problem für Angestellte. Ohne Ort, S. 1-11.

ROMER, P. (1993): Economic Growth. In: Henderson, D. R. (Ed.): The Fortune Encyclopaedia of Economics, New York: Time Warner Books, S. 183-189.

ROMZEK, B. S. (1989): Personal Consequences of Employee Commitment. In: Academy of Management Journal, 32, 3, S. 649-661.

ROSENBLATT, Z., TALMUND, I. & RUVIO, A. (1999): A gender-based framework of the experience of job insecurity and its effects on work attitudes. In: European Journal of Work and Organizational Psychology, 8, S. 197-217.

ROSS, R. R. & ALTMAIER, E. M. (1994): Intervention in occupational stress – a handbook of counselling for stress at work. London.

ROTH, S. (1998): Transformationsfähigkeit oder Erosion? In: Cattero, B. (Hrsg.): Modell Deutschland – Modell Europa. Opladen: Leske & Budrich, S. 159-179.

ROUSSEAU, D. M. & GRELLER, M. M. (1994): Human resource practices: administrative contract makers. In: Human Resource Management, 33, 3, S. 385-401.

ROUSSEAU, D. M. & PARKS, J. M. (1993): The Contracts of Individuals and Organisations. In: Cummings, L. L. & Staw, B. M. (Eds.): Research in Organizational Behaviour, 15, Conneticut: JAI-Press, S. 1-47.

ROUSSEAU, D. M. (1989): Psychological and implied contracts in organisations. In: Employer Responsibilities and Rights Journal, 2, S. 121-139.

ROUSSEAU, D. M. (1995): Psychological contracts in organisations. London: Sage Publ.

RUGGLES, R. (1998): The state of the notion: knowledge management in practice. In: California Management Review, 40, 3, S. 80-90.

RÜHLI, E., TREICHLER, CH. & SCHMIDT, S. L. (1995): From Business Reengineering to Management Reengineering – A European Study. In: Management International Review, 35, 4, S. 361-371.

SAARI, L. M. & JUDGE, T. A. (2004): Employee Attitudes and Job Satisfaction. In: Human Resource Management, 43, 4, S. 395-407.

SALANCIK, G. R. & PFEFFER, J. (1978): A social information processing approach to job attitudes and task design. In: Administrative Science Quarterly, 23, S. 224-253.

SALECK, L. J. (1998): Outsourcing: A Historical Review for the Projection of Future Savings. Unpublished Master's Thesis, Air Force Institute of Technology. Wright Patterson Air Force Base, OH. Zit. in: Kennedy, J. F., Holt, D. T., Ward, M. A. & Rehg, M. T. (2002): The Influence of Outsourcing on Job Satisfaction and Turnover Intentions of Technical Managers. In: HR. Human Resource Planning, 25, 1, S. 23-31.

SASEEN, J. (1993): Industry's New Order. In: International Management, November, S. 39-43.

SASSEN, S. (o.J.): Die neue Zentralität. http://www.heise.de/bin/tp/issue/r4/dl-artikel2.cgi?artikelnr=6005&mode=html&x=27&y=12 (Abruf 01.02.2005).

SAUER, D. & DÖHL, V. (1994): Arbeit an der Kette. Systemische Rationalisierung unternehmensübergreifender Produktion. In: Soziale Welt, 2, S. 197-215.

SAUER, D. & DÖHL, V. (1997): Die Auflösung des Unternehmens? Entwicklungstendenzen der Unternehmensreorganisation in den 90er Jahren. In: IfS, Inifes & Sofi (Hrsg.): Jahrbuch sozialwissenschaftliche Technikberichterstattung 1996, Schwerpunkt: Reorganisation, Berlin, S. 19-76.

SAVICKI, V. (2002): Burnout across thirteen cultures: stress and coping in child and youth care workers. Westport, Conn. et al.: Praeger.

SCARBROUGH, H. & CARTER, C. (2000): Knowledge as work: conflicts in the management of knowledge workers. In: Technology Analysis and Strategic Management, 11, 1, S. 5-16.

SCARPELLO, V. & CAMPBELL, J. P. (1983): Job satisfaction: Are all the parts there? In: Personnel Psychology, 70, S. 423-433.

SCHEDLER, K. (1995): Das Modell der wirkungsorientierten Verwaltungsführung, in Hablützel, P., Haldemann, T. & Schedler, K. et al. (Hrsg.): Umbruch in Politik und Verwaltung: Ansichten und Erfahrungen zum New Public Management in der Schweiz. Bern: Haupt, S. 15-29.

SCHEDLER, K. (1994): Die Verwaltung auf der Suche nach Wirksamkeit. In: VOP 3/1994, S. 191-196.

SCHEIN, E. H. (1980): Organizational Psychology. Prentice-Hall. Englewood Cliffs, NJ.

SCHILLER, F. (1986): Die Gesetzgebung des Lykurgus und Solon (1790). In: Christ, K. (Hrsg.): Sparta. Darmstadt: Wissenschaftliche Buchgesellschaft, S. 73-86.

SCHIMANK, U. (2001): Organisationsgesellschaft. In: Kneer, A., Nassehi, A. & Schroer, M. (Hrsg.): Klassische Gesellschaftsbegriffe der Soziologie. München: Fink Verlag, S. 278-307.

SCHLUZE-BUSCHOFF, K. (2000): Vom Normalarbeitsverhältnis zur Flexibilisierung. WZB Discussion Paper P 00-518. Berlin.

SCHMIDBAUER, W. (1977): Die hilflosen Helfer. Reinbek: Rowohlt.

SCHMIDT, B. (2004): Burnout in der Pflege – Risikofaktoren, Hintergründe, Selbsteinschätzung. Stuttgart: Kohlhammer.

SCHNABEL, U. (2002): Wertorientiertes Management von Intangible Assets. In: Fröschle, H.-P. (Hrsg.): Performance Measurement. Heidelberg: dpunkt.verlag, S. 36-45.

SCHNAUBER, H., GRABOWSKI, S. & SCHLAEGER, S. (1997): Total Quality Learning. Ein Leitfaden für lernende Unternehmen. Heidelberg et al.: Springer.

SCHNEIDER, N. F., LIMMER, R. & RUCKDESCHEL, K. (2002): Mobil, flexibel, gebunden – Familie und Beruf in der mobilen Gesellschaft. Frankfurt/Main: Campus.

SCHOLZ, CH. & STEIN, V. (2004): Wandel des Interimsmanagements als Reaktion auf den Darwiportunismus. In: Deutscher Manager-Verband e.V. (Hrsg.): Interimsmanagement. Bern et al.: Haupt Verlag, S. 37-47.

SCHRÄDER, A. (1996): Management virtueller Unternehmungen – Organisatorische Konzeption und informationstechnische Unterstützung flexibler Allianzen. Frankfurt/Main & New York: Campus.

SCHREIER, B. (2001): Total Quality Management als Schlüssel zur Kundenzufriedenheit. In: Homburg, Ch. (Hrsg.): Kundenzufriedenheit. Wiesbaden: Betriebswirtschaftlicher Verlag Dr. Th. Gabler, S. 177-190.

SCHRIESHIEM, C. A. (1978): Job satisfaction, attitudes towards unions, and voting in a union representation election. In: Journal of Applied Psychology, 63, S. 548-552.

SCHRÖER, E. & HUHN, K. (1998): Zeit- und Telearbeit: flexible Beschäftigungsformen und ihre Bedeutung für den Mittelstand. Wiesbaden: Gabler Edition Wissenschaft. Dt. Univ.-Verlag.

SCHRÖTER, E. & WOLLMANN, H. (1998): New Public Management. In: Blanke, B., Bandemer, S. v., Nullmeier, F., Wewer G. & Plaß, St. (Hrsg.): Handbuch zur Verwaltungsreform. Opladen: Leske & Budrich, S. 59–70.

SCHULZE, G. (1997): Die Erlebnis-Gesellschaft: Kultursoziologie der Gegenwart. Frankfurt/Main & New York: Campus.

SCHUMANN, M., BAETHGE-KINSKY, V., KUHLMANN, M. & NEUMANN, U. (1994): Trendreport Rationalisierung. Berlin: Edition Sigma.

SCHUMANN, M. & GERST, D. (1997): Produktionsarbeit – bleiben die Entwicklungstrends stabil? In: ISF et al. (Hrsg.): Jahrbuch Sozialwissenschaftliche Technikberichterstattung 1996. Schwerpunkt: Reorganisation. Berlin: Edition Sigma, S. 131-168.

SCHWARB, TH. M., VOLLMER, A. & NIEDERER, R. (2000): TA-Studie. Mobile Arbeitsformen: Verbreitung und Potenzial von Telearbeit und Desksharing. Olten: Fachhochschule Solothurn Nordwestschweiz.

SCOTT, W. R. (1986): Grundlagen der Organisationstheorie. Frankfurt/Main: Campus-Verlag.

SCZESNY, S. & THAU, S. (2004): Gesundheitsbewertung vs. Arbeitszufriedenheit: Der Zusammenhang von Indikatoren des subjektiven Wohlbefindens mit selbstberichteten Fehlzeiten. In: Zeitschrift für Arbeits- und Organisationspsychologie, 48, S. 17-24.

SECO (STAATSSEKRETARIAT FÜR WIRTSCHAFT) (2003): Die Kosten des Stresses in der Schweiz. www.secoklick.ch (Abruf 14.02.2004).

SEIFERT, H. (1998): Modellwechsel durch Arbeitszeitkonten. In: Ders. (Hrsg.): Zeitkonten – Arbeit á la carte? Hamburg: VSA-Verlag, S. 9-26.

SELYE, H. (1974): Stress, Bewältigung und Lebensgewinn. München: Piper & Co.

SENNETT, R. (2000): Der flexible Mensch: die Kultur des neuen Kapitalismus. München: Siedler.

SEWELL, G. (1998): The discipline of teams: the control of team-based industrial work through electronic and peer surveillance. In: Administrative Science Quarterly, 43, 2, S. 397-427.

SHANK, S. E. (1986): Preferred hours of work and corresponding earnings. In: Monthly Labor Review, November, S. 40-44.

SHENK (o.J.): Data smog. Surviving the information glut. Zitiert in: Brillhart, P. E. (2004): Technostress in the Workplace. Managing Stress in the Electronic Workplace. In: Journal of American Academy of Business, 5, 1/2, S. 302-307.

SHEPARD, J. & MATHEWS, B. (2000): Employee commitment: academic versus practitioner perspectives. In: Employee Relations, 22, 6, S. 555-575.

SHINN, M., ROSARIO, M., MORCH, H. & CHESTNUT, D. E. (1984): coping with job stress and burnout in the human services. In: Journal of Personality and Social Psychology, 46, S. 864-876.

SHOCKEY, M. L. & MUELLER, C. W. (1994): At-entry differences in part-time and full-time employees. In: Journal of Business and Psychology, 8, S. 355-364.

SIEGRIST, J. (1996): Soziale Krisen und Gesundheit: eine Theorie der Gesundheitsförderung am Beispiel von Herz-Kreislauf-Risiken im Erwerbsleben. Göttingen et al.: Hogrefe.

SIEGRIST, J. (2002): Globalisierung, Arbeitsbelastungen und Erkrankungsrisiken. In: Schmahl, F. W., Bamber, M., Assmann, H-D. et al. (Hrsg.): Der Mensch im Umbruch der Arbeitswelt. Berlin: Erich Schmidt Verlag, S. 117-134.

SINCLAIR, R. R., MARTIN, J. E. & MICHEL, R. P. (1999): Full-time and part-time subgroup differences in job attitudes and demographic characteristics. In: Journal of Vocational Behavior, 55, S. 337-357.

SMITH, E. (2001): The role of tacit and explicit knowledge in the workplace. In: Journal of Knowledge Management, 5, 4, S. 311-321.

SMITH, P. C., KENDALL, L. M. & HULIN, C. L. (1969): The measurement of satisfaction in work and retirement. Chicago: Rand McNally.

SMITHSON, J. & LEWIS, S. (2000): Is job security changing the psychological contract? In: Personnel Review, 29, 6, S. 680-720.

SOHN, K.-H. (1993): Lean Management: die Antwort der Unternehmer auf gesellschaftliche Herausforderungen. Düsseldorf et al.: ECON-Verlag.

SPARROW, P. R. & HILTROP, J. M. (1997): Redefining the field of European human resource management: a battle between national mindsets and forces of business transition. In: Human Resource Management, 36, 2, S. 201-219.

SPECTOR, P. E. (1997): Job satisfaction: Application, assessment, causes, and consequences. Thousand Oaks, CA: Sage Publ.

SPERLING, H. J. (1994): Innovative Arbeitsorganisation und intelligentes Partizipationsmanagement. Trend-Report Partizipation und Organisation. Marburg.

SPIELBERGER, C. D. & REHEISER, E. C. (1994): The job stress survey: measuring gender differences in occupational stress. In: Journal of Social Behavior and Personality, 9, S. 199-218.

SPINDLER, G. S. (1994): Psychological contracts in the workplace – a lawyer's view. In: Human Resource Management, 33, 3, S. 326-334.

SPRINGER, R. (1999): Rückkehr zum Taylorismus? Arbeitspolitik in der Automobilindustrie in am Scheideweg. Frankfurt/Main: Campus-Verlag.

STATISTISCHES BUNDESAMT (1998): Krankheitskostenrechnung: Methodenforschungsprojekt im Rahmen des Forschungsvorhabens „Aufbau einer Gesundheitsberichterstattung des Bundes". Wiesbaden.

STATISTISCHES BUNDESAMT (2002): 10 Jahre Erwerbsleben in Deutschland. Zeitreihen zur Entwicklung der Erwerbsbeteiligung 1991-2001, Band 1 – Allgemeiner Teil. Wiesbaden.

STATISTISCHES BUNDESAMT (2003): Im Jahr 2050 wird jeder Dritte in Deutschland 60 Jahre oder älter sein, Pressemitteilung vom 6. Juni 2003, http://www.destatis.de/presse/deutsch/pm2003/ p2300022.htm (Abruf 24.11.2003).

STATISTISCHES BUNDESAMT (2004): Datenreport 2004. Bundeszentrale für politische Bildung.

STATISTISCHES BUNDESAMT (2004a): Leben und Arbeiten in Deutschland. Ergebnisse des Mikrozensus 2003. Wiesbaden.

STATISTISCHES BUNDESAMT (2005): Insolvenzen insgesamt und Insolvenzhäufigkeit von Unternehmen nach ausgewählten Wirtschaftszweigen, Rechtsformen und Ländern. http://www.destatis.de/basis/d/insol/insoltab1.php (Abruf 07.03.2005).

STAW, B. M. & ROSS, J. (1985): Stability in the midst of change: A dispositional approach to attitudes. In: Journal of Applied Psychology, 70, S. 469-480.

STAW, B. M., BELL, N. E. & CLAUSEN, J. A. (1986): The dispositional approach to job attitudes: A lifetime longitudinal test. In: Administrative Science Quarterly, 31, S. 437-453.

STEHR, N. & ERICSON, R. V. (1992): The Culture and Power of Knowledge. Inquiries into Contemporary Societies. Berlin & New York: de Gruyter.

STENGEL, M. (1990): Fehlende Motivation? Zur Situation des Alten- und Krankenpflegepersonals aus psychologischer Sicht. In: Zeitschrift für Arbeitswissenschaft, S. 28-35.

STENGEL, M. (1995): Wertewandel. In: Rosenstiel, L. v., Regnet, R. & Domsch, M. (Hrsg.): Führung von Mitarbeitern: Handbuch für erfolgreiches Personalmanagement. Stuttgart: Schäffer-Poeschel, S. 785-805.

STENGEL, M. (1997): Psychologie der Arbeit. München: PVU.

STENGEL, M. (1999): Wertewandel. In: Rosenstiel, L. v., Regnet, E. & Domsch, M. (Hrsg.): Führung von Mitarbeitern. Stuttgart: Schäffer-Poeschel Verlag, S. 833-857.

STENGEL, M. (1999a): Ökologische Psychologie. München & Wien: Oldenbourg.

STEWART, TH. A. (1997): Intellectual Capital. The New Wealth of Organizations. London: Brealey.

STEYRER, J. (1991): Unternehmensberatung – Stand der deutschsprachigen Theoriebildung und empirischen Forschung. In: Hofmann, M. (Hrsg.): Theorie und Praxis der Unternehmensberatung. Bestandsaufnahme und Entwicklungsperspektiven: Heidelberg: Physica-Verlag, S. 1-44.

STÖBE, S. (1998): Mitarbeiterbeteiligung. In: Blanke, B., Bandemer, S. v., Nullmeier, F., Wewer G. & Plaß, St. (Hrsg.): Handbuch zur Verwaltungsreform. Opladen: Leske & Budrich, S. 150-159.

STOLLBERG, G. (1981): Die Rationalisierungsdebatte 1908-1933. Freie Gewerkschaften zwischen Mitwirkung und Gegenwehr. Frankfurt/Main: Campus.

STOREY, J. & BARNETT, E. (2000): Knowledge management initiatives: learning from failure. In: Journal of Knowledge Management, 4, 2, S. 145-156.

STOREY, J. & QUINTAS, P. (2001): Knowledge management and HRM. In: Storey, J. (Ed.): Human Resource Management: A Critical Text. London: Thomson Learning, S. 339-363.

STUDENT, D., WERRES, TH. & STUHR, A. (2004): McKinsey & Co. im Praxis-Test. In: Manager Magazin, 5/2004.

SUTHERLAND, V. & COOPER, C. (1988): Sources of Work Stress. In: Hurrell, J. J. et al: (Eds.): Occupational stress: issues and developments. London: Taylor & Francis, S. 3-32.

SUTTON, R. & KAHN, R. L. (1986): Prediction, understanding, and control as antidotes to organisational stress. In: Lorsch, J. (Ed.): Handbook of Organisational Behaviour. Englewood Cliffs, NJ: Prentice-Hall, S. 272-285.

SWAEN, G. M. H., BÜLTMANN, U., KANT, I. ET AL. (2004): Effects of Job Insecurity from Workplace Closure Threat on Fatigue and Psychological Distress. In: JOEM, 46, 5, S. 443-449.

SWISS, J. E. (2001): Adapting Total Quality Management (TQM) to government. In: Public Administration and Public Policy, 90, S. 751-761.

SYPERSKI, N. & KLAILE, B. (1983): Die Nachfrage nach externer Unternehmensberatung. Stuttgart: Poeschel.

TAB (2002): Technikakzeptanz und Kontroversen über Technik: „Positive Veränderungen des Meinungsklimas – konstante Einstellungsmuster". Ergebnisse einer repräsentativen Umfrage des TAB zur Einstellung der deutschen Bevölkerung zur Technik. http://www.tab.fzk.de/de/projekt/zusammenfassung/ab83.htm (Abruf 12.08.2004).

TANGRI, R. (2003): Stress Costs Stress Cures. Victoria, Canada: Trafford.

TAYLOR, F. (1913/1977): Die Grundzüge wissenschaftlicher Betriebsführung. Weinheim et al.

THIEDE, S. (2003): Mit Strategie zum Wunschpartner. In: ProFirma, 02/2003.

THINNES, P. (1998): Beratung mit Profil. In: Howaldt, J. & Kopp, R. (Hrsg.): Sozialwissenschaftliche Organisationsberatung. Berlin: Edition Sigma, S. 215-229.

THORSTEINSON, T. J. (2003): Job attitudes of part-time vs. full-time workers: A meta-analytic review. In: Journal of Occupational and Organizational Psychology, 76, S. 151-177.

TILLY, C. (1996): Half a job: Bad and good jobs in a changing labor market. Philadelphia, PA: Temple University Press.

TOMASKO, R. M. (1993): Rethinking the cooperation: the architecture of change. New York: Amacom.

TOURAINE, A. (1972): Die postindustrielle Gesellschaft. Frankfurt/Main: Suhrkamp.

TRAUTWEIN-KALMS, G. (1995): Ein Kollektiv von Individualisten? Interessenvertretung neuer Beschäftigtengruppen. Berlin: Edition Sigma.

TSOUKAS, H. (1996): The firm as a distributed knowledge system: a constructionist approach. In: Strategic Management Journal, 17, Winter Special Issue, S. 11-25.

TURNLEY, W. H. & FELDMAN, D. C. (1998): Psychological contract violations during corporate restructuring. In: Human Ressource Management, 37, 1, S. 71-83.

ULICH, E. (1980): Bericht über die arbeits- und sozialpsychologische Begleitforschung. In: BMFT (Hrsg.): Schriftenreihe Humanisierung des Arbeitslebens. Band 3: Gruppenarbeit in der Motorenmontage. Frankfurt/Main: Campus.

ULRICH, D. (1996): Human Resource Champions: The Next Agenda for Adding Value and Delivering Results. Boston: Harvard University Press.

UTLEY, D. R., WESTBROOK, J. & TURNER, S. (1997): The relationship between Hertzberg's two-factor theory and quality improvement implementation. In: Engineering Management Journal, 9, 3, S. 5-13.

VAN DYNE, L. & ANG, S. (1998): Organizational citizenship behaviour of contingent workers in Singapore. In: Academy of Management Journal, 41, S. 692-703.

VANDENBERG, R. J., RICHARDSON, H. A. & EASTMAN, L. J. (1999): The impact of high involvement work processes on organizational effectiveness: A second-order latent variable approach. In: Group & Organizational Management, 24, 3, S. 300-339.

VARONA, F. (1996): Relationship between communication satisfaction and organisational commitment in three Guatemalan organisations. In: Journal of Business Communications, 23, 2, S. 111-129.

VDR (2001): Statistik Rehabilitation. www.vdr.de, (Abruf 22.04.2003).

VIERING, J. (2003): Das Ende der Sprachlosigkeit. In: SZ vom 24.06.2003.

VOLLMER, H. (1996): Ich fühle mich fix und fertig. Wien: Ueberreuter.

VON BAECKMANN, S. (1998): Downsizing – zwischen unternehmerischer Notwendigkeit und individueller Katastrophe. München: Hampp Verlag.

VON HEYL, A. (2003): Zwischen Burnout und spiritueller Erneuerung Studien zum Beruf des evangelischen Pfarrers und der evangelischen Pfarrerin. Frankfurt/Main et al: Lang

VON ROSENSTIEL, L. (1980): Humanisierung der Arbeit – Schlagwort, Alibi, Programm? In: Rosenstiel, L. v. & Weinkamm, M. (Hrsg.): Humanisierung der Arbeitswelt – Vergessene Verpflichtung? Stuttgart: Carl Ernst Poeschel Verlag, S. 11-22.

VON ROSENSTIEL, L. (1993): Wandel in der Karrieremotivation – Neuorientierungen in den 90er Jahren. In: Rosenstiel, L. v., Djarrahzadeh, M., Einsiedler, H. E. & Streich, R. K. (Hrsg.): Wertewandel. Stuttgart: Schäffer Poeschel, S. 47-82.

VON ROSENSTIEL, L. (2000): Grundlagen der Organisationspsychologie. Stuttgart: Schäffer-Pöschel.

VON ROSENSTIEL, L. (2003): Die Arbeitsgruppe. In: Rosenstiel, L. v., Regnet, E. & Domsch, M. (Hrsg.): Führung von Mitarbeitern. Stuttgart: Schäffer-Poeschel Verlag, S. 367-386.

VON ROSENSTIEL, L. (2003a): Arbeitszufriedenheit. In: Rosenstiel, L. v., Regnet, E. & Domsch, M. (Hrsg.): Führung von Mitarbeitern. Stuttgart: Schäffer-Poeschel Verlag, S. 217-228.

VON ROSENSTIEL, L., NERDINGER, F. W., OPPITZ, G., SPIEß, E. & STENGEL, M. (1986): Einführung in die Bevölkerungspsychologie. Darmstadt: Wissenschaftliche Buchgesellschaft.

VON ROSENTSTIEL, L. & STENGEL, M. (1987): Identifikationskrise? Zum Engagement in betrieblichen Führungspositionen. Bern et al.: Verlag Hans Huber.

Voß, G. & Pongratz, H. J. (1998): Der Arbeitskraftunternehmer. In: Kölner Zeitschrift für Soziologie und Sozialpsychologie, 50, 1, S. 131-158.

Voß, G. (2001): Neue Verhältnisse? Zur wachsenden Bedeutung der Lebensführung von Arbeitskräften für die Betriebe. In: Lutz, B. (Hrsg.): Entwicklungsperspektiven von Arbeit. Weinheim: VCH. S. 31-45.

Vroom, V. H. (1964): Work and Motivation. New York: John Wiley.

Wächter, H. (2002): Vielfältige Beschäftigungsmuster – einfältige Personalwirtschaftslehre? In: Zeitschrift für Personalforschung, 16, 4, S. 476-509.

Wächter, H., Modrow-Thiel, B. & Schmitz, G. (1989): Analyse von Tätigkeitsstrukturen und prospektive Arbeitsgestaltung bei Automatisierung (ATAA). Köln: Verlag TÜV Rheinland.

Wachtler, G. (1979): Humanisierung der Arbeit und Industriesoziologie. Stuttgart et al: Kohlhammer.

Wagner, A. (2001): Entgrenzung der Arbeit und der Arbeitszeit? In: Arbeit, 3, 10, S. 365-378.

Wagner, J. A. & LePine, J. A. (1999): Effects of participation on performance and satisfaction: Additional meta-analytic evidence. In: Psychological Reports, 84, S. 719-725.

Wagner-Link, A. (1989): Aktive Entspannung und Stressbewältigung. Stuttgart: Taylorix Verlag.

Wagner-Link, A. (1999): Verhaltenstraining zur Stressbewältigung. Stuttgart: Pfiffer bei Klett-Cotta.

Warnecke, H.-J. (1993): Revolution der Unternehmenskultur. Das Fraktale Unternehmen. Berlin: Springer.

Watkins, K. E. & Marsick, V. J. (2003): Make learning count! Diagnosing the learning culture in organizations. In: Advances in Developing Human Resources, 5, 2.

Weber, J. (2001): Controlling als Schlüssel zur Kundenzufriedenheit. In: Homburg, Ch. (Hrsg.): Kundenzufriedenheit. Wiesbaden: Betriebswirtschaftlicher Verlag Dr. Th. Gabler, S. 191-210.

Weber, M. (1976): Wirtschaft und Gesellschaft. Tübingen: Mohr.

Wegge, J. (2001): Gruppenarbeit. In: Schuler, H. (Hrsg.): Lehrbuch der Personalpsychologie. Göttingen: Hogreve, S. 481-507.

Weil, M. W. & Rosen, L. D. (1997): Technostress. New York et al.: John Wiley & Sons.

Weiner, N. (1980): Determinants and behavioral consequences of pay satisfaction: A comparison of two models. In: Personnel Psychology, 33, S. 741-757.

Weinert, A. B. (1987): Lehrbuch der Organisationspsychologie. München: PVU.

Weiss, D. J. & Cropanzano, R. (1996): Affective events theory: A theoretical discussion of the structure, causes, and consequences of affective experiences at work. In: Research in Organizational Behaviour, 18, S. 1-74.

WEISS, D., DAWIS, R. V., ENGLAND, G. W. & LOFQUIST, L. H. (1967): Manual for the Minnesota Satisfaction Questionnaire. Minneapolis: Industrial Relations Centre, University of Minnesota.

WEISS, V. & UDRIS, I. (2001): Downsizing and Survivors – Stand der Forschung zum Leben und Überleben in schlanken und fusionierten Organisationen. In: Arbeit, 2, S. 103-121.

WELBOURNE, TH. M. & CABLE, D. M. (1995): Group Incentives and Pay Satisfaction: Understanding the Relationship Through an Identity Theory Perspective. In: Human Relations, 48, 6, S. 711-726.

WELSCH, W. (1988): Wege aus der Moderne. Weinheim: VCH, Acta Humanoria.

WELSCH, W. (1993): Unsere postmoderne Moderne. Weinheim: VCH, Acta Humanoria.

WELTZ, F. & ORTMANN, G. (1992): Das Software-Projekt in der Praxis. Frankfurt/Main: Campus.

WEYER, G., HODAPP, V. & NEUHÄUSER, S. (1980): Weiterentwicklung von Fragebogenskalen zur Erfassung der subjektiven Belastung und Unzufriedenheit im beruflichen Bereich (SBUS-B). In: Psychologische Beiträge, 22, S. 335-355.

WICHER, H. (1996): Virtuelle Organisationen. In: WISU, 6, S. 541-542.

WIENDIECK, G. (1994): Arbeits- und Organisationspsychologie. München: Quintessenz.

WILLKE, G. (1999): Die Zukunft unserer Arbeit. Frankfurt/Main: Campus.

WILLKE, G. (2004): Globalisierung und Wissensgesellschaft. Auswirkungen auf Erwerbsarbeit und soziale Sicherung. In: Bröning, M. & Oesterdiekhoff, P. (Hrsg.): Deutschland in der globalen Wissensgesellschaft. Gutachten der Friedrich-Ebert-Stiftung. Bonn.

WILLKE, H. (1993): Systemtheorie. Stuttgart: Fischer.

WILLKE, H. (1995): Systemtheorie II: Interventionstheorie. Stuttgart: UTB.

WILLMAN, P., FENTON O'CREEVY, M., NICHOLSON, N. & SOANE, E. (2001): Knowing the risks: theory and practice in financial market trading. In: Human Relations, 54, 7, S. 887-910.

WINDEL (1996): Gruppenarbeit im Büro. Münster: Waxmann.

WINDEL, A. & ZIMOLONG, B. (1997): Group work and performance in business. In: Gruppendynamik – Zeitschrift für Angewandte Sozialpsychologie, 28, 4, S. 333-335.

WINKEL, R. (1991): Prometheus, Sisyphus oder Penthesilea? In: Meyer, E. (Hrsg.): Burnout und Stress. Hohengehren: Schneider, S. 26-44.

WITT, J. & WITT, TH. (2001): Der Kontinuierliche Verbesserungsprozess (KVP). Heidelberg: Sauer-Verlag.

WITT, L. A. & NYE, L. G. (1992): Gender and the relationship between perceived fairness of pay or promotion and job satisfaction. In: Journal of Applied Psychology, 77, 6, S. 910-917.

WITTIG-BERMAN, U. & LANG, D. (1990): Organizational commitment and its outcomes: Differing effects of value commitment and continuance commitment on stress reactions, alienation and organization-serving behaviors. In: Work and Stress, 4, S. 167-177.

WITTROCK, O. & HUS, CH. (2004): Outsourcing: Zunehmende Jobverluste heizen Standorddebatte an. In: FTD vom 12.11.2004.

WOEHE, J. M. & LANG, M. (2003): Serviceorientierte Mitarbeiter. Heidelberg: I. H. Sauer-Verlag GmbH.

WOMACK, J. P., JONES, D. T. & ROOS, D. (1990): The machine that changed the world. The story of lean production. New York: Rawson Associates.

WORRALL, L. & COOPER, C. (1997): Quality of Working Life 1997 Survey. London: Institute of Management.

WORRALL, L. & COOPER, C. (1998): Quality of Working Life 1998. Survey of Manager's Changing Experiences. London: Institute of Management.

WORRALL, L., COOPER, C. & CAMPBELL, F. (2000): The new reality for UK managers: perpetual change and employment instability. In: Work, Employment and Society, 14, 4, S. 647-668.

WORRALL, L., COOPER, C. & CAMPBELL, F. (2000a): The Impact of Organizational Change on UK Managers' Perceptions of their Working Lives. In: Burke, R. J. & Cooper, C. L. (Eds.): The Organization in Crises. Oxford: Blackwell, S. 20-43.

WORREL, D. L., DAVIDSON W. N. & SHARMA, V. M. (1991): Layoff Announcements and Stockholder Wealth. In: Academy of Management Journal, 34, S 662-678.

YONG-MIN, K. & PARK, KI SEONG (2003): Multiskilling and Firm Performance. In: Seoul Journal of Economics, 16, 4, S. 387-422.

ZAFFANE, R. (1994): Patterns of Organizational Commitment and Perceived Management Style: A Comparison of Public and Private Sector Employees. In: Human Relations, 47, 8, S. 977-1010.

ZIMA, P. V. (1997): Moderne/Postmoderne. Tübingen & Basel: Francke.

Personenverzeichnis

Sachwortverzeichnis

Mit einem Klick alles im Blick

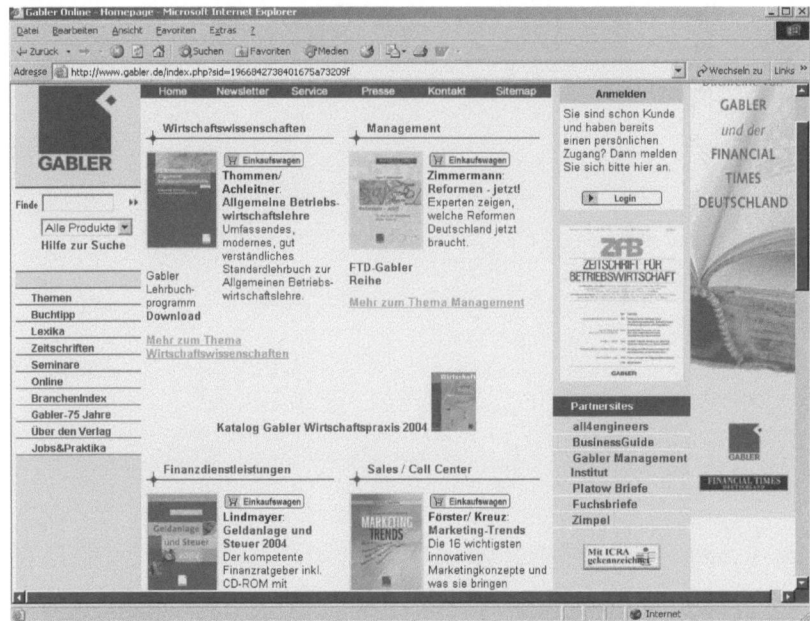